Beck-Rechtsberater:
Strafrecht und Strafprozeß
von A–Z

**Beck-Rechtsberater:
Strafrecht und Strafprozeß
von A–Z**

Von Ermin Brießmann
Vorsitzender Richter am Bayerischen Obersten Landesgericht

6., neubearbeitete Auflage
Stand: 1. Januar 1991

Deutscher
Taschenbuch
Verlag

Redaktionelle Verantwortung: Verlag C. H. Beck, München
Umschlaggestaltung: Celestino Piatti
Umschlagbild: Birgit Koch
Gesamtherstellung: C. H. Beck'sche Buchdruckerei, Nördlingen
ISBN 3423050470 (dtv)
ISBN 3406351271 C. H. Beck

Abkürzungsverzeichnis

a. A.	anderer Ansicht
a. F.	alter Fassung
AG	Amtsgericht
AGGVG	Ausführungsgesetz zum Gerichtsverfassungsgesetz
AktG	Aktiengesetz
AO	Abgabenordnung 1977 vom 16. 3. 1976 (BStBl. I S. 157)
BayObLG	Bayerisches Oberstes Landesgericht
BayObLGE	Entscheidungen des Bayerischen Obersten Landesgerichts; zitiert nach Band und Seite
BBG	Bundesbeamtengesetz
BtMG	Gesetz zur Neuordnung des Betäubungsmittelrechts vom 28. 7. 1981 (BGBl. III 2121–6–24)
BGB	Bürgerliches Gesetzbuch
BGBl.	Bundesgesetzblatt
BGH	Bundesgerichtshof
BGHE	Entscheidungen des Bundesgerichtshofs in Strafsachen; zitiert nach Band und Seite
BVerfG	Bundesverfassungsgericht
BVerfGE	Entscheidungen des Bundesverfassungsgerichts; zitiert nach Band und Seite
BVerfGG	Bundesverfassungsgerichtsgesetz
BZRG	Gesetz über das Zentralregister und das Erziehungsregister (Bundeszentralregistergesetz) vom 18. 3. 1971, BGBl. I, S. 243
DDR	Deutsche Demokratische Republik
EdelMG	Gesetz über den Verkehr mit Edelmetallen, Edelsteinen und Perlen
EGGVG	Einführungsgesetz zum Gerichtsverfassungsgesetz
EGStPO	Einführungsgesetz zur Strafprozeßordnung
GewO	Gewerbeordnung
GG	Bonner Grundgesetz vom 23. 5. 1949
GmbHG	Gesetz, betreffend die Gesellschaften mit beschränkter Haftung
GjS	Gesetz über die Verbreitung jugendgefährdender Schriften
GS	Großer Senat
GVG	Gerichtsverfassungsgesetz
h. M.	herrschende Meinung
i. d. F.	in der Fassung

Abkürzungsverzeichnis

i. d. R.	in der Regel
JGG	Jugendgerichtsgesetz i. d. F. vom 11. 12. 1974 (BGBl. I, S. 3427)
Kfz.	Kraftfahrzeug
KJHG	Kinder- und Jugendhilfegesetzt (= Achtes Buch des Sozialgesetzbuchs) vom 26. 6. 1990, BGBl. I 1163
KO	Konkursordnung
LG	Landgericht
n. F.	neue Fassung
NJW	Neue Juristische Wochenschrift
NStZ	Neue Zeitschrift für Strafrecht
OEG	Gesetz über die Entschädigung für Opfer von Gewalttaten vom 11. 5. 1976
OLG	Oberlandesgericht
OWiG	Gesetz über Ordnungswidrigkeiten
RG	Entscheidungen des Reichsgerichts in Strafsachen
RiStBV	Richtlinien für das Straf- und Bußgeldverfahren
RpflegerG	Rechtspflegergesetz vom 5. 11. 1969, BGBl. I, S. 2065
s.	siehe
s. a.	siehe auch
s. u.	siehe unter
StA	Staatsanwalt, Staatsanwaltschaft
StÄG	Strafrechtsänderungsgesetz
StGB	Strafgesetzbuch i. d. F. vom 10. 3. 1987 (BGBl. I, S. 945)
StPO	Strafprozeßordnung i. d. F. vom 7. 4. 1987 (BGBl. I, S. 1074)
str.	streitig
StrEG	Gesetz über die Entschädigung für Strafverfolgungsmaßnahmen vom 8. 3. 1971
StrRG	Strafrechtsreformgesetz
StrVollstrO	Strafvollstreckungsordnung
StVollzG	Strafvollzugsgesetz vom 16. 3. 1976
UnedlMetG	Gesetz über den Verkehr mit unedlen Metallen
u. U.	unter Umständen
UWG	Gesetz gegen den unlauteren Wettbewerb
vgl.	vergleiche
WStG	Wehrstrafgesetz i. d. F. vom 24. 5. 1974, BGBl. I, S. 1213
ZPO	Zivilprozeßordnung
zw.	zweifelhaft

Stichwortverzeichnis siehe Seite 311

Einführung

Das Strafrecht ist ein Teil des öffentlichen Rechts. Es regelt nicht Beziehungen zwischen Personen, die sich auf gleicher Ebene gegenüberstehen, sondern es legt fest, wann und wie die Staatsgewalt dem einzelnen gegenübertritt, der sich gegen die Ordnung der Gesellschaft, wie sie sich in Gesetzen spiegelt, grob vergangen hat.

Nicht jeder Verstoß gegen ein Gesetz wird mit Strafe bedroht. Das Gesetz kennzeichnet bestimmte Verhaltensweisen oft als rechts- oder sittenwidrig und damit als Unrecht, ohne Strafsanktionen festzulegen. Strafdrohungen werden dort gesetzt, wo Güter der Allgemeinheit oder auch schutzwerte Rechte und Interessen des einzelnen wegen ihrer Gefährdung eines besonderen Schutzes bedürfen. Hinter der unmittelbaren Bedrohung des Rechtsbrechers steht also jeweils die Absicht des Gesetzgebers, ein Rechtsgut zu schützen. Das materielle Strafrecht gibt damit eine Art Negativ der grundsätzlichen gesellschaftlichen Ordnung. In aller Regel ist der Kreis strafrechtlichen Unrechts dem Bürger nicht fremd. Seine Wertung kommt dabei weniger aus der Kenntnis kodifizierter Normen des materiellen Strafrechts, sondern aus allgemeinen ethischen Grundvorstellungen.

Das Strafgesetzbuch (StGB) enthält die wichtigsten Vorschriften des materiellen Strafrechts. Dabei sind im „Allgemeinen Teil" des StGB grundsätzliche Regeln über die Straftat, über deren Versuch, über die Beteiligung mehrerer an einer Tat, über das Zusammentreffen mehrerer Straftaten und schließlich über die Art der Ahndung vor die Klammer gezogen. Im „Besonderen Teil" des StGB folgt dann eine Aufzählung und Beschreibung einzelner Straftaten, die jedoch durch eine Fülle zahlreicher strafrechtlicher Nebengesetze ergänzt werden. Eine in beträchtlichem Umfang selbständige Regelung enthält das Jugendstrafrecht, das im Jugendgerichtsgesetz (JGG) geregelt ist.

Da Rechtsnormen oft erst wirksam werden, wenn sie auch durchgesetzt werden, also nicht nur Paragraphen bleiben, ist das Prozeßrecht – das sog. formelle Strafrecht – ebenso wichtig wie die materiellen Rechtsnormen, deren Verwirklichung es dient. Während sich beispielsweise Beteiligte und Zuschauer bei einem Verkehrsunfall regelmäßig befleißigen, die materiellrechtliche Lage zu erörtern, machen sich nur wenige zutreffende Vorstellungen davon, daß die gerufene Polizei ausschließlich in ihrer Funktion als Strafverfolgungsbehörde, nicht aber zur Klärung zivilrechtlicher Ansprüche tätig wird. Obwohl gerade der Straßenverkehr für jedermann die Gefahr mit sich bringt, in ein Strafverfahren verwickelt zu werden, besteht weithin Unkenntnis vom Ablauf des Strafprozesses.

Einführung

Die wesentlichen Bestimmungen für die Ordnung des Verfahrens, in dem im Einzelfall der Verstoß eines Straftäters ermittelt und die Folgen der Straftat durch Richterspruch bestimmt werden, enthalten die Strafprozeßordnung (StPO) und das Gerichtverfassungsgesetz (GVG), für das Jugendstrafverfahren das Jugendgerichtsgesetz (JGG).

Das *Strafverfahren* gliedert sich in mehrere Teile. Das Ermittlungsverfahren oder das vorbereitende Verfahren steht unter der Herrschaft der Staatsanwaltschaft. Sie bedient sich für ihre Untersuchungen der Kriminalpolizei. Untersuchungshandlungen, durch die in erheblicher Weise in die Freiheit der Person eingegriffen wird, bedürfen aber der richterlichen Anordnung oder Bestätigung. Das Ermittlungsverfahren führt entweder zur Einstellung oder aber zur Erhebung der öffentlichen Klage.

Im Zwischenverfahren entscheidet das Gericht i. d. R. nach Prüfung der vorgelegten Akten, ob die Klage der Staatsanwaltschaft zugelassen werden kann. Das Hauptverfahren beginnt mit dessen Eröffnung durch die Zulassung der Anklage. Es führt regelmäßig über eine Hauptverhandlung zu einer gerichtlichen Entscheidung, zum Urteil. Es kann eine Verurteilung, eine Einstellung oder Freispruch enthalten. Die Hauptverhandlung ist das Kernstück des Strafverfahrens. Sie untersteht den Sicherungen der Grundsätze der Öffentlichkeit und der Mündlichkeit. Die zur Urteilsfindung berufenen Personen sowie ein Beamter der Staatsanwaltschaft und ein Urkundsbeamter der Geschäftsstelle müssen ununterbrochen gegenwärtig sein. Von der persönlichen Anwesenheit des Angeklagten kann nur ausnahmsweise abgesehen werden. Der Strafprozeß ist auch in der Hauptverhandlung kein Parteienprozeß, in dem der Staatsanwalt etwa dem Angeklagten gegenübersteht. Die Staatsanwaltschaft ist vielmehr objektive Ermittlungsbehörde. Sie hat die für den Beschuldigten sprechenden Umstände ebenso zu ermitteln wie die ihn belastenden und stets auf die Einhaltung der Gesetze bedacht zu sein. Es gibt im Strafprozeß auch keine Beweislastverteilung. Die Tat ist dem Angeklagten zu beweisen; er braucht nicht selbst seine Unschuld unter Beweis zu stellen. Das Gericht und die Staatsanwaltschaft sind gleichermaßen zur Aufklärung verpflichtet. Die Wahrheitsfindung soll ferner sichergestellt werden durch den Grundsatz der Unmittelbarkeit bei der Beweisaufnahme. Danach darf die Vernehmung des Augenzeugen weder durch Verlesung schriftlicher Aussagen oder früher gefertigter Niederschriften noch durch die Vernehmung eines Zeugen vom Hörensagen ersetzt werden. Abgeschlossen wird das Hauptverfahren erst mit der rechtskräftigen Entscheidung, also möglicherweise erst in einem höheren Rechtszug.

Der rechtskräftigen Verurteilung folgt schließlich das Vollstrek-

Einführung

kungsverfahren, in dem die ausgesprochene Geldstrafe beigetrieben, die Freiheitsstrafe vollzogen und sonstige Anordnungen vollstreckt werden.

Der vorliegende Band versucht, durch eine Aufschlüsselung der verschiedenen Rechtsquellen des Straf- und Strafprozeßrechts nach einzelnen Begriffen dem interessierten Laien eine rasche Information zu ermöglichen. Um auch dem angehenden Rechtsstudenten zugleich dienlich zu sein und ihm Hinweise für ein tieferes Eindringen zu geben, sind wichtigere Entscheidungen der Obergerichte aufgenommen. Die vertretenen Rechtsauffassungen orientieren sich, von wenigen gekennzeichneten Ausnahmen abgesehen, an der herrschenden Rechtsprechung.

Neben den Vorschriften des Strafgesetzbuchs und der Strafprozeßordnung sind in die Stichworterörterungen einbezogen die einschlägigen Bestimmungen des Gerichtsverfassungsgesetzes, das Jugendgerichtsgesetz, die strafrechtlichen Bestimmungen der Abgabenordnung, die Grundzüge des Wehrstrafgesetzes sowie wichtigere Vorschriften einzelner strafrechtlicher Nebengesetze. Aufgenommen wurde aber in den Grundzügen auch das dem Kriminalstrafrecht nicht angehörende Ordnungswidrigkeitengesetz, weil die Zusammenhänge mit dem Strafrecht vom Unrechtscharakter der Ordnungswidrigkeit und auch vom gerichtlichen Verfahren her die Einbeziehung zweckmäßig erscheinen lassen.

Die für die Gestaltung der Formel verbindlichen Bezeichnungen der Straftatbestände sind nach ihrer gesetzlichen Fassung aufgenommen. Dies bedingt gewisse Mühen für den Benutzer, wenn sich an einen einzelnen Begriff (z. B. „Verletzung") eine größere Zahl von Straftatbeständen anschließt. An der alphabetischen Reihe der Buchstabenfolge wird auch über Worttrennung oder Artikel hinweg festgehalten. Durch zahlreiche Stichwortverweisungen ist versucht, gleichwohl raschen Zugriff zu ermöglichen.

StGB und StPO gelten seit dem 3. 10. 1990 auch in den neuen Bundesländern. Der 2. Staatsvertrag – der Einigungsvertrag vom 31. 8. 1990 – legt jedoch Übergangsregelungen fest. Diese sind unter dem Stichwort „DDR" zusammengefaßt.

Der Verfasser dankt dem Verlag wiederum für die zuteilgewordene Unterstützung und Betreuung. Er ist weiterhin für Anregungen, Verbesserungsvorschläge und Änderungswünsche aus dem Kreis der Benutzer stets verbunden.

Ermin Brießmann

A

Abartigkeit → Schuldfähigkeit.

Abbildungen sind unmittelbare, durch Gesichts- oder Tastsinn wahrnehmbare Wiedergaben der Außenwelt (z. B. Plastiken, Filme, Lichtbilder). A. gehören zu den → Darstellungen. Schon die Herstellung bestimmter A. kann strafbar sein (z. B. § 109g I, II StGB s. Landesverteidigung). Die Verbreitung von A. wird insbesondere in § 184 I StGB (→ pornographische A.) unter Strafe gestellt.

Abbruch der Schwangerschaft. I. 1. Die Abtreibung der Leibesfrucht durch deren Abtötung im Mutterleib ist als A. d. S. auch nach der Neufassung der §§ 218ff. StGB grundsätzlich strafbares Unrecht. Nach § 218 I StGB ist der A. d. S. mit Freiheitsstrafe bis zu 3 Jahren (für die Schwangere selbst bis zu 1 Jahr) oder mit Geldstrafe bedroht. Die strafbare Handlung setzt Abschluß der Einnistung des befruchteten Eis in der Gebärmutter voraus (§ 219d StGB). A. d. S kann bis zur Ausstoßung des Kindes bei der Geburt vorgenommen werden; die Abtötung der Frucht außerhalb des Mutterleibs ist → Tötung. Der Versuch ist nur für die Schwangere selbst straflos. 2. Für besonders schwere Fälle ist Strafschärfung auf 6 Monate bis zu 5 Jahren Freiheitsstrafe vorgesehen. Gesetzliche Regelbeispiele hierfür sind A. d. S. gegen den Willen der Schwangeren, die leichtfertige Verursachung einer Todesgefahr oder einer schweren Gesundheitsbeschädigung. 3. § 218 III 2 StGB gewährt der Schwangeren einen Strafausschließungsgrund auch ohne Vorliegen einer Indikation, wenn der A. d. S. nach Beratung von einem Arzt vorgenommen worden ist. Das Gericht kann, wenn diese Voraussetzungen nicht gegeben sind, von einer Bestrafung der Schwangeren → absehen, wenn sie sich zur Tatzeit in besonderer Bedrängnis befunden hat.

II. In § 218a StGB formuliert („nicht nach § 218 strafbar") der Gesetzgeber für den ärztlich vorgenommenen A. d. S. durch Festlegung von Indikationen nicht Rechtfertigungsgründe, sondern Schuldausschließungsgründe (BayObLG NJW 1990, 2328; sehr str.). Durch Urteil des Bundesverfassungsgerichts ist die sog. *Fristenlösung* (Rechtfertigung der innerhalb einer Frist vorgenommenen Abtreibung, so auch die formal durch den Einigungsvertrag aufrechterhaltene Regelung in der → DDR (II 3)) für verfassungswidrig erklärt worden (BVerfGE 39, 1). 1. § 218a I regelt den schon bislang durch die Rechtsprechung anerkannten Rechtfertigungsgrund der *medizinischen Indikation*. Voraussetzung ist neben der Einwilligung der Schwangeren eine Gefahr für das Leben oder die Gefahr einer schwerwiegenden Beeinträchtigung des körperlichen oder seelischen

Abbruch der Schwangerschaft

Gesundheitszustands. Die Gefahr darf nicht auf andere Weise abgewendet werden können. 2. § 218a II Nr. 1 regelt die *kindliche* (eugenische) *Indikation*. Der Grundsatz der Gleichwertigkeit jeden menschlichen Lebens schließt es aus, dem nicht gesunden Kind das Lebensrecht abzusprechen. Abgestellt wird deshalb auf die Belastung der Schwangeren durch die Erwartung eines nicht gesunden Kindes. Welcher Wahrscheinlichkeitsgrad für die befürchtete Krankheit vorliegen muß, ist umstritten. Der A. d. S. ist nur innerhalb 22 Wochen nach Empfängnis straflos. Da die Indikation ihren Grund lediglich in der Unzumutbarkeit kranken Nachwuchses findet, liegt lediglich ein Schuldausschließungsgrund vor. 3. § 218a II Nr. 2 enthält die *kriminologische* oder ethische *Indikation*. Sie erfordert die dringende Annahme, daß die Schwangerschaft auf einer Sexualstraftat beruht. Die entsprechenden Feststellungen hat der Arzt zu treffen. Der Rechtfertigungsgrund (Analogie zum Recht auf → Notwehr: erzwungene Schwangerschaft ist schwere Verletzung des Persönlichkeitsrechts) besteht nur innerhalb von 12 Wochen nach Empfängnis. 4. § 218a III Nr. 3 begründet den Schuldausschließungsgrund der sog. *allgemeinen Notlagenindikation*. Mit der allgemeinen Formulierung ist den Forderungen des Bundesverfassungsgerichts kaum entsprochen. Voraussetzung ist die Gefahr einer Notlage, die so schwer wiegt, daß die Fortsetzung der Schwangerschaft nicht verlangt werden kann. Die Notlage kann mangels näherer Beschreibung jeder Art, also auch sozialer oder finanzieller Art sein. Die Verfassungsmäßigkeit dieses (gleichfalls auf 12 Wochen nach Empfängnis beschränkten) Schuldausschließungsgrunds erscheint äußerst zweifelhaft.

III. Über die Strafdrohungen der §§ 218b und 219 StGB (Freiheitsstrafe bis zu 1 Jahr oder Geldstrafe) wird gegenüber dem abbrechenden Arzt die vorhergehende Beratung (nicht bei medizinischer Indikation) und die Feststellung der Indikationen durch einen anderen (die Abtreibung nicht vornehmenden) Arzt erzwungen. Das Vergehen der *unrichtigen ärztlichen Feststellung* nach § 219a StGB stellt unter Freiheitsstrafe bis zu 2 Jahren oder Geldstrafe die wider besseres Wissen getroffenen ärztlichen Feststellungen über Indikationen.

IV. Die *Werbung für den A. d. S.* nach § 219b StGB setzt Vorteilsabsicht oder grob anstößige Form des Anbietens, Ankündigens, Anpreisens oder Abgebens entsprechender Erklärungen zur Werbung für (auch ärztliche) Dienste oder Mittel, Gegenstände oder Verfahren zum A. d. S. voraus. Die Tat kann nur öffentlich, in einer Versammlung oder durch → Schriften begangen werden. Die gleiche Strafe (Freiheitsstrafe bis zu 2 Jahren oder Geldstrafe) ist nach § 219c StGB für das *Inverkehrbringen von Mitteln zum A. d. S.* bedroht, wenn dies geschieht um rechtswidrige Abtreibungen zu fördern.

Aberkennung

Aberkennung der bürgerlichen Ehrenrechte → Nebenfolgen.

Aberratio ictus → Vorsatz (I).

Abfall → Umweltdelikte, umweltgefährdende Abfallbeseitigung.

Abgabe eines Verfahrens → Verweisung.

Abgabenordnung → Steuerstraftaten.

Abgabenüberhebung, § 353 I StGB, ist ein *echtes* → *Amtsdelikt*. Täter kann nur ein Amtsträger (→ Beamter) sein, der Steuern, Gebühren oder sonstige Abgaben für eine öffentliche Kasse (also nicht zu eigenem Vorteil wie bei der → Gebührenüberhebung) zu erheben hat. Er muß wissentlich eine nicht geschuldete oder mehr als die geschuldete Summe erheben und nicht zur Kasse bringen. Zueignungsabsicht (wie bei → Unterschlagung) ist nicht gefordert. Das Vergehen ist mit Freiheitsstrafe von 3 Monaten bis zu 5 Jahren bedroht. Als *Leistungskürzung* stellt § 353 II StGB unter gleiche Strafe, wenn ein Amtsträger vorsätzlich von amtlichen Auszahlungen oder Naturalabgaben Abzüge macht und die Ausgabe als vollgeleistet in Rechnung stellt.

Abgeordnete. Mitglieder der Gesetzgebungsorgane des Bundes und der Länder dürfen nach Art. 46 I GG, § 36 StGB zu keiner Zeit wegen ihrer Abstimmung oder wegen einer Äußerung, die sie in dem Gesetzgebungsorgan oder einem seiner Ausschüsse getan haben, außerhalb dieser Körperschaft zur Verantwortung gezogen werden (sog. *Indemnität*), es sei denn, es handelt sich um verleumderische Beleidigungen. Von der Indemnität ist die Immunität zu unterscheiden. Die *Immunität* bedeutet, daß A. während ihrer Amtszeit wegen strafbarer Handlungen grundsätzlich nicht verfolgt und auch nicht verhaftet werden dürfen. Die strafrechtliche Verfolgung der Mitglieder der Gesetzgebungsorgane ist nur mit Genehmigung des Parlaments möglich (sog. Aufhebung der Immunität). Die Immunität ist ein → Prozeßhindernis. Sie ist für den Bundestag in Art. 46 II–IV, 49 GG, im übrigen im → Landesrecht geregelt. Landesrechtliche Immunität wirkt auch in anderen Bundesländern und im Bund (§ 152a StPO).

Abhängige → Sexueller Mißbrauch (II).

Abhängigkeit der Teilnahme → Akzessorietät.

Abhilfe → Beschwerde.

Abhören von Telefongesprächen → Fernmeldeverkehrsüberwachung, Verletzung des Post- und Fernmeldegeheimnisses.

Abhörverbot → Verletzung der Vertraulichkeit des Wortes.

Ablehnung

Ablehnung. Gerichtspersonen, zu denen neben den Berufs- und Laienrichtern auch die Urkundsbeamten und Protokollführer (§ 31 StPO) zählen, Sachverständige sowie Dolmetscher, nicht hingegen Staatsanwälte können abgelehnt werden. Die A. von Gerichtspersonen ist einmal wegen aller Gründe, welche die → *Ausschließung* rechtfertigen, ferner wegen *Besorgnis der Befangenheit* möglich. Diese ist anzunehmen, wenn ein gegenständlicher vernünftiger Grund vorliegt, der den Ablehnenden von seinem Standpunkt aus befürchten lassen kann, die Gerichtsperson werde nicht unparteiisch und sachlich verfahren (§ 24 II StPO). Zur A. *berechtigt* sind die Staatsanwaltschaft, der Privat- und Nebenkläger und der Beschuldigte sowie diesem gleichgestellte Personen (z. B. Einziehungsbeteiligte). Eine Gerichtsperson kann auch durch *Anzeige* von Tatsachen, welche die Ablehnung rechtfertigen (sog. *Selbstablehnung*), ein Ablehnungsverfahren in Gang setzen.

Die A. ist in der Hauptverhandlung nur bis zum Beginn der Vernehmung des Angeklagten (bei mehreren des ersten) zu den persönlichen Verhältnissen zulässig, im Berufungs- oder Revisionsverfahren nur bis zum Beginn des Vortrags des berichterstattenden → *Beisitzers*. Danach ist in der Hauptverhandlung A. nur dann *zulässig*, wenn die Umstände, auf welche die A. gestützt wird, erst später eingetreten oder dem zur A. Berechtigten bekannt geworden sind und wenn die A. alsdann unverzüglich geltend gemacht wird (§ 25 II StPO). Die A. ist ausgeschlossen, wenn der Angeklagte das letzte Wort gehabt hat. Die Ablehnungsgründe sind *glaubhaft* zu machen (z. B. durch Urkunden, eidesstattliche Versicherungen von Zeugen oder durch Berufung auf die dienstliche Äußerung, zu welcher der abgelehnte Richter nach § 26 III StPO verpflichtet ist). Wird das Ablehnungsgesuch nicht nach § 26a StPO als unzulässig verworfen, so entscheidet das Gericht, dem der Abgelehnte angehört, ohne dessen Mitwirkung (§ 27 StPO). Sofortige Beschwerde ist nur gegen den Beschluß zulässig, durch den die A. als unzulässig oder unbegründet erklärt wird (§ 28 StPO). Solange ein A.-Gesuch nicht erledigt ist, darf der abgelehnte Richter nur unaufschiebbar dringende Handlungen vornehmen. Bei A. in der Hauptverhandlung kann diese zur Vermeidung einer Unterbrechung solange fortgesetzt werden, bis eine Entscheidung ohne Verzögerung der Hauptverhandlung möglich ist. Doch muß die Entscheidung über die Ablehnung spätestens bis zum Beginn des übernächsten Verhandlungstags und stets vor den Schlußplädoyers ergehen. Bei Fortsetzung der Hauptverhandlung nach erfolgreicher Ablehnung bedarf es aber der Wiederholung der Teile, die nach der Anbringung des Ablehnungsgesuchs liegen (§ 29 II StPO). Die unrechtmäßige Mitwirkung eines begründet abgelehnten Richters führt über §§ 24, 338 Nr. 3 StPO auf Rüge in der Revision zur Aufhebung des Urteils.

Abolition

Abolition → Begnadigung.

Abschiebung von Falschgeld → Geldfälschung.

Abschluß der Ermittlungen → Ermittlungsverfahren.

Abschreckung → Strafe.

Absehen von → Strafe kann das Gericht in den vom Gesetz ausdrücklich vorgesehenen Fällen (z. B. §§ 157 II, 174 IV, 175 II, 182 III StGB), nach § 60 StGB allgemein aber auch dann, wenn die Folgen der Tat, die den Täter getroffen haben, so schwer sind, daß die Verhängung einer Strafe offensichtlich verfehlt wäre. Das wird insbes. bei Fahrlässigkeitstaten der Fall sein, bei denen der Täter selbst oder nahe Angehörige zu Schaden gekommen sind. Ein A. von Strafe entfällt jedoch, wenn im Hinblick auf die allgemeinen Strafzumessungsgründe, also insbes. die Schwere des Schuldvorwurfs, eine Freiheitsstrafe von mehr als 1 Jahr verwirkt wäre.

Liegen die Voraussetzungen zum A. v. Str. vor, so besteht zunächst die Möglichkeit einer → Einstellung nach § 153b StPO. Vom Beginn der Hauptverhandlung an kann jedoch nur mehr Urteil ergehen, das *neben dem Schuldspruch* den Ausspruch enthält, von Strafe werde abgesehen.

Absehen von Vereidigung → Zeugenbeweis.

Absicht → Vorsatz (II).

Absoluter Revisionsgrund → Revision.

Absorptionsprinzip → Tateinheit.

Abstimmung → Beratung.

Abstrakte Betrachtungsweise → Straftat.

Abstrakte Gefährdungsdelikte → Gefährdungsdelikte.

Abtreibung → Abbruch der Schwangerschaft.

Abtrennung eines Verfahrens → Zusammenhang.

Abwandlung. Um dem unterschiedlichen Unrechtsgehalt einer Handlung oder besonderen Umständen des Täters oder des Opfers gerecht zu werden, stellt der Gesetzgeber in manchen Fällen neben einen Grundtatbestand (*Grunddelikt; lex generalis*) eine oder mehrere A., bei denen z. B. hinsichtlich der Begehungsart, des Erfolgs der Handlung, besonderer persönlicher Verhältnisse oder einer Amtsstellung dem Grunddelikt weitere Merkmale hinzugefügt und die Rechtsfolgen abweichend bestimmt sind. A. können den Täter günstiger (sog. *privilegierende A.* oder Privilegierungen) oder aber schlechter stellen (sog. *qualifizierende*, straferschwerende A. oder

Qualifikationen). Der Grundtatbestand wird von den A. wegen → Gesetzeskonkurrenz in Form der Spezialität verdrängt. Beispiel: Das Grunddelikt des → Diebstahls nach § 242 StGB tritt sowohl gegenüber der privilegierenden A. des Haus- und Familiendiebstahls als auch gegenüber der qualifizierenden A. des Banden- oder Waffendiebstahls zurück. Von *selbständiger A.* spricht man, wenn die A. mit dem Grunddelikt nur mehr in inhaltlichem, nicht aber in rechtlichem Zusammenhang steht, somit ein rechtlich selbständiger Tatbestand (*delictum sui generis,* auch → Sonderdelikt) vorliegt. Die (echten) Qualifikationen sind im StGB ausnahmslos als selbständige A. ausgestaltet, die in ihrer rechtlichen Regelung (z. B. Versuchsstrafbarkeit, Nebenfolgen) abgeschlossen sind. Vgl. auch → erfolgsqualifizierte Delikte.

Keine echten A. sind Vorschriften, die besondere Strafdrohungen für „besonders schwere Fälle" oder „minder schwere Fälle" vorsehen, z. B. § 243 StGB. Insoweit liegt lediglich eine gesetzliche Strafzumessungsregel vor. Vgl. hierzu Strafe.

Abweichung vom Kausalverlauf → Vorsatz.

Abwendung des Erfolgs → Tätige Reue.

Abwesenheit des Angeklagten → Hauptverhandlung.

Abwesenheit des Beschuldigten → Verfahren gegen Abwesende.

Abwesenheit von der Truppe → Fahnenflucht.

Abzeichen → Amtsanmaßung (II).

Actio libera in causa. Von a. l. i. c. spricht man, wenn der Täter in willensfreiem Zustand die Ursache einer Straftat setzt, deren Tatbestand er jedoch erst in dem von ihm selbst herbeigeführten Zustand mangelnder → Schuldfähigkeit oder gar mangelnder Handlungsfähigkeit verwirklicht. Die a. l. i. c. kann sowohl *vorsätzlich* als auch fahrlässig sein. Der erste Fall liegt z. B. vor, wenn sich A betrinkt, weil er weiß oder mindestens damit rechnet, daß er dann alle Hemmungen verliert, den B zu verprügeln, und wenn er B dann tatsächlich im Zustand der Schuldunfähigkeit niederschlägt. *Fahrlässige* a. l. i. c. ist gegeben, wenn der Täter sich vorsätzlich oder fahrlässig in einen Zustand der Schuldunfähigkeit versetzt, obwohl er damit hätte rechnen müssen, daß er einen bestimmten Straftatbestand in diesem Zustand erfüllen werde. Deshalb kann sich in einem solchen Fall ein Kraftfahrer, der am Steuer seines Wagens einschläft und auf ein Fahrzeug auf der Gegenbahn prallt, nicht auf Schuld- und Straflosigkeit nach § 20 StGB berufen. Der Täter wird in allen Fällen entsprechend seiner strafrechtlichen Verantwortlichkeit vor Herbeiführung der Schuldunfähigkeit und dem verwirklichten Tatbestand be-

Adaequanztheorie

straft. Liegt a. l. i. c. vor, so scheidet Bestrafung wegen → *Vollrausches* i. d. R. aus (s. dort über den Unterschied zwischen beiden Begriffen).

Adaequanztheorie. Die A. nimmt einen Kausalzusammenhang zwischen einer Handlung und einem Erfolg nur dann an, wenn mit dem Eintritt des Erfolgs nach allgemein menschlicher Erfahrung vom Standpunkt des kundigen, nachträglich urteilenden Richters gerechnet werden konnte. Die A. beherrscht die zivilrechtliche Rechtsprechung. Im Strafrecht wird jedoch in Rechtsprechung und Rechtslehre die *Bedingungstheorie* vertreten. Vgl. Verursachung.

Adhaesionsverfahren → Entschädigung des Verletzten.

Affekt → Schuldfähigkeit, Tötung.

Agententätigkeit → Landesverrat (V).

Agententätigkeit zu Sabotagezwecken → Gefährung des demokratischen Rechtsstaats (II).

agent provocateur ist der Lockspitzel, der einen anderen zum Zweck der Überführung zur Begehung einer Straftat anstiftet. Der a. p. will i. d. R. nicht die Vollendung der Tat durch den Angestifteten. Er bleibt deshalb straflos, weil eine → Anstiftung die Bestimmung zu einem tatbestandsmäßigen Erfolg voraussetzt. Die Verführung durch einen a. p. kann Strafmilderungsgrund sein.

Aggression (Angriffskrieg) → Friedensverrat.

Aids →Krankheiten, übertragbare.

Akademische Grade → Amtsanmaßung.

Akkusationsprinzip. Das A. besagt, daß eine gerichtliche Untersuchung stets die Erhebung einer Klage durch die → Staatsanwaltschaft oder die → Privatklage voraussetzt (§ 151 StPO).

Akten. I. Zu den A. gehört das von den Ermittlungen an gesammelte Material einschließlich der als Beweismittel verwahrten Gegenstände; dazu zählen auch → Beiakten, nicht aber dienstliche Vorgänge wie z. B. die Handakten der Staatsanwaltschaft. Die A. werden im Ermittlungsverfahren (Js-Aktenzeichen) als *Ermittlungsakten,* nach Erhebung der öffentlichen Klage als *Strafakten* bezeichnet. Aus dem *Aktenzeichen* (Registerzeichen) ergibt sich, bei welchem Gericht die Sache anhängig ist: Am Amtsgericht sind Ds Vergehenssachen, DLs Verbrechenssachen, Cs Strafbefehlssachen, Ms Vergehenssachen vor dem Schöffengericht, Ls Verbrechenssachen vor dem Schöffengericht und Bs Privatklagesachen. NS bezeichnet Berufungssachen. KMs sind Vergehenssachen, Kls Verbrechenssachen vor der Strafkammer, Ss bezeichnet Revisionssachen.

Akzessorietät

II. Die A. führt im Ermittlungsverfahren die Staatsanwaltschaft, nach Anklageeinreichung das Gericht. Aus den A. ist deren Lauf bei den Strafverfolgungsbehörden zu entnehmen. Bedeutsame Vorgänge und Feststellungen werden in einem *Aktenvermerk* festgehalten.

III. Besondere Vorschriften gelten für A., deren Vorgänge geheimzuhaltende Tatsachen oder Erkenntnisse betreffen. Die Behandlung solcher A. ist in der Verschlußsachenanweisung nach Geheimhaltungsgraden (VS-VERTRAULICH, GEHEIM, STRENG GEHEIM) geregelt.

Akteneinsicht. Das Recht auf Einsicht in die → Akten des Strafverfahrens steht uneingeschränkt Gerichten, Staatsanwaltschaften, obersten Bundes- und Landesbehörden und höheren Verwaltungsbehörden, bei Vorliegen berechtigter Interessen auch anderen Behörden zu (Nr. 185 RiStBV). Grundsätzlich hat es auch der →Verteidiger für den Beschuldigten (§ 147 I StPO). Die A. kann dem Verteidiger vor dem Abschluß der Ermittlungen der Staatsanwaltschaft nur versagt werden, wenn sie den Untersuchungszweck gefährden kann (§ 147 II StPO). Gleichwohl darf in diesem Fall der Verteidiger Einsicht nehmen in alle Vernehmungsprotokolle des Beschuldigten, in Niederschriften über die Untersuchungshandlungen, bei denen dem Verteidiger die Anwesenheit gestattet worden ist oder hätte gestattet werden müssen, sowie in alle Sachverständigengutachten. Der Beschuldigte selbst kann A. nicht verlangen. Über ein Gesuch auf A. entscheidet vor Einreichung der Anklageschrift die Staatsanwaltschaft, nach Einreichen der Anklageschrift das mit der Sache befaßte Gericht, nach Einstellung oder Rechtskraft des Urteils die Justizverwaltungsbehörde, bei der oder auf deren Veranlassung die Akten verwahrt werden. Die Entscheidung außerhalb anhängiger Verfahren ist ein → Justizverwaltungsakt. Auch einem nicht verfahrensbeteiligten Rechtsanwalt kann bei Vorliegen eines berechtigten Interesses (z. B. zur Geltendmachung von Ansprüchen aus einem Verkehrsunfall) A. gewährt werden (Nr. 185 IV RiStBV). Rasch zu erledigende *Auskünfte* können aus gleichem Grund auch Privatpersonen erteilt werden.

Aktenzeichen → Akten.

Akzessorietät. I. Zwischen der Handlung des Haupttäters und der eines Teilnehmers in der Form der → Anstiftung oder der → Beihilfe besteht eine A. (= Abhängigkeit), weil die Teilnahmehandlung nur zu einer „rechtswidrigen Tat" geleistet werden kann. Das StGB verlangt die sog. *limitierte* (= begrenzte) A. Danach genügt eine tatbestandsmäßige und rechtswidrige Tat des Haupttäters; schuldhaftes Handeln des Haupttäters ist hingegen nicht erforderlich. Deshalb

Alibi

wird der Gehilfe auch dann bestraft, wenn der Haupttäter in unvermeidbarem Verbotsirrtum oder im → Notstand handelt und deshalb straflos bleibt. Doch muß der Haupttäter wenigstens mit natürlichem → Vorsatz handeln (BGHE 9, 370; str!). Liegt aber nicht direkter oder bedingter Vorsatz, sondern nur natürlicher Vorsatz des Haupttäters vor, so ist die Abgrenzung der Teilnahme zur → mittelbaren Täterschaft schwierig zu treffen (z. B. Anstiftung eines Geisteskranken zu Straftaten).

II. Liegt eine rechtswidrige Tatbestandsverwirklichung durch den Haupttäter vor, so wird *jeder* an der Tat Beteiligte ohne Rücksicht auf die Schuld des anderen *nach seiner Schuld* bestraft (§ 29 StGB). Die grundsätzliche Regelung, daß den Teilnehmer die Strafdrohung nach der vom Haupttäter begangenen Tat trifft, ist durch § 28 II StGB eingeschränkt: *besondere persönliche Merkmale* (Eigenschaften, Verhältnisse oder Umstände), die nach dem Gesetz zu einer Strafmilderung, Strafschärfung oder Strafausschließung führen, wirken sich nur für den Beteiligten aus, bei dem sie vorliegen. Begründen aber besondere persönliche Merkmale erst die Strafbarkeit, so führt das beim Teilnehmer, dem sie fehlen, zur → Strafmilderung gem. § 49 StGB. Wer einen Arzt zur → Verletzung von Privatgeheimnissen anstiftet, wird demgemäß milder bestraft als der Täter. Bestiehlt hingegen die Gattin zusammen mit ihrem Geliebten den Ehemann, ist nur für sie der fehlende Strafantrag (§ 247 StGB) ein Prozeßhindernis.

III. Aus der A. folgt auch, daß Anstifter und Gehilfe nur im Umfang der Haupttat haften. Kommt es nur zum Versuch, so liegt Beihilfe oder Anstiftung zum Versuch vor. Geht der Haupttäter jedoch über das Vorstellungsbild des Teilnehmers bei der Tatbestandsverwirklichung hinaus (sog. *Exzeß*), so ist der Teilnehmer wegen Anstiftung, bzw. Beihilfe nur im Rahmen der von seinem Vorsatz umfaßten Handlung strafbar: Stiftet A den B an, dem C unauffällig die Brieftasche aus der Manteltasche zu ziehen, entreißt B die Brieftasche dem C jedoch unter Gewaltanwendung, so ist A gleichwohl nur wegen Anstiftung zum Diebstahl, nicht aber zum Raub strafbar. *Unwesentliche Abweichungen* des Verhaltens des Haupttäters gegenüber dem Vorstellungsbild des Teilnehmers wirken sich jedoch nicht aus. Tritt für *besondere Folgen* einer Straftat eine Straferhöhung ein (z. B. Todesfolge bei → Körperverletzung, → Vergewaltigung), so haftet für solche vom Haupttäter verursachten Folgen der Teilnehmer nach § 18 StGB dann, wenn auch ihm zumindest Fahrlässigkeit hinsichtlich der Folgen vorgeworfen werden kann.

Alibi („Anderswo"). Die Möglichkeit der Täterschaft kann oft dadurch ausgeschlossen werden, daß der Nachweis eines Aufenthalts

Amtsanmaßung

außerhalb des Tatorts erbracht wird. Der Alibibeweis des Angeklagten ist eine Verteidigungsmöglichkeit, deren Mißerfolg aber nicht den Tatnachweis ersetzt.

Alkohol → Trunkenheit, Volltrunkenheit, Verkehrsgefährdung (III).

Allgemeinkundigkeit → Offenkundigkeit.

Alternative Tatsachenfeststellung → Wahlfeststellung.

Amnestie → Begnadigung.

Amtsanmaßung. I. Als A. stellt § 132 StGB zwei Fälle unter Freiheitsstrafe bis zu 2 Jahren oder Geldstrafe: Zum einen begeht A. derjenige, der sich unbefugt mit der Ausübung eines öffentlichen Amtes befaßt, also als Amtsinhaber auftritt. Der Täter muß eine Amtshandlung (z. B. Eheschließung, Ausweiskontrolle, Beschlagnahme) vornehmen. Die bloße Angabe, er sei etwa Kriminalbeamter, ist keine A. (vgl. unter II). Als öffentliche Ämter kommen alle Stellungen in Betracht, die Tätigkeiten im unmittelbaren oder mittelbaren staatlichen Dienst ermöglichen (z. B. Beamter, Richter, Laienrichter, aber auch Notar, nicht hingegen Rechtsanwalt).

Zum anderen ist aber A. auch die Vornahme einer nur kraft eines öffentlichen Amts gestatteten Handlung, ohne daß der Täter sich als Amtsperson aufführt. Mit dem § 132 StGB treffen in → Tateinheit die Straftatbestände zusammen, welche die angemaßte Handlung selbst erfüllt (z. B. Hausfriedensbruch, Freiheitsberaubung).

II. Als *Mißbrauch von Titeln, Berufsbezeichnungen und Abzeichen* schützt § 132a StGB inländische und ausländische Dienst- und Amtsbezeichnungen (z. B. Staatsanwalt, Notar, Landrat), akademische Grade („Dr.", „Diplom-"), Titel, Würden (Ehrenbürger der Stadt ...). Strafbar ist auch das Tragen der entsprechenden Amtskleidung (z. B. Richterrobe) oder Amtsabzeichen sowie das Tragen von (staatlichen) Uniformen. Der Schutz erstreckt sich auch auf Amtsbezeichnungen, Titel, Amtskleidung und -abzeichen der Religionsgesellschaften des öffentlichen Rechts. § 132a II StGB legt fest, daß ein Mißbrauch ebenso vorliegt, wenn Bezeichnungen und Abzeichen zwar nicht genau den amtlichen entsprechen, ihnen aber zum Verwechseln ähnlich sind.

Strafrechtlicher Schutz wird schließlich den Bezeichnungen öffentlich bestellter Sachverständiger und ganz bestimmter *Berufe* gewährt (Arzt, Zahnarzt, Tierarzt, Apotheker, Rechtsanwalt, Patentanwalt, Wirtschaftsprüfer, vereidigter Buchprüfer, Steuerberater, Steuerbevollmächtigter). Alle übrigen Berufsbezeichnungen, Amts-

Amtsanwälte

trachten (z. B. der Krankenpflege) sind gegen Mißbrauch allenfalls durch Ordnungswidrigkeiten geschützt (vgl. § 126 OWiG).

Amtsanwälte (i. d. R. Beamte des gehobenen Dienstes) können die Tätigkeit eines → Staatsanwalts beim Amtsgericht in solchen Strafsachen ausüben, die zur Zuständigkeit des Amtsgerichts gehören (§ 142 I Nr. 3, II, § 145 II GVG). Sie vertreten auch in der Hauptverhandlung die Anklage. Nach bundeseinheitlichen Regelungen werden A. nur die Strafsachen übertragen, in denen der Amtsrichter allein entscheidet. A. sind auch in der → Strafvollstreckung tätig.

Amtsbezeichnung → Amtsanmaßung.

Amtsdelikte sind Straftatbestände, die eine bestimmte berufliche Tätigkeit einer Person (meist → Beamter, u. U. aber auch Anwalt, Rechtsbeistand) als strafbegründendes (sog. *echte oder eigentliche* A.) oder als strafschärfendes Merkmal (sog. *unechte, uneigentliche* oder gemischte A.) enthalten. Bei den echten A. ist Täterschaft von Nichtbeamten nicht möglich, wohl aber Anstiftung oder Beihilfe. Der Nichtbeamte ist sodann aus dem Strafrahmen des echten A. in Verbindung mit §§ 26, 27 StGB zu bestrafen. Hingegen ist bei den unechten A. nach § 28 II StGB der Nichtbeamte als Mittäter, Anstifter oder Gehilfe aus dem Grundtatbestand zu bestrafen. Z. B.: Nichtbeamter stiftet einen Beamten zur Mißhandlung eines Strafgefangenen an; der Beamte ist nach § 340 StGB, der Nichtbeamte nach §§ 223, 26 StGB zu bestrafen. Die Strafschärfung für Beamte rechtfertigt sich einerseits aus der Verletzung des besonderen Treueverhältnisses des Beamten zum Staat, andererseits aus dem Schutzbedürfnis der Allgemeinheit vor dem Mißbrauch der Amtsgewalt.

Bei bestimmten A. kann neben einer Freiheitsstrafe von mehr als 6 Monaten auch auf Verlust der Fähigkeit, öffentliche Ämter zu bekleiden, erkannt werden (§ 358 StGB).

Amtsfähigkeit, Verlust → Nebenfolgen.

Amtsgeheimnis → Geheimnisbruch.

Amtsgericht. I. Das A. ist mit Einzelrichtern besetzt. In Strafsachen entscheidet der Richter am A. als *Einzelrichter* oder das *Schöffengericht,* dem der Richter am A. vorsitzt und dem 2 → Laienrichter als *Schöffen* angehören. In Jugendsachen werden entsprechend der *Jugendrichter* und das *Jugendschöffengericht* tätig.

II. Soweit nicht durch ausdrückliche Vorschrift die *Zuständigkeit* des → Landgerichts (Strafkammer, → Schwurgericht, §§ 74, 74a GVG) oder des OLG (§ 120 GVG) begründet ist, entscheidet das A. grundsätzlich in allen Strafsachen über Vergehen und Verbrechen (§ 24 GVG). Ausnahmen gelten jedoch für folgende Fälle: 1. Der

Änderung des rechtlichen Gesichtspunkts

Staatsanwalt erhebt wegen der besonderen Bedeutung der Strafsache Anklage zum Landgericht. 2. Die Sache läßt eine Überschreitung der Strafgewalt des A. erwarten. Nach § 24 II GVG kann das A. nicht auf Sicherungsverwahrung, auf Unterbringung in einem psychiatrischen Krankenhaus und nicht auf eine höhere Freiheitsstrafe als 3 Jahre erkennen.

III. Der Richter am A. entscheidet außerhalb der Hauptverhandlung immer allein. In der Hauptverhandlung entscheidet er als sog. *Einzelrichter* bei Vergehen, die 1. entweder im → Privatklageverfahren verfolgt werden oder 2. nicht mit mehr als 6 Monaten Freiheitsstrafe bedroht sind oder 3. die der Staatsanwalt beim Einzelrichter anklagt, falls keine höhere Freiheitsstrafe als 1 Jahr zu erwarten steht. Hierdurch ist jedoch die Strafgewalt des Einzelrichters gegenüber der des A. nicht eingeschränkt. In den übrigen Fällen entscheidet das *Schöffengericht*. Bei besonders umfänglichen Sachen kann auf Antrag der Staatsanwaltschaft ein weiterer Amtsrichter zugezogen werden (sog. *erweitertes Schöffengericht*, § 29 II GVG).

IV. Der Richter am A. wird auch als → *Ermittlungsrichter* tätig.

V. Zum Gerichtsaufbau in den 5 neuen Bundesländern → DDR I.

Amtsgewalt, Mißbrauch → Amtsdelikte; Mißbrauch zu sexuellen Handlungen → Sexueller Mißbrauch (IV).

Amtshilfe. Die Behörden und Gerichte des Bundes und der Länder sind nach Art. 35 GG zu gegenseitiger A. verpflichtet. Auf Grund zwischenstaatlicher Verträge besteht diese Verpflichtung auch mit ausländischen Staaten. Im Strafrecht erfaßt die A. alle Handlungen, die die Strafverfolgungsbehörden zur Unterstützung ihrer Tätigkeit, also vom → Ermittlungsverfahren bis zur Strafvollstreckung, benötigen (z. B. Aufenthaltsermittlungen, Fahndung, Vernehmung von Zeugen, Zustellung von Ladungen). Geht das Ersuchen von einem Gericht an ein Gericht, so spricht man von *Rechtshilfe* (§§ 156–168 GVG). Vgl. auch kommissarische Vernehmung.

Amtsstellung, Ausnutzung zu sexuellen Handlungen → Sexueller Mißbrauch (IV).

Amtsträger → Beamter.

Amtsunterschlagung → Unterschlagung.

Amtsverlust → Nebenfolgen.

Analogieverbot → Strafbarkeit.

Andenken Verstorbener → Verunglimpfung.

Änderung des rechtlichen Gesichtspunkts → Urteil (III).

Androhung von Straftaten

Androhung von Straftaten → Bedrohung, Störung des öffentlichen Friedens durch A. v. S.

Anerbieten zu einem Verbrechen → Versuch der Beteiligung.

Angabe der Personalien → Vernehmung, falsche Namensangabe.

Angehörige sind nach § 11 I StGB die Verwandten und Verschwägerten gerader Linie, die Adoptiv- und Pflegeeltern und Adoptiv- und Pflegekinder, Ehegatten und deren Geschwister, Geschwister und deren Ehegatten und Verlobte. Dabei genügt nichteheliche Abstammung, ebenso eine nur formell gültige Ehe. Auch die Scheidung beseitigt eine durch die Ehe hergestellte Eigenschaft als A. nicht mehr (§ 11 I 1a StGB). Bei Geschwistern genügt auch Halbblütigkeit. Die StPO legt für das → Zeugnisverweigerungsrecht den Kreis der A. *abweichend* fest.

Angeklagter, Angeschuldigter → Beschuldigter.

Angriff auf den Luft- und Seeverkehr (Luftpiraterie) ist in § 316c StGB als Verbrechen unter Freiheitsstrafe von mindestens 5 Jahren, in minder schweren Fällen nicht unter 1 Jahr gestellt. Geschützt wird die Sicherheit des *Flugverkehrs*, das im Flug befindliche und für zivile Zwecke eingesetzte Luftfahrzeug. Doch wird ihm das Flugzeug vor dem Start vom Betreten durch Flugpersonal oder Fluggäste oder vom Beginn der Beladung an sowie der entsprechende Zeitraum nach der (planmäßigen) Landung gleichgestellt. Geschützt ist weiter das im zivilen *Seeverkehr* eingesetzte Schiff.

Tathandlungen sind einmal die Einflußnahme auf die Führung oder die Übernahme der Herrschaft über Flugzeug oder Schiff durch Gewalt oder andere Machenschaften, zum anderen der Gebrauch von Schußwaffen oder das → Unternehmen des Herbeiführens einer Explosion oder eines Brandes in der Absicht, das Flugzeug oder Schiff oder deren Ladung zu zerstören oder zu beschädigen. Strafschärfung bis zu lebenslänglicher Freiheitsstrafe tritt ein, wenn durch die Handlung leichtfertig der Tod eines Menschen verursacht worden ist. Bestimmte Vorbereitungshandlungen sind in § 316c III StGB mit Freiheitsstrafe von 6 Monaten bis zu 5 Jahren bedroht. Übt der Täter → tätige Reue, bevor ein größerer Schaden eingetreten ist, so besteht die Möglichkeit des → Absehens von Strafe oder der Strafmilderung (§ 316c IV StGB).

Angriff gegen Organe und Vertreter ausländischer Staaten → ausländische Staaten.

Angriffskrieg → Friedensverrat.

Anrechnung

Anhörung der Beteiligten vor einer Entscheidung → Rechtliches Gehör.

Animus socii → Beihilfe.

Anklagemonopol → Staatsanwaltschaft.

Anklagesatz → Anklageschrift.

Anklageschrift. Durch Einreichen der A. erhebt die Staatsanwaltschaft die → öffentliche Klage. Die A. muß den Angeschuldigten durch Anführung seiner Personalien genau bezeichnen. Sie hat die ihm zur Last gelegte → Tat unter Angabe von Zeit und Ort der Begehung zu schildern. Die Tat muß in ihrem Umfang abgegrenzt sein. Nur die in der A. bezeichnete Tat ist Gegenstand der Urteilsfindung (§ 264 I StPO). Die A. hat ferner die gesetzlichen Tatbestandsmerkmale (z. B. „Wegnahme einer fremden beweglichen Sache in der Absicht rechtswidriger Zueignung" bei Diebstahl) sowie die anzuwendenden Strafvorschriften zu benennen. Diese Teile der A. bilden den sog. *Anklagesatz* (§ 200 I 1 StPO). Die A. enthält ferner die Angabe der Beweismittel. Woraus sich der hinreichende Tatverdacht ergibt, ist im *wesentlichen Ergebnis der Ermittlungen* darzulegen. Es kann wegbleiben, wenn die A. zum Einzelrichter erhoben wird. Schließlich hat die A. noch das Gericht, vor dem die Hauptverhandlung stattfinden soll, und ggf. den Verteidiger anzugeben und den Antrag zu enthalten, das Hauptverfahren zu eröffnen (§ 199 II 1 StPO).

Anklageschrift, Veröffentlichung → Verbotene Mitteilungen über Gerichtsverhandlungen.

Anknüpfungstatsachen → Sachverständiger.

Anonyme Anzeigen → Strafanzeige.

Anrechnung. Nach § 51 StGB werden grundsätzlich Freiheitsentziehungen oder als Geldstrafe entrichtete finanzielle Einbußen auf die in der endgültigen Entscheidung verhängten Strafen angerechnet, soweit sie aus Anlaß der abgeurteilten Tat erlitten worden sind. Anrechenbar sind danach a) die → Untersuchungshaft, b) die Polizeihaft (Haft von der vorläufigen Festnahme bis zur richterlichen Anordnung der Untersuchungshaft), c) die Unterbringungshaft (vgl. Unterbringungsbefehl), d) andere Freiheitsentziehungen (z. B. zum Zweck der Untersuchung der Schuldfähigkeit gem. § 81 StPO), e) im Ausland vollstreckte Strafe, f) sonst im Ausland erlittene Freiheitsentziehung, g) vollstreckte Freiheitsstrafe auch aus rechtskräftigen Urteilen, wenn diese nachträglich aufgehoben werden (z. B. bei nachträglicher Gesamtstrafenbildung oder im Wiederaufnahmever-

Ansammlung

fahren), h) vollstreckte Geldstrafe. Voraussetzung ist stets der Zusammenhang mit der alsdann abgeurteilten Tat. Auf erlittene Freiheitsentziehung kann auch die im Urteil ausgesprochene *Geldstrafe* angerechnet werden, ebenso umgekehrt. Verrechnungsmaßstab ist dabei pro Tagessatz 1 Tag Freiheitsentziehung.

Die A. tritt als gesetzliche Folge auch ein, ohne daß sie im Urteil ausgesprochen werden muß. Bei Freiheitsentziehungen nach a), d) und g) kann das Gericht ganz oder zum Teil das Unterbleiben der A. anordnen, wenn diese nach dem Verhalten des Angeklagten (z. B. böswillige Prozeßverschleppung) nicht gerechtfertigt wäre.

Die Grundsätze der A. gelten nach § 51 V StGB bei Verhängung eines → Fahrverbots für die vorangegangene vorläufige Entziehung der Fahrerlaubnis oder die Wegnahme des Führerscheins.

Bei der → Strafvollstreckung obliegt die A. der Strafvollstreckungsbehörde, §§ 450 f. StPO.

Ansammlung → Landfriedensbruch.

Anschlag gegen ausländische Staatsmänner → Ausländische Staaten.

Anschlußerklärung → Nebenklage.

Anschlußstraftaten werden solche Delikte genannt, welche die Straftat eines anderen voraussetzen, aber doch nicht bloße → Teilnahme an fremder Tat sind. A. sind insbesondere → Begünstigung und → Hehlerei.

Anschlußverfahren → Entschädigung des Verletzten.

Anschuldigung, falsche → Verdächtigung (I).

Anstaltsunterbringung → Unterbringung.

Ansteckende Krankheiten → Krankheiten.

Anstellungsbetrug. Von A. spricht man, wenn jemand einen → Betrug nach § 263 StGB dadurch begeht, daß er eine Ausbildung oder berufliche Leistung oder Fähigkeit (z. B. durch gefälschte Zeugnisse) gegenüber einem Arbeitgeber zur Erlangung einer Stellung vortäuscht. Besonders sorgfältiger Prüfung bedarf beim A. die Feststellung eines Vermögensschadens; ein solcher ist i. d. R. dann gegeben, wenn die tatsächlichen Leistungen dem Lohn nicht entsprechen, u. U. auch dann, wenn bei der Vergabe einer besonderen Vertrauensstellung mit deshalb überdurchschnittlicher Bezahlung der Täter die geforderte Zuverlässigkeit auf Grund seiner bisherigen Lebensführung nicht hat. Wird eine *Beamtenstellung* erschlichen, so ist auch bei sachgemäßer Wahrnehmung der Dienstgeschäfte Betrug gegeben, wenn der Täter persönlich der Stellung nicht würdig erscheint, z. B.

wenn er eine Bestrafung wegen Diebstahls oder Betrugs bei der Bewerbung dadurch verschwiegen hat, daß er sich als nicht vorbestraft bezeichnet, oder wenn er die für das Amt vorauszusetzende Vorbildung nicht hat. Denn die Besoldung ist Entgelt sowohl für die Leistungen wie auch für die sachlichen und persönlichen Voraussetzungen des Beamten.

Anstiftung (§ 26 StGB) ist vorsätzliche Bestimmung eines anderen zur Begehung einer Straftat. Der Anstifter erstrebt eine *fremde* vollendete vorsätzliche Tat, nicht nur – wie der → agent provocateur – deren Versuch. Wird der Angestiftete nur als Werkzeug benützt (z. B. ein Geisteskranker), so liegt → mittelbare Täterschaft vor. A. ist jedoch gegeben, wenn der Anstifter die Schuldlosigkeit des Haupttäters nicht erkennt. Die A. muß für die Haupttat *mitursächlich* sein. Mittel der A. können u. a. Geschenke, Versprechungen, Drohung oder Irreführung sein. Der Anstifter wird nach dem Strafgesetz bestraft, das die Tat mit Strafe bedroht, zu der er angestiftet hat. Vgl. im übrigen → Akzessorietät.

Die aus irgendeinem Grund *erfolglos gebliebene Anstiftung* ist (nach den Regeln des → Versuchs) nur strafbar, wenn der Anstifter einen anderen zu einem Verbrechen (vgl. → Straftat) bestimmen wollte. Vgl. dazu → Versuch der Beteiligung, → Anleitung zu Straftaten, → öffentliche Aufforderung zu strafbaren Handlungen.

Antragsdelikte sind Straftatbestände, bei denen die Verfolgung von der Stellung eines → *Strafantrags* als Prozeßvoraussetzung abhängig gemacht ist. A. sind oft, aber nicht notwendig Privatklagedelikte.

Antragsschrift → Sicherungsverfahren.

Anwerben für fremden Wehrdienst. Die so bezeichnete Straftat gegen die → Landesverteidigung nach § 109h StGB schützt Deutsche vor der Anwerbung und der Zuführung zum Wehrdienst einer ausländischen Macht.

Anzeichenbeweis → Indizienbeweis.

Anzeige → Strafanzeige.

Anzeigepflicht → Nichtanzeige geplanter Straftaten.

Äquivalenztheorie → Verursachung.

Arbeitsentgelt → Vorenthalten und Veruntreuen von A.

Ärgernisgeben → Erregung öffentlichen Ärgernisses.

Armenrecht → Prozeßkostenhilfe.

Arnimparagraph → Vertrauensbruch im auswärtigen Dienst.

Arrest

Arrest wird im Strafrecht entweder als → *Zuchtmittel* (sog. Jugendarrest) oder als *Strafarrest* nach dem → Wehrstrafgesetz verhängt.

Ärztliche Atteste → Ausstellen unrichtiger Gesundheitszeugnisse.

Ärztliche Eingriffe → Körperverletzung.

Asperation → Tatmehrheit.

Atypischer Kausalverlauf → Verursachung, Vorsatz.

Auffangtatbestand → Gesetzeskonkurrenz.

Aufforderung zu strafbaren Handlungen → öffentliche Aufforderung zu Straftaten.

Aufklärungspflicht des Arztes → Einwilligung (II).

Aufklärungspflicht im Geschäftsverkehr → Betrug.

Aufklärungspflicht im Strafprozeß. Die A. beherrscht das gesamte Strafverfahren. Die jeweils verantwortlichen Strafverfolgungsorgane haben *belastende und entlastende* Umstände, soweit sie materiellrechtlich oder verfahrensrechtlich von Bedeutung sind, zu erforschen. Eine *Verletzung der A.* des Gerichts (§ 244 II StPO) liegt vor, wenn es nicht alle bekannten Beweismittel, soweit sie zulässig, geeignet, von Bedeutung und erreichbar sind, verwendet. Die sog. *Aufklärungsrüge* zur Begründung der → Revision muß darauf gestützt werden, daß bestimmte Umstände (z. B. auch eine Beweisanregung) den Richter hätten drängen müssen, ein bestimmtes Beweismittel zur Klärung einer bestimmten Tatsache zu benützen.

Aufklärungsrüge → Aufklärungspflicht im Strafprozeß.

Auflagen → Strafaussetzung zur Bewährung, Zuchtmittel.

Aufruhr → Landfriedensbruch.

Aufschub der Strafe → Vollstreckungsaufschub.

Aufsichtsbeschwerde → Dienstaufsichtsbeschwerde.

Aufsichtspflichtverletzung → Vernachlässigung der Aufsichtspflicht.

Aufsichtsstelle → Führungsaufsicht.

Aufstacheln zum Angriffskrieg → Friedensverrat.

Aufstachelung zum Rassenhaß → Gewaltdarstellung.

Augenschein. Die Einnahme des A. ist ein → Beweismittel. Durch den A. werden eine Sache, Sachgegebenheiten oder ein Vorgang wahrgenommen. Gegenstand des A. kann alles sein, was mit den Sinnen wahrgenommen werden kann, z. B. auch Fotos, Karten,

Ausländer

Zeichnungen, Geräusche, Oberflächenstrukturen, eine Geschmacksrichtung, ein Geruch, aber auch optisch wahrnehmbare Abläufe (Filme) oder Tonfolgen. Wird der A. nicht in der Hauptverhandlung selbst eingenommen, so wird der Gegenstand des A. durch Verlesung eines richterlichen Protokolls über den A. oder durch Zeugen oder Sachverständigenbeweis eingeführt. Vgl. Beweisantrag.

Ausbeutung → Wucher.

Ausbeutung von Dirnen → Zuhälterei, Förderung der Prostitution.

Ausbleiben des Angeklagten → Hauptverhandlung.

Ausbruch → Gefangenenmeuterei.

Ausfuhr, verbotene → Bannbruch, Schmuggel.

Auskundschaften von Staatsgeheimnissen → Landesverrat (V).

Auskunft aus dem Strafregister → Zentralregister.

Auskunftsverweigerungsrecht. Nach § 55 I StPO kann ein Zeuge die Beantwortung einzelner Fragen verweigern, wenn er sich oder einen → Angehörigen durch eine wahrheitsgemäße Aussage der Gefahr aussetzen müßte, wegen einer Straftat oder einer Ordnungswidrigkeit verfolgt zu werden. Das A. kann aber nicht dadurch ausgeübt werden, daß der Zeuge für ihn belastende Umstände verschweigt, sondern nur durch die Erklärung, die Auskunft verweigern zu wollen. Über das A. ist der Zeuge zu *belehren,* wenn entsprechender Verdacht besteht. Die gesamte Aussage ist in jedem Fall, auch wenn Belehrung unterblieben ist oder die Auskunft erst später verweigert wird, verwertbar (BGH GS in BGHE 11, 213).

Auslagen → Kosten.

Ausländer unterliegen hinsichtlich der *im Inland begangenen Taten* in strafrechtlicher Hinsicht keiner Sonderbehandlung (sog. Territorialitätsprinzip). *Auslandstaten von A.* werden nach deutschem Strafrecht behandelt, wenn der Täter die deutsche Staatsangehörigkeit erworben hat, wenn sich die Straftat gegen inländische Rechtsgüter (*Schutzprinzip;* § 5 StGB) oder gegen einen deutschen Staatsangehörigen (sog. *passives Personalitätsprinzip*) richtet oder wenn der Täter im Inland betroffen, aber trotz einer nach der Art der Straftat zulässigen Auslieferung nicht ausgeliefert wird (§ 7 II StGB). Ferner gilt das deutsche Strafrecht für Auslandstaten eines A. nach § 6 StGB für eine Reihe bestimmter Straftaten gegen international geschützte Rechtsgüter ohne Rücksicht auf das Recht des Tatorts (z. B. Sprengstoffverbrechen, Geldfälschung; sog. *Weltrechtsprinzip*).

Ausländische Diplomaten

Ausländische Diplomaten → Exterritorialität.

Ausländische Truppen → Exterritorialität.

Ausländische Staaten sind durch die Straftaten des 3. Abschnitts des besonderen Teils des StGB geschützt. Unter Strafe gestellt sind der Angriff auf Leib oder Leben ausländischer Staatsmänner (§ 102 StGB), deren Beleidigung (§ 103 StGB) und die entehrende Beeinträchtigung fremder Hoheitszeichen (§ 104 StGB). Die Strafverfolgung setzt in jedem Fall das Bestehen diplomatischer Beziehungen zu dem verletzten Staat, Verbürgung der Gegenseitigkeit, ein Strafverlangen des betroffenen ausländischen Staats und eine Ermächtigung der Bundesregierung zur Strafverfolgung voraus (§ 104a StGB).

Auslandsstrafen, Anrechnung → Untersuchungshaft (V).

Auslandstaten. Das Strafrecht gilt grundsätzlich auch für Straftaten, die ein Deutscher (vgl. Art. 116 I GG) im Ausland begeht (§ 7 II Nr. 1 StGB; sog. Prinzip der stellvertretenden Strafrechtspflege). Eine Ausnahme gilt jedoch dann, wenn die Tat nach den besonderen Verhältnissen am Tatort kein strafwürdiges Unrecht ist und auch nach dem Recht des Tatorts nicht mit Strafe bedroht ist, z. B. Glücksspiel. Eine im Ausland wegen der Tat erlittene Freiheitsentziehung wird auf die im Inland erkannte Strafe nach § 51 III StGB angerechnet.

Vgl. auch Tatort, Ausländer.

Auslieferung. Nach dem Deutschen Auslieferungsgesetz können *Ausländer,* die von der Behörde eines ausländischen Staates wegen einer strafbaren Handlung verfolgt werden oder verurteilt worden sind, auf Ersuchen ausgeliefert werden. Voraussetzungen sind u. a.: Die Tat muß im Inland ein Vergehen oder Verbrechen sein; es darf sich nicht um eine politische Straftat handeln (ausgenommen Anschläge auf das Leben Dritter); die Strafverfolgung darf nicht verjährt und die Strafklage nicht nach deutschem Recht verbraucht sein; es muß beiderseitig Strafbarkeit und Verfolgbarkeit bestehen. Das Oberlandesgericht ist für den Erlaß des *Auslieferungshaftbefehls* und die Entscheidung über die *Zulässigkeit* der A. zuständig; über die *Bewilligung* der A. entscheidet die BReg. bzw. die LdJustVerwaltung. Die A. eines Deutschen (vgl. Art. 116 I GG) ist durch Art. 16 II 1 GG ausgeschlossen.

Ausnahmegerichte sind nach Art. 101 I GG und § 16 GVG unstatthaft. Der Grundsatz, daß niemand dem *gesetzlichen Richter* entzogen werden darf (Art. 101 I 2 GG), ist eine Forderung der Rechtsstaatlichkeit. Die Folgerungen dieses Grundsatzes bedingen, daß das im Einzelfall tätige Gericht und die im Einzelfall zur Entscheidung berufenen Richter unter Ausschluß sachfremder Erwägungen auf Grund einer allgemeinen Regelung feststehen müssen. Soweit dieser Forderung nicht schon durch die Vorschriften über die → Zuständigkeit Rechnung getragen ist, wird die Zuteilung der einzelnen Sachen durch die *Geschäftsverteilung* eines Gerichts im Voraus bestimmt. Dabei muß die Zuweisung bei mehreren Strafrichtern, Strafkammern oder Strafsenaten nach allgemeinen Gesichtspunkten, etwa nach dem Anfangsbuchstaben der Namen der Beschuldigten, nach Wohnorten oder nach den Eingangsnummern geregelt sein. Das gilt auch, wenn nach § 21 g II GVG z. B. eine *Hilfsstrafkammer* gebildet wird, weil die ursprünglich zuständige Strafkammer überlastet ist. Ein Verstoß gegen § 16 GVG ist absoluter Revisionsgrund nach § 338 Nr. 1 StPO. Nach § 222a StPO ist die Besetzung des Gerichts den Beteiligten mitzuteilen, wenn die Hauptverhandlung im 1. Rechtszug vor dem LG oder einem höheren Gericht stattfinden soll. Dadurch sollen spätere Beanstandungen ausgeschlossen werden. Vgl. auch § 338 Nr. 1 StPO.

Aussageerpressung, ein echtes → Amtsdelikt, begeht nach § 343 StGB der Amtsträger, der einen anderen körperlich mißhandelt, ihm Gewalt androht oder ihn seelisch quält, um ihn zu nötigen, etwas auszusagen oder dies zu unterlassen. Dies muß in einem Strafverfahren, in einem Verfahren zur Anordnung einer behördlichen Verwahrung, in einem Bußgeldverfahren, in einem Disziplinarverfahren oder in einem ehren- oder berufsgerichtlichen Verfahren geschehen. Die Tat ist als Verbrechen mit Freiheitsstrafe von 1 bis 10 Jahren bedroht.

Aussagenotstand → falsche uneidliche Aussage.

Aussageverweigerung → Vernehmung, Zeugnisverweigerungsrecht; vgl. auch → Auskunftverweigerungsrecht.

Ausschließung von Gerichtspersonen. Kraft Gesetzes sind Richter, Schöffen sowie die Urkundsbeamten der Geschäftsstelle oder sonstige Protokollführer bei Vorliegen besonderer Umstände von der Ausübung ihres Amtes ausgeschlossen. Eine A. ist nach § 22 StPO gegeben, wenn die Gerichtsperson selbst durch die Tat verletzt ist, wenn sie zum Verletzten oder aber zum Beschuldigten bis zum 3. Grad verwandt oder bis zum 2. Grad verschwägert ist, wenn sie als Beamter der Staatsanwaltschaft, als Polizeibeamter, als Anwalt für den Verletzten oder als Verteidiger tätig gewesen ist oder wenn sie in der Sache als Zeuge oder Sachverständiger vernommen ist. Darüber hinaus ist ein Richter (auch → Laienrichter) ausgeschlossen, wenn er in der gleichen Sache bei einer Entscheidung in einem niedrigeren Rechtszug mitgewirkt hat (§ 23 I StPO). Im Wiederaufnah-

Außervollzugsetzung

meverfahren sind ferner die Richter ausgeschlossen, die an der angefochtenen Entscheidung oder an einer dieser in einem unteren Rechtszug vorausgehenden Entscheidung mitgewirkt haben (§ 23 II StPO). Wird die A. nicht beachtet (absoluter Revisionsgrund, § 338 Nr. 2 StPO), so kann darauf auch die → Ablehnung gestützt werden.

Außervollzugsetzung → Untersuchungshaft (III).

Aussetzung. Nach § 221 I StGB ist die vorsätzliche Herbeiführung einer Leibes- oder Lebensgefährdung einer hilflosen Person (z. B. eines Kleinkinds, Kranken, aber auch Unfallverletzten) mit Freiheitsstrafe von 3 Monaten bis zu 5 Jahren bedroht. A. begeht, wer entweder eine hilflose Person aussetzt, d. h. sie durch Veränderung des Aufenthaltsorts räumlich in eine gefährdende Lage verbringt, oder wer als Obhutspflichtiger eine hilflose Person verläßt. Wird die A. von den Eltern gegenüber ihrem Kind begangen, so ist die Mindeststrafe 6 Monate Freiheitsstrafe (§ 221 II StGB). Löst die A. bei dem Hilflosen eine schwere → Körperverletzung oder den Tod (bei Vorsatz aber → Tötung) aus, so wird die A. als Verbrechen bestraft (§ 221 III StGB). Vgl. auch Menschenraub.

Aussetzung der Freiheitsstrafe → Strafaussetzung zur Bewährung.

Aussetzung der Hauptverhandlung → Hauptverhandlung.

Aussetzung der Verhängung einer Jugendstrafe → Jugendstrafe.

Aussetzung freiheitsentziehender Maßregeln → Unterbringung (V).

Ausspähen von Daten begeht nach § 202a I StGB, wer sich oder einem anderen unbefugt → Daten verschafft, die nicht für ihn bestimmt sind, die auch gegen unberechtigten Zugang besonders gesichert sind. Daten sind hier nur solche, die elektronisch, magnetisch oder sonst nicht unmittelbar wahrnehmbar gespeichert sind oder übermittelt werden (§ 202a II StGB). Neben Geldstrafe ist Freiheitsstrafe bis zu 3 Jahren angedroht.

Ausspähung → Landesverrat.

Ausspielung → Glückspiel.

Ausstellen unrichtiger Gesundheitszeugnisse. Eine Medizinalperson (z. B. Arzt, Heilpraktiker, Zahnarzt, Hebamme) wird nach § 278 StGB mit Freiheitsstrafe bis zu 2 Jahren oder mit Geldstrafe bestraft, wenn sie wider besseres Wissen ein inhaltlich unrichtiges Zeugnis über den Gesundheitszustand eines Menschen zum Gebrauch bei Behörden oder Versicherungen *ausstellt*. Wer, ohne selbst der Aussteller zu sein, von einem solchen inhaltlich unrichtigen Zeugnis *Gebrauch macht,* um Behörden oder Versicherungen über seinen oder den Gesundheitszustand eines anderen zu täuschen, wird nach § 279 StGB mit → Freiheitsstrafe bis zu 1 Jahr oder mit Geldstrafe bestraft, auch wenn das Zeugnis zunächst nicht wider besseres Wissen unrichtig ausgestellt worden ist (str.). Vgl. auch Fälschung von Gesundheitszeugnissen sowie beim → Abbruch der Schwangerschaft die Sondervorschrift des § 219a StGB.

Ausübung der verbotenen Prostitution → Prostitution.

Auswandern → Auswanderungsbetrug, Mädchenhandel.

Auswanderungsbetrug (Verleitung zum Auswandern) ist in § 144 StGB mit Freiheitsstrafe bis zu 2 Jahren bedroht. Der Tatbestand setzt → geschäftsmäßiges Handeln voraus. Der Täter muß Deutsche entweder unter Vorspiegelung falscher Tatsachen oder wissentlich mit unbegründeten Angaben oder durch andere auf Täuschung berechnete Mittel zur Auswanderung verleiten. Vgl. auch Menschenhandel. A. ist in den 5 neuen Bundesländern nicht strafbar (→ DDR II).

Ausweise sind → Urkunden, die zum Nachweis der Identität einer Person oder bestimmter persönlicher Verhältnisse ausgestellt sind. Amtliche A. werden von den Verwaltungsbehörden (auch ausländischen) erstellt. Hierunter fallen u. a. Reisepaß, Personalausweis, Führerschein, Dienstausweise.
 I. Als *Mißbrauch von Ausweispapieren* stellt § 281 I StGB die Verwendung eines amtlichen A., der für einen anderen ausgestellt ist, unter Geld- oder Freiheitsstrafe (bis zu 1 Jahr), wenn dadurch eine Täuschung im Rechtsverkehr beabsichtigt ist. § 281 II stellt hier den A. Zeugnisse und andere Urkunden gleich, wenn sie im Verkehr als Ausweis Verwendung finden, z. B. Lohnsteuerkarte, Scheckkarte.
 II. Die Ausstellung und Verwendung von gefälschten Ausweispapieren fällt unter die → Urkundenfälschung. Doch werden darüber hinaus Vorbereitungshandlungen (Mitwirkung bei Materialbeschaffung) in § 275 StGB als *Vorbereitung der Fälschung von amtlichen Ausweisen* unter Freiheitsstrafe bis zu 2 Jahren oder unter Geldstrafe gestellt.

Autofalle → Räuberischer Angriff auf Kraftfahrer.

Automatenmißbrauch → Erschleichen von Leistung.

Autostraßenraub → Räuberischer Angriff auf Kraftfahrer.

Bagatellsachen

B

Bagatellsachen. I. Von B. spricht man bei Vergehen gegen Eigentum und Vermögen, bei denen sich die Tat auf geringwertige Gegenstände erstreckt. Die Geringwertigkeit bemißt sich nach dem objektiven Verkehrswert einer Sache. Die (sehr uneinheitliche) Rechtsprechung tendiert zu einer Wertgrenze von 30.– bis 50.– DM. § 248a StGB bestimmt für Diebstahl und Unterschlagung geringwertiger Gegenstände als Voraussetzung der Strafverfolgung entweder das Vorliegen eines → Strafantrags des Verletzten oder aber die Annahme eines besonderen öffentlichen Interesses an der Strafverfolgung durch die Staatsanwaltschaft. Diese Regelung ist auch für die → Begünstigung (§ 257 IV S 2), die → Hehlerei (§ 259 II), den → Betrug (§ 263 IV), das → Erschleichen von Leistungen (§ 265a III), die → Untreue (§ 266 III) und den → Mißbrauch von Scheck- und Kreditkarten (§ 266b II StGB) für anwendbar erklärt.

II. Schon im Ermittlungsverfahren besteht bei geringer Schuld des Beschuldigten für alle Arten von Vergehen die Möglichkeit der → Einstellung (II) des Verfahrens nach § 153 und § 153a StPO.

Bahnverkehr → Verkehrsgefährdung.

Bandenbildung → Bildung bewaffneter Haufen.

Bandenmäßig begangene Delikte → Diebstahl, Raub, Schmuggel.

Banknoten → Geldfälschung.

Bankomatenmißbrauch → Computerbetrug.

Bankrott → Konkursstraftaten.

Bannbruch begeht nach § 372 AO, wer Gegenstände einem gesetzlichen Verbot zuwider *einführt, ausführt oder durchführt,* ohne sie der zuständigen Zollstelle ordnungsgemäß anzuzeigen. B. gehört nach § 369 AO zu den → Steuerstraftaten. Die Strafdrohung entspricht der der → Steuerhinterziehung, soweit die Tat nicht in anderen Vorschriften als Zuwiderhandlung gegen Einfuhr-, Ausfuhr- oder Durchfuhrverbote mit Strafe oder Geldbuße bedroht ist. Vgl. auch Schmuggel.

Bannkreisverletzung, Bannmeile → Verfassungsorgane.

Baugefährdung (§ 323 StGB) können als Täter Personen begehen, denen die Planung, Leitung oder Ausführung eines Bauwerks, dessen Veränderung in seinen technischen Einrichtungen oder dessen Abbruch übertragen ist. Der Tatbestand setzt voraus, daß dabei ge-

Beamter

gen die allgemein anerkannten Regeln der Technik verstoßen und durch diese Mißachtung Leib oder Leben eines Menschen gefährdet wird. Die (auch bedingt) vorsätzliche Tatausführung ist mit Freiheitsstrafe bis zu 5 Jahren oder mit Geldstrafe bedroht. Die Freiheitsstrafe ermäßigt sich bis zu 3 Jahren nach § 323 III StGB, wenn zwar der Regelverstoß vorsätzlich, die Gefährung aber lediglich fahrlässig herbeigeführt worden ist. Bei der fahrlässigen B. nach § 323 IV StGB handelt der Täter auch hinsichtlich des Regelverstoßes fahrlässig. Hier ist das Höchstmaß der Freiheitsstrafe 2 Jahre. Bei → tätiger Reue kann von Strafe abgesehen werden.

Bayerisches Oberstes Landesgericht → Oberlandesgericht.

Beamtenbestechung → Bestechung.

Beamtenstellung, Erschleichen einer B. → Anstellungsbetrug.

Beamter im staatsrechtlichen Sinn ist jeder, der unter förmlicher nach den Bundes- oder Landesgesetzen vorgesehenen Berufung (i. d. R. Entgegennahme der Ernennungsurkunde) in ein öffentlich-rechtliches Dienstverhältnis als B. aufgenommen ist. Die Art der Tätigkeit ist nicht entscheidend. Da öffentliche Gewalt nicht nur von B. ausgeübt wird, stellt das StGB zum Schutz der Lauterkeit der Führung öffentlicher Ämter in seinen Bestimmungen nicht auf den staatsrechtlichen Beamtenbegriff ab. Bei den einzelnen Straftatbeständen der → Amtsdelikte ist vielmehr abgestellt auf die weiteren, aber differenziert eingesetzten Begriffe des *Amtsträgers* und des *für den öffentlichen Dienst besonders Verpflichteten*.

1. Amtsträger ist nach § 11 I Nr. 2 StGB, wer nach deutschem Recht (im staatsrechtlichen Sinn) B. oder → Richter ist, wer in einem sonstigen öffentlich-rechtlichen Amtsverhältnis steht oder wer sonst dazu bestellt ist, bei einer Behörde oder sonstigen Stelle oder in deren Auftrag Aufgaben der öffentlichen Verwaltung wahrzunehmen. Beispiele: Alle im Dienst von Bund, Länder, Gemeinden und Anstalten, Stiftungen und Körperschaften des öffentlichen Rechts stehenden B., B. der Bundespost und Bundesbahn, Notare, Bundes- und Landesminister, Träger von Ehrenämtern, Fleischbeschauer; nicht hingegen: Abgeordnete, Gemeinderäte. Nach § 48 WStG sind für einzelne Delikte *Soldaten* nach bestimmten Dienstgraden den Amtsträgern gleichgestellt.

2. Für den öffentlichen Dienst besonders Verpflichtete sind nach § 11 I Nr. 4 StGB Personen, die – ohne Amtsträger zu sein – beschäftigt oder tätig sind bei einer Behörde oder Stelle, die Aufgaben der öffentlichen Verwaltung wahrnimmt, oder bei einem Verband, sonstigem Zusammenschluß, Betrieb oder Unternehmen, das Aufgaben der öffentlichen Verwaltung ausführt. Zusätzliche Voraussetzung ist

Beauftragter Richter

jedoch, daß die Personen auf Grund eines Gesetzes (nach dem Verpflichtungsgesetz) förmlich auf die gewissenhafte Erfüllung ihrer Obliegenheiten verpflichtet sind. Unter diese Personengruppen können fallen: Schreibkräfte, Reinigungspersonal, Boten.

Beauftragter Richter → Kommissarische Vernehmung.

Bedingter Vorsatz → Vorsatz.

Bedingung der Strafbarkeit. In einzelnen Strafgesetzen sind neben dem → Tatbestand weitere Umstände enthalten, die Voraussetzungen des staatlichen Strafanspruchs sind. Diese sog. objektiven B. d. S. gehören nicht zu dem Tatbestand, der vom Vorsatz umfaßt werden muß. Eine B. ist z. B. der Tod oder die schwere Körperverletzung bei der → Beteiligung an einer Schlägerei nach § 227 StGB. Liegt die B. nicht vor, so bleibt die Tat straflos. Der Charakter der B. d. S., ihre Abgrenzung zur → *Prozeßvoraussetzung* und zum → *Tatbestandsmerkmal* sind umstritten.

Bedingungstheorie → Verursachung.

Bedrohung nach § 241 StGB begeht, wer einen anderen mit der Begehung eines Verbrechens (im Sinne des § 12 StGB; vgl. → Straftat) bedroht. Geschützt wird damit der Rechtsfriede des einzelnen. Ebenso strafbar ist, wer wider besseres Wissen einem anderen vortäuscht, ein Verbrechen gegen ihn oder eine ihm nahestehende Person stehe bevor. Nicht erforderlich ist, daß der Drohende seiner Drohung entsprechen will oder kann oder daß der Bedrohte die Drohung für ernst hält. Doch muß der Täter wollen, daß die Drohung ernst genommen wird. Beabsichtigt der Täter mit der Drohung eine Einflußnahme auf die Willensentschließung oder Willensbetätigung, so kann → Nötigung vorliegen, die wegen Gesetzeskonkurrenz vorgeht. B. wird mit Freiheitsstrafe bis zu 1 Jahr oder mit Geldstrafe bestraft.

Beeidigung → Eid, Zeugenbeweis.

Beeinträchtigung von Unfallverhütungs- und Nothilfemitteln → Mißbrauch von Notrufen.

Beendigung der Tat → Versuch.

Befangenheit → Ablehnung.

Befehl. Ist ein dienstlicher Befehl widerrechtlich, kann er auch für den eine Straftat begehenden Befehlsempfänger kein → Rechtfertigungsgrund sein. Dessen Straflosigkeit kann sich nur aus subjektiven Gründen ergeben. Es gelten die Regeln über die allgemeinen → Schuldausschließungsgründe (z. B. Notstand). Erkennt der Unter-

Begünstigung

gebene nicht die Rechtswidrigkeit des befohlenen Verhaltens, so finden die allgemeinen Regeln über den → Irrtum Anwendung. Im *militärischen Dienstbereich* trifft nach § 5 WStG den militärischen Befehlsempfänger nur dann eine Schuld, wenn er erkennt, daß es sich um ein Verbrechen oder Vergehen handelt oder dies nach den ihm bekannten Umständen offensichtlich ist. Für Beamte vgl. auch §§ 55, 56 BBG.

Befreiung von Untergebrachten → Gefangenenbefreiung.

Befundtatsachen → Sachverständiger.

Begehungsdelikte → Unterlassungsdelikte.

Begehungsort → Tatort.

Begnadigung. Die B. im weiteren Sinn ist ein Gnadenerweis durch einen Akt der Staatsgewalt, der die Rechtsfolgen einer Straftat für den Täter beseitigt oder mildert.

I. Betrifft die B. eine unbestimmte Zahl von Fällen, so ist eine *Amnestie* gegeben. Sie kann nur durch Gesetz ausgesprochen werden. Werden durch die Amnestie nicht nur abgeschlossene Verfahren durch Straferlaß oder Strafmilderung erfaßt, sondern sollen auch schwebende Verfahren (auch Ermittlungsverfahren) einbezogen sein, so erfolgt dies durch *Straffreiheitsgesetz*. Eine Amnestie stellt in den betroffenen Fällen ein → Prozeßhindernis, nach Rechtskraft des Urteils ein Vollstreckungshindernis dar.

II. Von *B. im engeren Sinn* spricht man, wenn der Gnadenakt nur einen Einzelfall berührt. Das Recht zur B. steht in Sachen, in denen der Generalbundesanwalt Anklage zum OLG in → Staatsschutzsachen erhoben hat, dem Bund, sonst den Ländern zu (§ 452 StPO). In den Ländern ist das Gnadenrecht auf die Justizminister mit weitgehendem Recht der Weiterübertragung delegiert. Durch Ländergesetze sind bestimmte B. der Strafvollstreckungsbehörde übertragen. Da die B. nicht ein Verwaltungsakt, sondern ein Akt der staatlichen Hoheitsgewalt ist, ist die Gewährung wie die Ablehnung der B. jeglicher Anfechtung entzogen.

Die B. ist nur zulässig, wenn das betroffene Verfahren abgeschlossen ist. Die B. während eines schwebenden Verfahrens (sog. *Niederschlagung* oder *Abolition*) ist durch Art. 101 I 2 GG („Niemand darf seinem gesetzlichen Richter entzogen werden") als *Einzelmaßnahme* ausgeschlossen und nur durch *Gesetz* (s. o. I) zulässig. Sachlich kann die zulässige B. Straferlaß oder Strafmilderung sein.

Begünstigung begeht nach § 257 I StGB, wer einem anderen, der eine rechtswidrige Tat begangen hat, in der Absicht Hilfe leistet, ihm die Vorteile der Tat zu sichern. Voraussetzung der Tatbestandserfül-

Behältnisse, Diebstahl durch Erbrechen von B.n

lung ist zunächst die → Vortat. Sie muß jedenfalls rechtswidrig und zumindest versucht sein. Verschulden des Vortäters ist unerheblich. Die Hilfeleistung des Begünstigenden muß in der Absicht erfolgen, die Vorteile aus der Vortat zu sichern, d. h. dem Vortäter Unterstützung zu leisten, etwa die Beute zu bergen, sie zu verstecken vor Entdeckung, den gestohlenen Scheck durch Einlösung zu verwerten. Straflos bleibt grundsätzlich die *Selbstbegünstigung,* d. h. die Begünstigung für den schon wegen der Vortat strafbaren Mittäter, Anstifter oder Gehilfen (§ 257 III 1 StGB). Die Zusage einer Hilfeleistung vor der Vortat ist keine B., sondern → Beihilfe oder u. U. auch Anstiftung.

Der Strafrahmen (Freiheitsstrafe bis zu 5 Jahren oder Geldstrafe) findet eine zusätzliche Beschränkung in der für die Vortat angedrohten Strafhöhe (§ 257 II StGB). Für geringwertige Gegenstände gelten die Grundsätze des § 248a StGB für → Bagatellsachen sinngemäß. Erfordert die Verfolgung der Vortat einen Strafantrag, gilt dies auch für die B.

Hilfeleistung zur Bewahrung vor Bestrafung ist → Strafvereitelung, die in Tateinheit mit B. vorliegen kann.

Behältnisse, Diebstahl durch Erbrechen von B.n → Diebstahl (II).

Beiakten sind → Akten, die aus einem früheren oder noch anhängigen gerichtlichen, staatsanwaltschaftlichen oder sonstigen behördlichen Verfahren stammen und zu dem anhängigen Verfahren beigenommen werden.

Beichtgeheimnis → Zeugnisverweigerungsrecht, Nichtanzeige geplanter Straftaten.

Beihilfe (§ 27 StGB) ist die dem Täter durch Rat oder Tat vorsätzlich geleistete Hilfe. Der Gehilfe muß die Haupttat zumindest bedingt wollen. Er fördert sie jedoch als *fremde,* nicht eigene Tat. Bei der oft schwierigen Unterscheidung von der → *Mittäterschaft* stellt die Rechtsprechung auf die subjektive Anteilnahme (animus) des Tatbeteiligten ab (sog. *subjektive Teilnahmelehre);* hierbei kann die eigenhändige Verwirklichung von Tatbestandsmerkmalen zwar ein Indiz für Täterschaft sein; nach BGHE 18, 87 ist jedoch B. selbst noch dann möglich, wenn der Gehilfe alle Tatbestandsmerkmale wie ein Täter erfüllt, aber nur mit *animus socii* handelt. Die Förderung der Tat kann sich im Rahmen von Vorbereitungshandlungen zur Haupttat halten (z. B. Verschaffen der Tatwaffe). Strafbar ist nur die B. zu Verbrechen und Vergehen. Die Strafe des Gehilfen bestimmt sich nach der Tat, zu der er B. geleistet hat, doch tritt → Strafmilderung nach §§ 27 II 2, 49 I StGB ein. Unterbleibt die Haupttat und kommt es auch nicht zum Versuch, so liegt straflose *versuchte B.* vor. Die

Belehrung

Möglichkeit zur B. endet mit Beendigung der Tat; dann ist nur noch → Begünstigung möglich. Wegen B. zu nicht schuldhafter Haupttat s. Akzessorietät. Wegen Exzeß des Haupttäters s. Teilnahme.

Beischlaf zwischen Verwandten (Blutschande oder Inzest) gehört zu den Straftaten gegen die Familie. Strafbar ist nach § 173 StGB der Beischlaf (Vereinigung der Geschlechtsteile; nicht andere sexuelle Handlungen) zwischen leiblichen *Verwandten* auf- oder absteigender Linie und zwischen Geschwistern, im letzteren Falle und bei Tätern absteigender Linie aber nur, sofern der Täter zur Tatzeit mindestens 18 Jahre alt war. Als Strafe ist Geldstrafe oder Freiheitsstrafe bis zu zwei, bei Tatbegehung gegenüber Verwandten absteigender Linie bis zu drei Jahren angedroht. – Der Beischlaf zwischen *Verschwägerten,* die sog. unechte Blutschande, ist straffrei.

Beiseiteschaffen von gepfändeten Sachen → Verstrickungsbruch.

Beiseiteschaffen von Handelsbüchern und Gegenständen der Konkursmasse → Konkursstraftaten.

Beiseiteschaffen von zwangsvollstreckungsbedrohten Gegenständen → Vereitelung der Zwangsvollstreckung.

Beisitzer werden die Berufsrichter, die in der Hauptverhandlung vor Kollegialgerichten nicht den Vorsitz führen, sowie die → Laienrichter genannt. In der Regel ist einer der richterlichen B. *Berichterstatter.* Er fertigt auch die Entwürfe der Entscheidungen.

Beistand. Der Ehegatte oder der gesetzliche Vertreter eines Angeklagten wird auf Antrag in der Hauptverhandlung als B. zugelassen und ist auf Verlangen zu hören (§ 149 StPO).

Bekanntmachungsbefugnis → Beleidigung.

Belästigung der Allgemeinheit. Die Vornahme grob ungehöriger Handlungen bedroht § 118 OWiG mit Geldbuße. B. d. A. setzt neben der Belästigung oder Gefährdung zusätzlich eine Beeinträchtigung der öffentlichen Ordnung voraus. Beispiele: Verdrehen eines Wegweisers, Beschriften oder Beschmieren von Wänden, das Campieren in öffentlichen Grünanlagen, Nacktgehen in Geschäftsstraßen. Gegenüber Strafvorschriften (z. B. → Mißbrauch von Notrufen) tritt § 118 OWiG ebenso als subsidiär zurück wie gegenüber speziellen Bußgeldvorschriften. Wegen Lärmbelästigung s. Luftverunreinigung und Lärm, Umweltdelikte.

Belehrung → Auskunftsverweigerungsrecht, Rechtsmittel, Vernehmung, Zeuge.

Beleidigung

Beleidigung ist die Kundgebung, die Ehre eines anderen nicht zu achten oder zu mißachten. *Ehre* ist der Anspruch eines Menschen auf Achtung seiner Persönlichkeit sowohl hinsichtlich ihres inneren Wertes als auch im Hinblick auf ihre äußere Geltung, ihren Ruf (vgl. BGHE 11, 70). *Beleidigungsfähig* sind natürliche Personen, aber auch Personengemeinschaften mit einer rechtlich anerkannten gesellschaftlichen Aufgabenstellung und eigener Willensbildung (vgl. BGHE 6, 188; Beispiel: der Caritasverband, „die Jesuiten", das Deutsche Rote Kreuz). Die Praxis der Gerichte zählt hierzu nicht die Familie. Möglich ist aber hier wie auch sonst die B. einer Mehrheit einzelner Personen unter einer Kollektivbezeichnung (z. B. „die Hubers", die Kriminalbeamten im Fall X). Die Mißachtung der Ehre kann durch Äußerungen aller Art, Worte oder Handlungen sowohl gegenüber dem Beleidigten als auch gegenüber Dritten kundgetan werden. Vertrauliche Äußerungen sind jedenfalls im Familienkreis i. d. R. nicht strafbar.

Was als B. anzusehen ist, richtet sich weitgehend nach den Umständen. Liegt sie in der Behauptung von unrichtigen Tatsachen (z. B. jemand sei „auf den Strich gegangen"), so ist aber, wenn die Kundgebung nicht allein dem Betroffenen gegenüber erfolgt, → *Verleumdung* oder → *üble Nachrede* gegeben. Als B. werden u. a. angesehen: die Defloration eines noch nicht 18jährigen Mädchens auch bei dessen Einverständnis, weil es den Wert der Geschlechtsehre noch nicht zutreffend einschätzen könne; sexuelle Berührungen, mit denen kein Einverständnis besteht; das Tippen an die Stirn; u. U. Anreden mit „Du". Eine (straferschwerende) *tätliche B.* liegt vor, wenn sie sich unmittelbar gegen den Körper des Angegriffenen richtet (z. B. Ohrfeige, Herabschlagen der Kopfbedeckung, Anspucken); sie kann mit → Körperverletzung in → Tateinheit stehen. Die B. muß *vorsätzlich* erfolgen. Wenn auch eine Absicht zu beleidigen nicht erforderlich ist, muß der Vorsatz die Kundgebung und die Eignung der Äußerung zur Ehrenkränkung erfassen. Besteht die ehrenherabsetzende Äußerung in Tatsachenbehauptungen (z. B. der Beamte A. habe ein Bestechungsgeschenk angenommen), so setzt die Verurteilung wegen B. (nicht die wegen Verleumdung oder übler Nachrede) die Feststellung der Unwahrheit der behaupteten Tatsache voraus, es sei denn, aus der Form der Behauptung oder Verbreitung oder aus den Umständen, unter welchen sie geschah, geht das Vorhandensein einer B. hervor (sog. *Formalbeleidigung*, § 192 StGB). Insbesondere fallen hierunter Bekundungen über zutreffende Tatsachen aus der Intimsphäre eines anderen, z. B. der Lehrer A sei sehr lange Bettnässer gewesen.

Im Einzelfall ist bei Tatbestandserfüllung der besondere Rechtfertigungsgrund der → *Wahrnehmung berechtigter Interessen* zu prüfen.

B. wird meist im Wege der → Privatklage verfolgt und ist grundsätzlich → Antragsdelikt (§ 194 I 1 StGB). Die öffentliche B. ist aber dann Offizialdelikt, d. h. auch ohne Strafantrag zu verfolgen, wenn sie sich – wie z. B. im Zusammenhang mit der „Auschwitzlüge" – gegen eine Person als Angehörigen einer durch ein Gewaltregime verfolgten Gruppe der Bevölkerung richtet (§ 194 I 2 StGB). Hier kann jedoch der Verletzte durch Widerspruch eine Verfolgung hindern. Ein zusätzliches *Antragsrecht* ist bei amtsbezogener B. einer Behörde, eines Beamten usw. auch dem amtlichen Vorgesetzten eingeräumt (§ 194 III StGB).

Für *wechselseitige B.* ist zu beachten, daß nach § 199 StGB Straffreierklärung (→ Kompensation) möglich ist und daß § 77 c StGB für diese Fälle die Strafantragsfristen ändert. Bei der öffentlich oder der durch Verbreitung von Schriften, Abbildungen oder Darstellungen begangenen B. kann neben der Strafe auf Antrag des Strafantragsberechtigten auf öffentliche Bekanntmachung der Verurteilung erkannt werden (§ 200 StGB).

Beleidigung von Organen und Vertretern ausländischer Staaten → ausländische Staaten.

Belohnung von Straftaten → Nichtanzeige geplanter Straftaten.

Bemessung der Strafe → Strafe.

Beobachtung auf den psychischen Zustand → Untersuchung.

Beratung. Die Entscheidungen des Gerichts ergehen nach geheimer (§§ 43, 45 III DRiG) B. der zur Entscheidung berufenen Richter. In der → Hauptverhandlung zieht sich das Gericht, wenn es nicht in einfachen Fällen durch Flüstern oder Zeichen zu einem Einverständnis gelangt, zur B. in das Beratungszimmer zurück. Die B. dient der Erörterung aller entscheidungserheblichen Umstände. Das Ergebnis der Beratung wird durch *Abstimmung* festgestellt. Das Gericht entscheidet grundsätzlich mit der absoluten Mehrheit der Stimmen (§ 196 I GVG). Bei der Urteilsberatung ist jedoch eine Mehrheit von zwei Dritteln für alle dem Angeklagten nachteiligen Entscheidungen in der Schuld- und Straffrage sowie hinsichtlich der Anordnung von Nebenstrafen und Nebenfolgen erforderlich (§ 263 I StPO); zur Schuldfrage gehört auch die Feststellung von straferhöhenden, strafmindernden oder strafausschließenden Umständen (§ 263 II StPO), also auch der Voraussetzungen für → Rückfall oder → Strafaussetzung zur Bewährung. Die Voraussetzungen der → Verjährung werden mit einfacher Mehrheit festgestellt (§ 263 III StPO). Die Abstimmungen folgen einander unter Leitung des Vorsitzenden nach logischen Gesichtspunk-

Berechtigte Interessen

ten, also zunächst über Prozeßvoraussetzungen, dann Schuldfrage, schließlich Straffrage, dabei zunächst Festsetzung der Strafe, dann erst Abstimmung über Strafaussetzung zur Bewährung. Die Reihenfolge der Richter bei der A.: a) Berichterstatter, b) Laienrichter, wobei der jüngste beginnt, c) Berufsrichter, zunächst der dienstjüngste, zuletzt der Vorsitzende (§ 197 GVG).

Berechtigte Interessen → Wahrnehmung berechtigter Interessen.

Berichterstatter → Beisitzer.

Berichtigung einer falschen Aussage → Falsche uneidliche Aussage.

Berufsgeheimnis → Verletzung von Privatgeheimnissen. Vgl. auch → Zeugnisverweigerungsrecht.

Berufstracht → Amtsanmaßung.

Berufsverbot (Untersagung der Berufsausübung). Das B. nach §§ 70 ff. StGB ist eine → Maßregel der Sicherung.

I. Seine Anordnung setzt voraus: 1. Eine rechtswidrige → Straftat, die entweder zu einer Verurteilung führt oder aber dies deshalb nicht, weil Schuldunfähigkeit des Täters nicht auszuschließen ist. Im letzten Fall kann ein B. nach § 71 StGB auch im → objektiven Verfahren verhängt werden. 2. Die Straftat muß der Verurteilte unter Mißbrauch seines Berufs oder Gewerbes (z. B. der Arzt, der Rezepte für Opiate an Rauschgifthändler leitet; der Klavierlehrer, der sich an Schülern vergreift) oder aber unter grober (auch nur fahrlässiger) Verletzung seiner Berufs- oder Gewerbepflichten (der Apotheker, der Medikamente verwechselt oder die Rezeptur mißachtet; der Metzger, der Lebensmittel fälscht) begangen haben. 3. Die Gesamtwürdigung von Tat und Täter muß die Gefahr erkennen lassen, daß bei weiterer Ausübung des Berufs oder Gewerbes neue erhebliche Straftaten begangen werden.

II. Untersagt wird ein Beruf, ein Gewerbe oder aber ein Berufs- oder Gewerbezweig. Die Dauer (1–5 Jahre) des B. bestimmt das Urteil. Genügt die Höchstfrist zur Abwendung der vom Täter drohenden Gefahr nicht, ist B. auch für immer möglich. Das B. wird mit Eintritt der Rechtskraft des Urteils wirksam. Die Dauer wird jedoch erst von dem Tag an gerechnet, an dem eine verhängte Freiheitsstrafe oder freiheitsentziehende Maßregel verbüßt, verjährt oder erlassen ist. Doch wird die Zeit einer bedingten Aussetzung auf die Dauer angerechnet. Das B. hat zur Folge, daß der Verurteilte den Beruf, das Gewerbe oder den Gewerbezweig weder selbst noch durch einen anderen ausüben darf. Nach § 70a StGB ist u. U. eine Aufhebung des B. möglich. Sie gilt allerdings nur als bedingte Aussetzung, ist also widerrufbar. Die Anordnung eines vorläufigen Berufsverbots ermöglicht § 132a StPO.

III. Wer trotz strafgerichtlichen B. den untersagten Beruf ausübt, macht sich nach § 145c StGB strafbar. Das Vergehen des *Verstoßes gegen ein B.* ist mit Freiheitsstrafe bis zu 1 Jahr oder mit Geldstrafe bedroht. Es liegt nicht vor bei Verstoß gegen verwaltungsbehördliche Berufsuntersagungen.

Berufung. Das → Rechtsmittel der B. ist *zulässig* gegen Urteile des Schöffengerichts (zur großen Strafkammer des → Landgerichts) und gegen die des Amtsrichters (zur kleinen Strafkammer). Die B. erstrebt die volle *Überprüfung in tatsächlicher und rechtlicher* Hinsicht, sofern sie nicht vom Berufungsführer beschränkt ist. Sie ist binnen 1 Woche schriftlich oder zu Protokoll der Geschäftsstelle bei dem Gericht des 1. Rechtszugs (§ 314 StPO) einzulegen. Eine Begründung (Berufungsrechtfertigung) ist nicht erforderlich. Die rechtzeitige B. hemmt die → Rechtskraft des Urteils und führt zu erneuter → Hauptverhandlung. Neue Beweismittel sind zulässig. Doch ist gem. § 325 StPO die → Verlesung der im 1. Rechtszug vernommenen Zeugen- und Sachverständigenaussagen gestattet, wenn erneute Vorladung nicht erfolgt ist oder nicht vom Angeklagten beantragt wurde. Das Berufungsurteil darf den Angeklagten, wenn ausschließlich zu seinen Gunsten B. eingelegt ist, nicht schlechter stellen (sog. Verbot der reformatio in peius, § 331 I StPO). Bleibt der ordnungsgemäß geladene Angeklagte ohne genügende Entschuldigung aus und ist auch nicht in den Fällen, in denen dies zulässig wäre, ein Vertreter erschienen, so ist seine B. durch Urteil sofort zu verwerfen (§ 329 I StPO). Dagegen ist sowohl → Revision als auch → Wiedereinsetzung möglich. Im ersten Fall ist ein Verfahrensfehler des Gerichts darzutun, im zweiten ist eine Entschuldigung für die Säumnis nachzubringen.

Berufung auf den Eid → Meineid.

Beschädigung von amtlichen Siegeln → Verstrickungsbruch (II).

Beschädigung von Flaggen → Verunglimpfung (II).

Beschädigung von Sachen → Sachbeschädigung.

Beschädigung von Urkunden → Urkundenunterdrückung.

Beschädigung von Verkehrseinrichtungen → Verkehrsgefährdung.

Beschädigung wichtiger Anlagen → Sachbeschädigung.

Beschimpfung → Verunglimpfung, Religionsbeschimpfung.

Beschlagnahme

Beschlagnahme ist die zwangsweise Sicherstellung von Gegenständen. Sie erfolgt bei beweglichen Gegenständen i. d. R. durch Wegnahme, sonst durch anderweitige amtliche Sicherung (z. B. Verschluß eines Raums mit Dienstsiegel). An beschlagnahmten Sachen ist → Verstrickungsbruch möglich.

I. Im Strafverfahren ist B. zulässig: 1. von Gegenständen als Beweismittel (z. B. Tatwaffen), soweit sie aus dem Gewahrsam einer Person nicht freiwillig (trotz der Herausgabepflicht nach § 95 StPO) herausgegeben werden (§ 94 I, II StPO). 2. des Führerscheins zur Sicherung der Einziehung (§ 94 III StPO). 3. von Gegenständen, die voraussichtlich der → Einziehung (auch zur Unbrauchbarmachung) oder dem → Verfall unterliegen (§ 111 b I, II StPO). 4. von Gegenständen, die als Vermögensvorteile dem Täter durch Verfallerklärung nur deshalb nicht entzogen werden, weil dadurch Ansprüche des Verletzten in Frage gestellt sind; insoweit handelt es sich um eine Zurückgewinnungshilfe zugunsten des Geschädigten (z. B. bei betrügerisch entzogenen Vermögenswerten).

Die Anordnung der B. erfolgt grundsätzlich in allen Fällen durch den Richter, bei Gefahr im Verzug auch durch den Staatsanwalt und i. d. R. auch deren Hilfsbeamte (§§ 98 I, 111 e I StPO). Dem von der B. Betroffenen steht die Anrufung des Richters, bzw. gegen dessen Entscheidung die Beschwerde zu. Hat nicht der Richter die B. angeordnet, so hat die Staatsanwaltschaft um richterliche Bestätigung einer B. nach § 94 StPO innerhalb von 3 Tagen nachzusuchen (§ 98 II StPO).

II. Der B. zu Beweiszwecken sind entzogen:
a) schriftliche Mitteilungen (auch auf Tonträgern) zwischen dem Beschuldigten und Angehörigen sowie Geistlichen, Verteidigern, Anwälten und Ärzten sowie diesen gleichgestellten Berufen, die ein → Zeugnisverweigerungsrecht haben, b) Aufzeichnungen der Angehörigen vorgenannter Berufsgruppen über ihnen beruflich Anvertrautes, c) andere Gegenstände einschließlich der ärztlichen Untersuchungsbefunde, auf die sich das Zeugnisverweigerungsrecht genannter Berufsgruppen erstreckt. Die B. ist jedoch *gleichwohl zulässig,* a) wenn sich die angeführten Gegenstände nicht im Gewahrsam der genannten Berufsangehörigen, einer Krankenanstalt oder einer anerkannten Schwangerschaftsberatungsstelle nach § 218b StGB befinden, b) wenn die Zeugnisverweigerungsberechtigten der Teilnahme, der Begünstigung oder der Hehlerei verdächtig sind, oder c) wenn es sich um Gegenstände handelt, die durch eine Straftat hervorgebracht, zu deren Begehung gebraucht oder bestimmt sind oder daraus herrühren (z. B. die Diebesbeute, die gefälschte Urkunde, die Mordwaffe). Beschlagnahmte Gegenstände sind an den letzten Gewahrsamsinhaber bzw. den durch deren Entziehung (z. B. Diebstahl)

Beschränkung der Verfolgung

Verletzten zurückzugeben, wenn sie als Beweismittel nicht mehr benötigt werden und nicht eingezogen worden sind.

III. Die sog. *Postbeschlagnahme* (§ 99 StPO) erfaßt die auf dem Postweg an den Beschuldigten gerichteten Briefe, Sendungen und Telegramme; gleichgestellt sind Sendungen, die nach konkreten tatsächlichen Anhaltspunkten wahrscheinlich vom Beschuldigten herrühren oder für ihn bestimmt sind und inhaltlich für die Untersuchung von Bedeutung sind. Die Anordnung der B. darf grundsätzlich nur der Richter erlassen. Die bei Gefahr im Verzug von der Staatsanwaltschaft erlassene Anordnung der B. tritt nach 3 Tagen außer Kraft, wenn sie nicht vorher durch den Richter bestätigt worden ist. Die Eröffnung beschlagnahmter Postsendungen steht dem Richter zu. Er kann zur Vermeidung von Verzögerungen die Öffnung aber widerruflich dem Staatsanwalt übertragen. Soweit nicht der Untersuchungszweck gefährdet wird, sind die Beteiligten von der B. zu benachrichtigen. Nach Eröffnung sind die Sendungen dem Betroffenen alsbald auszuhändigen. Ist Zurückbehaltung (z. B. zur Beweissicherung) erforderlich, so ist der zurückbehaltene Teil eines Briefs dem Empfangsberechtigten abschriftlich mitzuteilen.

IV. Hinsichtlich der B. von *Druckwerken* zur Sicherung der Einziehung sind in §§ 111 m und n StPO im Hinblick auf das öffentliche Informationsinteresse einschränkende Regelungen getroffen.

Beschleunigtes Verfahren, Die Staatsanwaltschaft kann → öffentliche Klage auch durch mündlichen oder schriftlichen Antrag auf Aburteilung im b. V. zum Amtsrichter (sog. *Schnellrichter*) und zum Schöffengericht (selten) erheben. Voraussetzung ist, daß der Sachverhalt einfach und die Aburteilung sofort möglich ist (§ 212 I StPO). Mehr als 1 Jahr Freiheitsstrafe oder eine Maßregel der Sicherung und Besserung (ausgenommen Entziehung der Fahrerlaubnis) kann nicht verhängt werden. Der Staatsanwalt vermerkt den Abschluß der Ermittlungen. Das Eröffnungsverfahren des Gerichts entfällt. Die Hauptverhandlung wird sofort durchgeführt. Wird der Beschuldigte nicht vorgeführt oder stellt er sich nicht freiwillig, so ist er mit einer Ladungsfrist von 24 Stunden zu laden. Hält das Gericht die Voraussetzungen des b. V. nicht oder im Verlauf der Hauptverhandlung nicht mehr für gegeben, so lehnt es die Aburteilung im b. V. durch unanfechtbaren Beschluß ab. Damit fällt das Verfahren in die Herrschaft der Staatsanwaltschaft zurück; die Rechtshängigkeit ist beseitigt.

B. V. ist zwar gegen Heranwachsende, nicht aber gegen Jugendliche zulässig.

Beschränkung der Verfolgung → Einstellung II 7.

Beschuldigter

Beschuldigter ist derjenige, gegen den ein Strafverfahren betrieben wird. Von Erhebung der → öffentlichen Klage an wird er als *Angeschuldigter,* von der → Eröffnung des Hauptverfahrens an als *Angeklagter* bezeichnet (§ 157 StPO). Erst die Einleitung eines → Ermittlungsverfahrens macht den Verdächtigen zum Beschuldigten.

Beschwer → Rechtsmittel.

Beschwerde ist das zulässige → Rechtsmittel gegen richterliche Entscheidungen (nicht des BGH und i. d. R. des OLG), die nicht Urteile oder durch Gesetz ausdrücklich einer Anfechtung entzogen sind (§ 304 I StPO). Beschwerdeberechtigt sind alle von der Entscheidung unmittelbar Betroffenen (auch Zeugen, Sachverständige usw.). Die B. wird eingelegt bei dem Gericht, dessen Entscheidung angefochten werden soll (§ 306 I StPO). Die Einlegung schiebt den Vollzug der Entscheidung nicht auf. *Vollzugshemmung* kann jedoch gerichtlich angeordnet werden (§ 307 II StPO). Soweit im Gesetz die *sofortige Beschwerde* vorgesehen ist, ist die Frist von 1 Woche vom Zeitpunkt der Bekanntmachung einzuhalten (§ 311 StPO). Die Entscheidung des Beschwerdegerichts ergeht nach Anhörung der Betroffenen und der Staatsanwaltschaft ohne mündliche Verhandlung durch Beschluß. Das Verbot der → reformatio in peius gilt nicht. Ist das rechtliche Gehör für einen durch die Beschwerdeentscheidung Betroffenen nicht gewahrt gewesen, so kann das Beschwerdegericht dieses nachholen und erneut entscheiden, § 311a StPO. *Weitere Beschwerde* ist nur statthaft, wenn Gegenstand der Entscheidung eine Verhaftung oder einstweilige Unterbringung ist (§ 310 I StPO). Das Gericht oder der Richter, dessen Entscheidung mit der einfachen oder auch der weiteren B. angefochten wird, muß der B. nach § 306 II StPO *abhelfen,* wenn sie für begründet erachtet wird (insbesondere bei Bekanntwerden neuer Tatsachen).

Beseitigung des Strafmakels → Zentralregister (II).

Besetzung des Gerichts → Ausnahmegerichte.

Besondere Folgen → Akzessorietät III, erfolgsqualifizierte Delikte.

Besondere Pflichten bei der Aussetzung von Maßregeln → Unterbringung (IV).

Besondere Pflichten im Jugendstrafrecht → Zuchtmittel.

Besonders schwere Fälle → Strafe.

Besonders Verpflichtete → Beamter.

Bestattungserlaubnis → Tod, unnatürlicher.

Bestattungsfeier → Störung einer B.

Bestechung

Bestechlichkeit → Bestechung.

Bestechung im weiteren Sinn ist das Gewähren oder Anbieten von Vorteilen an einen → Beamten für die Vornahme und ebenso für die Unterlassung (§ 335 StGB) von Diensthandlungen. Mittel der B. sind Vorteile aller Art, z. B. Geschenke, Kreditgewährung, Stundung einer Schuld, kostenloser Unterricht für Kinder des Beamten oder das Gewähren des Geschlechtsverkehrs. Der Vorteil muß im Zusammenhang mit einer Amtshandlung stehen. Nach dem Bewußtsein beider Teile muß er als Gegenleistung für eine bestimmte Amtshandlung oder deren Unterlassung gedacht sein. Beim Schiedsrichter bestimmt § 335a StGB, daß ein Vorteil nur vorliegt, wenn er von einer Partei hinter dem Rücken der anderen Partei ausgetragen wird.

Aktive B. begeht derjenige, der besticht. Das → Amtsdelikt der passiven B. kann nur der Beamte begehen, der bestochen wird. Beide Fälle werden jeweils noch danach unterschieden, ob pflichtentsprechendes Tun oder aber eine Pflichtwidrigkeit des Beamten angezielt ist. So ergeben sich insgesamt 4 Fälle.

I. *Vorteilsannahme* nach § 331 I StGB begeht ein Beamter, der Vorteile für vorgenommene oder künftige, nicht pflichtwidrige Diensthandlungen fordert, sich versprechen läßt oder annimmt. Die Strafe (Freiheitsstrafe bis zu 2 Jahren oder Geldstrafe) ist für Richter und Schiedsrichter erhöht (§ 331 II StGB). Nicht strafbar sind Vorteile, soweit durch Gesetz oder durch allgemeinen Brauch die Rechtswidrigkeit entfällt (z. B. bei üblichen Trinkgeldern, Werbegeschenken zum Jahreswechsel). Für die Fälle des § 331 StGB (nicht für Richter, II) sieht § 331 III StGB einen Rechtfertigungsgrund durch behördliche Genehmigung vor.

II. *Bestechlichkeit* nach § 332 I StGB ist die Vorteilsannahme für pflichtwidrige Amtshandlungen. Tatvollendung ist schon dann gegeben, wenn der Täter das Versprechen von Vorteilen entgegennimmt und sich bereit zeigt, seine Pflichten zu verletzen. Steht ihm für die Diensthandlung ein Ermessensspielraum zu, so genügt das Zeigen seiner Bereitschaft, sich durch den Vorteil bei der Ausübung seines Ermessens beeinflussen zu lassen (§ 332 III StGB). Das Vergehen (Freiheitsstrafe von 6 Monaten bis zu 5 Jahren oder Geldstrafe) ist nach § 332 II für Richter zum Verbrechen (Freiheitsstrafe von 1 bis 10 Jahren) geschärft und kann mit → Rechtsbeugung in → Tatmehrheit zusammentreffen.

III. *Vorteilsgewährung* nach § 333 StGB begeht, wer einem Beamten Vorteile dafür anbietet, verspricht oder gewährt, daß er künftig eine nicht pflichtwidrige Diensthandlung vornehme oder unterlasse. Der Vorteil muß Gegenleistung für eine richterliche Handlung oder

Bestechung von Angestellten

aber für eine Diensthandlung sein, die im Ermessen des Beamten liegt. Damit scheiden Diensthandlungen aus, die der Beamte pflichtgemäß nur in bestimmter Weise vorzunehmen hat. Auch ist die behördliche Genehmigung oder die Üblichkeit kleiner Geschenke Rechtfertigungsgrund. Die Tat ist mit Freiheitsstrafe bis zu 2 (für Richter bis zu 3) Jahren oder mit Geldstrafe bedroht.

IV. *Bestechung* liegt nach § 334 StGB bei einer Vorteilsgewährung vor, die eine Gegenleistung für eine vorgenommene oder künftige pflichtwidrige Diensthandlung (jeder Art) darstellt. Die Handlung ist schon vollendet, wenn der Täter mit dem Anbieten, Versprechen oder Gewähren des Vorteils die Pflichtwidrigkeit der künftigen Diensthandlung erstrebt (§ 334 III StGB). Die B. wird mit Freiheitsstrafe von 3 Monaten bis zu 5 Jahren oder mit Geldstrafe bestraft.

Bestechung von Angestellten → Unlauterer Wettbewerb.

Bestürzung → Notwehr.

Betäubungsmittel (Rauschgifte, Drogen, Suchtstoffe) sind nach § 1 BtMG Stoffe und deren Zubereitungen, die in einer durch Rechtsverordnung des Bundesministers für Jugend, Familie und Gesundheit ergänzbaren Anlage zu diesem Gesetz aufgeführt sind. *Stoffe* sind Pflanzen oder Teile davon in bearbeitetem oder unbearbeitetem Zustand, chemische Verbindungen und Ableitungen sowie aus natürlich vorkommende Gemische und Lösungen. *Zubereitungen* sind herbeigeführte Stoffgemische jeden Aggregatszustands oder Lösungen. Neben den historischen B. Opium, Kokain, Morphin, Kodein werden zahlreiche zu medizinischen Zwecken gebräuchliche Mittel als Suchtstoffe erfaßt.

§ 29 BtMG stellt angesichts des großen gesundheitlichen Schadens der B. durch deren Mißbrauch eine Reihe von Verhaltensweisen im Verkehr mit B. unter Freiheitsstrafe bis zu 4 Jahren oder Geldstrafe. Erfaßt sind insbesondere Anbau, Herstellung, Ein- und Ausfuhr, Besitz, das Inverkehrbringen oder auch das Sichverschaffen von B. ohne die nach § 3 BtMG vorgeschriebene Erlaubnis. Strafbar ist aber insbesondere das unbefugte Verschreiben, Verabreichen oder Überlassen von B., die vorschriftswidrige Werbung oder wenn jemand unrichtige oder unvollständige Angaben macht, um für sich oder einen anderen oder für ein Tier die ärztliche Verschreibung eines B. zu erlangen. Auch das öffentliche oder eigennützige Mitteilen von unerlaubten Quellen und das Verleiten zum Verbrauch sind strafbar.

Eine Strafverschärfung (Mindeststrafe 1 Jahr) tritt ein, wenn der Täter gewerbsmäßig handelt, wenn er die Gesundheit mehrerer Menschen gefährdet, wenn er als Person über 21 B. an Personen unter 18 Jahren abgibt, verabreicht oder zum unmittelbaren Ver-

Betrug

brauch überläßt oder wenn er B. in nicht geringer Menge besitzt oder abgibt oder mit ihnen handel treibt. In einer Reihe von Fällen ist auch die Fahrlässigkeit strafbar (§ 29 IV BtMG).

Als Verbrechen mit Freiheitsstrafe nicht unter 2 Jahren werden bestimmte Tatausführungen bedroht; so wer als Mitglied einer Bande handelt, die sich zur fortgesetzten Begehung von Rauschgiftdelikten verbunden hat; bei Gewerbsmäßigkeit der vorschriftswidrige Besitz von B.; bei leichtfertiger Verursachung des Todes dessen, an den der Täter B. gelangen läßt; schließlich die Einfuhr in nicht geringer Menge.

Strafmilderung oder Absehen von Strafe erlaubt § 31 BtMG dann, wenn der Täter als → Kronzeuge die Tat über seinen eigenen Beitrag hinaus aufzudecken oder Straftaten zu verhindern hilft.

Der Besonderheit, daß viele Straftäter nach § 29 BtMG selbst Opfer des Rauschgiftkonsums und betäubungsmittelabhängig sind, trägt § 35 BetäubmG insoweit Rechnung, als die Vollstreckung von Freiheitsstrafe unter 2 Jahren zurückgestellt werden kann, wenn der Verurteilte sich einer Entziehungsbehandlung unterwirft.

Eine Reihe von Handlungen, die der Überwachung des Verkehrs mit B. dienen, sind im § 32 BtMG als Ordnungswidrigkeiten mit Geldbuße bis zu 50 000 DM bedroht.

Beteiligung → Teilnahme.

Beteiligung an einer Schlägerei. Wegen B. a. e. S. (§ 227 StGB) wird jeder Teilnehmer (auch ein Verletzter) an einer Schlägerei (mindestens 3 Personen) oder an einem von mehreren gemachten Angriff mit Freiheitsstrafe bis zu 3 Jahren oder mit Geldstrafe bestraft, wenn durch die Schlägerei oder den Angriff der Tod eines Menschen oder eine schwere → Körperverletzung verursacht wird. Eine Ausnahme gilt nur, wenn der Beteiligte ohne sein Verschulden in die Schlägerei hineingezogen wurde. Körperverletzung oder Tod ist eine objektive → Bedingung der Strafbarkeit.

Betriebsgefährdung → Gefährdung des demokratischen Rechtsstaats (II), Störung öffentlicher Betriebe.

Betriebsgeheimnis → Verletzung von Privatgeheimnissen, Verletzung des Steuergeheimnisses, Unlauterer Wettbewerb.

Betrug begeht, wer in der Absicht, sich einen rechtswidrigen Vermögensvorteil zu verschaffen, einen anderen täuscht, hierdurch einen Irrtum des Getäuschten auslöst, den Getäuschten dadurch veranlaßt, daß er über sein oder das Vermögen eines anderen verfügt und es dadurch schädigt (§ 263 StGB). Die Bereicherung auf seiten des Täters gehört nicht mehr zum Tatbestand.

Betrug

I. Der *äußere Tatbestand* des B. setzt danach voraus: 1. Eine *Täuschungshandlung* des Täters. Täuschung ist möglich durch: a) Vorspiegeln einer unwahren Tatsache, z. B. Verkauf eines Drucks oder einer Kopie als Original; aber nicht nur äußere Tatsachen, sondern auch innere können – selbst durch schlüssiges passives Verhalten – vorgespiegelt werden, z. B. die Zahlungsfähigkeit bei Besuch eines Restaurants durch den Zechpreller; b) Entstellung wahrer Tatsachen; c) Unterdrückung wahrer Tatsachen, wenn eine Rechtspflicht die Aufklärung gebietet. Die *Rechtspflicht zur Offenlegung* kann sich aus einem erwarteten oder einem bestehenden Vertragsverhältnis (z. B. hat der Autoverkäufer einen ihm bekannten schweren Unfall oder einen bereits erkenntlichen Motordefekt dem Käufer mitzuteilen), aus Gesetz (z. B. hat der Sozialhilfeempfänger einen Vermögenserwerb durch Erbschaft anzuzeigen) oder aber aus anderen Umständen ergeben (z. B. wenn der im Straßenverkehr auf den Vordermann Aufgefahrene irrig annimmt, ein bereits vor dem Zusammenstoß vorhandener größerer Schaden sei durch sein Auffahren verursacht). 2. Einen durch die Täuschung verursachten oder mitverursachten *Irrtum*. Ein Irrtum wird i. d. R. nicht ausgelöst durch Reklameübertreibungen, marktschreierische Anpreisungen. 3. Eine *Vermögensverfügung des Getäuschten*. Der Verfügende muß personengleich mit dem sein, der die Vermögensverfügung vornimmt. Als Vermögensverfügung kommt hier jedes Handeln, Dulden oder Unterlassen in Betracht, das zu einer Minderung des Vermögens führt, z. B. die Kreditgewährung, das Unterlassen der Einziehung einer Forderung. 4. Ein *Vermögensschaden,* also eine Wertminderung des Vermögens, muß durch die Vermögensverfügung unmittelbar herbeigeführt werden. Der verfügende Getäuschte und der Geschädigte brauchen nicht identisch zu sein. Deshalb ist auch → Prozeßbetrug möglich. Unter *Vermögen* ist dabei die Gesamtheit aller geldwerten Güter einer Person zu verstehen. Zum Vermögen gehören deshalb neben den Gegenständen, die im Eigentum des Verfügenden stehen, Rechtspositionen aller Art (vgl. hierzu auch → Anstellungsbetrug), soweit sie auf materielle Werte bezogen sind, der Besitz, Anwartschaften. Der Vermögensschaden ist i. d. R. feststellbar durch einen Vergleich der Vermögenslage vor und nach der Verfügung, wobei objektive Wertmaßstäbe, wenn auch unter Berücksichtigung der persönlichen Bedürfnisse und Verhältnisse des Erwerbers sowie des von ihm verfolgten Zwecks, anzulegen sind. Ein Schaden liegt deshalb vor, wenn ein einseitiger Verlust oder auch nur eine *Vermögensgefährdung* (insbesondere beim →Kreditbetrug) eintritt, aber auch wenn eine Leistung dem Wert der Gegenleistung nicht entspricht, so wenn zum vollen Kaufpreis minderwertige Ware geliefert wird. Ein Schaden fehlt in aller Regel, wenn der Getäuschte für seine Leistung einen

Bewährung(sfrist)

entsprechenden *wirtschaftlichen Gegenwert* erhält. Doch ist die Bedeutung der Vermögensverschiebung für die Verhältnisse des Verletzten, der sog. persönliche Schadenseinschlag, zu berücksichtigen. BGHE 16, 321 nimmt B. in diesem Fall nur dann an, wenn der Erwerber a) die angebotene Leistung nicht oder nicht in vollem Umfang zu dem vertraglich vorausgesetzten Zweck oder in anderer zumutbarer Weise nutzen kann (z. B. wenn eine gelieferte Melkmaschine für die Größe eines Bauernhofs unzureichend und deshalb wertlos ist) oder b) durch die eingegangene Verpflichtung zu vermögensschädigenden Maßnahmen genötigt wird oder c) infolge der Verpflichtung nicht mehr über die Mittel verfügen kann, die zur ordnungsgemäßen Erfüllung seiner Verbindlichkeiten oder sonst für eine seinen persönlichen Verhältnissen angemessene Wirtschafts- oder Lebensführung unerläßlich sind.

II. Der *subjektive Tatbestand* des B. erfordert a) vorsätzliche Täuschung und Erregung oder Förderung eines Irrtums, b) das Bewußtsein, daß durch den Irrtum eine Vermögensverfügung des Getäuschten und ein Vermögensschaden hervorgerufen wird. Hinzukommen muß jedoch c) die Absicht (bedingter Vorsatz genügt also nicht), sich oder einem anderen einen Vermögensvorteil zu verschaffen. Der Täter muß dabei wissen oder mindestens billigend in Kauf nehmen, daß der erstrebte Vermögensvorteil rechtswidrig ist. Die → *Rechtswidrigkeit* des Vermögensvorteils ist Tatbestandsmerkmal.

III. Tatvollendung ist mit Eintritt des Vermögensschadens gegeben. Der Versuch ist strafbar. Die vollendete Tat ist alternativ mit Geld- oder Freiheitsstrafe bis zu 5 Jahren bedroht. In besonders schweren Fällen tritt Strafschärfung von 1 bis 10 Jahren Freiheitsstrafe ein. Die Anordnung von → Führungsaufsicht ist möglich.

IV. 1. Der B. gegen → Angehörige, Vormünder und in häuslicher Gemeinschaft lebende Personen ist → Antragsdelikt (§ 263 IV StGB).

2. Der B. hinsichtlich geringwertiger Gegenstände (auch ohne Not) wird nur auf Antrag oder bei Annahme eines besonderen öffentlichen → Interesses geahndet (§§ 263 IV, 248a StGB).

3. Sonderdelikte sind der → Kreditbetrug, der → Subventionsbetrug und der → Versicherungsbetrug.

Beugehaft → Erzwingungshaft.

Beurlaubung des Angeklagten → Hauptverhandlung.

Beurlaubung des Gefangenen → Freiheitsstrafe.

Bewährung(sfrist) → Strafaussetzung zur B., Jugendstrafe, Verwarnung mit Strafvorbehalt, Führungsaufsicht, Unterbringung.

Bewährungshelfer

Bewährungshelfer sind meist in Sozialberufen ausgebildet. Sie sind ehren- oder hauptamtlich tätig. Sie sind dienstaufsichtlich in die Justizbehörden eingegliedert (ausgenommen Hamburg und Niedersachsen). Vgl. im übrigen Strafaussetzung zur Bewährung, Jugendstrafe, Führungsaufsicht.

Beweisantrag ist das Verlangen, über eine erhebliche Tatsache *(Beweisthema)* mit einem genau bezeichneten → Beweismittel Beweis zu erheben.
   I. Die Staatsanwaltschaft hat schon im Ermittlungsverfahren aus der Pflicht zu sachgemäßer Aufklärung aller be- und entlastenden Umstände einem B. zu entsprechen. Der Angeklagte kann schon vor der *Hauptverhandlung* Beweisanträge stellen (§ 219 StPO). Die ablehnende Entscheidung des Vorsitzenden über den B. hat jedoch nur vorläufigen Charakter. *In der Hauptverhandlung* vorgetragen, kann ein B. nur durch Gerichtsbeschluß (§ 244 VI StPO), beim Kollegialgericht also nicht durch die Entscheidung des Vorsitzenden allein, abgelehnt werden.
   II. Gründe für die *Ablehnung* (§ 244 III StPO) sind ausschließlich: 1. Unzulässigkeit der Beweiserhebung, so wenn sie unmöglich oder gesetzlich verboten (z. B. Aussage eines Richters über Gegenstand des Beratungsgeheimnisses) ist. Allein dieser Ablehnungsgrund ist zwingend. 2. → Offenkundigkeit der behaupteten Tatsache. 3. Die unter Beweis gestellte Tatsache ist bereits erwiesen (nicht aber, wenn das Gericht glaubt, das Gegenteil sei erwiesen). 4. Die Beweistatsache ist für die Entscheidung ohne Bedeutung. 5. Das benannte Beweismittel ist völlig ungeeignet. Dies ist selten der Fall, weil der Wert eines Beweismittels meist erst durch die Beweiserhebung festzustellen ist. Ablehnung des Zeugenbeweises wegen Unglaubwürdigkeit ist als vorweggenommene Beweiswürdigung unzulässig. 6. Das Beweismittel ist auf absehbare Zeit unerreichbar (unbekannter Aufenthalt des Zeugen; nicht Auslandsaufenthalt, wenn Vernehmung durch Rechtshilfe möglich). 7. Der B. ist eindeutig zum Zweck der Prozeßverschleppung gestellt. 8. Die Beweistatsache kann so behandelt werden, als wäre sie wahr.
   Darüber hinaus kann der Antrag auf *Vernehmung eines → Sachverständigen* abgelehnt werden (§ 244 IV StPO), 1. wenn das Gericht (wenn auch nur ein Mitglied) die erforderliche Sachkunde selbst besitzt. 2. wenn bereits ein Sachverständiger zum gleichen Beweisthema gehört worden ist und seine Sachkunde nicht zweifelhaft ist, sein Gutachten nicht Widersprüche enthält und nicht von unzutreffenden Tatsachen ausgeht und ein anderer Sachverständiger nicht über bessere Forschungsmittel verfügt. Der Antrag auf Einnahme eines → Augenscheins kann mit der Begründung abgelehnt werden, er sei

Beweisaufnahme

nach dem pflichtgemäßen Ermessen des Gerichts nicht erforderlich (§ 244 IV StPO).

Die Ablehnung eines B. auf Beweiserhebung durch ein präsentes Beweismittel (vgl. Beweisaufnahme) ist nach § 245 II 2, 3 StPO nur aus den oben in den Ziffern 1 mit 7 dargestellten Gründen möglich.

III. Der B. kann auch neben einem Sachantrag (z. B. auf Freispruch) *hilfsweise* gestellt (sog. *Hilfs- oder Eventualbeweisantrag*). Seine Prüfung wird damit von einem bestimmten Ergebnis bei der Urteilsberatung abhängig gemacht. Eine eventuelle Ablehnung dieses B. wird (abgesehen vom Fall der Verschleppungsabsicht) in der Urteilsbegründung dargelegt.

Der B. ist zu unterscheiden von der *Beweisanregung* und dem *Beweisermittlungsantrag*. Diese sollen das Gericht anregen, im Rahmen seiner → Aufklärungspflicht tätig zu werden und weitere (sachdienliche) Beweismittel aufzuspüren. Ein solcher Antrag ist zu prüfen. Es bedarf jedoch keiner förmlichen Entscheidung zu seiner Ablehnung. Wird die Einholung einer Auskunft des Wetteramts „zur Feststellung der Witterungsverhältnisse" zur Tatzeit beantragt, ist lediglich eine Beweisanregung gegeben. Wird dieser Antrag „zum Beweis der Behauptung, es habe geregnet" gestellt, so liegt ein B. vor.

S. im übrigen auch Aufklärungspflicht, Beweisaufnahme.

Beweisaufnahme. Die B. folgt in der → Hauptverhandlung der Vernehmung des Angeklagten. *Beweisbedürftig* sind alle noch nicht erwiesenen äußeren und inneren Tatsachen, die für die Entscheidung erheblich sind, es sei denn, es liegt → Offenkundigkeit oder eine zulässige Beweisvermutung (z. B. § 190 StGB) vor. Dabei unterliegen alle Tatsachen, die die Sachentscheidung (neben dem Schuldspruch gehört hierzu auch die Bestimmung der Rechtsfolgen) zu tragen haben, in der Hauptverhandlung dem Strengbeweisverfahren. Hingegen gilt für die Feststellung der → Prozeßvoraussetzungen wie für jede Beweiserhebung außerhalb der Hauptverhandlung das *Freibeweisverfahren*, in dem alle zulässigen → Beweismittel (auch der Akteninhalt, Erklärungen) verwendet werden können.

Für das *Strengbeweisverfahren* (§§ 244–256 StPO) gelten folgende Grundsätze: Das Gericht hat entsprechend seiner → Aufklärungspflicht von Amtswegen oder auf → Beweisantrag die Beweismittel herbeizuschaffen. Nach dem Grundsatz der *Unmittelbarkeit der B.* ist stets (auch) die Person zu vernehmen, die die zu beweisende Tatsache selbst wahrgenommen hat; eine mögliche Vernehmung darf nicht durch → Verlesung schriftlicher Erklärungen ersetzt werden (§ 250 StPO). Die B. ist auf alle *präsenten Beweismittel*, d. h. auf alle vom Gericht vorgeladenen und auch erschienenen Zeugen sowie auf die sonstigen vom Gericht oder der Staatsanwaltschaft (§ 214 IV) herbei-

Beweisaufnahme

geschafften als Beweismittel dienenden Gegenstände (Urkunden, Überführungsstücke) zu erstrecken, wenn nicht Staatsanwalt, Verteidiger und Angeklagter ihr Einverständnis mit der Nichterhebung des Beweises erklären. Allerdings ist das Gericht zur Beweisaufnahme hinsichtlich der vom Staatsanwalt (§ 214 III StPO) oder von dem Angeklagten nach § 38 StPO durch den Gerichtsvollzieher unmittelbar geladenen und erschienenen Zeugen und Sachverständigen nur verpflichtet, wenn ein ordnungsgemäßer → Beweisantrag gestellt ist (§ 245 II StPO). Dies gilt auch für die vom Angeklagten herbeigebrachten sonstigen Beweismittel. Die Gründe für die Ablehnung eines solchen Beweisantrags sind lediglich: 1. Unzulässigkeit der Beweiserhebung, 2. Erwiesenheit oder Offenkundigkeit der zu beweisenden Tatsache, 3. fehlender Zusammenhang mit dem Gegenstand der Urteilsfindung und 4. Absicht der Prozeßverschleppung.

Über das *Ergebnis der B.* entscheidet das Gericht nach seiner freien, aus dem Inbegriff der Verhandlung geschöpften Überzeugung (§ 261 StPO). Der Grundsatz der *freien Beweiswürdigung* unterstellt der Überzeugungsbildung den ganzen Vorgang der Hauptverhandlung: zur Würdigung der Beweise sind danach auch Verhalten, Reaktionen und Äußerungen des Beschuldigten, der Zeugen und der Sachverständigen heranzuziehen. Die Überzeugungsbildung ist andererseits aber beschränkt auf das, was Gegenstand der mündlichen Verhandlung gewesen ist. Vgl. auch Zeugenbeweis.

Der Beweis muß mit lückenlosen, schlüssigen Argumenten geführt sein. Schon ein leiser realer Zweifel des Tatrichters an der Schuld schließt die Verurteilung aus. Denn ein *Zweifel* hindert das Zustandekommen der notwendigen Überzeugung. Sind trotz gewisser Anhalte sichere Feststellungen nicht möglich, so ist nach dem Grundsatz *in dubio pro reo* (im Zweifel für den Angeklagten) von der dem Angeklagten günstigsten nicht ausschließbaren Tatsachengestaltung auszugehen. Das kann zu unterschiedlichen tatsächlichen Feststellungen in der gleichen Sache führen (z. B. Annahme eines möglichst geringen Blutalkoholwertes bei Prüfung der Fahrtüchtigkeit, eines möglichst hohen Werts bei Würdigung der Zurechnungsfähigkeit eines Unfallflüchtigen). Der Grundsatz bedingt ferner bei der Feststellung, daß der Angeklagte einen von mehreren möglichen Tatbeständen verwirklicht hat, seine Verurteilung nach dem günstigsten Sachverhalt, wenn dieser in dem ungünstigeren als rechtliches Weniger enthalten ist: so Bestrafung wegen versuchter Tat, wenn Zweifel hinsichtlich der Vollendung gegeben sind; wegen einfachen Diebstahls, wenn die Erschwerungsform zweifelhaft; wegen Beihilfe, wenn Täterschaft fraglich (BayObLG NJW 1967, 361; s. vergleichend auch → *Wahlfeststellung*). In dubio pro reo gilt jedoch hinsichtlich der Feststellung der → Prozeßvoraussetzungen nur ein-

Bildung krimineller Vereinigungen

geschränkt und hinsichtlich sonstiger prozeßerheblicher Tatsachen grundsätzlich nicht.

Beweismittel sind im Strafprozeß zum Nachweis der Umstände, auf die sich die Entscheidung zur Schuld und zu den Folgen der Straftat (Strafe, Maßregeln, Nebenstrafen, Nebenfolgen) gründet, nur → Zeugen, → Sachverständige, → Augenschein und → Urkunden (sog. Strengbeweis, vgl. Beweisaufnahme). Zur Feststellung sonstiger verfahrenserheblicher Umstände (z. B. ordnungsgemäße Ladung des Angeklagten, der Stellung eines Strafantrags) kann sich das Gericht im sog. *Freibeweis* aller B. bedienen, die es für sachdienlich hält, z. B. Auskünfte von Behörden, Aufzeichnungen von Zeugen, polizeiliche Aktenvermerke, Angaben oder schriftliche Mitteilungen des Beschuldigten.

Beweisregel → üble Nachrede.

Beweiswürdigung → Beweisaufnahme, Urteil, Zeugenbeweis.

Beweiszeichen → Urkunde.

Bewußtlosigkeit → Handlung.

Bewußtsein der Rechtswidrigkeit → Schuldtheorie.

Bewußtseinsstörung → Schuldfähigkeit.

Bigamie → Doppelehe.

Bildträger → Darstellungen.

Bildung bewaffneter Haufen. § 127 I StGB droht Freiheitsstrafe bis zu 2 Jahren oder Geldstrafe demjenigen an, der unbefugt einen bewaffneten Haufen (Mehrheit von Personen) bildet, befehligt oder ihn mit Waffen oder Kriegsbedarf versieht. § 127 II StGB erfaßt denjenigen, der sich an einen solchen bewaffneten Haufen anschließt.

Bildung krimineller Vereinigungen bedroht § 129 StGB mit Freiheitsstrafe bis zu 5 Jahren oder mit Geldstrafe. Während die wegen → Gesetzeskonkurrenz als lex specialis vorgehenden §§ 84, 85 StGB *politische* Vereinigungen staatsgefährdender Art betreffen (vgl. → Gefährdung des demokratischen Rechtsstaats), befaßt sich § 129 mit k. V., also solchen, deren *Zweck* oder Tätigkeit darauf gerichtet ist, *strafbare Handlungen* zu begehen. Nach § 129 I StGB werden Gründer, Mitglieder, Werber und Helfer bestraft. Bei der Gründung ist auch der Versuch strafbar. § 129 StGB ist auch auf Vereinigungen nicht anwendbar, bei denen der Zweck, strafbare Handlungen zu begehen, von untergeordneter Bedeutung ist. Die Tätigkeit der → Rädelsführer und → Hintermänner sowie schwere Fälle sind als strafgeschärfte Vergehen (Mindeststrafe 6 Monate) bedroht. Strafmilde-

Billigung von Straftaten

rungsgründe und das Absehen von Strafe regelt § 129 V, VI StGB. Vgl. auch terroristische Vereinigungen als besondere Art k. V.

Billigung von Straftaten → Nichtanzeige geplanter Straftaten.

Blankettfälschung → Urkunde (II).

Blutalkoholkonzentration → Trunkenheit.

Blutentnahme → Untersuchung.

Blutschande → Beischlaf zwischen Verwandten.

Bordelle → Förderung der Prostitution.

Brandgefährdung → Brandstiftung (IV).

Brandstiftung begeht, wer bestimmte im Gesetz aufgeführte Gegenstände in Brand setzt. Tatvollendung ist gegeben, wenn dem Feuer die selbständige, vom Zünder unabhängige Ausbreitung (nicht → Explosion) ermöglicht ist. An den in §§ 306 ff. StGB nicht aufgeführten Gegenständen ist u. U. → Sachbeschädigung gegeben.

I. Die *vorsätzliche* B. ist stets Verbrechen.

1. *Objekte* der einfachen B. nach § 308 StGB sind Gebäude, Schiffe, Hütten, Bergwerke, Magazine, Warenvorräte, die auf dazu bestimmten öffentlichen Plätzen lagern, Vorräte von landwirtschaftlichen Erzeugnissen oder von Bau- und Brennmaterialien, Früchte auf dem Felde, Waldungen oder Torfmoore. Hat der Täter daran Eigentum, so müssen sie jedoch nach Lage und Beschaffenheit geeignet sein, das Feuer auf fremde derartige Gegenstände oder auf Räumlichkeiten, die nach § 306 Nr. 1–3 StGB dem Aufenthalt von Menschen dienen, zu übertragen (sog. mittelbare B.).

2. *Schwere B* liegt nach § 306 StGB vor, wenn a) zu gottesdienstlichen Versammlungen bestimmte oder b) zur Wohnung dienende Gebäude, Hütten oder Schiffe oder c) Räumlichkeiten, die zeitweise zum Aufenthalt von Menschen dienen, innerhalb der dafür in Frage kommenden Zeit in Brand gesetzt werden.

3. Wegen *besonders schwerer B.* nach § 307 StGB wird mit lebenslänglicher Freiheitsstrafe oder Freiheitsstrafe nicht unter 10 Jahren bestraft, wenn bei der schweren B. (oben 2) a) der Brand den Tod eines Menschen dadurch verursacht, daß sich dieser zur Zeit der Tat in einer der in Brand gesetzten Räumlichkeiten befand (also nicht ein bei Löschungsversuchen verunglückter Feuerwehrmann), b) die B. in der Absicht begangen worden ist, unter deren Begünstigung einen Mord oder Raub zu begehen oder einen Aufruhr zu erregen oder c) der Brandstifter Löschgeräte zur Verhinderung des Löschens entfernt oder unbrauchbar gemacht hat.

4. → Versicherungsbetrug.

II. Die *fahrlässige B.* (§ 309 StGB) setzt als Objekt die in §§ 306 und 308 StGB genannten Gegenstände voraus. Verursacht der Täter den Tod eines Menschen, so wird die fahrlässige → Tötung des § 222 StGB verdrängt. Der Strafrahmen reicht neben Geldstrafe bis zu 5 Jahren Freiheitsstrafe.

III. § 310 StGB enthält eine Sonderregelung der → *tätigen Reue* für die B. Die Strafbarkeit wegen B. (nicht wegen anderer Straftaten z. B. Sachbeschädigung) entfällt durch Löschen eines über den Anzündungsort noch nicht hinausgreifenden Feuers vor Entdeckung auch bei vollendeter Tat.

IV. Wer vorsätzlich oder fahrlässig eine konkrete *Brandgefahr* bei feuergefährdeten Anlagen oder Betrieben oder bestimmten Anlagen oder Nutzflächen der Land-, Forst- oder Ernährungswirtschaft auslöst, wird wegen *Herbeiführens einer Brandgefahr* nach § 310a StGB bestraft.

Briefgeheimnis → Verletzung des Briefgeheimnisses.

Briefkontrolle → Untersuchungshaft.

Briefmarken → Fälschung.

Brunnenvergiftung → Vergiftung.

Buchführungspflicht, Verletzung → Konkursstraftaten.

Bundesanwaltschaft → Staatsanwaltschaft.

Bundesgerichtshof (BGH). Der BGH entscheidet in Strafsachen durch *Strafsenate* (5 Berufsrichter) über die Revision gegen Urteile des → Oberlandesgerichts und gegen erstinstanzielle Urteile des → Landgerichts. Er befindet ferner über Sachen, die ein OLG vorgelegt hat, weil es in einer Rechtsfrage von einer früheren Entscheidung eines anderen OLG oder des BGH abweichen will (§ 121 II GVG). Über Beschwerden entscheidet er i. d. R. in der Besetzung mit 3 Berufsrichtern. Der *Große Senat* (9 Berufsrichter; Vorsitz: der Präsident des BGH) entscheidet, wenn ein Strafsenat von dessen oder der Entscheidung eines anderen Strafsenats abweichen will (§ 136 I GVG) oder wenn der erkennende Senat ihn im Interesse der Fortbildung des Rechts oder zur Wahrung der Einheitlichkeit der Rechtsprechung anruft (§ 137 GVG).

Bundespräsident, Nötigung → Verfassungsorgane (II).

Bundespräsident, Verunglimpfung → Verunglimpfung (I).

Bundeszentralregister → Zentralregister.

Bürgerliche Ehrenrechte → Nebenfolgen.

Buße

Buße → Geldbuße.

Bußgeld. Ist ein bestimmtes Verhalten mit B. (Geldbuße) bedroht, so liegt eine → Ordnungswidrigkeit vor.

Bußgeldbescheid → Ordnungswidrigkeit (III).

C

Computerbetrug begeht nach § 263a StGB derjenige, der in der Absicht, sich oder einem Dritten einen rechtswidrigen Vermögensvorteil zu verschaffen, das Vermögen eines anderen dadurch beschädigt, daß er das Ergebnis eines Datenverarbeitungsvorgangs durch unrichtige Gestaltung des Programms, durch Verwendung unrichtiger oder unvollständiger Daten, durch unbefugte Verwendung von Daten oder sonst durch unbefugte Einwirkung auf seinen Ablauf beeinflußt. Tathandlungen sind damit im Bereich der Dateneingabe und des Eingriffs in den Ablauf der Bearbeitung denkbar. Eine unbefugte Verwendung von Daten liegt auch beim *Bankomatenmißbrauch* vor, wenn der Täter eine fremde Codekarte samt Codenummer in einen Automaten eingibt. Das Vergehen des C. wird mit Freiheitsstrafe bis zu 5 Jahren oder mit Geldstrafe bestraft. C. kann dann mit Diebstahl oder Unterschlagung in Tateinheit stehen (str.).

Computerkriminalität → Daten.

Computersabotage ist nach § 303b I StGB die Störung einer für einen fremden Betrieb, ein fremdes Unternehmen oder eine Behörde bedeutsamen Datenverarbeitung durch → Datenveränderung oder Zerstörung, Beschädigung, Unbrauchbarmachen, Beseitigung oder Veränderung der Datenverarbeitungsanlage oder eines Datenträgers. Das mit Freiheitsstrafe bis zu 5 Jahren oder Geldstrafe bedrohte Vergehen ist nur auf Strafantrag verfolgbar. Vgl. Daten.

Conditio sine qua non → Verursachung.

D

Darlehensbetrug → Kreditbetrug (II).

Darstellungen sind alle körperlichen Zeichen, die geeignet sind, einem anderen die Vorstellung eines sinnlich wahrnehmbaren Vorgangs oder eines Gedankens zu übermitteln. Zu den D. gehören → *Schriften* und → *Abbildungen,* aber auch Bild- und Tonträger. Das Strafrecht stellt die Herstellung von D., z. T. nur deren Verbreitung

Dauerdelikte

oder eine bestimmte Verbreitungsart, in bestimmten Fällen unter Strafe, z. B. Verbreitung → pornographischer Schriften, Abbildungen und D. nach § 184 I StGB, Verunglimpfung des Bundespräsidenten nach § 90 I StGB. Es können jedoch auch andere Straftaten, insbesondere Angriffe auf die Ehre wie → Beleidigung und → Verleumdung durch D. verwirklicht werden. Vgl. hierzu auch Pressedelikte.

D. unterliegen der → Einziehung, wenn sie einen solchen Inhalt haben, daß jede vorsätzliche Verbreitung strafbar ist.

Daten sind Gebilde aus Zeichen oder kontinuierlichen Funktionen, die aufgrund bekannter oder getroffener Abmachungen Informationen zum Zwecke insbesondere der Verarbeitung darstellen. Strafbestimmungen ist z. T. ein engerer Begriff zugrundegelegt (vgl. § 202a II StGB).

Der *Datenschutz* ist im Bundesdatenschutzgesetz (BDSG) vom 27. 1. 1977 – letzte Änderung durch Gesetz vom 18. 2. 1986 (BGBl. I 265) – geregelt, wird aber auch durch Strafbestimmungen im StGB mit unterschiedlichen Schutzrichtungen ergänzt. Die persönliche Sphäre wird geschützt durch das Vergehen der → Verletzung von Privatgeheimnissen, zugleich neben dem wirtschaftlichen Wert einer Datensammlung durch → Ausspähen von Daten. Vermögensinteressen schützen die Tatbestände der → Datenveränderung, des → Computerbetrugs und der → Computersabotage.

Datenfälschung → Fälschung beweiserheblicher Daten.

Datenveränderung begeht nach § 303a StGB, wer rechtswidrig Daten löscht, unterdrückt, unbrauchbar macht oder verändert. Strafe und Strafantragsbedürfnis entsprechen der → Sachbeschädigung, die dann – u. U. zugleich – vorliegt, wenn der Datenträger selbst beschädigt wird. Vgl. auch Computersabotage.

Dauerarrest → Zuchtmittel.

Dauerdelikte sind Straftaten, bei denen durch die Handlung des Täters ein andauernder rechtswidriger Zustand geschaffen wird, den der Täter willentlich aufrechthält (z. B. durch Einsperren des Opfers bei der → Freiheitsberaubung, durch Fahren ohne Führerschein). *Vollendet* ist das D. mit der Erfüllung der Tatbestandsmerkmale. *Beendet* wird die Tat jedoch erst mit der Aufhebung des rechtswidrigen Zustands (z. B. Freilassen des Opfers). Erst von diesem Zeitpunkt läuft die Verjährungsfrist. Das *Zustandsdelikt* unterscheidet sich vom D. dadurch, daß die Fortdauer des rechtswidrigen Zustands hier vom Willen des Täters unabhängig ist, also i. d. R. Tatbeendung mit Vollendung des Straftatbestands zusammenfällt (z. B. → Doppelehe).

DDR

DDR. Durch die Wiedervereinigung der beiden deutschen Staaten am 3. 10. 90 erstrecken sich nunmehr das Grundgesetz und ebenso einfaches Bundesrecht auf das Gebiet der ehemaligen DDR. Artikel 8 und 9 des Einigungsvertrags lassen jedoch für bestimmte Teilbereiche Übergangsfristen zu, in denen Bundesrecht nur mit bestimmten Maßgaben bzw. das Recht der ehemaligen DDR als untergeordnetes Landesrecht weitergilt. Der Einigungsvertrag gilt als Bundesgesetz fort.

I. Die → Zuständigkeit der Gerichte für Strafsachen regelt sich nunmehr gemäß Anlage I des Einigungsvertrags nach dem bundesdeutschen Gerichtsverfassungsgesetz (GVG) mit folgenden Maßgaben:

1. Die Gerichte und die nach den §§ 141 ff. GVG vorgesehenen → Staatsanwaltschaften werden von den Ländern durch Gesetz eingerichtet, sobald die hierfür notwendigen personellen und sachlichen Voraussetzungen gegeben sind. Bis zu deren Errichtung sind die bislang in der DDR installierten Kreis- und Bezirksgerichte zuständig. Dabei übernehmen die Kreisgerichte die Aufgaben der → Amtsgerichte und die Bezirksgerichte die Aufgabe der → Landgerichte und der → Oberlandesgerichte. Die Bezeichnung Senate bei den Bezirksgerichten entspricht der Bezeichnung Kammern bei den → Landgerichten.

2. Die Kreisgerichte sind erstinstanziell in Strafsachen zuständig, soweit nicht die → Zuständigkeit des Bezirksgerichts ausdrücklich gegeben ist. Ein Kreisgericht darf kein höheres → Urteil als drei Jahre → Freiheitsstrafe aussprechen. Auch darf es nicht die → Unterbringung in einem psychiatrischen Krankenhaus (§ 63 StGB) anordnen. Die Kreisgerichte nehmen die Aufgaben der Strafvollstreckungskammern (→ Strafvollstreckung) nach § 78a GVG wahr. Auch obliegen dem Kreisgericht die Entscheidungen über staatsanwaltliche Anordnungen bei Ausbleiben oder Weigerung von Zeugen oder Sachverständigen nach § 161a III 2 StPO.

Das Kreisgericht entscheidet, wenn keine höhere Strafe als → Freiheitsstrafe von einem Jahr zu erwarten ist, in der Besetzung von einem Richter. Ist eine höhere Strafe zu erwarten, so entscheidet das Kreisgericht als Schöffengericht (→ Amtsgericht) besetzt mit einem Richter und zwei Schöffen (→ Laienrichter).

3. Die Bezirksgerichte sind im ersten Rechtszug zuständig, wenn die Strafgewalt des Kreisgerichts nicht ausreicht. Darüber hinaus ist die ausschließliche → Zuständigkeit der Bezirksgerichte bei besonders schweren Straftaten wie → Raub, → Mord und → Sexualdelikten nach § 74 GVG und bei → staatsgefährdenden Delikten nach § 74a GVG begründet. Die Bezirksgerichte sind als höhere Instanz für die → Berufung gegen → Urteile der Kreisgerichte, für die →

DDR

Beschwerde gegen → Verfügungen des Richters beim Kreisgericht und Entscheidungen der Kreisgerichte sowie für Entscheidungen über die → Kassationen in Strafsachen.

Als erstinstanzielles Gericht entscheidet das Bezirksgericht in der Besetzung mit zwei Richtern und zwei Schöffen. Ebenso besetzt ist es bei → Berufungen gegen Urteile des Kreisgerichts als → Schöffengericht. Bei Berufungen gegen Urteile des Kreisgerichts als Einzelrichter (→ Amtsgericht) entscheidet das Bezirksgericht mit einem Richter und zwei Schöffen. Außerhalb von → Hauptverhandlungen entscheidet der Vorsitzende allein. Über → Beschwerden gegen → Verfügungen des Richters beim Kreisgericht und Entscheidungen der Kreisgerichte, sowie über → Kassationen entscheidet das Bezirksgericht durch drei Richter.

II. Das Strafgesetzbuch der Bundesrepublik ist mit wenigen Ausnahmen nunmehr in den neuen fünf Bundesländern gültig. Nicht anzuwenden sind die Vorschriften über die ausnahmsweise Anwendung des Wohnortprinzips (§ 5 StGB), soweit es die Straftaten der → homosexuellen Handlung (§ 175 StGB) oder des → Abbruchs der Schwangerschaft (§ 218 StGB) betrifft. Hier gilt dann ausnahmslos das Tatortprinzip. Bsp.: Eine Frau, die ihren Wohnsitz in einem der alten Bundesländer hat und einen Schwangerschaftsabbruch auf dem Gebiet der ehemaligen DDR durchführen läßt, wird nur nach den dort gültigen Gesetzen beurteilt. Ferner gelten im Ostteil Deutschlands unter anderem auch nicht die Vorschriften über die → Sicherungsverwahrung, über → homosexuelle Handlungen, über den → Abbruch der Schwangerschaft, über → Verführung (§ 182 StGB) und über die → Entführung mit Einwilligung der Entführten (§ 236 StGB). Vom bisherigen Strafrecht der DDR (Strafgesetzbuch der Deutschen Demokratischen Republik – StGB – vom 12. 1. 68 in der Neufassung vom 14. 12. 88) bleiben Teile auf dem Gebiet der ehemaligen DDR mit entsprechenden Maßgaben in Kraft. Hierher gehört u. a. die Verursachung einer Umweltgefahr nach § 191 a DDR-StGB, der durch den Einigungsvertrag neu gefaßt wurde. Ferner bleiben uneingeschränkt in Kraft:

1. § 84 DDR-StGB: Ausschluß der Verjährung bei Straftaten gegen den Frieden, die Menschlichkeit, die Menschenehre und bei Kriegsverbrechen.
2. § 149 DDR-StGB: Sexueller Mißbrauch von Jugendlichen. Den Tatbestand kann im Unterschied zum StGB nur ein Erwachsener erfüllen, jedoch kann sich auch eine Frau strafbar machen, wenn sie einen männlichen Jugendlichen zwischen 14 und 16 Jahren mißbraucht. Unter Strafe stellt das DDR-StGB nicht nur den Beischlaf mit Jugendlichen, sondern auch geschlechtsverkehrsähnli-

Delictum sui generis

che Handlungen. Strafmaß ist Freiheitsstrafe bis zu einem Jahr, auch auf Bewährung. Eine Geldstrafe ist nicht vorgesehen.

3. §§ 153 ff. DDR-StGB: Unzulässige Schwangerschaftsunterbrechung. Bestraft wird derjenige, der an einer Frau einen unzulässigen → Abbruch der Schwangerschaft vornimmt oder eine Frau dazu veranlaßt oder sie dabei unterstützt, ihre Schwangerschaft selbst abzubrechen. Täter kann daher niemals die Frau selber sein. Die gesetzlichen Vorschriften, die die Zulässigkeit eines Abbruchs bestimmen, finden sich im DDR-Gesetz über die Unterbrechung der Schwangerschaft vom 9. 3. 1972. Die Schwangere ist danach berechtigt, die Schwangerschaft innerhalb von 12 Wochen (sog. → Fristenlösung) nach Beginn durch einen ärztlichen Eingriff unterbrechen zu lassen. Der Arzt, der den Eingriff vornimmt, muß die Schwangere über die medizinische Bedeutung des Eingriffs aufklären und über die künftige Anwendung schwangerschaftsverhütender Methoden und Mittel beraten. Die Unterbrechung nach der 12-Wochen-Frist ist nur zulässig, wenn die Gesundheit der Frau ernsthaft gefährdet ist (→ medizinische Indikation) oder andere schwerwiegende Gründe vorliegen. Die Entscheidung über die Zulässigkeit trifft ausschließlich eine Ärztekommission.

Der Strafrahmen ist Freiheitsstrafe bis zu drei Jahren, auch auf Bewährung. Der Strafrahmen erhöht sich auf Freiheitsstrafe von einem bis zu fünf Jahren ohne Möglichkeit der Aussetzung zur Bewährung, wenn der Täter den Abbruch ohne Einwilligung der Schwangeren durchführt oder die Schwangere durch Mißhandlung, Gewalt oder Drohung mit einem schweren Nachteil zur Unterbrechung veranlaßt (§ 154 DDR-StGB).

Wer durch die Tat eine schwere Gesundheitsbeschädigung oder den Tod der Schwangeren fahrlässig verursacht, wird mit Freiheitsstrafe von zwei bis zu zehn Jahren bedroht.

4. § 238 DDR-StGB: Wegen Verletzung von gerichtlichen Maßnahmen wird mit Geldstrafe oder Freiheitsstrafe bis zu zwei Jahren (Verurteilung zur Bewährung möglich) bestraft, wer sich einer Aufenthaltsbeschränkung entzieht, Erziehungs- oder Kontrollmaßnahmen verletzt oder ein Tätigkeitsverbot mißachtet.

Delictum sui generis → Abwandlung.

Delikt → Straftat.

Demonstrationsstrafrecht. Der etwas mißverständliche Begriff erfaßt Normen, nach denen schädigendes Verhalten anläßlich oder unter Vorgabe der unter Grundrechtsschutz stehenden Ausübung des Demonstrations- und Versammlungsfreiheit bestraft wird. Im StGB enthalten insbesondere → Landfriedensbruch, dort auch wegen

Diebstahl

Schutzbewaffnung und Vermummung, und → Nötigung einschlägige Vorschriften. Auch die Verfolgungsmöglichkeit der → Sachbeschädigung ohne Strafantrag des Geschädigten ist rechtspolitisch hier einzuordnen. Bestimmungen des D. neben Bußgeldvorschriften enthält ferner das Versammlungsgesetz bezüglich der Störung von Versammlungen, Beeinträchtigung der Versammlungsleitung, Führung von Waffen durch Ordner oder Versammlungsteilnehmer, Uniformverbot sowie Durchführung von verbotenen, nicht angemeldeten oder von Anmeldung oder behördlichen Auflagen abweichenden Veranstaltungen.

Denkgesetze, Verletzung → Revision.

Denunziation → Verdächtigung.

Dereliktion → Diebstahl (I).

Descriptive Tatbestandsmerkmale → Tatbestandsmerkmale.

Devolutionsrecht → Staatsanwaltschaft.

Devolutiveffekt → Rechtsmittel.

Dichotomie → Straftat.

Diebstahl. I. D. begeht, wer einem anderen eine fremde bewegliche Sache in der Absicht rechtswidriger Zueignung wegnimmt (§ 242 I StGB). 1. Die Sache muß einem anderen als Eigentümer gehören, darf also nicht herrenlos sein wie etwa wilde Tiere (bei jagdbaren jedoch → Wilderei) oder der zur Bestattung bestimmte Leichnam. Sie muß sich auch im Gewahrsam eines anderen, aber nicht notwendig des Eigentümers befinden. *Gewahrsam* ist ein tatsächliches Herrschaftsverhältnis einer Person über eine Sache. Er setzt einen Herrschaftswillen voraus, der aber nicht laufender Bekundung bedarf, sondern entsprechend den Anschauungen des täglichen Lebens generell vorliegen kann. Deshalb erlangt der Wohnungsinhaber Gewahrsam an der in den Briefkasten eingeworfenen Postsendung auch schon dann, wenn er von dem Einwurf noch nichts weiß. Üben mehrere Personen hinsichtlich einer Sache die tatsächliche Herrschaft aus (z. B. 2 Personen mieten sich einen Leihwagen), so spricht man von *Mitgewahrsam*. Ob der Gewahrsam auf rechtmäßigem Wege erlangt worden ist, bleibt gleichgültig. Deshalb kann auch der Dieb an dem gestohlenen Gegenstand Gewahrsam haben. 2. Die *Wegnahme* besteht einerseits im Bruch des fremden Gewahrsams oder des Mitgewahrsams der anderen Personen, andererseits in der Begründung eines neuen Gewahrsams. Eine Wegnahme ist deshalb nicht möglich, wenn der Gewahrsam schon vorher aufgegeben wurde (z. B. durch Wegwerfen gebrauchter Gegenstände oder auch durch sichtliche

Diebstahl

Aufgabe des Eigentums, sog. Dereliktion) oder aber verloren gegangen ist (z. B. durch Entlaufen eines Hundes). Während für den *Versuch* bereits die ernstliche Gefährdung des fremden Gewahrsams genügt (z. B. Griff nach der Diebesbeute), bedarf es zur Vollendung des D. der Begründung neuen Gewahrsams, also tatsächlicher Sachherrschaft durch den Dieb. Dies ist z. B. dann der Fall, wenn der Täter einen von ihm weggenommenen Gegenstand in seine Tasche gesteckt hat. Wegen vollendeten D. (nicht etwa versuchten Betrugs mangels Zahlungsabsicht) wird deshalb bestraft, wer im *Selbstbedienungsladen* eine Sache in seine Tasche steckt, auch wenn das Ladenpersonal diese Handlung beobachtet und den Täter vor Passieren der Kasse stellt. 3. Der Täter muß schließlich in der Absicht *rechtswidriger* (Tatbestandsmerkmal!) *Zueignung* handeln. Die Zueignungsabsicht entspricht dem Willen, die Sache wie ein Eigentümer zu behandeln, sie insbesondere wirtschaftlich zu nutzen oder über sie zu verfügen. Die Zueignungsabsicht ist deshalb auch anzunehmen, wenn der Täter die gestohlene Sache einem Dritten schenken will (z. B. Blumen aus des Nachbars Garten für den Muttertag). Will der Täter die Sache, ohne sie in ihrem Wert zu beeinträchtigen, lediglich vorübergehend benutzen (z. B. Lesen eines Buches) und sie nicht endgültig dem Herrschaftsbereich des Gewahrsamsinhabers entziehen, so liegt sog. *Gebrauchsdiebstahl* (furtum usus) vor, der abgesehen von dem → unbefugten Gebrauch von Fahrzeugen und dem → unbefugten Gebrauch von Pfandsachen des öffentlichen Pfandleihers straflos bleibt. Faßt der Täter die Absicht, sich die Sache zuzueignen, erst nach Begründung des Gewahrsams, so kann nur noch Unterschlagung vorliegen.

Der D. ist in § 242 StGB mit → Freiheitsstrafe bis zu 5 Jahren oder mit Geldstrafe bedroht. Der Versuch ist strafbar.

II. Nach § 243 werden *besonders schwere Fälle* des D. mit Freiheitsstrafe von 3 Monaten bis zu 10 Jahren bestraft. Es handelt sich bei § 243 StGB nicht um eine qualifizierende → Abwandlung, sondern um eine gesetzliche Regel für die Strafzumessung. Für die Annahme eines besonders schweren Falles zählt § 243 StGB in den Nummern 1–7 zusätzliche Merkmale auf, in denen „in der Regel" ein schwerer Fall anzunehmen ist. 1. Unter Nr. 1 fällt der D., bei dem der Täter zur Tatausführung in ein Gebäude, eine Wohnung, einen Dienst- oder Geschäftsraum oder in einen anderen umschlossenen Raum einbricht, einsteigt, mit einem falschen (d. h. zur Tatzeit vom Berechtigten nicht zur Öffnung bestimmten) Schlüssel *(Nachschlüssel)* oder einem anderen nicht zur ordnungsgemäßen Eröffnung bestimmten, auf den Schließmechanismus einwirkenden Werkzeug eindringt oder sich in dem Raum verborgen hält. Als *Gebäude* ist dabei ein unbewegliches, allseitig umschlossenes Bauwerk zu verstehen, das den

Diebstahl

Eintritt von Menschen gestattet und Unbefugte abhält. *Umschlossener Raum* ist jedes Raumgebilde, das betretbar ist und Vorrichtungen zur Abwehr des Eintritts Unbefugter besitzt (z. B. Zimmer, Schiff, Auto, abgezäunter Hof). *Einbruch* ist die gewaltsame, nicht notwendig substanzverletzende Beseitigung einer dem D. entgegenstehenden Umschließung (z. B. durch Einschlagen oder Ausheben eines Fensters). *Einsteigen* ist jedes Eindringen von außen in einen Raum durch eine zum ordnungsgemäßen Eintritt nicht bestimmte Öffnung (z. B. durch ein offenes Fenster oder über den Balkon). 2. Der D. einer Sache, die durch ein verschlossenes *Behältnis* (z. B. Ladenkasse, Schmuckkassette) oder eine Schutzvorrichtung besonders gegen Wegnahme gesichert ist. Dabei ist es ohne Bedeutung, ob der Gegenstand aus dem erbrochenen Behältnis oder der Gegenstand samt noch verschlossenem Behältnis gestohlen wird. Als *Schutzvorrichtungen* kommen alle mechanischen Hindernisse für eine Wegnahme in Frage z. B. das Anketten eines Gegenstandes, das Einbetonieren eines Standbilds, nicht hingegen akustische Alarmanlagen. 3. Ein schwerer Fall liegt i. d. R. vor, wenn der Täter → *gewerbsmäßig* stiehlt. 4. Nr. 4 erfaßt den D. von *Sachen,* die dem Gottesdienst gewidmet sind, oder *der religiösen Verehrung* dienen (z. B. Altargerät, Monstranzen, Gemälden, nicht aber Opferstöcke), aus einer Kirche oder einem anderen zur Religionsausübung dienenden Raum. 5. Nach Nr. 5 ist ein schwerer Fall anzunehmen, wenn Objekt des D. Gegenstände aus öffentlich zugänglichen *Sammlungen oder Ausstellungen* sind, soferne sie für Wissenschaft, Kunst oder Geschichte oder für die technische Entwicklung von Bedeutung sind. 6. Nach Nr. 6 liegt i. d. R. ein schwerer Fall vor, wenn der Täter die Hilflosigkeit eines anderen (z. B. Kranken oder Ohnmächtigen), einen Unglücksfall (z. B. Verkehrsunfall) oder eine gemeine Gefahr (Brand, Überschwemmung) zu einem D. ausnutzt. 7. Schließlich ist in Nr. 7 der Diebstahl bestimmter Schußwaffen oder anderer bestimmter Kampfwaffen sowie von Sprengstoff als besonders schwerer Fall beschrieben: Dazu gehören erlaubnispflichtige Handfeuerwaffen, Maschinengewehre und -pistolen, voll- und halbautomatische Gewehre.

III. Eine echte strafschärfende Abwandlung des D. enthält § 244 StGB. Mit Freiheitsstrafe von 6 Monaten bis zu 10 Jahren wird bestraft: 1. *Diebstahl mit Waffen.* Die Strafschärfung ist gegeben, wenn der Täter oder ein Tatbeteiligter eine Schußwaffe (§ 244 I Nr. 1 StGB), eine Waffe im technischen Sinn (z. B. Dolch, Schlagring, Stahlrute) oder aber sonst ein Werkzeug oder Mittel mit sich führt, das durch seine Verwendung geeignet ist, Widerstand durch Gewalt oder Drohung mit Gewalt zu leisten (§ 244 I Nr. 2 StGB). Werden beim D. Schußwaffen mitgeführt, bedarf es keines Nachweises einer Verwendungsabsicht; hingegen ist beim Führen anderer Waffen oder

Dienstaufsichtsbeschwerde

Werkzeuge oder Mittel (z. B. Stock, Schraubenzieher) die Absicht des Täters erforderlich, das von ihm oder von einem Tatbeteiligten mitgeführte Werkzeug oder Mittel zur Überwindung eines erwarteten oder für möglich gehaltenen Widerstands eines anderen durch Gewalt oder Drohung mit Gewalt einzusetzen. 2. *Bandendiebstahl.* Voraussetzung ist, daß sich mehrere (mindestens 2) Personen zur fortgesetzten Begehung von D. oder Raub verbunden haben (§ 244 I Nr. 3 StGB) und daß der D. unter Mitwirkung eines anderen Bandenmitglieds erfolgt. Fortgesetzte Begehung von D. oder Raub ist nicht im Sinn der → fortgesetzten Handlung zu verstehen. Für den Bandendiebstahl ist nicht ausreichend, wenn mehrere Täter im Fortsetzungszusammenhang gemeinsam Diebereien begehen. Eine Verbindung zu fortgesetzter Begehung von Raub und D. erfordert den allgemeinen Entschluß, in nicht (wie bei der fortgesetzten Handlung) näher bestimmten Einzelfällen künftig solche Straftaten zu verüben.

IV. 1. Der *Haus- und Familiendiebstahl* (§ 247 StGB) macht für bestimmte Personen wegen ihrer persönlichen Beziehungen zum Bestohlenen (→ Angehörige, Vormünder, in häuslicher Gemeinschaft lebende) die Strafverfolgung von deren Strafantrag abhängig. Dem nicht in den begünstigten Personenkreis fallenden Teilnehmer kommt § 247 StGB nicht zugute. 2. Wegen D. geringwertiger Gegenstände ist Strafantrag oder die Annahme eines besonderen öffentlichen Interesses durch die Staatsanwaltschaft erforderlich, § 248a StGB. Vgl. → Bagatellsachen. 3. Selbständige diebstahlsähnliche Straftat ist die → Entziehung elektrischer Energie.

Dienstaufsichtsbeschwerde ist ein formloser → Rechtsbehelf, mit dem eine Sachbehandlung (sog. *Sachaufsichts-* oder Aufsichtsbeschwerde) oder das dienstliche Verhalten (D. im engeren Sinn) eines → Beamten oder Richters beanstandet wird. Sie wendet sich an den Dienstvorgesetzten. Im Strafrecht kann D. gegen Polizeibeamte, Staatsanwalt, Richter und andere Gerichtspersonen sowie gegen Vollstreckungsbeamte erhoben werden. Der Beschwerdeführer hat keinen Anspruch darauf, daß auf die D. eine aufsichtliche Maßnahme getroffen oder eine solche ihm mitgeteilt wird. Die D. gegen Richter ist unzulässig, soweit sie dienstaufsichtlich nicht nachprüfbares Verhalten rügt (vgl. § 26 DRiG); sie kann also nicht den Inhalt einer Entscheidung, eine Terminbestimmung oder eine Anordnung der Verhandlungsleitung oder der Sitzungspolizei bemängeln.

Dienstgeheimnis → Verletzung des Dienstgeheimnisses; vgl. auch → Geheimnis.

Diplomaten → Exterritorialität, Vertrauensbruch im auswärtigen Dienst.

Dunkelziffer

Diplomatischer Ungehorsam → Vertrauensbruch im auswärtigen Dienst.

Distanzdelikte → Tatort.

Dolmetscher. Ist der Beschuldigte, ein Zeuge oder ein Sachverständiger der deutschen Sprache nicht mächtig, so muß das Gericht einen D. zuziehen. Spricht der Beschuldigte nicht deutsch, so sind ihm die wesentlichen Vorgänge der → Hauptverhandlung, insbesondere die Aussagen von Zeugen und → Sachverständigen in der Beweisaufnahme sowie die Anträge der Verfahrensbeteiligten in den Schlußvorträgen (§ 259 StGB) zu übersetzen.
  Der D. ist weder Sachverständiger noch Zeuge. Ist der D. nicht allgemein als solcher vor dem Präsidenten des LG, in dem er seinen Wohnsitz hat, vereidigt, so bedarf es in jeder Strafsache erneuter Vereidigung. Der Eid ist vor Beginn der Übersetzungstätigkeit zu leisten (§ 189 I GVG). Der D. kann wie ein Sachverständiger abgelehnt werden (§ 191 GVG).

Dolus eventualis → Vorsatz.

Doppelehe (Bigamie). Wegen des Vergehens der D. (§ 171 StGB) wird sowohl der Verheiratete, der eine weitere Ehe eingeht, als auch die Person, die wissentlich mit einem Verheirateten die Ehe schließt, bestraft. Die Tat ist vollendet, wenn der Standesbeamte ausgesprochen hat, daß die Eheschließenden nunmehr rechtmäßig verbundene Eheleute seien (§ 14 EheG). Durch das folgende Zusammenleben wird die Tat nicht fortgesetzt. D. ist nicht → Dauerdelikt, sondern *Zustandsdelikt*. D. wird mit Freiheitsstrafe bis zu 3 Jahren oder mit Geldstrafe bestraft. Der Versuch ist straflos.

Dringender Tatverdacht → Tatverdacht, Untersuchungshaft.

Drogenhandel → Betäubungsmittel.

Drohung → Gewalt.

Druckschriften → Pressedelikte.

Duchesne-Paragraph → Versuch der Beteiligung.

Dunkelziffer. Die D. kennzeichnet das Verhältnis der Zahl der bekanntgewordenen Straftaten zur Zahl der tatsächlich begangenen. Dabei wird entweder von der Anzahl der Ermittlungsverfahren oder von der Zahl der rechtskräftigen Aburteilungen ausgegangen. Die Ermittlung der D. erfolgt auf Grund einer Schätzung, die die Möglichkeiten einer Tatverheimlichung sowohl durch den Täter wie durch das Opfer (etwa bei Sexualdelikten) berücksichtigt. Eine hohe D. (z. B. der Steuerhinterziehung) rechtfertigt keineswegs den

Durchsuchung

Schluß auf fehlende Sozialschädlichkeit einer Straftat oder auf mangelndes Unrechtsbewußtsein der Bevölkerung, sondern allenfalls auf die Unzulänglichkeit der Ermittlungsmöglichkeiten und eine entsprechende Anpassung durch die Täter.

Durchsuchung. I. Die D. bei einem als Täter oder Teilnehmer einer strafbaren Handlung oder als Begünstiger oder Hehler *Verdächtigen* ist nach § 102 StPO zulässig hinsichtlich dessen Person, seiner Wohnung, seiner anderen Räume (z. B. Geschäftsräume) sowie der ihm gehörenden Sachen, wenn Zweck der D. die Ergreifung des Beschuldigten oder die Auffindung von Beweismitteln ist, wofür Anhaltspunkte bestehen müssen. Von der D. nach § 102 StPO ist die D. zur → Identitätsfeststellung zu unterscheiden. Bei anderen, also *nicht straftatverdächtigen* Personen ist die D. in gleichem Umfang zulässig (§ 103 StPO), doch hier nur zu dem Zweck der Ergreifung eines Tatverdächtigen, der Verfolgung von Spuren einer strafbaren Handlung (z. B. Untersuchung des Tatorts bei Mord in einem Hotel) oder der → Beschlagnahme bestimmter Gegenstände. Dabei müssen jedoch Tatsachen vorliegen, aus denen zu schließen ist, daß sich die gesuchte Person, Spur oder Sache in den zu durchsuchenden Räumen befindet, es sei denn, der Beschuldigte ist in den Räumlichkeiten ergriffen worden oder er hat sich während der Verfolgung dorthin begeben.

II. Die *Anordnung* der D. erfolgt grundsätzlich durch den Richter, bei Gefahr im Verzug auch durch die Staatsanwaltschaft und ihre → Hilfsbeamten (§ 105 I StPO). Wird die D. von Polizeibeamten oder von Hilfsbeamten der Staatsanwaltschaft vorgenommen, so soll ein Gemeindebeamter oder zwei Mitglieder der Gemeinde zugezogen werden. Der Inhaber der zu durchsuchenden Räume kann der D. beiwohnen. Dem nicht tatverdächtigen Inhaber ist der Zweck der D. bekanntzugeben. Nach der Beendigung der D. kann der Betroffene eine schriftliche Mitteilung des Grunds der D. sowie der in Frage kommenden Straftat verlangen (§ 107 StPO). Über verwahrte oder in Beschlag genommene Gegenstände ist ein Verzeichnis aufzunehmen; ein solches kann auch der Betroffene vorlegen. Vorgefundene *Papiere* darf ohne Genehmigung des von der D. Betroffenen nur der Richter, soweit es sich um Geschäftspapiere handelt, die nach dem Gesetz aufzubewahren sind, auch der Staatsanwalt durchsehen. Die *Sicherstellung von Gegenständen* bestimmt sich nach den Vorschriften über die Beschlagnahme.

Die D. darf *zur Nachtzeit* (1. April bis 30. September: 21–4 Uhr; 1. Oktober bis 31. März: 21–6 Uhr) nur bei Verfolgung auf frischer Tat, bei Gefahr im Verzug oder dann erfolgen, wenn es sich um die Ergreifung eines entwichenen Gefangenen handelt. Zur Nachtzeit dürfen aber Räume durchsucht werden, die jedermann zugänglich sind oder die der Polizei als Treffpunkt Krimineller, als Schlupfwinkel des Glücksspiels, des Rauschgift- oder Waffenhandels oder der Prostitution bekannt sind. Vgl. auch → terroristische Vereinigungen.

E

Ehebruch ist seit 1. 9. 1969 (1. StrRG) nicht mehr unter Strafe gestellt.

Ehrenamtliche Richter → Laienrichter.

Ehrenrechte → Nebenfolgen.

Ehrenschutz → Beleidigung, Verleumdung, üble Nachrede, Verunglimpfung.

Ehrverlust → Nebenfolgen.

Eid ist die feierliche Bekräftigung einer Erklärung durch den *Schwur*. Entgegengenommen wird der E. durch ein Gericht oder eine sonst dafür zuständige Stelle. Im Strafprozeß spricht nach § 66c StPO der Richter die *Eidesformel* vor: „Sie schwören bei Gott dem Allmächtigen und Allwissenden, daß Sie nach bestem Wissen die reine Wahrheit gesagt und nichts verschwiegen haben." Sodann erhebt der Schwörende die rechte Hand und spricht: „Ich schwöre es, so wahr mir Gott helfe"; doch kann die religiöse Beteuerungsformel weggelassen werden. Das Gesetz läßt regelmäßig (im Strafprozeß nach § 66d StPO) auch andere Bekräftigungen der Erklärung zu, wenn im Einzelfall Glaubens- oder Gewissensgründe gegen den E. geltend gemacht werden. Die beschworene Erklärung kann wie beim Zeugen oder Sachverständigen eine Aussage vor einem Gericht oder aber die Verpflichtung zu getreulicher und gewissenhafter Amtsausübung (z. B. Eid des Richters, Schöffen, Dolmetschers) sein. Folgt der E. der Erklärung oder Aussage nach (z. B. bei Zeugen und Sachverständigen), so spricht man von Nacheid. Die Verletzung des E. durch den Zeugen, den Sachverständigen oder die Partei ist als → Meineid oder fahrlässiger Falscheid strafbar. Hingegen ist der *Eidbruch* (d. h. das nachträgliche Zuwiderhandeln) durch Beamte, Richter, Dolmetscher usw. als solcher nicht unter Strafe gestellt; doch liegt regelmäßig in der Verletzung der beschworenen Amtspflicht eine strafbare Handlung (z. B. → Rechtsbeugung, → Begünstigung). Vom E. zu unterscheiden ist die Versicherung an Eides Statt nach § 156 StGB, der auch die unwahre Vermögensauskunft des Offenbarungsschuldners erfaßt. Vgl. Falsche Versicherung an Eides Statt.

Eidesstattliche Versicherung

Eidesstattliche Versicherung → Falsche Versicherung an Eides Statt.

Eidesverweigerungsrecht (§ 63 StPO) steht den Personen zu, die nach § 52 I StPO das → Zeugnisverweigerungsrecht haben. Der Zeuge ist hierüber gesondert zu belehren.

Eigenhändige Delikte werden die Straftaten genannt, bei denen Täter nur derjenige sein kann, der die tatbestandsmäßige Handlung selbst vornimmt. Wenngleich der Täterkreis bei den e. D. (z. B. → Meineid, → Beischlaf zwischen Verwandten, Selbstverstümmelung) auf den Handelnden beschränkt ist, so ist Anstiftung und Beihilfe zu den e. D. gleichwohl möglich, da der Teilnehmer an fremder Tat mitwirkt. E. D. sind in aller Regel → Tätigkeitsdelikte.

Eigenmächtige Abwesenheit → Fahnenflucht.

Eigenmächtige Befruchtung, eigenmächtige Embryoübertragung → Embryonenschutz.

Eigennutz → Strafbarer Eigennutz.

Einbruch → Diebstahl (II).

Einbußeprinzip → Geldstrafe.

Einfuhr, verbotene → Bannbruch, Schmuggel.

Einheitsstrafe → Jugendstrafrecht.

Einsatzstrafe → Tatmehrheit.

Einschleichen → Diebstahl (II).

Einsichtsfähigkeit → Schuldfähigkeit.

Einsperrung → Freiheitsberaubung.

Einspruch → Strafbefehl, Ordnungswidrigkeit (III).

Einsteigen → Diebstahl (II).

Einstellung des Verfahrens. Die Staatsanwaltschaft beendet ein → Ermittlungsverfahren entweder durch Erhebung der → öffentlichen Klage oder aber durch E. (sog. *Einstellungsverfügung*). Solange die Anklage noch nicht zugelassen ist (sog. → Eröffnung des Hauptverfahrens), kann die Staatsanwaltschaft die Klage zurücknehmen (§ 156 StPO) und das Verfahren einstellen. Auch das Gericht kann in bestimmten Fällen das bei ihm eröffnete Verfahren einstellen.

I. Im Rahmen des → *Legalitätsprinzips* kann eine E. nur dann erfolgen, wenn eine Verurteilung des Beschuldigten ausscheidet. 1. Die Einstellung des Ermittlungsverfahrens nach § 170 II StPO setzt vor-

Einstellung des Verfahrens

aus, daß nach den Ermittlungen der Staatsanwaltschaft ein hinreichender → Tatverdacht nicht besteht, d. h. daß die Verurteilung des Beschuldigten mangels Tatnachweises, mangels Schuld, infolge eines → Strafausschließungsgrunds oder infolge Fehlens von Prozeßvoraussetzungen (z. B. Strafantrag beim Antragsdelikt) eine Verurteilung nicht wahrscheinlich ist. Der Beschuldigte, der als solcher vernommen worden ist, gegen den ein → Haftbefehl erlassen wurde, der um Bescheid gebeten hat oder der sichtlich ein Interesse am Ausgang des Ermittlungsverfahrens hat, wird von der E. benachrichtigt. Dem durch die Straftat Verletzten ist ein *Einstellungsbescheid* mit Belehrung über die Möglichkeit der Anfechtung zu erteilen (→ Klageerzwingungsverfahren). Ein eingestelltes Verfahren kann jederzeit, z. B. bei Bekanntwerden neuer Beweismittel, wieder aufgenommen werden. 2. Das Gericht kann ein bei ihm anhängiges Verfahren außerhalb der Hauptverhandlung durch Beschluß gemäß § 206a StPO, in der Hauptverhandlung aber nur durch Urteil gemäß § 260 III StPO, einstellen, wenn ein Verfahrenshindernis (auch dauernde Verhandlungsunfähigkeit des Angeklagten) besteht. Wird nach Eröffnung des Verfahrens aber etwa die Unschuld des Angeklagten offenbar (z. B. durch Geständnis des wirklichen Täters), so kann nur Freispruch durch Urteil in der Hauptverhandlung erfolgen. 3. Bei vorübergehenden Hindernissen in der Person des Angeklagten (Abwesenheit, Krankheit) stellt das Gericht das Verfahren nach § 205 StPO vorläufig ein. Gleiches gilt für die Staatsanwaltschaft im Ermittlungsverfahren.

II. Die weiteren Möglichkeiten einer E. bestehen im Rahmen des *Opportunitätsprinzips:* 1. E. wegen Geringfügigkeit nach § 153 StPO setzt voraus, daß die Schuld des Täters gering ist und ein → öffentliches Interesse an der Verfolgung nicht besteht. Der Staatsanwalt bedarf für die E. im Ermittlungsverfahren der Zustimmung des Gerichts, es sei denn, es handelt sich um einfache Vermögensdelikte und geringen Schaden. 2. Die E. nach § 153a StPO setzt ebenfalls geringe Schuld voraus. Sie geschieht vorläufig unter der Auflage einer Wiedergutmachungsleistung, eines Geldbetrags zugunsten einer gemeinnützigen Einrichtung oder der Staatskasse, einer gemeinnützigen Leistung oder der Erfüllung von Unterhaltspflichten. Die E. bedarf der Zustimmung des Gerichts und des Beschuldigten. Die Verfügung der E. nach § 153a StPO und die fristgemäße Erfüllung der (u. U. änderbaren) Auflagen schaffen ein Verfahrenshindernis für die erneute Verfolgung der Tat auch dann, wenn sich erschwerende Umstände der Tat erst später herausstellen. Nur bei nachträglicher Feststellung eines Verbrechenscharakters der Tat (die zunächst harmlose Körperverletzung erweist sich als Mordversuch) ist Anklageerhebung wegen der gleichen Tat möglich. 3. E. ist nach § 153b StPO

Einstweilige Unterbringung

mit Zustimmung des Gerichts möglich, wenn die Voraussetzungen vorliegen, unter denen das Gericht von Strafe → absehen könnte. 4. § 153c StPO schafft Einstellungsmöglichkeiten für Tatortbesonderheiten: Auslandstaten, Inlandstaten von Ausländern. 5. § 153d StPO und § 153e StPO begründen besondere Einstellungsmöglichkeiten für → Staatsschutzsachen. 6. Mit der E. nach § 154 StPO wird verfahrensökonomischen Interessen entsprochen. Voraussetzung ist, daß die zu erwartende Strafe oder Maßregel neben der Bestrafung wegen einer anderen Tat nicht ins Gewicht fällt oder aber, daß die erfolgte oder zu erwartende anderweitige Bestrafung zur Einwirkung auf den Täter und zur Verteidigung der Rechtsordnung ausreichend erscheint. Steht Bestrafung wegen schwererer Tat erst zu erwarten, dann erfolgt die E. vorläufig. 7. Dem gleichen Gedanken dient auch § 154a StPO, doch liegt insoweit keine E. vor, sondern nur eine Beschränkung der Verfolgung auf einen tatsächlichen oder rechtlichen Teil der → Tat. § 154a gestattet, die Verfolgung einer Tat auf die wesentlichen Gesetzesverletzungen, bei der → fortgesetzten Handlung auf die schwerwiegenden Teilakte, bei der Dauerstraftat auf Zeitabschnitte zu beschränken. Einbeziehung der zunächst ausgeschiedenen Gesetzesverletzungen oder Teilakte ist durch das Gericht jederzeit wieder möglich und sogar geboten, wenn wegen der Tat Freispruch ergehen soll. 8. § 154b StPO läßt die E. bei Auslieferung oder Ausweisung des Beschuldigten zu. 9. § 154c StPO gestattet die E. von Straftaten, wegen deren Offenbarung der Täter erpreßt oder genötigt wird. 10. §§ 154d und e StPO betreffen E. wegen der Abhängigkeit des Nachweises einer Straftat von anderen Verfahren (Zivil-, Verwaltungsstreit, Straf- oder Disziplinarverfahren).

Insbesondere in den Fällen 1–7 kann das Gericht nach Zustimmung der Staatsanwaltschaft die E. aussprechen, wenn öffentliche Klage bereits erhoben ist. Die E. nach den §§ 153ff. StPO erfolgt auch in der Hauptverhandlung durch Beschluß.

Vgl. a. Absehen von Strafe.

Einstweilige Unterbringung → Unterbringungsbefehl.

Einwilligung. Unter E. versteht man im Strafrecht eine Rechtshandlung, durch die sich der Inhaber eines → Rechtsguts mit dessen Verletzung durch Dritte einverstanden erklärt.

I. Schon die Tatbestandsmäßigkeit entfällt bei E. des Verletzten, wenn gerade die Überwindung des Willens des Rechtsgutsträgers Tatbestandsmerkmal ist. So kann der Einwilligende nicht genötigt, die Einverstandene nicht vergewaltigt werden.

II. Gehört das Handeln gegen den Willen des Geschützten nicht schon zum Tatbestand, so stellt seine E. für den Täter u. U. einen

Einziehung

Rechtfertigungsgrund dar. Eine rechtfertigende E. setzt jedoch voraus: 1. Der Einwilligende muß über das betroffene Rechtsgut verfügen können. Das ist ausgeschlossen, wenn der Straftatbestand ein unverzichtbares Rechtsgut (z. B. das Leben) oder Verletzungen eines Rechtsguts der Allgemeinheit erfaßt (z. B. keine Rechtfertigung des Kinderverderbers, wenn Kind und gesetzliche Vertreter mit sexuellen Handlungen einverstanden sind). 2. Die Tat, zu der die E. erteilt wird, darf nicht gegen die guten Sitten verstoßen (vgl. § 226a StGB). 3. Die E. muß vor der Tat erteilt werden. Nachträgliche Zustimmung kann die Rechtswidrigkeit der Tat nicht mehr beseitigen.

Die rechtfertigende E. hat besondere Bedeutung bei Verletzungen der körperlichen Unversehrtheit durch *ärztliche Eingriffe*. Die wirksame E. setzt voraus, daß der Patient die möglichen Folgen des Eingriffs abschätzen kann. Dazu ist i. d. R. die Aufklärung durch den Arzt über die typischen Folgen des Eingriffs notwendig. Auch Sportverletzungen bei Wettkämpfen werden regelmäßig durch E. gerechtfertigt. Vgl. a. Kastration, Sterilisation.

III. Ein Rechtfertigungsgrund kann auch die *mutmaßliche E.* sein. Voraussetzung ist, daß die Handlung im Interesse des Betroffenen liegt und ein entgegenstehender Wille nicht erkennbar ist. Beispiel: Operation des bewußtlosen Verkehrsopfers.

Einzelrichter → Amtsgericht.

Einziehung ist eine → Maßnahme i. S. des § 11 I Nr. 8 StGB, ein gemischtes Institut von → Strafe und Sicherungsmaßregel.

I. 1. *Gegenstand* der E. können Sachen und auch Rechte (Forderungen, Bankguthaben usw.) sein. *Voraussetzung* der E. ist, daß der Gegenstand durch ein Verbrechen oder vorsätzliches Vergehen – auch durch strafbaren Versuch – hervorgebracht *(productum sceleris)* oder zu ihrer Begehung oder Vorbereitung gebraucht oder bestimmt worden ist (sog. Tatwerkzeug oder *instrumentum sceleris;* § 74 I StGB). Die E. hat teils Straf-, teils Sicherungscharakter. Die *sichernde E.* erfolgt im Interesse des Schutzes der Allgemeinheit vor einer von den Gegenständen oder deren Benutzung ausgehenden Gefährdung (§ 74 II Nr. 2 StGB). *Die nicht aus Sicherungsgründen gebotene E.* ist nur hinsichtlich solcher Gegenstände zulässig, die dem (schuldhaft handelnden) Täter oder Teilnehmer gehören oder zustehen (§ 74 II Nr. 2 StGB), soweit sie einem Dritten gehören oder zustehen, ist sie nur in gesetzlich bestimmten Fällen und nur dann zulässig, wenn dem Dritten im Zusammenhang mit der Tat ein Vorwurf gemacht werden kann (§ 74a StGB).

2. Schriften, Tonträger, Abbildungen und → Darstellungen, deren vorsätzliche Verbreitung wegen ihres Inhalts einen Straftatbestand erfüllen würde, können eingezogen werden, wenn mindestens

Embryonenschutz

1 Stück durch eine Straftat verbreitet oder zur *Verbreitung* bestimmt worden ist (§ 74d I 1 StGB). Mit der E. solcher Gegenstände wird auch die *Unbrauchbarmachung* der zur Herstellung von Vervielfältigungen gebrauchten oder bestimmten Geräte angeordnet.

3. Die E. steht grundsätzlich im Ermessen des Gerichts, kann aber auch in besonderen Fällen durch Gesetz zwingend vorgeschrieben werden. Die E. ist jedoch nur unter Beachtung des Grundsatzes der → *Verhältnismäßigkeit* zulässig (§ 74b StGB). Insbesondere ist die E. nur vorzubehalten, wenn weniger einschneidende Maßnahmen (z. B. Anweisung zu einer Veränderung des Gegenstands) genügen, den Einziehungszweck zu erreichen. Bei Verwertung, insbesondere Veräußerung oder Belastung (Verpfändung) eines Gegenstands vor Ausspruch der E. kann ein Geldbetrag als *Wertersatz* eingezogen werden (§ 74c StGB).

4. Die E. kann und muß u. U. auch *selbständig* angeordnet werden (im sog. *objektiven Verfahren*), wenn wegen der Straftat eine bestimmte Person aus tatsächlichen oder rechtlichen Gründen (unbekannter Aufenthalt des Täters; Verjährung o. dgl.) nicht verfolgt wird (§ 76a StGB).

5. Der Dritte, der durch die E. eine Sache oder ein Recht eingebüßt hat, wird grundsätzlich aus der Staatskasse *entschädigt* (§ 74f I StGB). Ausnahmen gelten jedoch nach § 74f II StGB insbesondere dann, wenn den Dritten wegen seines Verhaltens in Hinsicht auf die Straftat oder auf den Erwerb des Gegenstands ein Vorwurf trifft.

II. Das *Verfahren der E.* ist in den §§ 430–442 StPO geregelt.

Embryonenschutz. I. 1. Die medizinische Entwicklung zur Bekämpfung der Unfruchtbarkeit (Sterilität) sowie die Erforschung der Keimbahnzellen und der Möglichkeiten ihrer Veränderung (Gentechnologie) auch beim Menschen haben zur Ausschaltung menschenunwürdiger Manipulation und im Interesse verfassungsrechtlich gebotenen Lebensschutzes gesetzliche Regelungen erforderlich gemacht. Die zu regelnden Sachverhalte und Problemlagen sind außerordentlich vielfältig. Im Vordergrund stehen Begleiterscheinungen und Folgen der künstlichen Befruchtung a) durch Einpflanzung männlichen Samens in die Gebärmutter der Frau (Insemination), b) durch Zusammenführung von Ei- und Samenzelle außerhalb des Mutterleibs (In-vitro-Fertilisation) und c) Einpflanzung der so befruchteten oder einer anderweit entnommenen befruchteten Eizelle in die Gebärmutter (Implantation). Die unterschiedlichen Vorstellungen der politischen Parteien insbesondere zu den Grenzen, die der Forschung und dem Selbstbestimmungsrecht der Frau zu ziehen sind, haben ein umfassendes Fortpflanzungsmedizingesetz nicht zugelassen. Das Embryonenschutzgesetz (ESchG) vom 13. 12. 1990

Embryonenschutz

(BGBl. I 2746) setzt einzelne Strafbestimmungen fest, läßt aber viele Probleme der künstlichen Befruchtung offen: Zulässigkeit für Nichtverheiratete, Verwendung fremden oder anonymen Samens, Identitätsschutz des Erzeugten, seine Ausforschung durch Genomanalyse vor oder nach Aufnahme in den Mutterleib (Pränataldiagnose), Abtötung der überzähligen Embryonen, deren Aufbewahrung in Tiefkühlung, Abtötung der Foeten im Mutterleib bei der verhältnismäßig häufig herbeigeführten Mehrlingsschwangerschaft (sog. Reduktion).
2. § 8 EschG definiert als *Embryo* die befruchtete, entwicklungsfähige menschliche Eizelle vom Zeitpunkt der Kernverschmelzung an, ferner jede einem Embryo entnommene totipotente Zelle, die sich bei Vorliegen der weiteren Voraussetzungen zu teilen und zu einem menschlichen Individuum zu entwickeln vermag.

II. 1. Die *mißbräuchliche Anwendung von Fortpflanzungstechniken* (§ 1 EschG; Freiheitsstrafe bis zu 3 Jahren oder Geldstrafe) verbietet a) die Übertragung fremder unbefruchteter Eizellen, b) die Befruchtung einer Eizelle in anderer Absicht als der Herbeiführung einer Schwangerschaft bei der Frau, von der das Ei stammt, c) die Übertragung von mehr als 3 Embryonen oder mehr als 3 Sameneinführungen (intratubarer Gametentransfer) innerhalb eines Zyklus, d) die Befruchtung von mehr Eizellen, als einer Frau innerhalb eines Zyklus übertragen werden sollen, e) die Entnahme eines Embryos vor Abschluß seiner Einnistung in der Gebärmutter zur Übertragung auf eine andere Frau oder zur Verwendung für einen anderen Zweck, f) die künstliche Befruchtung bei Bereitschaft der Frau, das Kind Dritten zu überlassen (Ersatzmutterschaft), g) die Herbeiführung künstlicher Ei-Samenverschmelzung, ohne eine Schwangerschaft bei der Frau zu beabsichtigen, von der das Ei stammt. Straflos bleibt in den Fällen a, b, e und f die Frau. 2. Mit gleicher Strafe ist in § 2 EschG als *mißbräuchliche Verwendung menschlicher Embryonen* die Veräußerung oder die nicht seiner Erhaltung dienende Abgabe eines menschlichen Embryos, dessen Erwerb oder Verwendung bedroht. 3. Die *verbotene Geschlechtswahl* stellt § 3 EschG unter Freiheitsstrafe bis zu 1 Jahr oder Geldstrafe. Die künstliche Befruchtung einer Eizelle mit nach Geschlechtschromosomen ausgewählten Samenzellen ist nur dann erlaubt, wenn die ärztliche Auswahl dazu dient, das Kind vor schwerwiegenden geschlechtsgebundenen Erbkrankheiten zu bewahren. 4. § 4 EschG droht für die ohne Einwilligung vorgenommene und deshalb *eigenmächtige Befruchtung* und die *eigenmächtige Embryoübertragung* Freiheitsstrafe bis zu 3 Jahren oder Geldstrafe an. Gleiche Strafe trifft denjenigen (nicht die Frau), der eine Eizelle mit dem Samen eines Verstorbenen befruchtet. 5. *Künstliche Veränderung menschlicher Keimbahnzellen*, also Veränderung der Erbinformation einer Keimbahnzelle oder der Einsatz einer Zelle mit veränderter Erbinformation zur Befruchtung,

Entbindung des Angeklagten vom Erscheinen

ist nach § 5 EschG mit Freiheitsstrafe bis zu 5 Jahren bedroht. Der Eingriff in eine Keimbahnzelle ist allerdings dann nicht strafbar, wenn die Verwendung der Keimzelle zur Befruchtung, die Übertragung auf einen Embryo oder Menschen oder das Entstehen einer Keimzelle aus ihr ausgeschlossen ist. Als *Klonen* ist nach § 6 EschG unter gleiche Strafe gestellt, wer künstlich darauf hinwirkt, daß ein menschlicher Embryo mit der gleichen Erbinformation wie ein anderer Embryo, ein Foetus oder Mensch (auch verstorbener) entsteht. 6. Die *Chimären- und Hybridbildung* stellt § 7 EschG unter Freiheitsstrafe bis zu 5 Jahren oder Geldstrafe. Darunter ist zum einen die Herstellung eines Zellverbands von menschlichen Embryonen mit Zellen oder einem Embryo mit unterschiedlicher Erbinformation zu verstehen oder aber zum anderen die Kreuzung menschlicher mit tierischen Ei- oder Samenzellen zur Erzeugung eines differenzierungsfähigen Embryo. Gleiche Strafe trifft diejenigen, die die Ergebnisse solcher Manipulation auf eine Frau oder ein Tier übertragen.

Entbindung des Angeklagten vom Erscheinen in der Hauptverhandlung → Hauptverhandlung (IV).

Entbindung des Zeugen von der Schweigepflicht → Zeugnisverweigerungsrecht.

Entfernung aus der Sitzung → Hauptverhandlung (VI).

Entführung (§§ 236, 237 StGB) setzt das Verbringen von dem bisherigen an einen anderen Aufenthaltsort, namentlich durch Fahrzeuge, voraus. Objekt kann in beiden Tatbeständen nur eine Person weiblichen Geschlechts sein. Die Strafverfolgung beider Delikte ist an einen → Strafantrag gebunden (§ 238 I StGB). Die Strafverfolgung ist ferner, wenn der Täter oder Teilnehmer mit der Entführten die Ehe geschlossen hat, solange gehindert, als die Ehe nicht aufgehoben oder für nichtig erklärt worden ist (§ 238 II StGB). Beide Tatbestände sind als Vergehen mit Freiheitsstrafe bis zu 5 Jahren oder mit Geldstrafe bedroht.

I. Nach § 236 StGB begeht *E. mit Willen,* wer eine unverheiratete *minderjährige* Frau unter 18 Jahren mit deren Willen, jedoch ohne die Einwilligung ihres Sorgeberechtigten entführt, um sie zu außerehelichen → sexuellen Handlungen zu bringen. Für die Entführung ist hier Voraussetzung, daß das Verbringen der Minderjährigen an einen anderen Ort zu einer Beeinträchtigung der Aufsicht des Personensorgeberechtigten führt. Die E. des § 236 StGB dient ebenso wie die → Kindesentziehung dem Schutz des Personensorgerechts. Tatvollendung setzt sexuelle Handlungen hier nicht voraus.

§ 236 StGB ist in den 5 neuen Bundesländern nicht anzuwenden. Vgl. DDR II.

Entschädigung für Opfer von Gewalttaten

II. Die E. *gegen Willen* nach § 237 StGB begeht, wer eine Frau gegen ihren *Willen* durch List, Drohung oder Gewalt *entführt* und eine dadurch für die Entführte entstandene hilflose Lage zu außerehelichen sexuellen Handlungen ausnutzt. Die örtliche Veränderung durch die E. muß dabei die Frau verstärkt in die Gewalt des Täters bringen. Kommt es trotz des durch die E. geschaffenen Zustands erhöhter Schutzlosigkeit (z. B. durch Verbringen der Frau in ein wenig begangenes Waldstück) nicht zu sexuellen Handlungen, so ist lediglich strafloser Versuch gegeben. Strafbarkeit besteht jedoch dann u. U. wegen → Freiheitsberaubung oder → Nötigung. Diese Delikte können mit der vollendeten E. in Tateinheit oder aber in Gesetzeskonkurrenz stehen. Desgleichen kommt Tateinheit mit → sexueller Nötigung und → Vergewaltigung in Frage.

III. Wegen E. zum Zweck der Erpressung oder der Nötigung eines Dritten s. erpresserischer Menschenraub und Geiselnahme.

Entlassung zur Bewährung → Strafaussetzung z. Bew. (II 1), Jugendstrafe.

Entmannung → Kastration.

Entschädigung des Verletzten. Nach §§ 403–406 d StPO besteht die Möglichkeit, einem durch eine Straftat Verletzten oder dessen Erben im Rahmen des Strafverfahrens einen *vermögensrechtlichen Anspruch* zuzusprechen, der aus der Straftat erwachsen ist. Dieses sog. *Adhaesionsverfahren* (auch Anhangsverfahren) ist in der Praxis von geringer Bedeutung geblieben, weil die Strafgerichte von einer Entscheidung in aller Regel mit der Begründung absehen, die Anträge seien zur Erledigung im Strafverfahren nicht geeignet oder führten zu einer Verfahrensverzögerung (§ 405, 2 StPO). Voraussetzung des A. ist ein Antrag, der Gegenstand und Grund des Anspruchs bezeichnet. Auch vor dem Amtsgericht kann ein Anspruch ohne Rücksicht auf den zivilrechtlichen Streitwert geltend gemacht werden. Das Strafgericht kann die Entscheidung über die E. auf den Anspruchsgrund beschränken, so daß die Schadenshöhe das Zivilgericht beurteilt. Die Entscheidung des Gerichts ist für den Verletzten stets unanfechtbar, weil er seinen Anspruch, soweit nicht zuerkannt, vor dem Streitgericht verfolgen kann (§§ 406 III, 406a I StPO). Soweit der Angeklagte zu einer Entschädigung verurteilt wurde, kann er die Entscheidung mit oder ohne strafrechtlichen Teil mit den → Rechtsmitteln des Strafprozesses angreifen (§ 406a II StPO). Dem Antragsteller wie dem Angeklagten kann → Prozeßkostenhilfe gewährt werden.

Entschädigung für Opfer von Gewalttaten. Das Gesetz über die E. f. O v. G. (OEG) vom 11. 5. 1976 (BGBl. I 1181; III 86–6) ist eine

Entschädigung für Strafverfolgungsmaßnahmen

Regelung der Sozialversicherung für Personen, die durch einen tätlichen rechtswidrigen Angriff (Vorsatz!) gegen ihre oder eine andere Person (Fehlgehen eines Schusses) oder durch dessen rechtmäßige Abwehr (auch als Nothelfer) eine gesundheitliche Schädigung erlitten haben. Angriffe mittels Kraftfahrzeugen sind ausgeschlossen, weil insoweit die gesetzliche Haftpflicht eingreift. Der Versorgungsanspruch deckt nach den Bestimmungen des Bundesversorgungsgesetzes gesundheitliche und wirtschaftliche Folgen der Schädigung.

Entschädigung für Strafverfolgungsmaßnahmen. Das Ges. über die E. f. S (StrEG) vom 8. 3. 1971 (BGBl. I 157) regelt das Recht auf Schadenersatz für nicht (nachweislich) begründete Strafverfolgung. Es ist sinngemäß für Verfolgungsmaßnahmen wegen → Ordnungswidrigkeiten anzuwenden, § 46 I OWiG.

I. 1. Gegenstand des Ersatzanspruchs ist der durch die Strafverfolgungsmaßnahmen verursachte Vermögensschaden. Er muß aber über 50 DM liegen. Nur im Falle einer gerichtlichen Freiheitsentziehung wird auch immaterieller Schaden ersetzt (10 DM für jeden angefangenen Tag der Freiheitsentziehung).

2. Materielle Voraussetzungen des Entschädigungsanspruchs sind *Strafverfolgungsmaßnahmen*. Als solche kommen in Frage: a) Die Folgen eines Urteils, soweit im Verfahren der → Wiederaufnahme oder sonst (z. B. § 357 StPO) die Verurteilung entfällt oder gemildert wird, b) die Anordnung von Maßregeln der Sicherung und Besserung oder von → Nebenfolgen, etwa im → Sicherungsverfahren, soweit sie nach einer Wiederaufnahme entfallen, c) die Untersuchungshaft, die einstweilige → Unterbringung zur Sicherung oder zur Beobachtung, die vorläufige Festnahme, richterliche Maßnahmen bei Außervollzugsetzung des → Haftbefehls, die → Beschlagnahme von Gegenständen, die → Durchsuchung, die vorläufige Entziehung der Fahrerlaubnis; sämtliche unter der Voraussetzung, daß der Beschuldigte freigesprochen, außer Verfolgung gesetzt oder das Strafverfahren gegen ihn durch Gericht oder Staatsanwaltschaft eingestellt worden ist.

3. Die E. *kann* nach Billigkeit gewährt werden, wenn ein Beschuldigter Strafverfolgungsmaßnahmen erlitten hat, das Verfahren aber etwa wegen geringer Schuld oder aus anderen Gründen nach dem Opportunitätsprinzip (nicht wegen mangelnden Schuldnachweises) durch → Einstellung geendet hat. Gleiches gilt im Fall des Absehens von Strafe.

4. Die E. ist in bestimmten Fällen (§ 5 StrEG) stets *ausgeschlossen*. Das gilt vor allem, wenn das Gericht ausdrücklich die Anrechnung der → Untersuchungshaft verweigert oder wenn der Beschuldigte Strafverfolgungsmaßnahmen vorsätzlich oder grobfahrlässig verur-

Entschädigung für Zeugen und Sachverständige

sacht hat. Doch ist unschädlich, wenn der Beschuldigte zur Sache Angaben verweigert oder es unterlassen hat, Rechtsmittel (etwa zur Aufhebung einer Beschlagnahme, die sich auf wichtige Geschäftsunterlagen erstreckt) einzulegen. Ausgeschlossen ist ferner die E. stets dann, wenn der Beschuldigte einer ordnungsgemäßen Ladung des Richters nicht Folge geleistet und dadurch schuldhaft Strafverfolgungsmaßnahmen (etwa Vorführungsbefehl) ausgelöst hat. In einer Reihe von Fällen (§ 6 StrEG), z. B. bei wahrheitswidriger Selbstbelastung oder bei mangelnder Verurteilungsmöglichkeit nur wegen Schuldunfähigkeit oder wegen eines Verfahrenshindernisses (z. B. Verjährung), *kann* die E. versagt werden.

II. 1. Ein Anspruch auf Entschädigung *entsteht* mit der Rechtskraft der Entscheidung des Strafgerichts über die Entschädigungspflicht des Staates (§ 8 StrEG). Sie kann entweder in dem Urteil oder dem Beschluß, der das Verfahren abschließt, oder in einem eigenen nachträglichen Beschluß getroffen werden. Ist das Verfahren schon durch → Einstellung bei der Staatsanwaltschaft beendet, so ergeht ein Beschluß des Strafgerichts auf Antrag des Beschuldigten. In allen Fällen ist gegen die gerichtliche Entscheidung das → Rechtsmittel der sofortigen → Beschwerde statthaft. Das Gericht muß die Art und den Zeitraum der Strafverfolgungsmaßnahme bezeichnen, für die eine E. zugesprochen wird. Die Entscheidung erfaßt nur den *Grund des Anspruchs,* nicht seine Höhe.

2. Nach Rechtskraft des Beschlusses muß der Entschädigungsanspruch innerhalb von 6 Monaten bei der Staatsanwaltschaft, die die Ermittlungen geführt hat, geltend gemacht werden. Über den Antrag und die *Höhe der E.* entscheidet sodann die Landesjustizverwaltung. Hiergegen kann binnen 3 Monaten im ordentlichen Rechtsweg vor der Zivilkammer des Landgerichts Klage erhoben werden.

Entschädigung für Zeugen und Sachverständige wird nach dem Gesetz über die E. f. Z. u. S. vom 1. 10. 1969 (BGBl I S. 1756) für die Heranziehung von Zeugen und Sachverständigen durch Gericht oder Staatsanwaltschaft geleistet. Zeugen werden für ihren Verdienstausfall, Sachverständige für ihre Leistungen entschädigt. Hinzu treten Ersatz der notwendigen Fahrtkosten und Entschädigung für den durch Abwesenheit vom gewöhnlichen Aufenthaltsort bedingten Aufwand (z. B. Kosten für Übernachtung im Hotel). Zeugen und Sachverständige können u. U. einen *Vorschuß* erhalten. Die Entschädigung wird stets nur auf Verlangen gewährt. Ein Anspruch erlischt, wenn nicht innerhalb von 3 Monaten Entschädigung verlangt wird. Gegen die Festsetzung der E. durch den Kostenbeamten ist *Erinnerung* möglich, die zur Entscheidung des Gerichts führt.

Entscheidung

Entscheidung. 1. Das *Gericht* trifft seine E., wenn sie eine Strafsache für die Instanz abschließt, in der Regel (Ausnahme → Einstellung oder im Revisionsverfahren nach § 349 II und IV StPO) durch → Urteil, im übrigen durch Beschluß. Berührt die E. nicht unmittelbar die Rechtsstellung eines Beteiligten, so liegt lediglich eine Verfügung vor.

2. E. der *Staatsanwaltschaft* ergeht durch Verfügung. Ermittlungen bewirkt der Staatsanwalt durch Anordnungen. Die das Ermittlungsverfahren durch Einstellung oder durch öffentliche Klage abschließende E. wird als Schlußverfügung bezeichnet.

Entschuldigender Notstand → Notstand.

Entweichenlassen von Gefangenen → Gefangenenbefreiung.

Entwendung geringwertiger Gegenstände → Diebstahl, Bagatellsachen.

Entwürdigende Behandlung → Wehrstrafgesetz.

Entziehung der Fahrerlaubnis. Die F. ist eine öffentlich-rechtliche Erlaubnis, ein Kfz einer bestimmten Klasse auf öffentlichem Verkehrsgrund zu führen. Sie wird durch den *Führerschein* lediglich ausgewiesen, besteht also auch bei dessen Verlust, wenn auch der Fahrer eines Kfz zum Mitführen des Führerscheins verpflichtet ist. Vgl. Fahren ohne F.

I. Die E. d. F. nach § 69 StGB ist anders als das → Fahrverbot eine → *Maßregel der Besserung und Sicherung*. Sie setzt die Begehung einer rechtswidrigen Tat voraus, die bei oder im Zusammenhang mit dem Führen eines Kfz oder unter Verletzung der Pflichten eines Kfz-Führers begangen wurde. Ferner muß der Täter deshalb *verurteilt* oder nur deshalb nicht verurteilt worden sein, weil er (jedenfalls erweislich) nicht schuldfähig ist. Aus der Tat muß sich schließlich ergeben, daß der Täter zum *Führen eines Kfz ungeeignet* ist. Dies ist bei der → Gefährdung des Straßenverkehrs, bei dem → Unerlaubten Entfernen vom Unfallort trotz erheblicher Schadenserwartung und bei → Trunkenheit im Verkehr in aller Regel anzunehmen, auch wenn insoweit → Vollrausch vorliegt (§ 69 II StGB). Im übrigen ist die mangelnde Eignung dem Tatverhalten und dem Persönlichkeitsbild des Täters zu entnehmen. Bei Vorliegen dieser Voraussetzungen ist die E. d. F. *zwingend*. Auch eine weitere Prüfung im Hinblick auf den Grundsatz der → Verhältnismäßigkeit entfällt (§ 69 I 2 StGB). Das Urteil spricht neben der E. d. F. die *Einziehung* eines von einer deutschen Behörde erteilten Führerscheins aus. Daneben oder selbständig, wenn dem Täter bisher eine F. noch nicht erteilt war, setzt das Gericht eine *Sperrfrist* fest, innerhalb der die Verwaltungsbehörde

Entziehung der Fahrerlaubnis

eine neue Fahrerlaubnis nicht erteilen darf. Die Sperre kann für den Zeitraum von 6 Monaten bis zu 5 Jahren oder für immer verhängt werden (§ 69a I StGB). Das Mindestmaß der Sperrfrist beträgt jedoch 1 Jahr, wenn gegen den Täter während der drei Jahre, die vor der Tatzeit liegen, bereits einmal eine Sperre angeordnet worden ist (§ 69a III StGB). Von der Sperre können nach § 69a II StGB bestimmte Arten von Kraftfahrzeugen (z. B. landwirtschaftliche Fahrzeuge) ausgenommen werden. Die Sperre beginnt mit Rechtskraft des Urteils. Die E. d. F. kann auch im → objektiven Verfahren erfolgen (§ 71 II StGB).

II. Liegen Anhaltspunkte dafür vor, daß der Verurteilte vor Ablauf der festgesetzten Sperrfrist nicht mehr ungeeignet ist, ein Kraftfahrzeug zu führen, so kann das Gericht die Sperre *vorzeitig aufheben*. Vor Ablauf der gesetzlichen Mindestdauer der Sperrfrist (6 Monate bzw. bei wiederholter Anordnung 1 Jahr) ist die vorzeitige Aufhebung jedoch unzulässig. Auf andere Gründe als auf die wieder vorhandene Eignung des Verurteilten kann die vorzeitige Aufhebung der Sperrfrist nicht gestützt werden. Berufliche Notwendigkeit der Kraftwagenbenutzung z. B. kann die vorzeitige Aufhebung nicht rechtfertigen.

III. Bei *ausländischen Fahrerlaubnissen* wirkt die E. d. F., die hier nur bei Verstoß gegen Verkehrsvorschriften ausgesprochen werden kann, wie ein Verbot, während der Sperre im Inland ein Kfz zu führen. Die E. d. F. für das Inland wird durch einen Vermerk in dem Führerschein, der nicht eingezogen werden kann, eingetragen. Vgl. § 69b StGB.

IV. Die *vorläufige E.d.F.* ist nach § 111a StPO zulässig, wenn dringende Gründe für die Annahme vorhanden sind, daß die F. entzogen werden wird. Die vorläufige E. d. F. ordnet der Richter durch Beschluß an. Sie wirkt zugleich als Anordnung der → Beschlagnahme des Führerscheins oder, wenn der Führerschein schon durch die Polizei nach § 94 StPO beschlagnahmt oder z. B. nach einem Verkehrsunfall sichergestellt wurde, als Bestätigung (§ 111a III StPO). Die vorläufige E. d. F. – u. U. auf Beschwerde – ist aufzuheben, wenn ihr Grund weggefallen ist oder wenn das Gericht im Urteil die F. nicht entzieht (§ 111a II StPO). Das gilt u. U. auch dann, wenn es über längere Zeit nicht zu einer rechtskräftigen Entscheidung über die E. d. F. kommt. Die vorläufige E. d. F. verringert je nach Dauer das Mindestmaß der Sperrfrist bis auf 3 Monate (§ 69a IV StGB).

V. Die E. d. F. kann auch durch die *Verwaltungsbehörde* erfolgen (§ 4 I StVG), wenn die Voraussetzungen zur Erteilung der F. nicht mehr vorliegen oder weggefallen sind (z. B. durch Krankheit, Altersschwäche). In gewissem Umfang ist die Verwaltungsbehörde, wenn sie die E. d. F. auf Gründe stützen will, die Gegenstand eines Straf-

Entziehung elektrischer Energie

verfahrens sind oder waren, an die Entscheidung des Strafgerichts gebunden (§ 4 II, III StVG).

Entziehung elektrischer Energie begeht nach § 248 c I StGB (Freiheitsstrafe bis zu 5 Jahren oder Geldstrafe), wer mittels eines Leiters, der nicht zur ordnungsmäßigen Entnahme von Energie aus der Anlage oder Einrichtung bestimmt ist, fremde elektrische Energie entzieht. Voraussetzung ist aber die Absicht, sich die elektrische Energie rechtswidrig zuzueignen (auch zu fremden Nutzen). Anhalten oder Verstellen des Stromzählers fällt nicht unter § 248 c StGB, sondern u. U. unter → Betrug. Auch der Versuch ist strafbar.

Entziehungskur → Gefährdung einer Entziehungskur, Strafaussetzung I 2.

Erbgesundheitsgesetz → Sterilisation.

Erbieten zu Verbrechen → Versuch der Beteiligung.

Erbrechen von Behältnissen → Diebstahl (II).

Erbrechen von Siegeln → Verstrickungsbruch (II).

Erfolglose Anstiftung → Versuch der Beteiligung.

Erfolgsdelikte → Tätigkeitsdelikte.

Erfolgsqualifizierte Delikte sind → Abwandlungen, bei denen die Strafschärfung an den Eintritt einer *besonderen Folge* (z. B. in § 226 StGB Tod des Opfers der Körperverletzung) geknüpft ist. Nach § 18 StGB muß der Täter diese besondere Folge zumindest fahrlässig verschuldet haben. Zu beachten ist, daß bei (auch nur bedingt) vorsätzlicher Herbeiführung der besonderen Folge in der Regel ein anderer Straftatbestand (im obigen Beispiel Totschlag nach § 212) eingreift. Wegen der Teilnehmer vgl. Akzessorietät III.

Ergreifungsort → Zuständigkeit.

Erkennungsdienst. Maßnahmen des Erkennungsdienstes, wie die Fertigung von Lichtbildern, Abnahme von Fingerabdrücken, Messungen usw. sind nach § 81 b StPO gegenüber → Beschuldigten u. U. auch mit Zwang zum Zweck polizeilicher Materialsammlung zulässig und für die Ermittlung bislang unbekannt gebliebener Täter begangener Straftaten auch erforderlich. Entfällt gegenüber dem Beschuldigten jeder Verdacht, so kann er auch die Vernichtung der gesammelten Unterlagen verlangen. Vgl. auch Identitätsfeststellung.

Erlaß → Strafaussetzung zur Bewährung, Jugendstrafe, Begnadigung.

Ermächtigung → Strafantrag (II).

Ermittlungsverfahren (vorbereitendes Verfahren)

Ermittlungsakten → Akten.

Ermittlungsrichter. Als E. wird der *Amtsrichter* bezeichnet, der im → Ermittlungsverfahren auf Antrag der Staatsanwaltschaft richterliche Untersuchungshandlungen (z. B. Anordnung der → Durchsuchung oder → Beschlagnahme, Erlaß eines → Haftbefehls) vornimmt, §§ 125, 162 StPO. Der Amtsrichter wird bei Gefahr im Verzug auch von Amts wegen (z. B. auf Anregung der Polizei) als sog. *Notstaatsanwalt* tätig, §§ 125, 165 StPO. Richterliche Untersuchungshandlungen in → Staatsschutzsachen, für die in 1. Instanz das OLG zuständig ist, nimmt auch der Ermittlungsrichter des BGH oder des OLG vor, § 169 StPO.

Ermittlungsverfahren (vorbereitendes Verfahren). Ein E. wird von Amts wegen oder auf Grund einer → Strafanzeige von der Staatsanwaltschaft (Js – Aktenzeichen) oder anderen zur Strafverfolgung berufenen Behörden (Kriminalpolizei; in ihrem Fachbereich auch bestimmte Beamte des Finanzamts oder Zollfahndungsamts) eingeleitet, wenn der Verdacht einer strafbaren Handlung bekannt wird. Dem → Legalitätsprinzip entsprechend müssen Staatsanwaltschaft und Kriminalpolizei Nachforschungen aufnehmen, wenn *konkrete Anhaltspunkte* für das Vorliegen einer Straftat bestehen. Dabei sind neben den belastenden Umständen auch solche zu erforschen, die der Entlastung des Beschuldigten dienen und die für Strafzumessung, Strafaussetzung zur Bewährung oder Anordnung von Maßregeln der Sicherung und Besserung von Bedeutung sind (§ 160 II, III StPO). Daneben ist Zweck des E. auch die *Sicherung von* → *Beweismitteln* (z. B. durch Blutentnahme, Beschlagnahme von Tatwaffen) und die Sicherung des Strafverfolgungsanspruchs durch Festnahme oder Verhaftung des Beschuldigten. Bestimmte Untersuchungshandlungen (u. a. → Beschlagnahme, → Durchsuchung, → Haftbefehl) bedürfen der Vornahme, Anordnung oder nachträglichen Bestätigung durch den → Ermittlungsrichter. Im übrigen beauftragt die Staatsanwaltschaft als Leiterin des E., soweit sie nicht selbst tätig wird, die Kriminalpolizei mit der Durchführung der erforderlichen Ermittlungen (§ 161 StPO) und der (von einstellungsreifen Sachen abgesehen) obligatorischen → Vernehmung des Beschuldigten (§ 163a I StPO).

Ziel des E. ist die Entscheidung darüber, ob → öffentliche Klage erhoben oder das Verfahren durch → Einstellung beendet werden soll. Der Staatsanwalt trifft diese Entscheidung in der → Schlußverfügung. Bei → Privatklagedelikten ist Verweisung auf den Privatklageweg möglich, wenn die Durchführung eines Offizialverfahrens nicht im → öffentlichen Interesse liegt. Soll eine Anklageschrift oder ein Strafbefehlsantrag eingereicht werden, so vermerkt die

Eröffnung des Hauptverfahrens

Staatsanwaltschaft den *Abschluß der Ermittlungen* in den Akten (§ 169 a StPO).
Über das E. wegen *Ordnungswidrigkeiten* s. dort (III).

Eröffnung des Hauptverfahrens. Das Gericht entscheidet über die E. nach Einreichung der öffentlichen Klage durch die Staatsanwaltschaft. Ist eine → Anklageschrift eingereicht, so ist diese dem Angeschuldigten zunächst mitzuteilen. Der Angeschuldigte kann darauf die Vornahme von Beweiserhebungen beantragen oder sonst Einwendungen (z. B. Fehlen von → Prozeßvoraussetzungen) vorbringen. Vor der Entscheidung über die E. kann das Gericht auf Antrag oder von Amts wegen noch Beweiserhebungen anordnen, wenn es eine weitere Aufklärung der Sache für erforderlich hält (§ 202 StPO). Es beschließt die E. des Hauptverfahrens, wenn es den Angeschuldigten einer strafbaren Handlung für *hinreichend verdächtig* hält (§ 203 StPO). Der Beschluß spricht aus, daß die Anklage zur Hauptverhandlung vor einem bestimmten Gericht zugelassen wird. Das Gericht kann die Anklage auch mit *Änderungen* zulassen, wobei es jedoch an die in der Anklage bezeichnete → Tat – also an den einheitlichen geschichtlichen Vorgang – und den angeführten Angeschuldigten gebunden ist. Läßt das Gericht die Anklage wegen einzelner von mehreren Taten nicht zu oder trifft es hinsichtlich der Einbeziehung oder Ausscheidung abtrennbarer Teile einer Straftat (§ 154a StPO) eine von der Anklage abweichende Entscheidung, so hat die Staatsanwaltschaft eine neue, dem Eröffnungsbeschluß entsprechende Anklageschrift einzureichen. Hält das Gericht einen hinreichenden Tatverdacht nicht für gegeben entweder wegen fehlender Beweismöglichkeiten oder wegen rechtlicher Gründe (z. B. wenn der Sachverhalt keinen Straftatbestand ausfüllt), so *lehnt es die E. ab* (§ 204 I StPO). Die rechtskräftige Ablehnung führt zu einem *Strafklageverbrauch,* d. h. die Klage kann wegen der gleichen Tat nur auf Grund neuer Tatsachen oder neuer Beweismittel wieder aufgenommen werden (§ 211 StPO). Stellt das Gericht den Mangel einer → Prozeßvoraussetzung fest, so lehnt es die E. ebenfalls ab § 204 I ab; ist aber schon eröffnet, so erfolgt eine → Einstellung nach § 206a StPO. Während die E. nicht anfechtbar ist (§ 210 I StPO), unterliegt der die E. ablehnende Beschluß der *sofortigen* → *Beschwerde* durch die Staatsanwaltschaft (§ 210 II StPO). Dies gilt auch dann, wenn abweichend von ihrem Antrag das Verfahren vor einem Gericht niederer Ordnung eröffnet worden ist.

Eröffnungsbeschluß ist der Beschluß, durch den das Gericht eine Anklage der Staatsanwaltschaft zur Hauptverhandlung zuläßt. Sein Erlaß bewirkt die → Eröffnung des Hauptverfahrens.

Erpressung

Erpresserischer Menschenraub begeht, wer einen anderen *entführt* oder sich seiner auf andere Weise – also auch ohne Ortsveränderung – *bemächtigt,* um die Sorge eines Dritten um das Wohl des Opfers zu einer → Erpressung auszunutzen (§ 239a StGB). Der Tatbestand ist aber auch erfüllt, wenn der Täter sich einer Person zunächst mit anderer Zielrichtung bemächtigt (z. B. um sich daran sexuell zu vergehen), aber dann die geschaffene Lage zu einer Erpressung eines um das Opfer besorgten Dritten ausnutzt, also mindestens den → Versuch einer Erpressung begeht. Die Tat ist vollendet, wenn zur Entführungshandlung die Absicht der Erpressung hinzutritt. Die Vorschrift umfaßt damit auch den früheren Kindesraub *(kidnapping).* Das Verbrechen des e. M. ist mit Freiheitsstrafe nicht unter 5 Jahren, in minderschweren Fällen nicht unter 1 Jahr, bedroht. Bei → leichtfertiger Herbeiführung des Todes des Opfers ist Freiheitsstrafe nicht unter 10 Jahren oder lebenslange Freiheitsstrafe angedroht. Für den Täter, der das Opfer in seinen Lebenskreis zurückgelangen läßt und auf die erstrebte Leistung verzichtet, besteht die Möglichkeit der Strafmilderung. Mit e. M. steht die durchgeführte oder versuchte Erpressung in → Tateinheit. Vgl. auch Geiselnahme.

Erpressung begeht, wer einen anderen rechtswidrig mit → Gewalt oder durch Drohung mit einem empfindlichen Übel zu einer Handlung, Duldung oder Unterlassung *nötigt,* durch die Nötigung eine *Vermögensverfügung* auslöst und dadurch dem Vermögen des Genötigten oder eines anderen *Nachteil* zufügt. Der Täter muß ferner in der Absicht handeln, sich oder einen Dritten zu Unrecht zu bereichern. Gewalt oder Drohung müssen die Mittel zur Beugung des Willens des Erpreßten sein. Dabei kann sich bei der Drohung das angedrohte Übel auch gegen einen Dritten richten (z. B. Drohung, die Ehefrau des Erpreßten in Verruf zu bringen). Richtet sich jedoch die Gewalt gegen eine Person oder werden Drohungen mit gegenwärtiger Gefahr für Leib oder Leben angewendet, so liegt *räuberische E.* nach § 255 StGB vor, wobei die Strafe aus den Strafvorschriften gegen Raub – §§ 249ff. StGB (also u. U. weitere Strafschärfung nach §§ 250, 251 StGB) – zu entnehmen ist. Der Erpresser löst die Vermögensverfügung seines Opfers im Gegensatz zum → Betrug nicht durch Täuschung, sondern durch eine → Nötigung aus. Die *Rechtswidrigkeit* ist hinsichtlich der Nötigung und der begehrten Vermögensverschiebung festzustellen; sie ergibt sich jeweils aus dem verwerflichen, von der Rechtsordnung mißbilligten Verhältnis zwischen Mittel und Zweck (§§ 240 II, 253 II StGB). *Vollendet* ist eine E., wenn die geplante Vermögensbeschädigung (nicht notwendig die Bereicherung auf der Täterseite) eingetreten ist. Die E. ist nach § 253 I StGB mit Freiheitsstrafen oder mit Geldstrafe bedroht, in

Erregung öffentlichen (geschlechtlichen) Ärgernisses

besonders schweren Fällen mit Freiheitsstrafe nicht unter 1 Jahr. Der Versuch des Vergehens ist nach § 253 III StGB strafbar.

Wegen räuberischer E. im Straßenverkehr s. → räuberischer Angriff auf Kraftfahrer.

Nach § 154c StPO kann die Staatsanwaltschaft (nicht das Gericht) ein Verfahren hinsichtlich der *Straftaten eines Erpreßten* oder Genötigten einstellen, deren Offenbarung oder Anzeige vom Erpresser angedroht worden ist. Dies gilt auch für Verbrechen. Die → Einstellung ist nur dann nicht zulässig, wenn wegen der Schwere der Tat eine Sühne unerläßlich ist.

Erregung öffentlichen (geschlechtlichen) Ärgernisses. Das StGB unterscheidet zwei Tatbestände: 1. Wegen E. ö. A. ist nach § 183a StGB strafbar, wer vorsätzlich oder wissentlich ein Ärgernis gibt. Mindestens ein Beobachter der Handlung muß in seinem sittlichen Gefühl in geschlechtlicher Hinsicht verletzt worden sein. Das mit Freiheitsstrafe bis zu einem Jahr oder mit Geldstrafe bedrohte Vergehen erfaßt insbesondere die Fälle bewußter Provokation und kann mit anderen Delikten, etwa mit Beleidigung, in → Tateinheit stehen. 2. Gleiche Strafe ist nach § 183 StGB für *exhibitionistische Handlungen von Männern* angedroht. In diesem dem § 183a StGB vorgehenden Tatbestand ist Exhibitionismus, also das Entblößen oder Vorzeigen der Geschlechtsteile, auch dann unter Strafe gestellt, wenn die Tat *nicht öffentlich* begangen wird. Voraussetzung ist, daß der Täter vorsätzlich mit seiner Handlung einen anderen belästigt. Die Tat wird, wenn nicht die Staatsanwaltschaft ein besonderes → öffentliches Interesse annimmt, nur auf Antrag des Belästigten verfolgt. § 183 StGB kann mit → sexuellem Mißbrauch gegenüber Kindern in Tateinheit stehen. Auch bei ungünstiger Täterprognose in Hinsicht auf künftiges Wohlverhalten ist nach § 183 III StGB → Strafaussetzung zur Bewährung möglich, wenn zu erwarten ist, daß der Täter erst nach einer längeren Heilbehandlung keine exhibitionistischen Handlungen mehr vornehmen wird. Diese Regelung gilt auch für exhibitionistische Handlungen, die nach anderen Vorschriften (z. B. als Beleidigung) strafbar sind; bei → sexuellem Mißbrauch dann, wenn sexuelle Handlungen *vor* Kindern oder Schutzbefohlenen vorgenommen wurden.

Erregung ruhestörenden Lärms → Grober Unfug.

Error in objecto (persona) → Vorsatz.

Ersatzfreiheitsstrafe → Geldstrafe.

Ersatzgeldstrafe → Freiheitsstrafe.

Ersatzhehlerei → Hehlerei.

Erziehungsmaßregeln

Ersatzorganisation → Gefährdung des demokratischen Rechtsstaats (I).

Erschleichen einer Arbeitsstellung → Anstellungsbetrug.

Erschleichen von Leistungen nach § 265a StGB (Freiheitsstrafe bis 1 Jahr oder Geldstrafe) ist ein Auffangtatbestand für ein sonst nicht strafbares Verhalten, bei dem der Täter auf ordnungswidrigem Weg Leistungen entgegennimmt ohne die übliche Gegenleistung (Entgelt) erbringen zu wollen. Strafbar sind folgende Einzelfälle: a) Die Auslösung der Leistung eines Automaten, z. B. durch Einwurf eines Bleistücks in einen Wiegeautomaten oder in ein Schließfach; nicht aber eines Warenautomaten, da hier Diebstahl anzunehmen ist (str). b) Das Erschleichen der Leistung des öffentlichen Fernmeldenetzes (z. B. Ferngespräche zum Ortstarif durch Manipulation beim Wählen). c) Das Erschleichen der Beförderung durch ein öffentliches oder privates Beförderungsmittel (Fahrt auf dem Güterwagen der Bundesbahn). d) Der Zutritt zu entgeltlichen Veranstaltungen oder Einrichtungen (z. B. Museen, Ausstellungen); hier liegt aber Betrug vor, wenn eine Berechtigung (z. B. „Presse") etwa dem Kontrolleur vorgetäuscht wird.

Der Versuch ist strafbar. Zu geringwertigen Leistungen s. Bagatellsachen.

Ersuchter Richter → Kommissarische Vernehmung.

Erzieherische Maßnahmen → Erziehungsmaßregeln, Zuchtmittel.

Erziehungsbeistandschaft → Erziehungsmaßregeln.

Erziehungsmaßregeln werden im → Jugendstrafverfahren gegen straffällige Jugendliche verhängt. E. sind die Erteilung von *Weisungen*. Sie dienen der erzieherischen Einflußnahme auf die Lebensführung des Jugendlichen (§ 10 JGG). Als Weisung kommen insbesondere in Frage Regelungen hinsichtlich eines Arbeitsverhältnisses, der Freizeit, der Unterkunft, das Verbot, bestimmte Gaststätten zu besuchen, Untersagung oder Beschränkung des Alkoholgenusses sowie bei Verkehrsdelikten die Auflage, einen polizeilichen Verkehrsunterricht zu besuchen. Der Jugendliche kann einem Betreuungshelfer unterstellt oder verpflichtet werden, an einem sozialen Trainingskurs teilzunehmen. Auch kann ihm auferlegt werden, sich um Ausgleich mit dem Opfer zu bemühen. Kommt ein Jugendlicher den Weisungen des Jugendgerichts nicht nach, so kann gegen ihn → Jugendarrest verhängt werden. E. ist ferner die Verpflichtung zur Inanspruchnahme von „Hilfe zur Erziehung". Unter diesem Begriff definiert § 12 JGG in Anpassung an das KJHG vom 28. 6. 1990 zwei Institute: 1. die

Erziehungspflicht

Erziehungsbeistandschaft, durch die die Erziehungsfähigkeit der Eltern gestützt werden soll; 2. die „Hilfe zur Erziehung in einer Einrichtung über Tag und Nacht oder in einer sonstigen betreuten Wohnform", welche die frühere *Fürsorgeerziehung* ersetzt und auf neuere Formen der Sozialbetreuung erweitert.

Erziehungspflicht → Verletzung der Fürsorge- und Erziehungspflicht.

Erziehungsregister → Zentralregister (IV).

Erzwingungsgeld → Ordnungsmittel.

Erzwingungshaft („Beugehaft") kann neben der Festsetzung eines → Ordnungsmittels (Erzwingungsgeld) gegen Zeugen zur Erzwingung der Aussage oder der Beeidigung angeordnet werden, § 70 II StPO. Die Verhängung und die Höhe müssen den → Verhältnismäßigkeitsgrundsatz wahren. Die Höchstdauer beträgt 6 Monate, jedoch nie über das Ende des jeweiligen Rechtszugs. Die wiederholte Anordnung der E. ist grundsätzlich unzulässig (§ 70 IV StPO).

Ethische Indikation → Abbruch der Schwangerschaft (II).

Eugenische Indikation → Abbruch der Schwangerschaft (II), Sterilisation.

Euroscheck, -karte → Geldfälschung.

Euthanasie → Tötung I 2.

Eventualbeweisantrag → Beweisantrag.

Exhibitionistische Handlungen → Erregung öffentlichen Ärgernisses.

Exhumierung → Tod, unnatürlicher.

Explosionsdelikte. Die §§ 310b bis 311 StGB regeln die gemeingefährlichen Straftaten der Explosions- und Strahlungsverbrechen. § 310b erfaßt das *Herbeiführen* (auch schon dessen → Unternehmen) *einer Explosion durch Kernenergie*, § 311 einer Explosion anders als durch Freisetzen von Kernenergie, namentlich durch Sprengstoff. Als *Explosion* wird die Auslösung plötzlicher Druckwellen erheblicher Beschleunigung, also der Sprengwirkung, verstanden. § 311a stellt den *Mißbrauch ionisierender Strahlen* zur Gesundheitsbeschädigung unter Strafe. Darunter fallen radioaktive Strahlungen von natürlichen wie künstlich geschaffenen Stoffen. Sämtliche Tatbestände sind Verbrechen, wenn die Gefährdung von Leib oder Leben von Menschen oder aber auch von bedeutenden Sachwerten vorsätzlich herbeigeführt wird. Vorsätzliche oder fahrlässige Handlungen bei

Fahndungsmaßnahmen

nur *fahrlässiger Gefährdung* der genannten Güter (z. B. beim Experimentieren mit Sprengstoffen zu Studienzwecken) sind als Vergehen unter Strafe gestellt. Strafbar sind für alle Explosions- und Strahlungsverbrechen auch schon bestimmte *Vorbereitungshandlungen*. Für Fälle der → *tätigen Reue* sieht § 311 c StGB die Möglichkeit vor, daß das Gericht von Strafe absieht oder die Strafe mildert.

Die *gefährliche Freisetzung ionisierender Strahlen* und das *Bewirken von Kernspaltungsvorgängen* unter Verletzung verwaltungsrechtlicher Pflichten (z. B. Nichteinhaltung von Auflagen) sind in § 311 d StGB, die *fehlerhafte Herstellung einer kerntechnischen Anlage* in § 311 e StGB als Vergehen strafbedroht.

Den strafbaren Umgang und Verkehr mit Sprengstoffen sowie die strafbare Beförderung und Einfuhr erfaßt das Gesetz über explosionsgefährliche Stoffe (Sprengstoff-G.) vom 13. 9. 1976, BGBl. I S. 2737

Vgl. auch Luftpiraterie, Umweltdelikte.

Exterritorialität. Die deutsche Gerichtsbarkeit erstreckt sich nach §§ 18, 19 GVG nicht auf die Mitglieder der bei der Bundesrepublik Deutschland beglaubigten *diplomatischen und konsularischen Vertretungen,* ihre Familienmitglieder und privaten Hausangestellten; maßgebend sind die Wiener Übereinkommen vom 18. 4. 1961 (BGBl. 1964 II 957) und 24. 4. 1963 (BGBl. 1969 II 1585).

Die E. *ausländischer Truppen* in der Bundesrepublik regelt das Natotruppenstatut vom 19. 6. 1961 sowie das Zusatzabkommen vom 3. 8. 1959. Für Straftaten von Truppenangehörigen in der Bundesrepublik besteht danach eine *konkurrierende Strafgerichtsbarkeit,* wobei ein Vorrecht dem Entsendestaat bei Straftaten gegen diesen oder gegen einen Truppenangehörigen, bei sonstigen Straftaten der Bundesrepublik zusteht.

Die E. stellt ein → Prozeßhindernis dar, das polizeiliche, staatsanwaltschaftliche oder richterliche Untersuchungshandlungen unzulässig macht. Sie wirkt als persönlicher → Strafausschließungsgrund, läßt also die Strafbarkeit der Mittäter und Teilnehmer unberührt.

Exzeß bei Notwehr → Notwehr.

Exzeß des Teilnehmers → Akzessorietät (III).

F

Fahndungsmaßnahmen ergreifen die Ermittlungsbehörden zur Feststellung von Personen und Sachen. Als Fahndungsmittel kommen neben Auskünften von Behörden namentlich in Betracht: 1. Das

Fahnenflucht

EDV-Fahndungssystem der Polizei (Interpol), 2. Das Fahndungsbuch, 3. die Bundes- und Landeskriminalblätter, 4. das → Zentralregister, das Verkehrszentralregister, das Gewerbezentralregister und das Ausländerzentralregister. Hinzu kommt die gezielte oder örtliche Fahndung. Bei allen F. gegen Personen ist darauf zu achten, ob sie zur Festnahme (FN) oder zur Aufenthaltsermittlung (AE) führen sollen. Im ersten Fall kommt ein → Steckbrief in Frage. Vgl. auch Netzfahndung.

Fahnenflucht begeht der Soldat der Bundeswehr, der eigenmächtig seine Truppe oder Dienststelle verläßt oder ihr fernbleibt, um sich der Verpflichtung zum Wehrdienst dauernd oder für die Zeit eines bewaffneten Einsatzes zu entziehen oder die Beendigung des Wehrdienstverhältnisses zu erreichen (§ 16 WStG). Fehlt diese Absicht, so kann, wenn die Abwesenheit mehr als 3 volle Kalendertage beträgt, nach § 15 WStG strafbare *eigenmächtige Abwesenheit* vorliegen. Der Anstifter oder Gehilfe zur Fahnenflucht *(Teilnehmer)* wird nach § 16 WStG, §§ 48, 49 StGB bestraft, ohne daß es darauf ankäme, ob er Soldat ist. Vgl. Landesverteidigung, Wehrstrafgesetz. Für Zivildienstpflichtige enthält das ZivildienstG entsprechende Strafbestimmungen (z. B. Dienstflucht).

Fahren ohne Fahrerlaubnis ist in § 21 StVG mit Freiheitsstrafe oder Geldstrafe bedroht. Das Vergehen begeht, wer ein Kraftfahrzeug führt, obwohl er keine (vgl. auch → Entziehung der Fahrerlaubnis) oder nicht die erforderliche Fahrerlaubnis besitzt, ihm → Fahrverbot erteilt ist oder aber sein Führerschein von den Strafverfolgungsbehörden in Verwahrung genommen, sichergestellt oder beschlagnahmt ist. Strafbar ist aber auch der Halter eines Kraftfahrzeugs, der das Fahren durch einen nicht fahrberechtigten Dritten zuläßt. Das bloße Nichtmitsichführen des Führerscheins ist nach §§ 4 II 2, 69a I Nr. 5a StVZO nur eine → Ordnungswidrigkeit.

Fahrerflucht → Unerlaubtes Entfernen vom Unfallort.

Fahrerlaubnis → Entziehung der F., Fahren ohne Fahrerlaubnis.

Fahrlässige Gemeingefährdung → Sachbeschädigung, Vergiftung.

Fahrlässiger Falscheid, fahrlässige Versicherung an Eides Statt → Meineid (II).

Fahrlässigkeit. Die F. ist gegenüber dem → Vorsatz ein minderer Vorwurf gegen den Täter wegen einer rechtswidrigen Tat. F. ist bei Verbrechen und Vergehen nur dann strafbar, wenn dies ausdrücklich im Strafgesetz vorgesehen ist. Bei Ordnungswidrigkeiten ist der

Fahrverbot

Tatbeschreibung zu entnehmen, ob neben der vorsätzlichen auch die fahrlässige Begehung bedroht ist (§ 10 OWiG).

Dem fahrlässig handelnden Täter wird vorgeworfen, er habe pflichtwidrig gehandelt, obwohl der von ihm verursachte (vgl. Verursachung) Tatererfolg vorhersehbar war. *Pflichtwidrig* handelt, wer → Rechtsgüter Dritter *rechtswidrig* verletzt. Die Rechtswidrigkeit kann auch hier durch → Rechtfertigungsgründe ausgeschlossen sein (z. B. → Einwilligung des Boxers in fahrlässige Sportverletzung durch den Gegner). Hinzutreten muß jedoch, daß der Täter den tatbestandsmäßigen Erfolg seines pflichtwidrigen Handelns oder Unterlassens *voraussehen* konnte. Voraussehbarkeit ist auch dann gegeben, wenn der Erfolg nach der Erfahrung des täglichen Lebens eintreten konnte. Nicht Einzelheiten, sondern nur der allgemeine Verlauf braucht vorhersehbar zu sein. Es kommt nicht darauf an, ob der Täter an die Möglichkeit gedacht hat, sondern daß er den Erfolg hätte vorhersehen können. Sog. *bewußte F. (luxuria)* liegt vor, wenn der Täter die Möglichkeit der Tatbestandsverwirklichung erkennt und, ohne mit dem Erfolg einverstanden zu sein, pflichtwidrig handelt, weil er darauf vertraut, der Erfolg werde nicht eintreten; z. B. der Dachdecker wirft einen Dachziegel in der Hoffnung vom Dach, es werde schon nicht gerade jemand auf der Straße getroffen werden. Die Abgrenzung zum *bedingten Vorsatz* ist vom Handlungswillen her zu treffen: der vorsätzlich handelnde Täter handelt in jedem Fall, der bewußt fahrlässig handelnde dagegen ist mit dem Erfolg nicht einverstanden und würde die Handlung unterlassen, wenn der Erfolg sicher wäre.

Die *Leichtfertigkeit* bezeichnet einen groben Grad der F.

Ebenso wie *Versuch* ist auch *Teilnahme* bei Fahrlässigkeitstatbeständen begrifflich ausgeschlossen. Doch können mehrere wegen fahrlässiger Straftaten nebeneinander als Täter in Frage kommen.

Fahrrad → Unbefugter Gebrauch von Fahrzeugen.

Fahruntüchtigkeit → Trunkenheit.

Fahrverbot ist im Gegensatz zu der Maßregel der → *Entziehung der Fahrerlaubnis* eine → Nebenstrafe, die neben Freiheits- oder Geldstrafe, im Jugendstrafrecht auch neben Erziehungsmaßregeln oder Zuchtmitteln, verhängt wird. Die Verhängung des F. setzt eine schuldhaft begangene *Straftat* bei oder *im Zusammenhang mit dem Führen* eines Kraftfahrzeugs oder *unter Verletzung der Pflichten eines Kraftfahrzeugführers* voraus (§ 44 I StGB). Neben den typischen Verkehrsstraftaten (z. B. fahrlässige Körperverletzung, Gefährdung des Straßenverkehrs) kommen danach auch andere Delikte in Frage. So ist z. B. F. möglich bei → Entführung, auch bei Transport der Diebesbeute mit dem Auto oder bei einer tätlichen oder beleidigenden Aus-

Falschaussage

einandersetzung mit anderen Verkehrsteilnehmern. Eine (nicht notwendig) vorhandene Fahrerlaubnis geht durch das F. nicht verloren. Zur Durchsetzung des F. wird jedoch ein Führerschein während seiner Dauer amtlich verwahrt. Das F. kann auch hinsichtlich bestimmter Arten von Kraftfahrzeugen ausgesprochen werden. F. kann für eine *Frist* von 1–3 Monaten verhängt werden. Eine vorangegangene vorläufige Entziehung der Fahrerlaubnis nach § 111a StPO kann auf die Dauer des F. angerechnet werden (§ 51 V StGB). Die Verbotsfrist beginnt mit der Rechtskraft des Urteils, in den Fällen, in denen ein Führerschein amtlich zu verwahren ist, mit dem Tag des Verwahrungsbeginns (§ 44 IV StGB). Besonderheiten bestehen für ausländische Fahrtberechtigungen (§ 44 II StGB): Die Verhängung des F. ist nur bei Taten zulässig, die gegen Verkehrsvorschriften verstoßen.

F. kann nach § 25 StVG auch wegen einer → *Ordnungswidrigkeit* im Straßenverkehr, die unter grober und beharrlicher Verletzung der Pflichten eines Kraftfahrzeugführers begangen wird, von der Verwaltungsbehörde bzw. vom Gericht ausgesprochen werden. Das F. ist aber hier nicht Strafe (BVerfG NJW 1969, 1623). Es ist i. d. R. anzuordnen, wenn ein Kraftfahrer – wenn auch nur einmal – mit mindestens 0,8‰ Blutalkohol im Körper ein Kfz geführt hat.

Falschaussage → Falsche uneidliche Aussage, Meineid.

Falschbeurkundung ist die Herstellung einer (äußerlich echten) öffentlichen → Urkunde, die inhaltlich unrichtig ist.

I. *F. im Amt* begeht der Amtsträger (→ Beamter), der vorsätzlich innerhalb seiner Zuständigkeit eine rechtlich erhebliche Tatsache falsch beurkundet oder in öffentliche Register, Bücher oder Dateien einträgt oder eingibt (§ 348 I StGB). Die F. im Amt ist ein echtes → Amtsdelikt. Der Anstifter oder Gehilfe, der nicht Beamter ist, wird nach dem für § 348 I StGB geltenden Strafrahmen (Geld- oder Freiheitsstrafe bis 5 Jahre) bestraft.

II. *Mittelbare F.* begeht, wer vorsätzlich bewirkt, daß rechtserhebliche Erklärungen, Verhandlungen oder Tatsachen als abgegeben oder geschehen in öffentlichen Urkunden beurkundet oder gespeichert werden, während sie überhaupt nicht oder in anderer Weise oder von einer Person in einer ihr nicht zustehenden Eigenschaft oder von einer anderen Person abgegeben oder geschehen sind (§ 271 StGB). Bewirken heißt Veranlassen des Beamten zu unrichtiger Eintragung. Handelt aber der Beamte vorsätzlich, dann Bestrafung nur aus § 348 I StGB. Trägt der Nichtbeamte selbst oder der nichtzuständige Beamte inhaltlich Unrichtiges ein, so kommt → Urkundenfälschung in Frage. Mittelbare F. ist mit Freiheitsstrafe bis zu 1 Jahre oder Geldstrafe bedroht. Der Versuch ist strafbar. Der Tatbestand

Falsche uneidliche Aussage

der *schweren F.,* bei dem der Täter die mittelbare F. in der Absicht begeht, sich oder einem anderen einen Vermögensvorteil zu verschaffen oder einen Schaden zuzufügen (§ 272 StGB), stellt eine Qualifizierung dar mit einer Strafdrohung von 3 Monaten bis zu 5 Jahren Freiheitsstrafe. In minder schweren Fällen steht Freiheitsstrafe bis zu 2 Jahren alternativ neben Geldstrafe (§ 272 II StGB). Nach den Vorschriften der §§ 271, 272 StGB wird entsprechend auch derjenige bestraft, der von einer F. zum Zweck der Täuschung Gebrauch macht (§ 273 StGB; *Gebrauch falscher Beurkundungen*), soweit nicht eine straflose → Nachtat vorliegt.

Falsche Anschuldigung → Verdächtigung (I).

Falscheid → Meineid.

Falsche Namensangabe wird nach § 111 OWiG als → Ordnungswidrigkeit geahndet. F. N. begeht, wer gegenüber einer zuständigen Behörde, einem zuständigen Beamten oder einem zuständigen Soldaten der Bundeswehr unrichtige Angaben über seinen Namen, seinen Familienstand, seinen Beruf, sein Gewerbe, seinen Wohnort, seine Anschrift oder seine Staatsangehörigkeit macht oder aber Angaben hierüber verweigert. Die *Pflicht zur Angabe der* aufgeführten *Personalien* hat auch der Beschuldigte vor Polizei und Gericht; denn nach § 136 StPO ist ihm nur freigestellt, sich zur erhobenen Beschuldigung zu äußern oder nicht zur Sache auszusagen. Die Zuständigkeit des Beamten muß sich auch auf das Recht beziehen, Angaben zur Person verlangen zu können.

Falsche uneidliche Aussage. I. F. u. A. begeht, wer *vor Gericht* oder vor einer anderen zur eidlichen Vernehmung von Zeugen oder Sachverständigen *zuständigen Stelle* als Zeuge oder Sachverständiger (nicht als Partei wie beim → Meineid) uneidlich vorsätzlich falsch aussagt (§ 153 StGB). Die Aussage muß objektiv unwahr sein. Darauf muß sich der Vorsatz des Täters beziehen. Fahrlässige uneidliche F. ist ebenso wie der Versuch der vorsätzlichen F. nicht strafbar. Strafe für die vollendete Tat ist Freiheitsstrafe von 3 Monaten bis zu 5 Jahren. Das *Verhältnis zum* → *Meineid* hat BGHE 8, 301 dahin geklärt, daß die f. u. A. das Grunddelikt, der Meineid eine erschwerte Form darstellt. Das führt dazu, daß 1) eine Bestrafung wegen f. u. A. dann wegen → Gesetzeskonkurrenz entfällt, wenn die falsche Aussage beschworen wird, 2) die f. u. A. und der Meineid Teilakte einer → fortgesetzten Handlung (z. B. mehrere uneidliche und eidliche Vernehmungen über eine Sache) sein können, wobei Verurteilung nur wegen eines Verbrechens des Meineids in Frage kommt.

II. Erfolgt die falsche Aussage deshalb, weil der Zeuge oder Sachverständige dadurch von sich selbst oder von einem Angehörigen die

Falsche Verdächtigung

Gefahr einer gerichtlichen Bestrafung abwenden will (sog. Aussagenotstand), so kann das Gericht nach seinem Ermessen die Strafe des Meineids oder der → falschen Versicherung an Eides Statt mildern, bei f. u. A. auch ganz von Strafe absehen (§ 157 I StGB). Hat ein noch *nicht Eidesmündiger* (noch nicht 16 Jähriger) uneidlich falsch ausgesagt, so kann das Gericht die Strafe nach § 49 II StGB mildern oder ganz von Strafe absehen (§ 157 II StGB). Strafmilderung oder Absehen von Strafe ist dem Gericht bei f. u. A., Meineid und falscher Versicherung an Eides Statt auch dann möglich, wenn der Täter die falsche Angabe rechtzeitig berichtigt (§ 158 I StGB). Die *Berichtigung* ist verspätet, wenn sei bei der Entscheidung nicht mehr verwertet werden kann, aus der Tat ein Nachteil für einen anderen bereits entstanden oder gegen den Täter eine Anzeige erstattet oder eine Untersuchung eingeleitet worden ist. Die Berichtigung kann bei der Stelle, wo die falsche Aussage gemacht worden ist oder wo sie im Verfahren geprüft wird, oder aber bei einem Gericht, der Staatsanwaltschaft oder einer Polizeibehörde angebracht werden.

III. 1. Als *Verleitung zur Falschaussage* regelt § 160 StGB die Fälle der mittelbaren Täterschaft. Der Täter bewegt einen anderen (gutgläubigen oder allenfalls fahrlässig Handelnden) zu einer f. u. A., einer falschen Versicherung an Eides Statt oder aber zur Ableistung eines falschen Eides. Die Tat ist mit Freiheitsstrafe im letzten Fall bis zu 2 Jahren, sonst bis zu 6 Monaten oder mit Geldstrafe bedroht. Handelt der Aussagende wissentlich, so liegt strafbarer Versuch nach § 160 StGB vor, wenn der Täter dies nicht erfaßt. 2. § 159 StGB (Versuch der Anstiftung zur Falschaussage) macht den → Versuch einer Beteiligung (die erfolglose Anstiftung) auch für die Vergehen der f. u. A. und der falschen Versicherung a. E. S. nach den Grundsätzen der §§ 30, 31 StGB strafbar. Auf das Verbrechen des Meineids sind diese Bestimmungen unmittelbar anzuwenden.

Falsche Verdächtigung → Verdächtigung.

Falsche Versicherung an Eides Statt. Die eidesstattliche V. ist in bestimmten gesetzlich geregelten Fällen als Form der Beteuerung der Richtigkeit einer Erklärung zugelassen; so z. B. zur Glaubhaftmachung (vgl. § 294 ZPO) im Verfahren der einstweiligen Verfügung oder zur Vermögensauskunft des Schuldners bei der Zwangsvollstreckung oder im Konkurs, nachdem der *Offenbarungseid* durch Gesetz vom 27. 6. 1970 durch die eidesstattliche Versicherung ersetzt wurde. Die Abgabe einer falschen V. a. E. S. vor der zur Abnahme zuständigen Behörde (z. B. Zivilgericht) über den gesetzlich vorgesehenen Verfahrensgegenstand ist bei *vorsätzlicher* Begehung nach § 156 StGB (Freiheitsstrafe bis zu 3 Jahren oder Geldstrafe), bei *fahrlässiger* Begehung nach § 163 I StGB (Freiheitsstrafe bis zu 1 Jahr oder

Fehlerhafte Herstellung einer kerntechnischen Anlage

Geldstrafe) strafbar. Vgl. dazu Meineid (II). Wegen erfolgloser *Anstiftung* zur falschen V. a. E. S. s. falsche uneidliche Aussage (III). S. dort auch wegen *Verleitung* zur f. V. a. E. S.

Falschgeld, Falschmünzerei → Geldfälschung.

Fälschung beweiserheblicher Daten begeht nach § 269 I StGB, wer zur Täuschung oder zum Zweck der fälschlichen Beeinflussung einer Datenvereinbarung (§ 270 StGB) im Rechtsverkehr beweiserhebliche Daten so speichert oder verändert, daß bei ihrer Wahrnehmung eine unechte oder verfälschte → Urkunde vorliegen würde, oder so gespeicherte oder veränderte Daten gebraucht. Die Strafdrohung entspricht der → Urkundenfälschung.

Fälschung von Ausweisen → Ausweise, Urkundenfälschung.

Fälschung von Briefmarken → Geldfälschung.

Fälschung von Gesundheitszeugnissen begeht nach § 277 StGB, wer unbefugt unter der ihm nicht zustehenden Bezeichnung als approbierte Medizinalperson (z. B. Arzt, Heilpraktiker, Zahnarzt, Hebamme) ein Zeugnis für sich oder eine andere Person ausstellt oder ein echtes Zeugnis verfälscht und davon auch zur Täuschung von Behörden oder Versicherungsgesellschaften Gebrauch macht. → Urkundenfälschung nach § 267 StGB tritt wegen Gesetzeskonkurrenz zurück. Vgl. auch → Ausstellen unrichtiger Gesundheitszeugnisse.

Wer, ohne selbst Aussteller oder Verfälscher zu sein, von einem oben bezeichneten Zeugnis *Gebrauch* macht, um Behörden oder Versicherungen über seinen oder den Gesundheitszustand eines anderen zu täuschen, wird nach § 279 StGB bestraft.

Beide Straftaten sind mit Freiheitsstrafe bis zu 1 Jahr oder mit Geldstrafe bedroht.

Fälschung von Postwertzeichen, Stempel, Wertzeichen → Geldfälschung.

Fälschung technischer Aufzeichnungen → Urkundenfälschung, technische Aufzeichnungen.

Fälschung von Vordrucken für Euroschecks und Euroscheckkarten → Geldfälschung.

Fälschung von Wahlunterlagen → Wahldelikte.

Familiendiebstahl → Diebstahl (IV).

Fehlerhafte Herstellung einer kerntechnischen Anlage → Explosionsdelikte.

Fernbleiben des Angeklagten

Fernbleiben des Angeklagten → Hauptverhandlung.

Fernmeldeanlagen → Störung öffentlicher Betriebe.

Fernmeldegeheimnis → Verletzung des Post- und Fernmeldegeheimnisses.

Fernmeldeverkehrsüberwachung. Die Überwachung des Fernsprech-, Fernschreib- und Funkverkehrs der Deutschen Bundespost und Aufnahme auf Tonträger (z. B. Band) ist nach §§ 100a und 100b StPO nur bei Verdacht bestimmter Staatsschutzdelikte und anderer schwerster Straftaten *zulässig;* dies auch schon zu einem Zeitpunkt, in dem sich die Straftaten erst im Versuchs- oder Vorbereitungsstadium befinden, wenn Versuch oder Vorbereitung unter Strafdrohung stehen. Weitere Voraussetzung ist, daß die Erforschung des Sachverhalts oder die Aufenthaltsermittlung des Beschuldigten auf andere Weise aussichtslos oder zumindest wesentlich erschwert wäre. Die Anordnung der F. darf sich nur gegen den verdächtigen Beschuldigten oder aber gegen eine Person richten, von der auf Grund tatsächlicher Anhaltspunkte zu erwarten ist, daß sie von dem Beschuldigten Mitteilungen entgegennimmt, weitergibt oder daß der Beschuldigte ihren Anschluß benutzt. *Die Anordnung* der F. trifft der Richter, bei Gefahr im Verzug der Staatsanwalt, wobei ohne richterliche Bestätigung dessen Anordnung nach 3 Tagen außer Kraft tritt. Die Anordnung muß in schriftlicher Form genau den Umfang, die Art und Dauer der Maßnahmen bezeichnen. Auf Grund der Anordnung ist die Post verpflichtet, dem Richter, der Staatsanwaltschaft und ihren Hilfskräften die Durchführung technisch zu ermöglichen. Die nicht oder nicht mehr zur Strafverfolgung benötigten Unterlagen sind unter Aufsicht der Staatsanwaltschaft zu vernichten, worüber ein Protokoll aufzunehmen ist.

Fernsehaufnahmen → Rundfunkaufnahmen.

Fernsprechgeheimnis → Verletzung des Post- und Fernmeldegeheimnisses.

Festnahme, vorläufige. *Jedermann* hat das Recht, eine Person, die auf frischer Tat betroffen oder verfolgt wird, festzunehmen, wenn sie fluchtverdächtig ist oder ihre Identität nicht sofort festzustellen ist (§ 127 I StPO). Dabei darf unter Beachtung des Grundsatzes der → Verhältnismäßigkeit auch Zwang angewandt werden. Zivilpersonen haben den Festgenommenen unverzüglich der Polizei zu übergeben. *Polizei und Staatsanwaltschaft* sind darüber hinaus zur v. F. berechtigt, wenn die Voraussetzungen zur Anordnung der → Untersuchungshaft oder zum Erlaß eines → Unterbringungsbefehls vorliegen und die richterliche Anordnung nicht rechtzeitig erwirkt werden kann

Folgen der Straftat

(§ 127 II StPO). Besteht bei einem Beschuldigten ohne festen Wohnsitz im Bundesgebiet lediglich Fluchtgefahr, so kann er ohne Mitwirkung des Richters gegen Sicherheitsleistung freigelassen werden (§ 127 a I StPO). Wird der Betroffene nicht freigelassen, so ist er spätestens am Tag nach der Festnahme dem Amtsrichter des Festnahmebezirks vorzuführen (§ 128 I 1 StPO). Nach der → Vernehmung hat der Richter die Freilassung oder → Haftbefehl bzw. Unterbringungsbefehl anzuordnen. Vgl. auch Identitätsfeststellung

Festsetzung von Kosten → Kosten (V).

Feuerbestattung → Tod, unnatürlicher.

Filmaufnahmen → Rundfunkaufnahmen.

Finale Handlungslehre. Die f. H. sieht in dem Begriff der → Handlung eine zweckbezogene Tätigkeit, ein vom steuernden Willen beherrschtes menschliches Verhalten. Damit ist der Vorsatz als Wollen der vom Täter vorgenommenen Verwirklichung eines objektiven Tatbestands Teil der Handlung. Vorsätzlich handeln kann auch der Geisteskranke, der im Vollrausch Befindliche oder das Kind, denn der Vorsatz wird als wertfrei angesehen. Der Vorsatz sagt nichts über das Bewußtsein der Rechtswidrigkeit. Die Folgerungen aus diesem Verbrechensaufbau entsprechen im Hinblick auf die Annahme eines Tatbestands- oder Verbotsirrtums der → Schuldtheorie. Im Gegensatz zur f. H. sieht die früher herrschende Auffassung den Begriff der → Handlung als menschliches Verhalten unter Einschluß auch der unbewußten Verursachung eines Erfolges und des Unterlassens (sog. kausale Handlungslehre). Der Streit um den Handlungsbegriff ist insbesondere für den dogmatischen Aufbau des Verbrechens von Bedeutung. In der Rechtsanwendung führen die verschiedenen Lehren nur in Grenzfällen (z. B. Irrtum über die → Rechtswidrigkeit) zu unterschiedlichen Ergebnissen. Die f. H. wurde von Welzel begründet und wird in zunehmenden Maße vom Schrifttum vertreten. Die Rechtsprechung geht im wesentlichen vom kausalen Handlungsbegriff aus.

Finanzamt, Finanzbehörden → Steuerstrafverfahren.

Fingerabdrücke → Erkennungsdienst

Fischwilderei → Wilderei.

Flaggen → Ausländische Staaten, Verunglimpfung (II).

Fluchtgefahr, Fluchtverdacht → Untersuchungshaft.

Flugverkehr → Angriff auf den Luftverkehr.

Folgen der Straftat → Zweispurigkeit, Strafe, Maßregeln der Besserung und Sicherung, Nebenstrafen, Nebenfolgen.

Flugzeugentführung

Flugzeugentführung → Angriff auf den Luftverkehr.

Förderung der Prostitution stellt § 180a StGB in mehreren Fällen unter Strafe: a) gewerbsmäßige Unterhaltung oder Leitung eines *Betriebs*, in dem Personen der P. nachgehen und zugleich in persönlicher oder wirtschaftlicher Abhängigkeit gehalten werden oder in dem die Ausübung der Gewerbsunzucht durch Maßnahmen gefördert wird, die über bloßes Gewähren von Wohnung, Unterkunft oder Aufenthalt samt üblicher Nebenleistungen hinausgehen. Darunter fallen insbesondere *Bordelle*. b) das *Überlassen von Wohnung* oder gewerbsmäßiges (also auch entgeltliches) Gewähren von Unterkunft oder Aufenthalt an Personen unter 18 Jahren zur Ausübung der P. c) *Anhalten zur P*. bei Gewährung von Wohnung zu diesem Zweck. d) *Ausbeuten* eines *anderen, dem zur Ausübung* der P. Wohnung gewährt wird. e) *Gewerbsmäßiges Anwerben* zur P. f) *Zuführen noch nicht 21-Jähriger* zur Ausübung der P. oder Einwirkung auf solche Personen in der Absicht, sie zur Aufnahme oder Fortsetzung der P. zu bestimmen. Der Versuch ist nur in den beiden letzten Fällen strafbar. Strafdrohungen: a)–d) Freiheitsstrafe bis zu 3 Jahren oder Geldstrafe, e) Freiheitsstrafe bis zu 5 Jahren oder Geldstrafe, f) Freiheitsstrafe von 6 Monaten bis zu 10 Jahren. Vgl. auch Menschenhandel.

Förderung sexueller Handlungen Minderjähriger ist ein Resttatbestand der früheren → Kuppelei. Nach § 180 StGB ist als F. s. H. strafbar: 1. Das Vorschubleisten durch Vermittlung oder durch Gewähren oder Verschaffen von Gelegenheit zur sexuellen Betätigung eines Minderjährigen unter 16 Jahren mit einem anderen (mit oder ohne körperliche Berührung). Die Strafbarkeit ist aber für Personensorgeberechtigte oder die für diese Handelnden dann ausgeschlossen, wenn sich die Förderung auf das Gewähren oder Verschaffen von Gelegenheit beschränkt. Damit ist für Eltern die Untätigkeit bei sexueller Betätigung ihrer Kinder in der elterlichen Wohnung nicht mehr strafbar. Eine Ausnahmeregelung gilt nur insoweit, als der Personensorgeberechtigte gleichwohl strafbar ist, wenn er durch sein Handeln seine Erziehungspflicht gröblich vernachlässigt. 2. Die Bestimmung von Personen unter 18 Jahren zu sexuellen Handlungen gegen Entgelt oder das Vorschubleisten hierzu durch Vermittlung von Partnern. 3. Die mißbräuchliche Ausnutzung eines Abhängigkeitsverhältnisses (Erziehungs-, Ausbildungs-, Betreuungs-, Dienst- oder Arbeitsverhältnisses) zur Bestimmung einer Person unter 18 Jahren zur sexuellen Handlung mit, vor oder an einem Dritten. Der Versuch ist nur in den Fällen 2) und 3) strafbar. Angedroht ist Freiheitsstrafe bis zu 5, im Fall 1) bis zu 3 Jahren oder Geldstrafe.

Formalbeleidigung → Beleidigung.

Formelle Rechtsverletzung, formelle Rüge → Revision.

Formelles Strafrecht → Strafrecht, Strafprozeßrecht.

Forst- und Feldrügesachen → Landesrecht.

Fortführen einer für verfassungswidrig erklärten Partei → Gefährdung des demokratischen Rechtsstaats.

Fortgesetzte Handlung. I. Die f. H. ist ein von der Rechtsprechung entwickelter Fall der *rechtlichen Handlungseinheit* (vgl. Zusammentreffen mehrerer strafbarer Handlungen). Sie ist als eine Handlung anzusehen. Eine f. H. ist anzunehmen, wenn a) mehrere Tatbestandsverwirklichungen vorliegen, die b) in gewissem zeitlichen Zusammenhang stehen, c) sich gegen dasselbe Rechtsgut richten, d) in den Ausführungshandlungen einander gleich sind und e) von einem einheitlichen, spätestens vor Beendigung des ersten Teilakts gefaßten Vorsatz (sog. *Gesamtvorsatz*) umspannt sind. F. H. liegt z. B. vor, wenn ein Dieb entsprechend seinem Vorsatz die Fahrzeuge auf einem Parkplatz der Reihe nach ausplündert. Nicht ausreichend für den Gesamtvorsatz ist der allgemeine Entschluß, Straftaten, etwa Betrügereien oder Zechprellereien, zu begehen, denn der Vorsatz muß die wesentlichen Grundzüge der künftigen Taten umfassen. So genügt es, wenn der Täter sich vornimmt, die ihm bekannten Zigarettenautomaten in A-dorf der Reihe nach zu erbrechen. Eine f. H. kann auch zwischen *versuchten und vollendeten* Teilakten und ebenso i. d. R. zwischen den einfachen *Grundformen und den erschwerten Fällen* angenommen werden. Beispiel: Der Täter begeht im Fortsetzungszusammenhang auf Grund eines Gesamtvorsatzes 3 Einzelakte, die bei → Tatmehrheit als Diebstahl (§ 242 StGB), versuchter Diebstahl (§§ 242, 22 StGB) und versuchter Waffendiebstahl (§§ 244 I 1, 22 StGB) zu bestrafen wären; er ist wegen eines fortgesetzten vollendeten (!) schweren Diebstahls nach § 244 StGB zu verurteilen. Bei *Verschiedenheit der Delikte* oder der Tatbegehung ist aber auch bei einheitlichem Vorsatz die Annahme einer f. H. ausgeschlossen. So liegt eine f. H. nicht vor bei Diebstahl und Unterschlagung, bei Täterschaft und Beihilfe oder Anstiftung, wohl aber bei Meineid und falscher uneidlicher Aussage, bei Allein- und Mittäterschaft. Die f. H. ist ferner stets ausgeschlossen, wenn die Tat sich gegen höchstpersönliche Güter (Leben, körperliche und geschlechtliche Unversehrtheit, Freiheit, Ehre) verschiedener Personen richtet. Deshalb gibt es keinen fortgesetzten Mord, keine fortgesetzte Erpressung oder Körperverletzung gegenüber mehreren Opfern, keinen fortgesetzten sexuellen Mißbrauch mehrerer Kinder. Die Strafbarkeit der Anstifter oder Gehilfen

Fortpflanzungsmedizin

richtet sich nach deren Vorsatz. So ist sowohl fortgesetzte Anstiftung als auch fortgesetzte Beihilfe denkbar.

II. Die Voraussetzungen der f. H. müssen festgestellt sein. Ist ein Gesamtvorsatz des Täters nicht sicher festzustellen, so ist wegen in Tatmehrheit stehender Delikte zu verurteilen. Der Grundsatz *in dubio pro reo* ist insoweit nicht anzuwenden. Die → *Rechtskraft* der Verurteilung wegen einer fortgesetzten Tat erfaßt alle auch nicht bekannten Teilakte von Beginn der f. H. bis zum Zeitpunkt des letzten tatrichterlichen Urteils. Die *Verjährungsfrist* beginnt erst mit dem letzten Teilakt der f. H. zu laufen. Nach § 154a StPO kann durch → Einstellung weniger wichtiger Einzelakte das Verfahren auf das Schwergewicht der f. H. beschränkt werden.

III. Keine rechtliche Handlungseinheit ist die Sammelstraftat (Kollektivdelikt), bei der ein Zusammenhang zwischen mehreren selbständigen Handlungen nur auf Grund → gewerbsmäßiger oder → gewohnheitsmäßiger Begehung besteht.

Fortpflanzungsmedizin → Embryonenschutz.

Freibeweis → Beweisaufnahme.

Freie Beweiswürdigung → Beweisaufnahme.

Freies Geleit → Verfahren gegen Abwesende.

Freiheitsberaubung liegt vor, wenn ein Mensch widerrechtlich daran gehindert wird, nach seinem freien Willen seinen *Aufenthalt zu verändern*. Ob das Opfer sich tatsächlich fortbewegen will, bleibt dabei ohne Bedeutung. Es genügt, wenn dem Opfer diese Möglichkeit genommen wird (BGHE 14, 314). Mittel der F. ist vor allem die Einsperrung. Den Tatbestand der F. nach § 239 I StGB verwirklicht aber auch, wer sonst vorsätzlich einen anderen des Gebrauchs der persönlichen Freiheit beraubt, so derjenige, der einem Fahrgast durch schnelles Fahren das Aussteigen verwehrt, u. U. auch durch Wegnahme der abgelegten Kleider eines Schwimmers oder der Krücken eines Schwerbeschädigten. Die F. ist → Dauerdelikt. Sie ist mit Freiheitsstrafe bis zu 5 Jahren oder mit Geldstrafe bedroht. Nach § 239 II und III StGB wird die F. zum Verbrechen, wenn die Dauer der F. über einer Woche liegt oder durch die Freiheitsentziehung oder die ihm dabei zuteil gewordene Behandlung eine schwere → Körperverletzung oder der Tod des Opfers verursacht worden ist. Der *Versuch* der F. ist, von den erschwerten Fällen abgesehen, straflos, kann aber u. U. schon Nötigung oder versuchte Nötigung sein. Vgl. auch erpresserischer Menschenraub und Geiselnahme.

Freiheitsentziehung → Freiheitsstrafe IV, Identitätsfeststellung.

Freisetzung ionisierender Strahlen

Freiheitsstrafe. I. F. trat vom 1. 4. 1970 an nach Art. 4 des 1. StRG an die Stelle der früheren Strafen Zuchthaus, Gefängnis, Einschließung und Haft. Die F. kann *lebenslang* oder *zeitig* sein. Mindestmaß der zeitigen F. ist 1 Monat, Höchstmaß 15 Jahre (§ 38 II StGB), das auch im Falle einer Gesamtstrafenbildung nicht überschritten werden kann (§ 54 II 2 StGB). F. unter 1 Jahr wird nach vollen Wochen und Monaten, F. von längerer Dauer nach vollen Monaten und Jahren berechnet.

II. Eine *F. unter 6 Monaten* darf grundsätzlich nicht verhängt werden, es sei denn, besondere Umstände, die in der Tat oder der Persönlichkeit des Täters liegen, machen die Verhängung einer F. zur Einwirkung auf den Täter oder zur Verteidigung der Rechtsordnung unerläßlich (§ 47 I StGB). Das gilt selbst dann, wenn das Gesetz ausschließlich F. androht (§ 47 II StGB). In diesem Fall hat das Gericht eine *Geldstrafe* auszusprechen. Diese Regelung entspricht dem ungleich härteren Eingriff der F. gegenüber der Geldstrafe. F. soll nurmehr den massiv tätig gewordenen Rechtsbrecher treffen. Ein geringeres Maß der F. als 6 Monate (vgl. → Jugendstrafe) bringt für den Straftäter wohl die Nachteile der Freiheitsentziehung (insbesondere gesellschaftliche Herabsetzung, Verlust des Arbeitsplatzes), gestattet jedoch auf ihn kaum eine nachhaltige Einwirkung.

III. Die F. wird, soweit nicht → Strafaussetzung zugebilligt wird, durch Freiheitsentzug in einer Justizvollzugsanstalt *vollzogen*. Der Vollzug der F. gehört zur → Strafvollstreckung. Es ist bundeseinheitlich durch das Gesetz über den Vollzug der F. und freiheitsentziehender Maßregeln der Besserung und Sicherung (StVollzG) vom 16. 3. 1976 geregelt. Wesentliches Ziel des Strafvollzugs ist die → Resozialisierung des Verurteilten. Neben der Festlegung grundsätzlicher Haftbedingungen, der Pflichten und Rechte des Gefangenen, der Befugnisse der Bediensteten der Vollzugsanstalt sieht das StVollzG daher vor, den Gefangenen schon während der Haftzeit auf das Leben in Freiheit vorzubereiten (vermehrter Kontakt mit Personen außerhalb der Anstalt, Urlaub, Außenbeschäftigung, sog. offene Anstalten, berufliche Ausbildung u. dgl.). Aus wichtigem Anlaß (z. B. Tod oder schwere Erkrankung von Angehörigen) kann der Anstaltsleiter dem Gefangenen *Ausgang* oder *Urlaub* gewähren (§ 35 I StVollzG). Bei Fluchtgefahr kommt Ausführung des Gefangenen unter Bewachung in Betracht.

IV. Von der F. ist zu unterscheiden die Freiheitsentziehung im Wege der strafrechtlichen → Unterbringung und der *nichtstrafrechtlichen* Freiheitsentziehungsverfahren z. B. wegen ansteckender Krankheiten oder gemeingefährlicher Geisteskrankheit.

Freisetzung ionisierender Strahlen → Explosionsdelikte.

Freispruch

Freispruch → Urteil, Kosten des Strafverfahrens.

Freiwilliger Rücktritt → Versuch.

Freizeitarrest → Zuchtmittel.

Friedensgefährdende Beziehungen → Landesverrat (VI).

Friedensverrat begeht, wer auf einen Angriffskrieg (Art. 26 I GG) hinarbeitet. Das StGB kennt zwei Tatbestände. 1. Wegen *Vorbereitung eines Angriffskriegs* wird nach § 80 StGB mit lebenslanger oder mindestens 10jähriger Freiheitsstrafe bestraft, wer (auf welcher Seite auch immer) einen Angriffskrieg vorbereitet und dadurch die Gefahr eines Krieges für die Bundesrepublik Deutschland herbeiführt. 2. Das Vergehen des *Aufstachelns zum Angriffskrieg* verwirklicht nach § 80a StGB (Freiheitsstrafe von 3 Monaten bis zu 5 Jahren), wer in einer Versammlung, durch Verbreiten von → Schriften oder öffentlich propagandistisch zum Angriffskrieg anreizt.

Frist ist ein vom Gesetz oder von einem Richter für bestimmte Prozeßhandlungen (insbesondere Rechtsbehelfe) gesetzter Zeitraum. *Gesetzliche F.en* können nicht verlängert werden. Ist die F. nach Tagen bestimmt, wird der Tag, auf den der Zeitpunkt oder das Ereignis nach dem sich der Anfang der F. richten soll (z. B. Beschlagnahme durch den Staatsanwalt nach § 100 StPO), nicht mitgerechnet. Eine nach Wochen oder Monaten bestimmte Frist endet mit dem Ablauf des Tages der letzten Woche bzw. des letzten Monats, der nach Benennung (z. B. Dienstag) oder Zahl dem Tag entspricht, an dem die Frist begonnen hat (§ 43 I StPO). In allen Fällen endet eine an sich an einem Samstag, Sonntag oder gesetzlichen Feiertag ablaufende F. erst mit Ablauf des nächstfolgenden Werktags. Wird eine Frist *versäumt*, so ist u. U. → Wiedereinsetzung möglich.

Fristenlösung → Abbruch der Schwangerschaft, DDR II 3.

Führerschein → Entziehung der Fahrerlaubnis, Fahren ohne Fahrerlaubnis, Fahrverbot.

Führungsaufsicht ist eine → Maßregel der Besserung und der Sicherung.

I. F. besteht in der Unterstellung eines Verurteilten unter eine Aufsichtsstelle. Sie gehört zum Geschäftsbereich der Landesjustizverwaltungen. Ihre Aufgabe ist es, den Verurteilten helfend zu betreuen, ihn aber auch zu überwachen. Das Gericht bestellt daneben einen → Bewährungshelfer. Aufsichtsstelle und Bewährungshelfer unterstehen den Anweisungen des Gerichts. Nach § 68 StGB kann das Gericht dem Verurteilten auch Weisungen erteilen. Der Verstoß gegen Weisungen nach § 68b I StGB (z. B. Verbot bestimmte Lokale

Führungszeugnis

zu besuchen, Beschränkungen beim Führen von Kraftfahrzeugen, Meldepflichten) kann auf Strafantrag der Aufsichtsstelle als Vergehen nach § 145a StGB mit Freiheitsstrafe bis zu einem Jahr oder mit Geldstrafe bestraft werden, wenn durch den Verstoß der Zweck der Maßregel gefährdet wird. Darüberhinaus kann das Gericht nicht strafbewehrte Weisungen nach § 68b II StGB bezüglich Ausbildung, Freizeit, Ordnung der wirtschaftlichen Verhältnisse oder der Erfüllung von Unterhaltspflichten erteilen. Die Dauer der Führungsaufsicht beträgt 5 Jahre, kann aber vom Gericht von vorneherein oder nachträglich bis auf das Mindestmaß von 2 Jahren abgekürzt werden (§§ 68c, 68d StGB).

II. 1. Die F. tritt kraft Gesetzes ein: a) nach der Vollstreckung einer Freiheitsstrafe von mindestens 2 Jahren (§ 68f StGB); b) bei der Aussetzung einer freiheitsentziehenden Maßregel (vgl. → Unterbringung) nach § 67b, c und d StGB. 2. Das Gericht kann bei der Gefahr erneuter Straffälligkeit die F. anordnen bei Verurteilung zu einer Freiheitsstrafe von mindestens 6 Monaten wegen einer Straftat, bei der die F. eigens gesetzlich vorgesehen ist (z. B. für Raub und Erpressung in § 256 StGB, Betrug in § 263 V StGB).

Führungszeugnis. I. Das F. ist eine Auskunft über die Eintragungen, die über eine bestimmte Person im → Zentralregister enthalten sind. Nach § 28 BZRG wird jeder Person über 14 Jahre auf ihren Antrag bei der Meldebehörde ein F. erteilt. Das F. darf nur dem Antragsteller übersandt werden, es sei denn, es wird zur Vorlage bei einer Behörde benötigt. Auch Behörden können ein F. erholen, wenn es der Betroffene auf Aufforderung nicht selbst vorlegt und das F. zur Erledigung hoheitlicher Aufgaben notwendig ist.

II. In das F. werden nicht alle Eintragungen des Zentralregisters aufgenommen. Nicht enthalten sind vor allem: die → Verwarnung mit Strafvorbehalt; Verurteilungen nach dem Jugendstrafrecht, wenn es sich um Schuldfeststellungen nach § 27 JGG, um ganz oder teilweise ausgesetzte und nicht widerrufene Jugendstrafe unter 2 Jahren oder aber um Jugendstrafe handelt und der Strafmakel beseitigt ist; Verurteilungen zur Freiheitsstrafe bis zu 3 Monaten oder zur Geldbuße bis zu 90 Tagessätzen, wenn sonst keine Verurteilung vermerkt ist; Verurteilungen zu → Maßregeln der Sicherung und Besserung, zu → Nebenstrafen und → Nebenfolgen, sofern die Verurteilung nicht auch eine Strafe enthält; Verurteilungen, bei denen die → Wiederaufnahme angeordnet und dies vermerkt ist; wiederaufgehobene Entmündigungen. Die Beschränkung gilt nicht in gleichem Umfang für das F., das zur Vorlage bei Behörden dient; hier ist z. B. auch jede → Unterbringung vermerkt.

Das F. enthält außerdem im Zentralregister eingetragene Verurtei-

Fundunterschlagung

lungen dann nicht mehr, wenn seit dem Tag der Verurteilung bestimmte Fristen (3 bzw. 5 Jahre zuzüglich Dauer der Freiheitsstrafe) abgelaufen sind. Bis zur Vollstreckung oder Erledigung des Strafanspruchs ist jedoch der Ablauf der Frist gehemmt. Die Nichtaufnahme in das F. ist aber nicht der Tilgung gleichzusetzen. Vgl. hierzu Zentralregister.

Fundunterschlagung → Unterschlagung.

Funktionelle Zuständigkeit → Zuständigkeit.

Für den öffentlichen Dienst besonders Verpflichtete → Beamter.

Fürsorgeerziehung → Erziehungsmaßregeln.

Fürsorgepflicht → Verletzung der Fürsorge- und Erziehungspflicht.

Furtum usus. → Diebstahl I, Unbefugter Gebrauch von Fahrzeugen, Unbefugter Gebrauch von Pfandsachen.

G

Garantenstellung → Unterlassungsdelikte.

Gebrauchsanmaßung → Unbefugter Gebrauch von Pfandsachen.

Gebrauchsdiebstahl → Diebstahl I, Unbefugter Gebrauch von Fahrzeugen, Unbefugter Gebrauch von Pfandsachen.

Gebrauch unrichtiger Gesundheitszeugnisse → Ausstellen unrichtiger Gesundheitszeugnisse, Fälschung von Gesundheitszeugnissen.

Gebrechliche → Aussetzung, Mißhandlung von Schutzbefohlenen.

Gebühren → Kosten.

Gebührenüberhebung, § 352 StGB, ist echtes → Amtsdelikt, das sowohl von Amtsträgern (→ Beamten) als auch von Anwälten oder sonstigen Rechtsbeiständen begangen werden kann. Der Täter muß für amtliche Verrichtungen zu seinem Vorteil Gebühren erheben, obwohl sie nach seinem Wissen gar nicht oder nur in geringem Maß geschuldet werden. Einfordern ist allenfalls (strafbarer) Versuch. Von G. ist zu unterscheiden die → Abgabenüberhebung (§ 353 I StGB).

Gefährdung des Bahn- und Schiffsverkehrs → Verkehrsgefährdung.

Gefährdung des demokratischen Rechtsstaates

Gefährdung des demokratischen Rechtsstaates. Unter diesem Titel faßt das StGB staatsgefährdende Straftatbestände zusammen, die sich gegen die modernen Methoden eines im Gegensatz zum → Hochverrat gewaltlosen Umsturzes von innen, wenn auch mit äußerer Hilfe, richten. Als *Fortführung einer für verfassungswidrig erklärten Partei* (§ 84 StGB) wird die Aufrechterhaltung organisatorischen Zusammenhalts durch → Rädelsführer und → Hintermänner einer vom BVerfG für verfassungswidrig erklärten Partei oder einer Partei, von der das BVerfG festgestellt hat, daß sie Ersatzorganisation einer verbotenen Partei ist, sowie die tätige Mitgliedschaft bei einer verbotenen Partei unter Strafe gestellt, ferner die Zuwiderhandlung gegen Sachentscheidungen des BVerfG, die im Parteiverbotsverfahren (Art. 21 GG) oder im Feststellungsverfahren nach 33 II ParteienG ergehen. Als *Verstoß gegen ein Vereinigungsverbot* (§ 85 StGB) wird diese Handlungsweise bestraft, wenn es sich um eine Partei oder Vereinigung handelt, von der nach § 33 III des ParteienG unanfechtbar festgestellt ist, daß sie Ersatzorganisation einer verbotenen Partei ist, oder um eine Vereinigung, die unanfechtbar wegen Verstoßes gegen die verfassungsmäßige Ordnung oder gegen den Gedanken der Völkerverständigung verboten oder als Ersatzorganisation einer solchen verbotenen Vereinigung festgestellt ist. § 86 StGB erfaßt die *Verbreitung von Propagandamitteln,* § 86a StGB die *Verwendung oder Verbreitung von Kennzeichen verfassungswidriger Organisationen* (für verfassungswidrig erklärte Parteien und unanfechtbar verbotene Vereinigungen samt Ersatzorganisation und deren Helfer im Ausland) sowie solcher, die Bestrebungen ehemaliger nationalsozialistischer Organisationen fortsetzen. Für die Delikte der §§ 84–86 StGB besteht die Möglichkeit der → Strafmilderung oder des Absehens von Strafe (§ 84 IV, V StGB), wenn die Schuld des Täters gering oder seine Beteiligung unbedeutend ist.

II. Als *Agententätigkeit zu Sabotagezwecken* stellt § 87 StGB bestimmte Vorbereitungshandlungen für Sabotageakte unter Strafe. Voraussetzung ist, daß der Täter sich wissentlich für Bestrebungen gegen den Bestand oder die Sicherheit der Bundesrepublik Deutschland oder gegen Verfassungsgrundsätze einsetzt. In gleicher Absicht muß auch der Täter handeln, der *verfassungsfeindliche Sabotage* nach § 88 StGB begeht, indem er *Störhandlungen* gegen bestimmte öffentlichen Zwecken dienende Anlagen, Dienststellen, Einrichtungen oder Gegenstände (Post, Versorgungsbetriebe) richtet. Vgl. Störung öffentlicher Betriebe.

III. *Verfassungsfeindliche Einwirkung auf Bundeswehr und öffentliche Sicherheitsorgane* begeht nach § 89 StGB, wer auf Angehörige der Bundeswehr oder eines öffentlichen Sicherheitsorgans planmäßig einwirkt, um deren pflichtgemäße Bereitschaft zum Schutz der Bun-

Gefährdung des Straßenverkehrs

desrepublik Deutschland oder der verfassungsmäßigen Ordnung zu untergraben, und sich dadurch absichtlich für Bestrebungen gegen Bestand und Sicherheit der Bundesrepublik Deutschland oder gegen Verfassungsgrundsätze einsetzt. Vgl. auch → Störpropaganda gegen die Bundeswehr.

IV. Schließlich gehört zu diesem Titel noch die → *Verunglimpfung* der Bundesrepublik, der Länder oder leitender Staatsorgane (§§ 90, 90a, 90b StGB).

Gefährdung des Straßenverkehrs → Verkehrsgefährdung (III).

Gefährdung einer Entziehungskur. § 323b StGB stellt denjenigen unter Freiheitsstrafe bis zu 1 Jahr oder Geldstrafe, der einem zum Zweck der Entziehung Untergebrachten berauschende Mittel verschafft, überläßt oder ihn zu deren Genuß verleitet.

Gefährdung Jugendlicher → Jugendschutz in der Öffentlichkeit.

Gefährdung schutzbedürftiger Gebiete ist in § 329 StGB mit Freiheitsstrafe bis zu 2 Jahren (bei Fahrlässigkeit bis zu 1 Jahr) oder Geldstrafe bedroht. Die Tathandlung besteht im Beeinträchtigen des Schutzzwecks bestimmter Schutzgebiete.

1. Strafbar ist zunächst das vorschriftswidrige Betreiben von Anlagen in Gebieten, die durch Rechtsverordnungen nach dem *Bundesimmissionsschutz-G* vor schädlichen Umwelteinwirkungen durch Luftverunreinigung oder Geräusche geschützt sind.
   Ausgenommen ist der Betrieb von Kraft-, Schienen-, Luft- und Wasserfahrzeugen.
2. Strafbar sind in einem *Wasser-* oder *Heilquellenschutzgebiet* die Verletzung der zu deren Schutz erlassenen Rechtsvorschriften durch bestimmte Handlungen, z. B. das Betreiben von Anlagen, in denen wassergefährdende Stoffe gelagert, abgefüllt oder umgeschlagen werden, oder das gewerbliche Abbauen von Kies, Sand oder Ton.
3. Innerhalb eines *Naturschutzgebiets* oder Nationalparks sind Handlungen, die wesentliche Bestandteile eines solchen Gebiets beeinträchtigen und entgegen einer Rechtsvorschrift oder einer vollziehbaren Untersagung vorgenommen werden, strafbar. Solche Handlungen sind: das Abbauen oder Gewinnen von Bodenschätzen oder Bodenbestandteilen; die Vornahme von Abgrabungen oder Aufschüttungen; die Anlage, Änderung oder Beseitigung von Gewässern; das Entwässern von Mooren, Sümpfen, Brüchen oder sonstigen Feuchtgebieten; die Rodung von Wald.

Bei Gefährdung hochwertiger Rechtsgüter wird die vorsätzliche Tat zur *schweren Umweltgefährdung* des § 330 StGB. Vgl. → Umweltdelikte.

Gefangenenmeuterei

Gefährdungsdelikte. Zu unterscheiden sind die *abstrakten* und die *konkreten* G. Ein *konkretes* G. liegt vor, wenn ein gesetzlicher → Tatbestand eine Handlung beschreibt, die eine Gefahrenlage für Menschen oder Sachen schafft (z. B. → Verkehrsgefährdung). Die Gefährlichkeit ist → Tatbestandsmerkmal. Die konkreten G. gehören zu den Erfolgsdelikten (vgl. hierzu → Tätigkeitsdelikte). Ein *abstraktes* G. ist bei den Tatbeständen gegeben, die eine Handlung beschreiben, die geeignet ist, eine konkrete Gefahrenlage auszulösen. Die Gefährlichkeit ist sonach nur gesetzgeberisches Motiv für die Strafbarkeit der Tat (z. B. Trunkenheit nach § 316 StGB).

Gefährliche Eingriffe in Bahn-, Schiffs- und Luftverkehr → Verkehrsgefährdung (II).

Gefährliche Eingriffe in den Straßenverkehr → Verkehrsgefährdung (II).

Gefährliche Körperverletzung → Körperverletzung (2).

Gefährliches Werkzeug → Körperverletzung (2).

Gefangenenbefreiung begeht nach § 120 I StGB, wer einen Gefangenen aus der Gefangenenanstalt oder aus der Gewalt der Personen, unter deren Beaufsichtigung, Begleitung oder Bewachung er sich befindet, vorsätzlich befreit, ihn zum Entweichen verleitet oder ihn dabei fördert. *Gefangene* sind Personen, denen wegen einer ihnen zur Last gelegten Verfehlung im öffentlichen Interesse die persönliche Freiheit entzogen ist und die sich infolgedessen tatsächlich in der Gewalt der zuständigen Behörden oder Beamten befinden (z. B. Strafgefangene, Untersuchungsgefangene, auch der durch eine Polizeibeamten nach § 127 StPO Festgenommene). Den Gefangenen sind anderweitig behördlich Untergebrachte (z. B. auf Grund Verwahrung wegen Selbst- oder Gemeingefährlichkeit) gleichgestellt. Strafbar ist auch die Beihilfe zur (straflosen) *Selbstbefreiung*. Die Strafe, Geldstrafe oder Freiheitsstrafe bis zu 3 Jahren, ist für Täter, die → Beamte sind, nach § 120 II StGB verschärft bis zu 5 Jahren.

Gefangenenmeuterei. Als G. sind bestimmte Handlungen von Gefangenen strafbar, wenn sie mit vereinten Kräften durch eine → Zusammenrottung begangen wurden. Den Gefangenen sind nach § 121 IV StGB Sicherungsverwahrte, nicht aber – wie bei der Gefangenenbefreiung – andere behördlich Verwahrte gleichgestellt. Die Einzelhandlungen der G. nach § 121 I StGB: a) Nötigung oder tätlicher Angriff gegen Aufsichtspersonal oder andere Amtsträger, die dienstlich in der Anstalt Aufgaben wahrnehmen (z. B. Anstaltspsychologe); b) gewaltsamer Ausbruch, wobei sich die Gewalt gegen Personen oder Sachen (Aufstemmen einer Türe) richten kann, oder

Gefängnisstrafe

c) die Hilfe dazu. Angedroht ist Freiheitsstrafe von 3 Monaten bis zu 5 Jahren. Für besonders schwere Fälle (Regelbeispiele u. a.: Schußwaffenführung, Gefahr des Todes oder einer schweren Körperverletzung für andere) ist der Strafrahmen auf 6 Monate bis 10 Jahre Freiheitsstrafe geschärft.

Gefängnisstrafe → Freiheitsstrafe.

Gegenvorstellung (Remonstration) ist ein formloser Rechtsbehelf. Sie wendet sich an die Behörde oder das Gericht, das die beanstandete Entscheidung erlassen hat. Sie ist nur dann zulässig, wenn auch eine Änderung der getroffenen Entscheidung zulässig ist. Besondere Bedeutung hat die G., wenn das Gericht eine Entscheidung ohne → rechtliches Gehör der Beteiligten getroffen hat. Hier lassen § 33a und § 311a StPO auch für den Fall der Unanfechtbarkeit der Entscheidung mit → Rechtsmitteln, deren Änderung auf G. desjenigen zu, zu dessen Nachteil eine Entscheidung ohne Anhörung getroffen wurde.

Geheimdienstliche Agententätigkeit → Landesverrat (V).

Geheimhaltung → Akten (III).

Geheimhaltungspflicht → Verletzung des Dienstgeheimnisses.

Geheimnis ist eine Sache oder Tatsache, soweit sie nur einem begrenzten Personenkreis bekannt ist. Sie kann grundsätzlich sowohl öffentliche wie auch private Gegenstände betreffen. Zum G. gehört auch die Geheimhaltungsbedürftigkeit oder (beim Privatgeheimnis) der Geheimhaltungswille. Das StGB stellt die Verletzung eines G. aus unterschiedlichen Schutzgedanken unter Strafe. Vgl. im einzelnen:

Betriebsgeheimnis → Amtsgeheimnis, Verletzung des Dienstgeheimnisses;
Briefgeheimnis → Verletzung des Briefgeheimnisses;
Dienstgeheimnis → Verletzung des Dienstgeheimnisses;
Fernmeldegeheimnis → Verletzung des Post- und Fernmeldegeheimnisses;
Geschäftsgeheimnis → Verletzung von Privatgeheimnissen;
Postgeheimnis → Verletzung des Post- und Fernmeldegeheimnisses;
Privatgeheimnis → Verletzung von Privatgeheimnissen;
Staatsgeheimnis → Landesverrat;
Steuergeheimnis → Verletzung des Steuergeheimnisses;
Telefongeheimnis → Verletzung des Post- und Fernmeldegeheimnisses.

Gehilfe → Beihilfe.

Gehorsamspflicht → Befehl; soldatische → Landesverteidigung.

Geiselnahme begeht nach § 239b StGB, wer einen anderen *entführt* oder sich seiner *bemächtigt,* um einen Dritten durch die Drohung mit dem Tode oder einer schweren → Körperverletzung des Opfers zu einer Handlung, Duldung oder Unterlassung zu nötigen. Strafbar ist gleichermaßen, wer die von ihm durch eine solche Handlung geschaffene Lage eines anderen zu einer solchen →*Nötigung* ausnützt. Die Zielrichtung des Täters geht bei der G. damit nicht auf eine → Erpressung wie bei dem → erpresserischen Menschenraub. Die Ernsthaftigkeit der Drohung ist unerheblich, wenn nur der Täter den Dritten damit unter Druck setzten will. Ohne Bedeutung ist auch die Art der abgenötigten Handlung. Der Tatbestand ist auch dann erfüllt, wenn der Täter einen Anspruch auf die Handlung hat oder wenn der Genötigte von Amts wegen zur verlangten Handlung verpflichtet ist. Vollendung der Tat tritt ein, wenn die Entführung und die Absicht zur Nötigung vorliegen. Das Verbrechen ist mit Freiheitsstrafe nicht unter 5 Jahren bedroht. Wird durch die Tat → leichtfertig der *Tod eines Menschen* verursacht, so wird lebenslange Freiheitsstrafe oder eine solche nicht unter 10 Jahren verhängt. Für den Täter, der das Opfer in seinen Lebenskreis zurückgelangen läßt und auf die erstrebte Leistung verzichtet, ist die Möglichkeit der → Strafmilderung gegeben.

Geisterfahrer → Verkehrsgefährdung III.

Geisteskrankheit, -schwäche → Schuldfähigkeit.

Geistliche → Nichtanzeige geplanter Straftaten, Zeugnisverweigerungsrecht.

Geldautomat → Computerbetrug, Geldfälschung.

Geldbuße ist zu unterscheiden von der → Geldstrafe, die eine echte → Strafe darstellt. Mit G. werden → *Ordnungswidrigkeiten* geahndet. Insoweit sind regelmäßige Mindestbuße 5 DM und Höchstbuße 1000 DM (§ 17 I OWiG). Aber auch die Geldauflage bei → *Strafaussetzung* einer Freiheitsstrafe zugunsten einer gemeinnützigen Einrichtung und die Geldauflage als → *Zuchtmittel* im Jugendstrafverfahren werden als G. bezeichnet. Keine G. ist die Geldzahlung bei → Einstellung nach § 153a StPO. Vgl. Ordnungsmittel.

Geldfälschung. I. Im 8. Abschnitt des besonderen Teils des StGB sind Straftatbestände zum Schutz der Sicherheit und Funktionsfähigkeit des Zahlungsverkehrs sowie des Verkehrs mit Wertzeichen und -papieren zusammengefaßt. 1. Das Verbrechen der Geldfälschung

Geldstrafe

(§ 146 StGB; Freiheitsstrafe nicht unter 2 Jahren) schützt Geld (auch fremde Währungen, § 152 StGB). Geld sind Zahlungsmittel jeden Materials (meist Metall, Papier), soweit sie von einem Staat oder in staatlicher Legitimation zum Umlauf im öffentlichen Verkehr bestimmt sind. Gleichgestellt werden nach § 151 StGB *Wertpapiere* dann, wenn sie nach Papierart und Druck gegen Nachahmung besonders gesichert sind. Hierzu gehören insbesondere Aktien, Anteilsscheine oder auf bestimmte Geldsummen ausgedruckte Reiseschecks. 2. Durch das Vergehen der *Wertzeichenfälschung* (§ 148 I StGB; Freiheitsstrafe bis zu 5 Jahren oder Geldstrafe) sind öffentlich-rechtlich ausgegebene oder zugelassene Zeichen geschützt, die die Zahlung von Geldbeträgen belegen oder ersetzen sollen, z. B. Briefmarken, Stempelaufdrucke, Steuermarken, Gerichtskostenmarken, nicht aber private Rabattmarken. Strafbar ist hier auch die Wiederverwendung entwerteter Wertzeichen (§ 148 II StGB: Freiheitsstrafe bis zu 1 Jahr oder Geldstrafe). 3. Die *Fälschung von Vordrucken für Euroschecks und Euroscheckkarten* nach § 152a I, III StGB ist Verbrechen (Freiheitsstrafe von 1–10 Jahren).

II. Die Tatbestände beziehen sich nach § 152 StGB auch auf Gegenstände fremder Währungsgebiete. Tathandlungen sind: a) das Nachmachen oder Herstellen in der Absicht, die geschützten Objekte als echt in den Verkehr gelangen zu lassen, oder sie in gleicher Absicht so zu verfälschen, daß der Anschein eines höheren Werts hervorgerufen wird, b) das Sichverschaffen in solcher Absicht, c) das Inverkehrbringen. Die Strafdrohungen sind z. T. für die Tatform c geringer.

III. Strafbar sind nach § 149 I, 152a I Nr. 2 StGB auch bestimmte *Vorbereitungshandlungen* zur Fälschung von Geld und Wertzeichen: das Herstellen, Beschaffen, Feilhalten, Verwahren oder Überlassen von Material (spezielles Papier) oder Herstellungsgeräten. Die Strafdrohung geht neben Geldstrafe auf Freiheitsstrafe bis zu 5 Jahren bei der Vorbereitung einer G., bis zu 2 Jahren bei Vorbereitung einer Wertzeichenfälschung. Nach § 149 II, III StGB ist für das freiwillige Abstandnehmen von den Vorbereitungshandlungen Strafbefreiung vorgesehen.

Geldstrafe. I. die G. (zu unterscheiden von der → Geldbuße) wird im Urteil oder Strafbefehl nach Tagessätzen festgesetzt (§ 40 I StGB). Deren Mindestzahl beträgt 5, ihre Höchstzahl 360, im Fall einer Gesamtgeldstrafe 720 (§§ 40 I, 54 II StGB), wenn das Gesetz nicht im Einzelfall noch eine höhere Zahl zuläßt. Die Bemessung der Zahl der Tagessätze richtet sich nach den allgemeinen Grundsätzen für die Zumessung der → Strafe. Sie läßt aber die wirtschaftliche Belastbarkeit des Täters hier außer Betracht. Erst im zweiten Schritt, bei der Festlegung der Höhe eines Tagessatzes, wird der persönlichen und finanziellen Situation des Täters Rechnung getragen (§ 40 II StGB). Den armen wie den reichen Täter soll die gleiche Einbuße treffen (sog. *Einbußeprinzip*). Das Gericht geht dabei in der Regel von einem auf den Tag umgerechneten Nettoeinkommen aus, das der Täter hat oder aber bei Arbeitswilligkeit haben könnte. Der Tagessatz beträgt mindestens 2 und höchstens 10000 DM. Hinsichtlich der Vermögensverhältnisse des Täters und seiner Einkünfte ist dem Gericht eine Schätzung erlaubt.

II. Im *Urteilstenor* wird die G. nach Zahl der Tagessätze und Höhe des Tagessatzes angegeben. Die Nennung der Gesamtsumme ist nicht zwingend. Bei Verurteilung wegen in → Tatmehrheit zusammentreffender Taten, bei denen auf G. erkannt wird, ist im Tenor lediglich die Gesamtgeldstrafe nach Zahl und Höhe der Tagessätze anzuführen. In keinem Fall bedarf es mehr der Festlegung einer Ersatzfreiheitsstrafe, weil diese der Zahl der Tagessätze entspricht (§ 43 StGB). In dem Tenor werden auch nach § 42 StGB gewährte Zahlungserleichterungen (Zahlungsfrist oder Einräumung von Teilbeträgen) aufgenommen.

III. *Neben* einer *Freiheitsstrafe* kann sog. kumulative G. verhängt werden, wenn sich der Täter durch die Tat bereichert oder zu bereichern versucht hat (§ 41 StGB). Dabei ist jedoch erforderlich, daß die Verhängung nach den persönlichen und wirtschaftlichen Verhältnissen des Täters im Hinblick auf die allgemeinen Strafziele angebracht ist.

IV. Die G. wird durch Beitreibung (grundsätzlich erst 2 Wochen nach Fälligkeit) *vollstreckt* (§ 459 StPO), soweit sie nicht durch → Anrechnung erledigt ist. Die Vollstreckungsbehörde kann nach § 459a StPO Zahlungserleichterungen gewähren. Ist die Beitreibung erfolg- oder aussichtslos, ordnet die Vollstreckungsbehörde Vollstreckung der Ersatzfreiheitsstrafe an. In Härtefällen kann das Gericht anordnen, daß die Vollstreckung unterbleibt (§ 459f StPO).

Geleitbrief → Verfahren gegen Abwesende.

Gemeingefährdung → Sachbeschädigung, Vergiftung.

Gemeingefährliche Straftaten sind im 27. Abschnitt des StGB zusammengefaßt. Zu ihnen gehören u. a. → Brandstiftung, → Explosionsdelikte, → Überschwemmung, → Verkehrsgefährdung, die → Baugefährdung und der → Vollrausch. Soweit es sich um Verbrechen handelt, besteht Anzeigepflicht (vgl. → Nichtanzeige geplanter Straftaten). Auch kann nach Maßgabe des § 321 StGB auf → Führungsaufsicht erkannt werden.

Gemeinsame Strafsachenstelle → Steuerstrafverfahren.

Gemeinschädliche Sachbeschädigung

Gemeinschädliche Sachbeschädigung → Sachbeschädigung.

Gemeinschaftliches Handeln → Mittäterschaft.

Generalprävention → Strafe.

Generalstreik → Streik.

Genocidium → Völkermord.

Gentechnik. Das Gesetz zur Regelung der G. (GenTG) vom 20. 6. 1990 (BGBl. III 2121–60–1) legt zum Schutz des Menschen und der Umwelt Bedingungen für gentechnische Verfahren und Produkte fest. § 38 GenTG enthält zur Einhaltung der Vorschriften einen Katalog von → Ordnungswidrigkeiten. § 39 GenTG stellt bestimmte Handlungen unter Strafe, so das ungenehmigte Freisetzen gentechnisch veränderter Organismen, den ungenehmigten Betrieb einer gentechnsichen Anlage und die Gefährdung von Menschen, Sachwerten und Umwelt. Auch fahrlässiges Handeln ist insoweit strafbar. Zur G. gegenüber Menschen → Embryonenschutz.

Gerichte sind als Einrichtungen zur Ausübung der rechtsprechenden Gewalt unabhängig und von der Exekutive getrennt. Für Strafsachen werden die Ordentlichen G. als Strafgerichte tätig: je nach → Zuständigkeit das → Amtsgericht, das → Landgericht, das → Oberlandesgericht oder der → Bundesgerichtshof. Die G. sind jeweils nach Abteilungen oder Spruchkörpern gegliedert. Daneben besteht eine Gerichtsverwaltung zur Bewältigung des Geschäftsbetriebs außerhalb der Rechtsprechung. Jedem Gericht ist auch eine Geschäftsstelle mit einem Urkundsbeamten zugeordnet (§ 153 GVG).

Das Bundesverfassungsgericht ist kein Strafgericht. Es entscheidet in Strafsachen auf → Verfassungsbeschwerde oder dann, wenn ein G. in einer anhängigen Sache ein anzuwendendes Gesetz für verfassungswidrig hält und sie dieserhalb dem Bundesverfassungsgericht vorlegt (sog. Richtervorlage, Art. 100 I GG).

Gerichtsarzt ist regelmäßig ein Amtsarzt des Gesundheitsamts, der in der Gerichtsmedizin Erfahrung hat. Bei größeren Landgerichten ist es z. T. üblich, einen oder mehrere Ärzte als sog. *Landgerichtsärzte* ausschließlich mit den im Bereich der Justiz anfallenden ärztlichen Aufgaben (Leichenschau, Leichenöffnung, Untersuchungen von Personen auf Verhandlungsfähigkeit) zu betrauen.

Gerichtskundig → Offenkundigkeit.

Gerichtsstand → Zuständigkeit.

Geringfügigkeit → Einstellung des Verfahrens (II).

Geringwertigkeit → Bagatellsachen.

Gesetzlicher Richter

Gesamtstrafe → Tatmehrheit.

Gesamtvorsatz → fortgesetzte Handlung.

Geschäfts- oder Betriebsgeheimnis → unlauterer Wettbewerb, Verletzung des Steuergeheimnisses, Verletzung von Privatgeheimnissen.

Geschäftsmäßig handelt, wer beabsichtigt, eine Straftat in gleicher Art zu wiederholen, um sie dadurch zum Gegenstand seiner wirtschaftlichen oder beruflichen Betätigung zu machen. G. Handeln setzt z. B. § 144 StGB (→ Auswanderungsbetrug) voraus.

Geschäftspapiere, Durchsicht → Durchsuchung (II).

Geschäftsstelle → Gerichte.

Geschäftsverteilung → Ausnahmegerichte.

Geschlechtskrankheiten → Krankheiten (I).

Geschwister → Angehörige, Beischlaf zwischen Verwandten.

Geschworene hießen früher die nichtrichterlichen Mitglieder des Schwurgerichts. Alle → Laienrichter in Strafsachen werden jetzt als Schöffen bezeichnet.

Gesetzeskonkurrenz liegt vor, wenn auf eine Handlung mehrere Straftatbestände dem Wortlaut nach zutreffen, sich aber aus dem Verhältnis der Strafvorschriften zueinander ergibt, daß nur eine Bestimmung anwendbar ist, die anderen hingegen verdrängt werden. Man unterscheidet: 1. *Subsidiarität* ist bei den Straftatbeständen gegeben, die ausdrücklich oder aber ihrem Sinn nach als *Auffangtatbestände* hinter anderen Vorschriften zurücktreten (z. B. § 145d gegenüber § 164 StGB). 2. Wegen *Spezialität* kommt das Strafgesetz (sog. lex specialis) zur Anwendung, dessen weitere Tatbestandsmerkmale die Handlung gegenüber der allgemeineren Vorschrift noch genauer beschreiben. Dies ist insbesondere der Fall, wenn einem Grundtatbestand strafschärfende oder strafmildernde → Abwandlungen gegenüberstehen. 3. *Konsumtion* liegt vor, wenn ein Strafgesetz den Tatbestand einer anderen Strafvorschrift voll in sich vereinigt, ohne daß ein Fall der Spezialität vorliegt. So wird Nötigung (§ 240 StGB) und Diebstahl (§ 242 StGB) durch Raub (§ 249 StGB) verdrängt.

Ein Fall der G. ist auch die straflose → *Nachtat*.

Gesetzesverletzung → Revision.

Gesetzgebungsorgane → Verfassungsorgane.

Gesetzlicher Richter → Ausnahmegericht.

Gesetzliche Vertreter

Gesetzliche Vertreter, Organe juristischer Personen, Vorstandsmitglieder eines nicht rechtsfähigen Vereins, vertretungsberechtigte Gesellschafter einer Personengesellschaft haften grundsätzlich strafrechtlich für ihr Handeln nach allgemeinen Grundsätzen. Das gilt auch, wenn die Straftat den Interessen des Vertretenen dient (Betrug des Geschäftsführers zugunsten einer OHG) oder aber durch den Geschäftsbetrieb des Vertretenen bedingt ist (z. B. strafbare Umweltverschmutzung durch Abwasseranlagen, fahrlässige Tötung oder Körperverletzung durch Maschinenbetrieb). Doch stellen zahlreiche Vorschriften des → Nebenstrafrechts schon für die Tatbestandserfüllung auf die Stellung der g. V., eines Organs oder Vorstands etc. ab. § 14 StGB bestimmt darüber hinaus, daß diese Personen einem Strafgesetz auch dann unterliegen, wenn bestimmte *strafbegründende* (nicht strafschärfende oder strafmildernde) Merkmale nicht bei ihnen selbst, sondern bei den Vertretenen vorliegen (z. B. Eigenschaft als Vollkaufmann). Die gleiche Regelung gilt für *Personen, die* vom Inhaber eines Betriebs oder einem sonst dazu Befugten *beauftragt wurden,* den Betrieb ganz oder zum Teil zu leiten, oder aber die ausdrücklich beauftragt wurden, in eigener Verantwortung Pflichten des Auftraggebers zu erfüllen. Voraussetzung ist, daß die strafbare Handlung auf Grund eines solchen Auftrags erfolgt. Auf die Rechtswirksamkeit des Auftrags kommt es nicht an.

Durch § 75 StGB wird für die → Einziehung (vgl. dort I 6) das Handeln der Vertreter usw. den Vertretenen zugerechnet.

Geständnis → Verlesung von Schriftstücken (II, 5).

Gestellungsmaßregel → Verfahren gegen Abwesende.

Gesundheitsschädigung → Körperverletzung.

Gesundheitszeugnis → Ausstellen unrichtiger Gesundheitszeugnisse, Fälschung von Gesundheitszeugnissen.

Gewahrsam → Diebstahl (I).

Gewalt ist wie die Drohung ein Mittel zur Beeinträchtigung der persönlichen Freiheit. G. in der Form der sog. *vis absoluta* verhindert entweder schon die Willensbildung des Opfers (z. B. durch Betäuben) oder aber die Willensbetätigung (z. B. durch Festhalten). Hingegen dient die sog. *vis compulsiva* dazu, den Willen des Opfers zu beugen. G. bedeutet nach h. M. trotz einer in der Rechtsprechung erkenntlichen „Vergeistigung" des Begriffs immer noch eine auch körperliche Zwangswirkung. Sie ist auch bei der Sitzblockade gegeben, wenn sich jemand auf die Fahrbahn setzt, um einen Kraftfahrer an der Fortbewegung zu hindern (rechtlich falsch oft als „gewaltfreie" Aktion bezeichnet). Da es sich bei der G. in Form der vis

Gewinnsucht

compulsiva auch um eine psychische Einwirkung handelt, ist die Abgrenzung zur *Drohung* schwierig. Bei der G. wird ein Übel zugefügt, bei der Drohung die Zufügung eines Übels in Aussicht gestellt. Objekt der G. oder des angedrohten Übels kann auch ein Dritter sein (z. B. Kind des Genötigten). Vgl. auch Verherrlichung von G.

Gewaltdarstellung oder **Aufstachelung zum Rassenhaß** begeht nach § 131 StGB, wer bestimmte einschlägige → Darstellungen herstellt oder in bestimmten Formen an ihrer Verbreitung mitwirkt. Darstellungen stacheln zu Rassenhaß auf, wenn sie Gruppen durch Merkmale körperlich oder sonst durch Herkunft gekennzeichnete Gruppen von Menschen wegen ihrer Zugehörigkeit zu dieser Gruppe hetzerisch herabsetzen. Eine strafbare Gewaltdarstellung liegt in der Schilderung grausamer oder unmenschlicher Gewalttätigkeit gegen Menschen dann vor, wenn darin eine Verherrlichung oder eine Verharmlosung der Gewalttätigkeit zum Ausdruck kommt oder wenn das Grausame oder Unmenschliche des Vorgangs in einer die Menschenwürde verletzenden Weise dargestellt wird. Als Strafe ist Freiheitsstrafe bis zu 1 Jahr oder Geldstrafe angedroht. Straffrei bleiben Berichterstattungen oder Sorgeberechtigte, die ihren Kindern gegenüber handeln. Vgl. auch → Kunst.

Gewaltunzucht → Sexuelle Nötigung.

Gewaltverherrlichung → Verherrlichung von Gewalt.

Gewässerschutz → Umweltdelikte, Verunreinigung eines Gewässers.

Gewerbsmäßig handelt, wer sich durch wiederholte Begehung einer Straftat eine fortlaufende Einnahmequelle von einiger Dauer und einigem Umfang verschafft. Die Einnahmen brauchen aber weder den hauptsächlichen noch einen regelmäßigen Erwerb darzustellen. Die Gewerbsmäßigkeit ist strafschärfendes → Tatbestandsmerkmal z. B. bei der → Hehlerei nach § 260 I StGB, der → Wilderei nach § 292 III StGB, strafbegründendes Tatbestandsmerkmal bei der → Förderung der Prostitution nach § 180a III StGB und schärfender Umstand für die Strafzumessung z. B. in § 243 Nr. 3 beim → Diebstahl.

Gewerbsunzucht → Prostitution.

Gewinnsucht ist das auf ein sittlich anstößiges Maß gesteigerte Erwerbsstreben. G. kann als Umstand die Tatmotive kennzeichnen und deshalb als Strafzumessungsgrund berücksichtigt werden. Insbesondere kann wegen G. neben einer Freiheitsstrafe nach § 41 StGB die Festsetzung einer Geldstrafe gerechtfertigt sein. G. ist strafschär-

Gewohnheitsmäßig

fendes Regelmerkmal z. B. für den besonders schweren Fall der → Kindesentziehung.

Gewohnheitsmäßig handelt, wer durch wiederholte Begehung von ähnlichen oder gleichartigen Straftaten einen Hang zu dem betreffenden Delikt entwickelt hat. Gewohnheitsmäßigkeit ist z. B. strafschärfendes Tatbestandsmerkmal bei der → Wilderei nach §§ 292 III, 293 III StGB.

Gewohnheitsrecht → Strafbarkeit.

Gift → Vergiftung, Umweltdelikte

Gläubigerbegünstigung → Konkursstraftaten.

Gleichgeschlechtliche sexuelle Handlungen → Homosexuelle Handlungen.

Glücksspiel ist ein Spiel, bei dem die Entscheidung über den Gewinn hauptsächlich vom Zufall abhängt. Nach § 284 I StGB wird wegen eines Vergehens der *unerlaubten Veranstaltung eines Glücksspiels* bestraft, wer ohne die gesetzlich (z. B. in §§ 33 a–i GewO) vorgeschriebene behördliche Erlaubnis ein G. *öffentlich* veranstaltet, hält oder die Einrichtung dazu bereitstellt, wobei als öffentlich auch die gewohnheitsmäßige Veranstaltung eines G. in geschlossenen Gesellschaften oder Vereinen angesehen wird (§ 284 II StGB). Der *Beteiligte* (Mitspieler) an solchem G. wird nach § 284 a bestraft. Neben der zwingend vorgesehenen Geldstrafe kann für den Veranstalter bis zu 2 Jahren, für den Beteiligten bis zu 6 Monaten Freiheitsstrafe verhängt werden.

Die Veranstaltung einer öffentlichen *Lotterie* oder öffentlichen *Ausspielung* (beides sind besondere Arten des G.) ohne behördliche Erlaubnis ist in § 286 StGB gesondert unter Strafe gestellt.

Gnadenrecht → Begnadigung.

Gottesdienst → Störung der Religionsausübung.

Gotteslästerung → Beschimpfung von Bekenntnissen.

Grabschändung → Störung der Totenruhe.

Grenzverrückung → Urkundenunterdrückung.

Grober Unfug → Belästigung der Allgemeinheit.

Großer Senat → Bundesgerichtshof.

Grunddelikt, Grundtatbestand → Sonderdelikt, Abwandlung.

Gutachten → Verlesung von Schriftstücken (II 4).

Güterabwägung → Notstand.

H

Haft kann in der Form der → Untersuchungshaft, der Ordnungshaft (→ Ordnungsmittel) und der → Erzwingungshaft verhängt werden. Von H. spricht man auch bei der Freiheitsentziehung des vorläufig Festgenommenen (Polizeihaft). Freiheitsentziehende Rechtsfolgen einer Straftat sind nur die Freiheitsstrafe und die → Unterbringung, Jugendstrafe und Jugendarrest.

Haftbefehl ist die schriftliche Anordnung der Verhaftung einer Person. 1. H. *erläßt* der → Ermittlungsrichter oder nach Erhebung der öffentlichen Klage das zuletzt als Tatsacheninstanz mit der Sache befaßte Gericht (in dringenden Fällen auch der Vorsitzende) zur Anordnung der → Untersuchungshaft (s. dort auch wegen der Voraussetzung der Haftanordnung und des weiteren Verfahrens). Der *Inhalt des Haftbefehls* ist vorgeschrieben (§ 114 II, III StPO). Anzuführen sind: a) der Beschuldigte, b) die Tat mit Tatzeit und Tatort; dazu die gesetzlichen Merkmale der strafbaren Handlung und die anzuwendenden Strafvorschriften (z. B. „... ist dringend verdächtig, am 2. Februar 1977 gegen 10 Uhr auf dem Karlsplatz in München das Fahrrad des N. N. entwendet und damit einem anderen eine fremde bewegliche Sache in der Absicht rechtswidriger Zueignung weggenommen zu haben (§ 242 StGB)", c) der *Haftgrund* (z. B. „Verdunkelungsgefahr", „Fluchtgefahr"), d) die Tatsachen, aus denen sich der dringende Tatverdacht und der Haftgrund ergibt (z. B. „Der Beschuldigte wurde im Besitz der Diebesbeute angetroffen", „hat eine Flugkarte ins Ausland erworben"; u. U. Angabe der Beweismittel zweckmäßig), e) u. U. die Gründe, die die Wahrung des Verhältnismäßigkeitsgrundsatzes erkennen lassen. Die *Verhaftung* auf Grund des H. nehmen in der Regel Polizeibeamte vor. Der H. ist dem Beschuldigten bei der Verhaftung bekanntzugeben; jedenfalls ist ihm die Tat, deren er verdächtigt wird, vorläufig mitzuteilen (§ 114a StPO). Der Beschuldigte erhält eine Abschrift des H. ausgehändigt. S. im übrigen Untersuchungshaft.

2. Das Gericht (außerhalb der Hauptverhandlung ohne Laienrichter) kann nach § 230 StPO einen H. erlassen, wenn der ordnungsgemäß geladene und nicht genügend entschuldigte Angeklagte *in der Hauptverhandlung ausbleibt* und die Anordnung der → Vorführung unzureichend erscheint. H. ist ausgeschlossen im Privatklageverfahren (§ 387 III StPO).

3. Die Staatsanwaltschaft und der Amtsrichter, soweit ihm die → *Strafvollstreckung* übertragen ist, können zur Vollstreckung einer

Haftgrund

rechtskräftig erkannten Freiheitsstrafe einen H. nach § 457 I StPO erlassen, wenn der Verurteilte der Ladung zum Strafantritt nicht nachkommt oder der Flucht verdächtig ist.

4. Der H. zur Erzwingung der Vermögensauskunft des Schuldners nach den Vorschriften der ZPO ist nicht strafrechtlicher Natur.

Haftgrund → Untersuchungshaft (I).

Haftprüfung → Untersuchungshaft (II).

Haftverschonung → Untersuchungshaft (III).

Handlung ist im Strafrecht ein menschliches Verhalten, nicht nur ein *aktives Tun,* sondern auch das *Unterlassen.* Das Tun muß bewußt sein. Der Bewußtlose vermag nicht zu handeln. Eine Handlung liegt deshalb nicht vor bei einer Reflexbewegung oder einer Körperbewegung, die durch Kräfte eines Dritten oder durch Naturgewalt ausgelöst wird. Das aktive Tun kann einen gewollten oder ungewollten Erfolg verursachen. Das Unterlassen kann bewußt oder unbewußt sein. In beiden Fällen ist Unterlassen aber nur dann Handlung, wenn der Unterlassende 1. die Möglichkeit aktiven Tuns hat und 2. entweder diese Möglichkeit erkennt oder aber nach der Rechtsordnung zu aktivem Tun verpflichtet ist (s. Unterlassungsdelikt). Vgl. zum Begriff der H. auch → Finale Handlungslehre. *Strafbare* Handlung s. Straftat.

Handlungseinheit → Zusammentreffen mehrerer strafbarer Handlungen.

Hangtäter → Unterbringung (III).

Haschisch → Betäubungsmittel.

Hauptverfahren wird das gerichtliche Verfahren genannt, in dem über die von der Staatsanwaltschaft erhobene und durch die → Eröffnung des H. zugelassene → öffentliche Klage entschieden wird. In dieses Verfahrensstadium fällt auch die Hauptverhandlung.

Hauptverhandlung. I. Die H. wird vorbereitet, indem der Vorsitzende des Gerichts *Termin* bestimmt. Die *Ladung* des Angeklagten, des Verteidigers sowie der Zeugen und Sachverständigen, die in der → Anklageschrift benannt sind oder deren Ladung der Vorsitzende auf Antrag des Angeklagten (§ 219 StPO) oder von Amts wegen (§ 221 StPO) angeordnet hat, bewirkt die Geschäftsstelle. Dabei ist gegenüber dem Angeklagten und seinem Verteidiger auf eine Ladungsfrist von 1 Woche zu achten. Wird die Frist nicht eingehalten, so kann der Angeklagte die *Aussetzung* der H. verlangen (§§ 217 II,

Hauptverhandlung

218 I 2 StPO). Der Angeklagte kann selbständig Zeugen und Sachverständige zur H. laden oder stellen.

II. Die H. *beginnt* mit dem Aufruf der Sache und *endet* mit der Urteilsverkündung. Die *Leitung* (sog. Sachleitung) der H. obliegt dem Vorsitzenden; auf Beanstandung hin erläßt das Gericht einen förmlichen Beschluß (§ 238 StPO). Nach Feststellung der Anwesenheit der geladenen Personen und nachdem die Zeugen den Sitzungssaal verlassen haben, vernimmt der Vorsitzende den Angeklagten zu den persönlichen Verhältnissen. Darauf verliest der Staatsanwalt den Anklagesatz (→ Anklageschrift) in der durch den → Eröffnungsbeschluß zugelassenen Form, u. U. unter Darlegung einer abweichenden rechtlichen Würdigung (§ 243 III StPO). Ist der Angeklagte nach Hinweis auf die Möglichkeit, zu schweigen oder sich zur Sache zu äußern, aussagebereit, so wird er vom Vorsitzenden unter Beachtung der allgemein für die → *Vernehmung* geltenden Grundsätze vernommen. Darauf folgt die → *Beweisaufnahme*. Der Angeklagte erhält Gelegenheit, Erklärungen zu den Aussagen der Mitangeklagten, der Zeugen und Sachverständigen, sowie nach → Verlesung von Schriftstücken abzugeben (§ 257 I StPO). Auf Verlangen ist die Möglichkeit zur Abgabe von Erklärungen auch dem Staatsanwalt und dem Verteidiger einzuräumen (§ 257 II StPO).

Nach Abschluß der Beweisaufnahme halten zunächst der Staatsanwalt, sodann der Verteidiger (in der Rechtsmittelinstanz der Rechtsmittelführer als erster) die *Plädoyers* (§ 258 I StPO). Dabei ist der Staatsanwalt verpflichtet, das Gesamtergebnis der H. zu erörtern, tatsächlich und rechtlich zu würdigen und ein bestimmtes Urteil zu beantragen. Nach dem Schlußvortrag des Verteidigers, gegebenenfalls nach den Erwiderungen ist stets der Angeklagte zu befragen, ob er selbst zu seiner Verteidigung noch etwas auszuführen habe (§ 258 III StPO). Auf das Fehlen des sog. *„letzten Wortes"* kann regelmäßig erfolgreich die Revision gestützt werden.

Nach der → *Beratung* des Gerichts schließt die H. mit *Verkündung des* → *Urteils*. Die Verkündung besteht in der Verlesung der Urteilsformel und der Mitteilung der Urteilsgründe durch den Vorsitzenden. Bis zum Schluß der Verkündung kann das Gericht das Urteil noch ändern oder nochmals in die Verhandlung eintreten. Über die gesamte H. ist ein → *Protokoll* aufzunehmen.

III. Während der H. müssen die Richter (auch Laienrichter), ein Vertreter der Staatsanwaltschaft, ein Urkundsbeamter und, sofern es sich um eine notwendige Verteidigung handelt (§ 140 StPO), auch der → Verteidiger *ununterbrochen anwesend* sein (§ 226 StPO). Der Angeklagte darf sich nicht eigenmächtig entfernen; der Vorsitzende hat entsprechende Maßnahmen (evtl. Gewahrsam) zu treffen (§ 231 I StPO). *Entfernt sich der Angeklagte* gleichwohl oder erscheint er nicht

Hauptverhandlung

mehr bei einer unterbrochenen H., so ist die Fortsetzung der H. ohne den Angeklagten möglich, wenn seine Vernehmung abgeschlossen war und das Gericht seine Anwesenheit nicht für erforderlich hält (§ 231 III StPO). Führt der Angeklagte in der H. seine Entfernung aus dem Gerichtssaal herbei (→ Ordnungsmittel) oder beseitigt er vorsätzlich und schuldhaft seine Verhandlungsfähigkeit (z. B. durch Alkoholmißbrauch in einer Verhandlungspause), so kann nach §§ 231a, 231b StPO gleichwohl in Abwesenheit des Angeklagten verhandelt werden. Bei einer umfangreichen H. gegen mehrere Angeklagte ist nach § 231c StPO auch eine zeitweise *Beurlaubung* eines durch bestimmte Verhandlungsteile nicht betroffenen möglich. Im Interesse der Wahrheitsfindung, zum Schutz der Gesundheit des Angeklagten oder aber noch nicht 16-jähriger Zeugen erlaubt § 247 StPO die zeitweise Entfernung des Angeklagten.

Die H. kann durch Anordnung des Vorsitzenden (u. U. mehrmals jeweils) bis zu 10 Tagen *unterbrochen* werden (§ 229 I StPO). Nach 10 Verhandlungstagen (in sog. Großverfahren) ist eine Unterbrechung auch für 30 Tage möglich (§ 229 II StPO). Nach 10 Tagen Verhandlungsdauer tritt im Fall der Erkrankung des Angeklagten bis zu 6 Wochen eine Hemmung der Unterbrechungsfristen ein (§ 229 III StPO). Wird die H. nicht fristgemäß fortgesetzt, ist von neuem zu beginnen. Die Unterbrechung erlaubt die Fortsetzung der begonnenen H., während die *Aussetzung* (§ 228 StPO) einen Abbruch der bisherigen H. bedeutet und die Durchführung einer neuen vollständigen H. erforderlich macht. Die Aussetzung kann der Angeklagte zur Vorbereitung einer genügenden Verteidigung nach §§ 145 III, 217 II, 265 III StPO erzwingen. Im übrigen setzt das Gericht auf Antrag oder von Amts wegen die H. aus, wenn sich für die ordnungsgemäße Durchführung der H. oder für die wahrheitsgemäße Feststellung der entscheidungserheblichen Tatsachen Hindernisse ergeben, die durch Unterbrechung der H. nicht behoben werden können.

IV. *Erscheint der Angeklagte* in der H. *nicht*, so findet grundsätzlich keine H. statt (§ 230 I StPO). Ist er trotz ordnungsgemäßer Ladung nicht genügend entschuldigt, so ergeht → Vorführungs- oder → Haftbefehl. Ist in dem Verfahren nur Geldstrafe bis zu 180 Tagessätzen, → Verwarnung mit Strafvorbehalt, Fahrverbot, Verfall, Einziehung, Vernichtung oder Unbrauchbarmachung, allein oder nebeneinander zu erwarten, so kann die H. ohne den Angeklagten durchgeführt werden, wenn er in der Ladung auf diese Möglichkeit hingewiesen worden ist (§ 232 I StPO). Das Urteil ist in diesem Fall, wird es nicht dem Verteidiger zugestellt, durch *Übergabe* an den Angeklagten selbst zuzustellen (§ 232 IV StPO); er hat neben den allgemein zulässigen Rechtsmitteln die Möglichkeit, binnen 1 Woche

Hauptverhandlung

nach Zustellung → Wiedereinsetzung in den vorigen Stand zu beantragen (§ 235 StPO). *Auf Antrag* kann der Angeklagte durch Gerichtsbeschluß von der Verpflichtung zum Erscheinen in der H. *entbunden* werden, wenn nur Freiheitsstrafe bis zu 6 Monaten, Geldstrafe bis zu 180 Tagessätzen, Verwarnung mit Strafvorbehalt, Fahrverbot, Verfall, Einziehung, Vernichtung oder Unbrauchbarmachung allein oder nebeneinander zu erwarten ist (§ 233 I StPO). In den Fällen nach § 232 und nach § 233 StPO darf das Urteil eine höhere Strafe oder Maßregel nicht verhängen, wohl aber die Fahrerlaubnis entziehen. Der Angeklagte kann sich in den Fällen, in denen die H. ohne ihn stattfinden kann, durch einen mit schriftlicher Vollmacht versehenen Verteidiger vertreten lassen (§ 234 StPO).

V. Die H. ist grundsätzlich *öffentlich* (§ 169 GVG), d. h. der Verhandlungsraum muß, soweit Platz vorhanden, für jedermann zugänglich sein. Die Öffentlichkeit kann ganz oder für einen Teil der H. bis zur Urteilsverkündung (§ 173 I GVG) ausgeschlossen werden, wenn das Verfahren die Anstaltsunterbringung des Beschuldigten zum Gegenstand hat (§ 171 a GVG) oder wenn durch sie die öffentliche Ordnung (z. B. Störung der Verhandlung, Erschwerung der Wahrheitsfindung durch Zuhörerschaft), die Staatssicherheit oder die Sittlichkeit gefährdet würde, ferner wenn schutzwürdige Interessen aus dem persönlichen Bereich eines Prozeßbeteiligten oder Zeugen oder ein wichtiges Geschäfts-, Betriebs-, Erfindungs- oder Steuergeheimnis verletzt würden, bei der Erörterung von Privatgeheimnissen, deren unbefugte Offenbarung strafbedroht wäre und schließlich bei der Vernehmung noch nicht 16Jähriger (§ 172 GVG; hier auch Ausschluß für die Urteilsgründe oder Teile davon (nicht aber für die Verlesung der Formel) möglich, § 173 II GVG).

Die H. einschließlich der Urteilsverkündung ist nicht öffentlich, wenn ein zur Tatzeit → Jugendlicher vor dem *Jugendgericht* verhandelt wird (§ 48 JGG). Dasselbe gilt für → Heranwachsende, wenn das Gericht den Ausschluß der Öffentlichkeit aus erzieherischen Gründen für erforderlich hält (§ 109 I JGG). Stehen Jugendliche vor allgemeinen Strafgerichten oder sind neben ihnen Erwachsene oder Heranwachsende angeklagt, so ist der Ausschluß nicht zwingend, aber möglich (§§ 104 II, 48 III JGG).

VI. Die Aufrechterhaltung der äußeren *Ordnung in der Sitzung* obliegt dem Vorsitzenden (§ 176 GVG). Er kann dazu gegenüber sämtlichen Prozeßbeteiligten und Zuhörern Ermahnungen und Rügen erteilen, ungebührliches Verhalten untersagen oder auch kurze Unterbrechungen der Sitzung anordnen (§ 228 I 2 StPO). Beschuldigte, Zeugen, Sachverständige sowie nicht verfahrensbeteiligte Sitzungsteilnehmer können auf Gerichtsbeschluß auch aus dem Sitzungssaal entfernt und bis zu 24 Stunden in Haft gehalten (§ 177 GVG) oder aber zu einem → Ordnungsmittel wegen Ungebühr verurteilt werden (§ 178 GVG). Zur Durchführung der Anordnungen bedient sich der Vorsitzende des Gerichtswachtmeisters oder aber der Polizei.

Hausfriedensbruch. I. Durch § 123 I StGB wird das Hausrecht an der Wohnung, den Geschäftsräumen, dem befriedeten Besitztum (z. B. leerstehendes Haus, Hofraum, eingehegter Garten) oder an abgeschlossenen, zum öffentlichen Dienst oder Verkehr (z. B. Straßenbahnwagen) bestimmten Räumen geschützt. Die Handlung des Täters kann widerrechtliches *Eindringen* sein oder *Verweilen ohne Befugnis* trotz der Aufforderung des Berechtigten (oder seines Vertreters), sich zu entfernen. Ein Recht zum Eindringen oder Verweilen kann sich aus der Erlaubnis des Verfügungsberechtigten ergeben. Dabei ist zu beachten, daß z. B. die Eröffnung von Geschäftsräumen zwar Kunden und sonstigen Besuchern das Betreten erlaubt, daß aber der Wille des Geschäftsherrn dem Eindringen von Taschen- oder Ladendieben entgegensteht. Angedroht ist Freiheitsstrafe bis zu 1 Jahr oder Geldstrafe. H. ist → Antragsdelikt.

II. *Der schwere H.* nach § 124 StGB (Freiheitsstrafe bis zu 2 Jahren oder Geldstrafe) schützt nicht allein das Hausrecht, sondern auch den *öffentlichen Frieden*. § 124 StGB setzt eine *öffentliche* → *Zusammenrottung* voraus, bei der eine Menschenmenge in der Absicht, Gewalttätigkeiten gegen Personen oder Sachen zu begehen, in die Wohnung, in die Geschäftsräume oder in das befriedete Besitztum oder in abgeschlossene, zum öffentlichen Dienst bestimmte Räume widerrechtlich eindringt. Zu Gewalttätigkeit braucht es zur Tatvollendung nicht zu kommen. Bestraft wird jeder, der an diesen Handlungen teilnimmt. Oft liegt → Tateinheit mit → Landfriedensbruch vor.

Hausrecht → Hausfriedensbruch.

Hausstrafen → Untersuchungshaft (IV).

Haussuchung → Durchsuchung.

Haus- und Familiendiebstahl → Diebstahl (IV).

Hehlerei begeht nach § 259 StGB, wer die von einem anderen durch strafbare Handlung erlangte Sache ankauft oder sonst sich oder einem Dritten verschafft, sie absetzt oder absetzen hilft, um sich oder einen Dritten zu bereichern. Als Vortat kommen neben Diebstahl alle gegen fremdes Vermögen gerichteten Straftaten in Betracht (z. B. Raub, Betrug, aber auch Hehlerei). Der Täter muß wissen, daß die Sache durch eine rechtswidrige Tat erlangt ist. Auf genaue Kenntnisse kommt es nicht an. Doch muß mindestens bedingter Vorsatz gegeben sein. Schuldhaftes Handeln des Vortäters ist nicht erforderlich.

Herbeiführung einer Explosion

Nicht strafbar ist grundsätzlich die sog. *Ersatzhehlerei*, d. h. die H. am Erlös einer durch die Vortat erlangten Sache. Doch stellt der Absatz der Sache oft eine neue Straftat (insbesondere Betrug) dar. Dann ist am Erlös H. möglich. Verkauft der Dieb ein gestohlenes Gemälde an einen Gutgläubigen, so ist der Kaufpreis aus Betrug erlangt und daran also H. möglich.

Da H. die Vortat eines anderen voraussetzt, ist die H. etwa durch den Dieb selbst nicht denkbar. Doch ist Verurteilung alternativ wegen Diebstahl oder H. möglich (Vgl. Wahlfeststellung). Der Anstifter oder Gehilfe oder Mittäter an der Vortat kann H. nur hinsichtlich solcher Gegenstände begehen, die ein anderer Teilnehmer aus der Vortat erlangt hat (BGH 7, 134). Die Aneignung der Sache durch Hehler ist gleichfalls wegen strafloser Nachtat nicht als Unterschlagung strafbar. Mit Begünstigung ist Tateinheit möglich.

H. ist mit Geldstrafe oder mit Freiheitsstrafe bis zu 5 Jahren, bei Gewerbsmäßigkeit mit Freiheitsstrafe von 6 Monaten bis zu 10 Jahren bedroht.

Der gewerbsmäßige Erwerb *unedler Metalle* ist nach § 18 des G. über den Verkehr mit unedlen Metallen mit Freiheitsstrafe bis zu 1 Jahr oder Geldstrafe dann bedroht, wenn die Herkunft aus einer Straftat fahrlässig nicht erkannt wurde.

Heimtücke → Tötung.

Heranwachsender ist, wer *zur Tatzeit* 18, aber noch nicht 21 Jahre alt ist (§ 1 II JGG). Auf H. findet weitgehend → Jugendstrafrecht Anwendung: Zur Entscheidung über Straftaten Heranwachsender sind i. d. R. die Jugendgerichte zuständig (§§ 107, 108 JGG). Dies gilt auch dann, wenn ein H. nach Erwachsenenrecht verurteilt wird (z. B. im Strafbefehlsverfahren). Vorschriften des → Jugendstrafverfahrens sind zu einem Teil grundsätzlich anwendbar (§ 109 I JGG), zu einem Teil nur dann, wenn auch sachlich Jugendrecht angewandt wird (§ 109 II JGG). Das *sachliche Jugendstrafrecht* (§ 4–32 JGG) ist nach § 105 JGG dann anzuwenden, wenn die Persönlichkeit des H. den Schluß rechtfertigt, daß er zur Zeit der Tat nach seiner geistigen und sittlichen Entwicklung noch *einem Jugendlichen gleichsteht,* oder wenn sich die Tat nach Art, Umständen oder Beweggründen als *Jugendverfehlung* darstellt. Liegen diese Voraussetzungen nicht vor, ist Erwachsenenrecht anzuwenden. Bei H. kann gleichwohl statt auf eine lebenslange Freiheitsstrafe nur auf eine solche von 10 bis 15 Jahren erkannt werden (§ 106 I JGG). Ebenso ist Sicherungsverwahrung ausgeschlossen (§ 106 II JGG).

Herbeiführung einer Explosion durch Kernenergie oder Sprengstoff → Explosionsdelikte.

Hilflose, Aussetzung

Hilflose, Aussetzung → Aussetzung.

Hilfsbeamte der Staatsanwaltschaft. Als H. d. S. sind bestimmte Beamtengruppen durch Gesetz oder landesrechtliche Verordnungen bestellt (z. B. Polizeibeamte, Überwachungsbeamte der Bundespost und Bundesbahn, Forstbeamte, Beamte der Steuer- und Zollfahndung. Der H. d. S. kann bei Gefahr im Verzug wie der Staatsanwalt die → Untersuchung des Beschuldigten oder anderer Personen nach §§ 81a, 81c StPO (Blutprobe!), die → Beschlagnahme nach § 98 StPO und die → Durchsuchung nach § 105 StPO anordnen. Die H. sind jedoch gegenüber der → Staatsanwaltschaft ihres Bezirks und gegenüber den diesen vorgesetzten Beamten weisungsgebunden (§ 152 I GVG).

Hilfsbeweisantrag → Beweisantrag.

Hilfsstrafkammer → Ausnahmegerichte.

Hintermann ist derjenige, der bei Straftaten (z. B. nach § 84 StGB, → Gefährdung des demokratischen Rechtsstaats, oder nach § 129 StGB, → kriminelle Vereinigung) unter Verdeckung oder Zurückhaltung nach außen geistig oder wirtschaftlich eine führende Rolle spielt. Die Abgrenzung zum → *Rädelsführer* ist nach dem äußeren Erscheinungsbild zu treffen.

Hinweis auf die Veränderung des rechtlichen Gesichtspunkts → Urteil (III).

Höchstpersönliche Rechtsgüter → Rechtsgut.

Hochverrat ist der gewaltsame Angriff auf Existenz, Freiheit und Integrität der Bundesrepublik oder eines ihrer Länder, wogegen sich der → Landesverrat gegen den Staat in seinem Verhältnis zu anderen Staaten richtet, in dem er eine äußere Sicherheit gefährdet.

Wegen *Hochverrats gegen den Bund* (§ 81 StGB) wird mit Freiheitsstrafe (auch lebenslang) bestraft, wer es „unternimmt" (was nach § 11 I Nr. 6 StGB auch Versuch umfaßt), den Bestand oder die verfassungsmäßige Ordnung der Bundesrepublik mit Gewalt oder durch Drohung anzugreifen. Der „Bestand" wird beeinträchtigt, wenn die Freiheit von fremder Botmäßigkeit aufgehoben, die staatliche Einheit beseitigt oder ein zur Bundesrepublik gehöriges Gebiet abgetrennt wird (§ 92 I StGB). Als Gewalt kommt hier nach bestrittener Auffassung u. U. auch der politisch motivierte → Streik in Frage.

§ 82 StGB (H. *gegen ein Land*) schützt entsprechend den Gebietsbestand und die auf den Landesverfassungen beruhende verfassungsmäßige Ordnung der Länder vor rechtswidrigen gewaltsamen Änderungen.

Identitätsfeststellung

Schon die *Vorbereitung eines bestimmten* hochverräterischen → Unternehmens ist strafbar (§ 83 StGB). Für den Täter, der die Tatausführung freiwillig aufgibt, die Gefahr der Weiterführung durch andere abwendet oder mindert oder die Vollendung verhindert, ist Strafmilderung oder Absehen von Strafe nach § 83a StGB möglich.

Hoheitszeichen → Ausländische Staaten, Verunglimpfung (II).

Homosexuelle Handlungen (gleichgeschlechtliche sexuelle Handlungen) sind grundsätzlich nicht strafbar. Dies gilt für *lesbische* Handlungen ebenso wie für homosexuelle Handlungen zwischen erwachsenen Männern. Soweit → sexuelle Handlungen Tatbestandsmerkmal einer Straftat auf dem Gebiet der Sexualsphäre sind, so insbesondere bei der → Förderung der Prostitution, bei allen Straftaten des → sexuellen Mißbrauchs, ist auch die entsprechende gleichgeschlechtliche Betätigung unter Strafe gestellt. Darüber hinaus ist jedoch nach § 175 I StGB ein Mann über 18 Jahren strafbar, wenn er an einem Mann unter 18 Jahren h. H. vornimmt oder an sich von einem unter 18jährigen vornehmen läßt. Körperliche Berührung ist somit notwendig. In § 175 II StGB ist dem Gericht die Möglichkeit eingeräumt, von Strafe abzusehen, wenn der Täter noch nicht 21 Jahre alt war oder wenn im Hinblick auf das Verhalten des geschützten Jugendlichen das Unrecht gering ist. Hier ist insbesondere an Fälle gedacht, in denen die Veranlassung zur Tat von einem jugendlichen Prostituierten (Strichjungen) ausgeht und der Schutzzweck der Vorschrift ins Leere läuft.

In den 5 neuen Bundesländern sind h. H. entsprechend dem Recht der früheren → DDR nicht strafbar.

Hybridbildung → Embryonenschutz.

Hymne, Verunglimpfung → Verunglimpfung (II, 2).

I

Idealkonkurrenz → Tateinheit.

Identitätsfeststellung. Zur Feststellung der Identität einer Person kann die Staatsanwaltschaft und die Polizei unter Wahrung des Grundsatzes der Verhältnismäßigkeit Maßnahmen gegenüber Tatverdächtigen (§ 163b I StPO), aber zur Aufklärung einer Straftat auch gegenüber sonstigen Personen (§ 163b II StPO) treffen. Die Betroffenen sind über den Grund einer Maßnahme zur I. zu unterrichten.

Zulässig ist – u. U. nach einer vorläufigen → Festnahme – das Festhalten der Person, doch ist unverzüglich nach § 163c I StPO die

Illegales Staatsgeheimnis

Entscheidung des Richters über Zulässigkeit und Fortdauer der Freiheitsentziehung einzuholen. Die festgehaltene Person kann Angehörige oder eine Person ihres Vertrauens benachrichtigen lassen, wenn dadurch nicht der Zweck der Untersuchung einer gerade ihr angelasteten Straftat gefährdet wird.

Zulässig sind zum Zweck der I. gegen den Willen eines Tatverdächtigen auch dessen → Durchsuchung – etwa nach einem Ausweis – und Maßnahmen des → Erkennungsdienstes.

Zur I. eines Beschuldigten für Zwecke des Strafverfahrens können die Strafverfolgungsorgane nach § 81 b StPO Maßnahmen gegen seinen Willen treffen, insbesondere Lichtbilder fertigen und Fingerabdrücke abnehmen.

Illegales Staatsgeheimnis → Landesverrat.

Immunität → Abgeordnete.

Inbrandsetzen → Brandstiftung.

Indemnität → Abgeordnete.

Indikation → Abbruch der Schwangerschaft, Sterilisation.

Indizienbeweis (Anzeichenbeweis). In der → Beweisaufnahme versucht das Gericht alle Umstände der Tat festzustellen. Eine Verurteilung des Angeklagten ist aber nicht nur dann möglich, wenn alle die gesetzlichen → Tatbestandsmerkmale unmittelbar verwirklichenden Tatsachen erwiesen werden. Ein Urteil kann auch ergehen, wenn auf solche Tatsachen aufgrund der Feststellung mittelbar bedeutsamer Tatsachen (der sog. Anzeichen oder Indizien) logisch zwingend geschlossen werden kann. Leugnet der Angeklagte die Tat, ist der Nachweis jedenfalls der subjektiven Tatseite nur durch I. möglich. Die Indizie selbst muß sicher festgestellt werden. Im Falle ihrer Nichterweislichkeit gilt allerdings noch nicht der Satz „in dubio pro reo". Er findet erst bei der Prüfung des Vorliegens der Tatbestandsmerkmale Anwendung. Die Indizien sind in den Urteilsgründen anzuführen (§ 267 I 2 StPO).

In dubio pro reo → Beweisaufnahme, Wahlfeststellung.

Inlandstat → Tatort.

Instanz → Rechtszug.

Instrumentum sceleris → Einziehung.

Interlokales Strafrecht. Das i. S. bezeichnet die Regelung der Gerichtsbarkeiten bei Inlandstaten in den Fällen, in denen das Recht des Tatorts von dem des Verfahrensorts abweicht (z. B. unterschiedliches Landesrecht, aber auch bei Straftaten bis zum 3. Oktober 1990

Irrtum

in der DDR). Grundsätzlich ist das Recht des → Tatorts maßgeblich, auch wenn die Tat am Aburteilungsort straflos wäre. Ob die Regeln des *internationalen Strafrechts* Anwendung finden sollen, wenn Teilgebiete unter getrennter Führung stehen und kein gesetzgeberischer Einfluß auf das Teilgebiet besteht, ist umstritten. Die Rechtsprechung wandte zwar grundsätzlich hinsichtlich der in der DDR begangenen Taten das Tatortrecht an, ließ aber die Anwendung der §§ 5 und 6 StGB gleichwohl zu (Schutz- oder Weltrechtsprinzip, z. B. bei Hoch- und Landesverrat, Sprengstoffverbrechen). Soweit Recht der DDR in den neuen Bundesländern nach dem Einigungsvertrag fortgilt, vgl. „DDR".

Internationales Strafrecht. Das i. S. umfaßt im Rahmen des StGB die Normen über den Geltungsbereich des deutschen Strafrechts für die Taten, die durch den Täter, durch das → Tatort oder durch das verletzte oder gefährdete → Rechtsgut in *Beziehung zum Ausland* stehen. Regelungen des i. S. sind in den §§ 3–7 StGB enthalten. Auslandstaten, Ausländer. Vgl. a. Interlokales Strafrecht.

Inverkehrbringen von Falschgeld → Geldfälschung.

Inverkehrbringen von Mitteln zum Schwangerschaftabbruch → Abbruch der Schwangerschaft (IV).

Inzest → Beischlaf zwischen Verwandten.

Irrtum. Der Begriff des strafrechtlichen I. und seine Behandlung sind in §§ 16 und 17 StGB geregelt. Das Gesetz folgt damit der in der Rechtslehre nicht unbestrittenen → *Schuldtheorie*.

I. Ein I. über Tatumstände (sog. *Tatbestandsirrtum*) liegt nach § 16 StGB vor, wenn der Täter einzelne vorhandene → Tatbestandsmerkmale *nicht kennt,* wenn er also über deren Vorhandensein irrt. Beispiele: A nimmt in der Gaststätte den Mantel des B mit in der Annahme, es sei sein eigener; B hält die 13jährige C mit der er sexuelle Handlungen vornimmt, für älter. In allen Fällen ist der Vorsatz nicht auf jeweils alle erforderlichen Tatbestandsmerkmale bezogen. Der Tatbestandsirrtum schließt danach den Vorsatz aus. Schon deshalb entfällt Strafbarkeit wegen vorsätzlicher Tatbegehung. Doch ist der Täter wegen eines eventuell vorhandenen fahrlässigen Tatbestands strafbar.

Tatbestandsirrtum liegt auch beim *I. über die* → *Rechtswidrigkeit* vor, wenn diese nicht nur allgemeines Verbrechensmerkmal, sondern Tatbestandsmerkmal ist (so z. B. rechtswidrige Zueignung bei §§ 242, 246 StGB). Nach der Rechtsprechung unterliegt auch die irrtümliche Annahme von → *Rechtfertigungsgründen* den Regeln des Tatbestandsirrtums, wenn der Täter über die tatbestandlichen Vor-

Irrtum

aussetzungen des Rechtfertigungsgrunds irrt (*Tatirrtum;* z. B. A verprügelt den scherzenden B, der sich als nächtlicher Einbrecher gebärdet, sog. Putativnotwehr; nicht jedoch, wenn der Täter, ohne sich über die tatsächlichen Umstände zu irren, *rechtsirrtümlich* für sich einen Rechtfertigungsgrund ableitet; dann Verbotsirrtum). Schließlich gilt die gleiche Regelung für die irrige Annahme solcher Umstände, die den Tatbestand eines milderen Gesetzes verwirklichen würden.

Der *umgekehrte I.*, also die irrtümliche Annahme nicht vorhandener Tatumstände (der Täter findet und unterschlägt einen 100 DM-Schein, ohne zu wissen, daß er ihn selbst verloren hat), ist strafbarer *untauglicher* → *Versuch*. Erkennt der Täter die Umstände eines an sich gegebenen Rechtfertigungsgrundes nicht (A schlägt B nieder, ohne zu wissen, daß dieser ihn in Mordabsicht erwartete), so bleibt er voll haftbar (str.).

Der I. über das Vorliegen objektiver → Bedingungen der Strafbarkeit (z. B. über die schon eingetretene Zahlungseinstellung beim Bankrott) ist stets ohne Bedeutung.

II. *Verbotsirrtum* liegt vor, wenn dem Täter die Einsicht fehlt, Unrecht zu tun. Hierher gehört zunächst der I. des Täters über die rechtliche Unterordnung zutreffend erkannter Tatumstände (sog. *Subsumtionsirrtum*). Beispiel: A nimmt an, wenn er seiner Mutter Geld wegnehme, so handle es sich nicht um eine „fremde" Sache i. S. des § 242 StGB). Doch kann u. U. auch Tatbestandsirrtum vorliegen, wenn sich der I. auf sog. normative Tatbestandsmerkmale bezieht, d. h. auf solche, bei denen der Täter – wenn auch in der Laiensphäre – eine gewisse rechtliche Wertung vornehmen muß.

Verbotsirrtum liegt weiter vor, wenn der Täter zwar vorsätzlich, aber *ohne Unrechtsbewußtsein* handelt. So, wenn er z. B. irrtümlich einen → Schuldausschließungsgrund oder, ohne über die tatsächlichen Umstände zu irren, einen Rechtfertigungsgrund annimmt. Kann der Täter bei Einsatz aller seiner Erkenntniskräfte und sittlichen Wertvorstellungen das Unrecht seiner Handlung nicht einsehen, so handelt er schuldlos (§ 17 StGB). Bei der Prüfung der *Vermeidbarkeit* eines solchen I. ist je nach Täterpersönlichkeit ein unterschiedlicher Maßstab anzulegen. Das Unrechtsbewußtsein ist auch dann vorhanden, wenn es der Täter mit unzutreffender Begründung annimmt oder wenn er nur mit der Möglichkeit rechnet, Unrecht zu tun. Während der unvermeidbare Verbotsirrtum zur *Straflosigkeit* führt, besteht bei vermeidbarem I. die Möglichkeit der → Strafmilderung.

Nimmt der Täter *umgekehrt* an, rechtswidrig zu handeln, obwohl sein Tun neutral ist (z. B. sexuelle Handlungen zwischen zwei 30jährigen Männern), so liegt ein strafloses *Wahndelikt* vor.

III. Wegen error in objekto, error in persona, aberratio ictus s. Vorsatz.

J

Jagdgegenstände → Wilderei (III).

Jagdschutzberechtigte, Widerstand → Widerstand gegen Vollstreckungsbeamte.

Jagdwilderei → Wilderei.

Jugendarrest → Zuchtmittel.

Jugendgefährdende Prostitution → Prostitution.

Jugendgefährdende Schriften → Pornographische Schriften, Verherrlichung von Gewalt.

Jugendgerichte sind der Jugendrichter, das Jugendschöffengericht (Jugendrichter als Vorsitzender, 2 Jugendschöffen verschiedenen Geschlechts) und die Jugendkammer (3 Richter, 2 Jugendschöffen). Der *Jugendrichter* ist im → Jugendstrafverfahren zuständig für Verfehlungen, wenn nur Erziehungsmaßregeln, Zuchtmittel oder bestimmte Nebenstrafen oder Nebenfolgen zu erwarten sind und die Staatsanwaltschaft Anklage zum Einzelrichter erhebt (§ 39 I JGG). Seine Strafgewalt geht bis zu 1 Jahr → Jugendstrafe. Die *Jugendkammer* entscheidet im ersten Rechtszug über alle Strafsachen, die nach den allgemeinen Vorschriften zur Zuständigkeit des Schwurgerichts gehören oder die sie nach Vorlage durch das Jugendschöffengericht wegen des besonderen Umfangs übernimmt. Das *Jugendschöffengericht* entscheidet in allen übrigen Fällen. Darüberhinaus entscheidet die Jugendkammer auch über Berufungen gegen Urteile des Jugendrichters und des Jugendschöffengerichts. Jugendrichter, Jugendschöffen und auch *Jugendstaatsanwälte* sollen erzieherisch befähigt und in der Jugenderziehung erfahren sein (§§ 35 II 2, 37 JGG).

Die J. sind für Straftaten Erwachsener zuständig, wenn es sich um → Jugendschutzsachen handelt oder wenn zwischen Straftaten Jugendlicher bzw. Heranwachsender ein → Zusammenhang mit Straftaten Erwachsener besteht (§ 103 JGG).

Jugendgerichtshilfe → Jugendstrafverfahren.

Jugendkammer → Landgericht, Jugendgerichte.

Jugendlicher ist wer zur Tatzeit 14, aber noch nicht 18 Jahre alt ist (§ 1 II JGG). J. unterliegen ausnahmslos dem → Jugendstrafrecht.

Jugendschutz in der Öffentlichkeit. Mit Freiheitsstrafe bis zu 1 Jahr oder mit Geldstrafe wird bestraft, wer den Vorschriften des

Jugendschutzgericht, Jugendschutzkammer

Gesetzes zum Schutze der Jugend in der Öffentlichkeit vom 25. 2. 1985 (BGBl. I 425; 2161–5/1) vorsätzlich zuwidergehandelt und dadurch wenigstens leichtfertig ein Kind oder einen → Jugendlichen in seiner körperlichen, geistigen oder sittlichen Entwicklung gefährdet. Der Feststellung der Gefährdung bedarf es nicht, wenn der Täter Zuwiderhandlungen beharrlich wiederholt. Die Bestimmungen des JSchÖG treffen Regelungen hinsichtlich des Gaststättenbesuchs, der Alkoholabgabe an Jugendliche, des Rauchens Jugendlicher in der Öffentlichkeit, der Teilnahme an Glücks- und Unterhaltungsspielen, des Besuchs von Tanz- und Filmveranstaltungen sowie des Zugänglichmachens von bespielten Bildträgern (z. B. Videocassetten).

Jugendschutzgericht, Jugendschutzkammer → Jugendschutzsachen.

Jugendschutzsachen sind nach § 26 I GVG Straftaten Erwachsener, durch die ein Kind oder ein Jugendlicher (nicht Heranwachsender) verletzt oder unmittelbar gefährdet wird oder die sich gegen Vorschriften des Jugendschutzes (z. B. § 176 StGB, → sexueller Mißbrauch von Kindern) oder der Jugenderziehung (z. B. des JWG) richten. Unter die J. fallen sowohl vorsätzliche als auch fahrlässige Taten. Für J. sind neben den allgemein zuständigen Gerichten auch die → Jugendgerichte zuständig. Die Staatsanwaltschaft soll Anklage zu den Jugendgerichten aber nur dann erheben, wenn in dem Verfahren Kinder oder Jugendliche als Zeugen benötigt werden oder wenn sonst die Verhandlung vor dem Jugendgericht zweckmäßig erscheint. Die Zuständigkeit des Jugendrichters und des Jugendschöffengerichts entspricht der Regelung der §§ 24, 25 GVG für den Einzelrichter und das Schöffengericht. Ist das Landgericht für eine J. im ersten Rechtszug zuständig, so kann die Staatsanwaltschaft zur Jugendkammer als sog. *Jugendschutzkammer* anklagen (§ 74b GVG).

Jugendstrafe ist die im → Jugendstrafrecht vorgesehene Strafe für Jugendliche. Sie ist Freiheitsentzug in einer Jugendstrafanstalt (§ 17 I JGG). J. wird verhängt, wenn wegen der *schädlichen Neigungen* eines Jugendlichen, die in der Straftat hervorgetreten sind, → Erziehungsmaßregeln oder → Zuchtmittel zur Erziehung nicht ausreichen. Sie kann auch wegen der *Schwere der Schuld* erforderlich sein. In den *neuen Bundesländern* darf auf J. gegen einen Jugendlichen oder Heranwachsenden nicht erkannt werden, wenn die Straftat vor dem Wirksamwerden des Beitritts begangen ist und nach dem allgemeinen Strafrecht die Verhängung einer Freiheitsstrafe von weniger als drei Monaten zu erwarten gewesen wäre. Das *Mindestmaß* der J.

Jugendstrafe

beträgt 6 Monate (§ 18 I JGG), weil der Gesetzgeber davon ausgeht, daß mindestens dieser Zeitraum für eine nachhaltige, erzieherische Beeinflussung erforderlich ist. Das *Höchstmaß* beträgt 5 Jahre. Lediglich bei Verbrechen, die nach dem allgemeinen Strafrecht mit einer Höchststrafe von mehr als 10 Jahren Freiheitsstrafe bedroht sind, ist das Höchstmaß der J. 10 Jahre. Die Möglichkeit, eine J. von unbestimmter Dauer zu verhängen, ist durch Gesetz vom 30. 8. 1990 (BGBl. I S. 1853) abgeschafft worden.

Die *Vollstreckung* einer J., die nicht mehr als 1 Jahr beträgt, kann im Urteil (u. U. durch Beschluß, § 57 JGG) *ausgesetzt* werden, wenn zu erwarten ist, daß der Jugendliche sich schon die Verurteilung zur Warnung dienen lassen wird und auch ohne die Einwirkung des Strafvollzugs unter dem erzieherischen Eindruck der Bewährungszeit künftig einen rechtschaffenen Lebenswandel führen kann (§ 21 I JGG). Gebietet die Entwicklung des Jugendlichen die Vollstreckung nicht, ist Strafaussetzung zur Bewährung auch bei J. *bis zu 2 Jahren* möglich (§ 21 II JGG). Dies wird insbesondere dann in Frage kommen, wenn die J. weniger wegen schädlicher Neigungen, sondern wegen der Schwere der Schuld verhängt worden ist.

Die Grundsätze der Strafaussetzung zur Bewährung gelten sinngemäß für die *Aussetzung* der J. durch den Vollstreckungsleiter *nach teilweiser Vollstreckung* (§ 88 JGG). Während der Bewährungszeit (i. d. R. 2–3 Jahre) kann der Jugendliche durch die Auflagen, z. B. Verbot bestimmter Lokale, in seiner Lebensführung beeinflußt werden. Dabei ist auf freiwillige Zusagen und Verpflichtungen des Jugendlichen Rücksicht zu nehmen (§ 23 II JGG). Er untersteht außerdem der Aufsicht eines *Bewährungshelfers* (§§ 24, 25 JGG), der im Kontakt mit den anderen mit der Erziehung des Jugendlichen befaßten Personen dem Jugendlichen betreuend zur Seite stehen soll (§ 24 II JGG). Bewährt sich der Jugendliche, wird die J. nach Ablauf der Bewährungszeit *erlassen* (§§ 26 I, 88 JGG); andernfalls (i. d. R. bei erneuter Straffälligkeit) wird die Aussetzung *widerrufen* (§ 26 II JGG) und die Vollstreckung angeordnet.

Ist nach Tat und Täterpersönlichkeit im Zeitpunkt der Hauptverhandlung nicht sicher feststellbar, ob die erkenntlichen schädlichen Neigungen nach ihrem Umfang schon eine J. erfordern, so kann die *Schuld festgestellt,* die Frage der *Verhängung* einer J. jedoch auf 1–2 Jahre *ausgesetzt* werden (§§ 27, 28 JGG). Ordentliche Führung hat die *Tilgung des Schuldspruchs* nach Ablauf der Bewährungszeit zur Folge. Zeigt das Verhalten des Jugendlichen jedoch, daß die durch Schuldspruch festgestellte Tat doch auf erheblichen schädlichen Neigungen beruht, so wird in erneuter Hauptverhandlung das Maß der J. festgesetzt, wobei eine Aussetzung dieser Strafe zur Bewährung möglich ist.

Jugendstrafrecht

Der *Vollzug* der J. soll in besonderer Weise auf den Erziehungszweck der Strafe ausgerichtet sein und den Jugendlichen (auch durch Berufsausbildung) zu ordnungsgemäßer Lebensführung anhalten. Ordnung, Arbeit, Unterricht, Leibesübungen und sinnvolle Freizeitgestaltung sind die Grundlagen dieser Erziehung (§ 91 JGG).

Jugendstrafrecht. Das J. ist im Jugendgerichtsgesetz (JGG) geregelt. Das JGG gilt für → Jugendliche und → Heranwachsende, für letztere jedoch mit Einschränkungen (§§ 105–112 JGG). Schuldunfähig ist nach § 19 StGB das Kind, das zur Tatzeit noch nicht das 14. Lebensjahr vollendet hat (strafunmündig).

Der Jugendliche (14 Jahre, aber noch nicht 18) ist nach § 3 JGG dann strafrechtlich verantwortlich, wenn er zur Tatzeit nach seiner sittlichen und geistigen Entwicklung reif genug ist, das Unrecht der Tat einzusehen und nach dieser Einsicht zu handeln. Fehlt diese Reife, so ist das Ermittlungsverfahren einzustellen, nach Anklageerhebung der Beschuldigte freizusprechen. Der Richter kann jedoch Maßnahmen nach dem JWG anordnen wie der Vormundschaftsrichter (§ 3 S. 2 JGG). Dem strafrechtlich verantwortlichen Jugendlichen will das J. primär mit erzieherischen Mitteln begegnen. → Erziehungsmaßregeln und → Zuchtmittel sind keine Strafe (vgl. § 13 III JGG). Erst wenn sie nicht mehr ausreichen, kann → Jugendstrafe verhängt werden. Bei der Art der Ahndung von Straftaten Jugendlicher ist das → Jugendgericht von Strafart und Strafrahmen der allgemeinen Strafgesetze unabhängig. Auch bei Verbrechen kann u. U. ein Zuchtmittel als genügend angesehen werden. Andererseits ist das Jugendgericht nach § 18 I 3 JGG auch nicht durch die Höchststrafe der allgemeinen Gesetze nach oben gebunden. So kann z. B. Jugendstrafe über 6 Monate bei der nur mit Freiheitsstrafe bis zu 6 Monaten bedrohten Ausübung der verbotenen → Prostitution verhängt werden, wenn die Tat durch einen jugendlichen Strichjungen begangen wird. Auch wenn *mehrere Straftaten* zusammentreffen, werden nur *einheitlich* Erziehungsmaßregeln, Zuchtmittel oder eine Jugendstrafe festgesetzt (§ 31 I 1 JGG). Sind früher ausgesprochene Maßregeln, Zuchtmittel oder eine Jugendstrafe noch nicht vollständig ausgeführt, verbüßt oder erledigt, so hat das Gericht unter Einbeziehung des früheren Urteils auf eine Maßnahme oder Strafe einheitlich zu erkennen, wenn es aus erzieherischen Gründen nicht unzweckmäßig erscheint (§ 31 II, III JGG).

Von den → Maßregeln der Besserung und Sicherung des allgemeinen Strafrechts sind im J. nur die → Unterbringung in einem psychiatrischen Krankenhaus, in einer Entziehungsanstalt, die →

Jugendstrafverfahren

Entziehung der Fahrerlaubnis und → Führungsaufsicht zulässig (§ 7 JGG).

Jugendstrafverfahren. Auch das Strafverfahren ist im → Jugendstrafrecht besonders ausgestaltet, um der sich entwickelnden Persönlichkeit des heranwachsenden Jugendlichen Rechnung zu tragen. Die besonderen Verfahrensvorschriften gelten nur in bestimmtem Umfang auch für → Heranwachsende (§ 109 JGG). Schon im → Ermittlungsverfahren sind Lebens- und Familienverhältnisse des Beschuldigten zu ergründen. Dabei sind nach Möglichkeit der Erziehungsberechtigte, der gesetzliche Vertreter, die Schule und der Lehrherr zu hören. Wie auch im weiteren Verfahren hat die *Jugendgerichtshilfe,* die von den Jugendämtern im Zusammenwirken mit den Vereinigungen für Jugendhilfe ausgeübt wird (§ 38 I JGG), die Jugendstaatsanwaltschaft und die Jugendgerichte bei der Erforschung der Persönlichkeit, der Entwicklung und der Umwelt des Beschuldigten zu unterstützen und sich zu äußern, welche Maßnahmen sie für sachdienlich hält.

Der *Jugendstaatsanwalt* hat gegenüber den allgemeinen Vorschriften erweiterte Möglichkeiten, von der Strafverfolgung abzusehen. Die → Einstellung wegen Geringfügigkeit bedarf auch bei Vergehen nicht der Zustimmung des Richters (§ 45 I JGG). Ist anderweitig eine erzieherische Maßnahme eingeleitet (z. B. freiwillige Erziehungshilfe, vormundschaftsrichterliche Anordnung der Fürsorgeerziehung, kann der Jugendstaatsanwalt nach § 45 II JGG von der Verfolgung (selbst von Verbrechen) absehen. Er kann auch den Jugendrichter anregen, dem Jugendlichen, der geständig ist, eine Auflage (Verkehrsunterricht, Reinigungsarbeiten) zu machen oder eine Ermahnung auszusprechen. Wenn der Jugendrichter der Anregung folgt, hat er das Verfahren einzustellen (§ 45 III JGG). Entsprechende Einstellungsmöglichkeiten hat der Jugendrichter mit Zustimmung der Staatsanwaltschaft in jeder Lage des bei ihm anhängigen Verfahrens (§ 47 JGG). Die *Verhandlung vor dem Jugendrichter* ist nicht öffentlich, es sei denn, es sind Erwachsene oder Heranwachsende mit angeklagt. Aus erzieherischen Gründen ist der Ausschluß des jugendlichen Angeklagten für Teile, der Angehörigen oder gesetzlichen Vertreter für die ganze Hauptverhandlung zulässig (§ 51 JGG). Auch ist die *Anfechtungsmöglichkeit* des Urteils beschränkt: Wer Berufung eingelegt hat, kann gegen das Berufungsurteil nicht mehr Revision einlegen (§ 55 II 1 JGG). Die zulässige Berufung des Angeklagten, des Erziehungsberechtigten oder des gesetzlichen Vertreters schließt für alle drei die Revision gegen das Berufungsurteil aus (§ 55 II 2 JGG). Die Anfechtung eines Urteils nur wegen der Art oder des Umfangs der verhängten Erziehungsmaßregeln oder des Zuchtmittels ist unzuläs-

Jugendverfehlung

sig (§ 55 I JGG), es sei denn der Richter hat den Jugendlichen dazu verpflichtet, Hilfe zur Erziehung in einer ganztägigen Einrichtung oder in sonstiger betreuter Wohnform in Anspruch zu nehmen. *Ausgeschlossen* ist bei Jugendlichen der Erlaß von *Strafbefehlen* und das → *beschleunigte Verfahren* nach § 212 StPO. Im *vereinfachten Jugendverfahren* nach § 76 I JGG kann der Jugendrichter Weisungen erteilen, die Erziehungsbeistandschaft anordnen oder Zuchtmittel verhängen. Voraussetzung ist ein Antrag des Staatsanwalts. Der Richter kann zur jugendgerechten Gestaltung des Verfahrens von den Verfahrensvorschriften abweichen, soweit dadurch die Erforschung der Wahrheit nicht beeinträchtigt wird (§ 78 III JGG).

Die → *Privatklage* ist ebenso wie jede *Nebenklage* gegen Jugendliche nicht zulässig (§ 80 I 1, III JGG). Doch verfolgt der Jugendstaatsanwalt Privatklagestraftaten eines Jugendlichen, wenn Gründe der Erziehung oder ein berechtigtes Interesse des Verletzten, soweit es dem Erziehungszweck nicht entgegensteht, es erfordern. Hingegen ist die Privatklage eines Jugendlichen gegen einen Erwachsenen oder einen Heranwachsenden zulässig. In diesem Fall kann jedoch auch gegen den Jugendlichen *Widerklage* erhoben werden (§ 80 II JGG). Das Gericht kann aber gegen den Jugendlichen nur auf Erziehungsmaßregeln oder Zuchtmittel erkennen.

Ausgeschlossen ist im Verfahren gegen Jugendliche auch die → Entschädigung des Verletzten (§ 81 JGG).

Jugendverfehlung → Heranwachsender.

Juristische Person. Im Gegensatz zur *natürlichen* Person kann die j. P. nicht Täter einer strafbaren Handlung sein, weil sie nur über ihre Organe handelt; über deren strafrechtliche Haftung s. gesetzlicher Vertreter. Vgl. auch Ordnungswidrigkeit, Einziehung (I, 6).

Justizirrtum. Mit J. wird vornehmlich ein Fehlurteil gekennzeichnet, das von unrichtigen Tatsachen ausgegangen ist. Die Korrektur eines solchen Urteils außerhalb der → Rechtsmittel und des Wiederaufnahmeverfahrens ist ebenso wie bei Urteilen, denen eine fehlerhafte rechtliche Schlußfolgerung zugrunde liegt, in der StPO nicht vorgesehen. Der J. wird sich zufolge der menschlichen Unzulänglichkeit der Richter wie auch etwa der Zeugen und Sachverständigen nie ausschließen lassen. Die Tatsache des J. ist deshalb ein gewichtiges Argument gegen die Todesstrafe. Eine Abwendung der Urteilsfolgen ist, wo → Wiederaufnahme nicht möglich ist, allenfalls im Gnadenweg denkbar.

Justizverwaltungsakte auch der Strafrechtspflege unterliegen nach § 23 EGGVG durch Antrag des in seinen Rechten Verletzten der Überprüfung durch die ordentlichen Gerichte. Sachlich zuständig ist ein Strafsenat des → OLG. J. sind Anordnungen, Verfügungen und Maßnahmen zur Regelung einzelner Angelegenheiten. Damit scheiden Prozeßhandlungen ohne Eingriffscharakter und richterliche Entscheidungen einschließlich der vorbereitenden Handlungen aus. Beispiele für J.: Entscheidungen des Richters oder Staatsanwalts über → Akteneinsicht außerhalb anhängiger Verfahren, Entscheidungen in der → Strafvollstreckung, soweit richterliche Entscheidung nicht vorgesehen ist (etwa gegen den Haftbefehl zum Strafvollzug nach § 457 StPO). Im → Vollzug der Freiheitsstrafe räumt § 109 StVollzG die gerichtliche Überprüfung von J. ein, so daß insoweit § 23 EGGVG ausscheidet.

Justizvollzugsanstalt → Freiheitsstrafe (III).

K

Kammergericht → Oberlandesgericht.

Kapitalanlagebetrug begeht nach § 264a I StGB, wer im Zusammenhang mit Kapitalanlageangeboten (Wertpapiere, Bezugsrechte oder Anteile, die eine Beteiligung an dem Ergebnis eines Unternehmens gewähren sollen; auch Angebote, die Einlage auf Anteile zu erhöhen; nach § 264a II StGB entsprechend auch Anteile an einem in eigenem Namen geführten, aber für fremde Rechnung verwalteten Vermögen) in *Prospekten* oder in Darstellungen oder Übersichten über den Vermögensstand hinsichtlich der für den Erwerb oder die Erhöhung entscheidungserheblichen Umstände gegenüber einem größeren Personenkreis unrichtige vorteilhafte Angaben macht oder nachteilige Tatsachen verschweigt. Das abstrakte → Gefährdungsdelikt ist im Vorbereitungfeld des → Betrugs angesiedelt, erfordert noch nicht die Täuschung oder Schädigung eines Anlegers, wird aber von einem nachfolgenden Betrug verdrängt. Die Strafe (bis zu 3 Jahren Freiheitsstrafe oder Geldstrafe) entfällt bei → tätiger Reue (§ 264a III StGB).

Kapitalverbrechen → Landgericht.

Kassation. In Art. 18 II des Einigungsvertrags vom 31. 8. 90 ist das Recht eingeräumt, die K. strafgerichtlicher rechtskräftiger Entscheidungen herbeizuführen, die in der früheren → DDR ergangen sind. Dies gilt für Verurteilungen, die im Schuldspruch politische Straftatbestände betreffen oder deren Rechtsfolgenausspruch aus dem politischen System begründet wurde. Für die K. sind die Bezirksgerichte zuständig.

Kastration

Kastration. Als K. wird die Entfernung oder die Beseitigung der Funktionsfähigkeit der Keimdrüsen eines Mannes angesehen. Nach § 2 des Gesetzes über die freiwillige K. und andere Behandlungsmethoden vom 15. 8. 1969 (BGBl. I 1143) ist die fachgemäße K. eines mindestens 25jährigen und einwilligenden Mannes nicht als → Körperverletzung strafbar: 1. wenn die K. unter Berücksichtigung der daraus in körperlicher oder seelischer Hinsicht zu erwartenden Nachteile nach den Erkenntnissen der medizinischen Wissenschaft gleichwohl angezeigt ist, um erhebliche gesundheitliche oder seelische Störungen und Leiden, die mit einem abnormen Geschlechtstrieb zusammenhängen, zu verhüten, zu heilen oder zu lindern, oder 2. wenn bei dem Betroffenen ein abnormer Geschlechtstrieb gegeben ist, der nach Persönlichkeit und bisheriger Lebensführung des Betroffenen die Begehung von Straftaten erwarten läßt, die auf Abartigkeit des Geschlechtstriebs beruhen (→ sexueller Mißbrauch von Kindern, → Vergewaltigung, aber auch Tötungs- und Körperverletzungsdelikte) und die K. geeignet ist, dieser Gefahr zu begegnen und damit dem Betroffenen zu helfen. Die wirksame Einwilligung des Betroffenen setzt nach § 3 seine Aufklärung hinsichtlich Grund, Bedeutung und Nachwirkungen der K. sowie seine Belehrung über andere bestehende Behandlungsmöglichkeiten voraus. Entsprechend gelten die Bestimmungen auch für Behandlungsmethoden, die nicht zur dauernden Funktionsunfähigkeit des Geschlechtstriebes führen. Die K. darf erst nach Bestätigung ihrer Voraussetzungen durch eine Gutachterstelle vorgenommen werden. Nimmt der Arzt jedoch ohne solche Bestätigung oder ohne vormundschaftsgerichtliche Genehmigung, bei Personen, die Grund und Bedeutung der K. nicht voll einzusehen vermögen, eine K. vor, so ist er nicht wegen Körperverletzung, sondern nur nach § 7 des Gesetzes strafbar, wenn der Betroffene eingewilligt hat. Vgl. Sterilisation.

Kausalzusammenhang → Verursachung.

Kennzeichenmißbrauch nach § 22 StVG erfaßt die Fälle der Verwendung nicht amtlich ausgegebener oder zugelassener Kennzeichen für Kraftfahrzeuge, soweit nicht → Urkundenfälschung vorliegt. Strafbar ist danach auch die Veränderung, Beseitigung, das Verdecken oder die sonstige Beeinträchtigung der Erkennbarkeit von Kennzeichen.

Kennzeichen verbotener Vereine, verfassungswidriger Organisationen → Gefährdung des demokratischen Rechtsstaats.

Kennzeichnung der Geheimhaltungsbedürftigkeit → Verletzung des Dienstgeheimnisses.

Kernbrennstoffe, Kernspaltung, Kerntechnische Anlagen → Explosionsdelikte, Umweltdelikte.

Kidnapping → Erpresserischer Menschenraub.

Kinder, Aussetzung → Aussetzung.

Kinder, Mißhandlung → Mißhandlung von Schutzbefohlenen.

Kinder, Unterschiebung oder Verwechslung → Personenstandsfälschung.

Kinder, sexuelle Handlungen → Sexueller Mißbrauch (I).

Kinder, Vernachlässigung → Verletzung der Fürsorge- und Erziehungspflicht.

Kindesentziehung (Muntbruch) begeht nach § 235 I StGB, wer eine Person unter 18 Jahren durch List, Drohung oder Gewalt den sorgeberechtigten Eltern, dem Vormund oder dem Pfleger entzieht, d. h. das Obhutsrecht auf eine gewisse Zeitdauer tatsächlich beseitigt. K. wird oft auch von Angehörigen begangen, denen das Sorgerecht durch Beschluß des Vormundschaftsgerichts entzogen worden ist. Das Vergehen ist wahlweise mit Freiheits- oder Geldstrafe bedroht, in besonders schweren Fällen mit Freiheitsstrafe bis zu 10 Jahren. Regelmäßig ist nach § 235 II StGB ein *schwerer* Fall anzunehmen, wenn die Tat aus → Gewinnsucht begangen wird. Hier geht jedoch u. U. der → erpresserische Menschenraub nach § 239 a StGB vor. K. ist → Antragsdelikt (§ 238 I StGB). Die Eheschließung der minderjährigen Person mit dem Täter oder Teilnehmer hindert die Strafverfolgung bis zur Aufhebung oder Nichtigerklärung der Ehe (§ 238 II StGB).

Kindesmord → Tötung (I 3).

Kindesraub → Erpresserischer Menschenraub. Vgl. auch Geiselnahme.

Kindesunterschiebung → Personenstandsfälschung.

Klageerzwingungsverfahren. Wer → Strafanzeige erstattet hat und zugleich durch die (behauptete) Tat → Verletzter ist, kann gegen den Bescheid über die → Einstellung des Ermittlungsverfahrens mangels hinreichenden Tatverdachts (§ 170 II StPO), soweit nicht lediglich ein Privatklagedelikt vorliegt, *Beschwerde* an den Generalstaatsanwalt bei dem OLG als der der Staatsanwaltschaft bei dem LG *vorgesetzten Behörde* innerhalb von 2 Wochen einlegen (§ 172 I StPO). Die Frist beginnt mit Zustellung des mit einer Beschwerdebelehrung versehenen Einstellungsbescheids zu laufen. Hilft die StA der Beschwerde nicht durch Aufhebung ihres Einstellungsbescheids ab, so

Klassenkampf

entscheidet der Generalstaatsanwalt bei dem OLG. Die formell unzulässige (z. B. verspätete) Beschwerde ist hilfsweise als → Dienstaufsichtsbeschwerde zu würdigen. Ist die Beschwerde begründet, so weist der Generalstaatsanwalt die StA unter Aufhebung des Einstellungsbescheids zu anderer Sachbehandlung an. Ist sie unbegründet, so wird sie durch ablehnenden Bescheid verworfen. Dabei ist der Beschwerdeführer über die Möglichkeit zu belehren, innerhalb eines Monats *Antrag auf gerichtliche Entscheidung* zu stellen (§ 172 II 1 StPO). Die formbedürftige Antragsschrift muß von einem Rechtsanwalt unterzeichnet sein (§ 172 III StPO). Über den Antrag entscheidet das OLG durch unanfechtbaren Beschluß. Entweder ordnet es die Erhebung der → öffentlichen Klage durch die StA an oder es verwirft den Antrag. Die Verwerfung aus sachlichen Gründen hat zur Folge, daß öffentliche Klage nur auf Grund neuer Tatsachen und Beweismittel erhoben werden kann (§ 174 II StPO).

Klassenkampf → Volksverhetzung.

Klonen → Embryonenschutz.

Kokain → Betäubungsmittel.

Kollektivdelikt → fortgesetzte Handlung (III).

Kommissarische Vernehmung ist ein Ersatz für die Vernehmung von Zeugen, Sachverständigen oder des Beschuldigten in der → Hauptverhandlung. Sie kann nach → Eröffnung des Hauptverfahrens durch Gerichtsbeschluß schon vor Beginn der Hauptverhandlung oder erst in dieser angeordnet werden. Voraussetzung ist nach § 223 StPO für die k. V. von *Zeugen* und *Sachverständigen,* daß deren Erscheinen in der Hauptverhandlung für längere oder ungewisse Zeit wegen Krankheit, Gebrechlichkeit oder anderen nicht zu beseitigenden Hindernissen nicht möglich ist oder den Vernehmungspersonen das Erscheinen wegen großer Entfernung nicht zugemutet werden kann. Die k. V. erfolgt entweder durch den beauftragten oder ersuchten Richter. Die Staatsanwaltschaft, der Angeklagte und der Verteidiger sind von dem Termin gemäß § 224 I StPO zu benachrichtigen. Unterbleibt eine Benachrichtigung, so können die nicht verständigten Beteiligten der Verlesung in der Hauptverhandlung mit Erfolg widersprechen. Der *beauftragte Richter* ist ein Mitglied des (nicht notwendig des erkennenden) Gerichts. Der *ersuchte Richter* wird im Wege der Rechtshilfe (§§ 156–168 GVG) tätig. Der Rechtshilferichter ist ein Amtsrichter. Die k. V. kann auch durch ausländische Staaten nach Maßgabe der bestehenden Rechtshilfeverträge durchgeführt werden. Die Vernehmung erfolgt in der Regel eidlich. Nach § 223 II 1 StPO wird auch der vom Erscheinen entbundene *Angeklagte* durch einen kommissarischen Richter vernommen. Die k. V. wird durch → Ver-

Konkursstraftaten

lesung der Niederschrift in die Hauptverhandlung eingeführt. Die Rechtsprechung gestattet dabei auch die Verlesung von Anmerkungen des vernehmenden Richters über Besonderheiten bei der k. V. (z. B. über heftige Gemütserregungen eines Zeugen).

Die k. V. ist zu unterscheiden von den richterlichen Vernehmungen während des → Ermittlungsverfahrens, die der → Ermittlungsrichter durchführt.

Kompensation. Wird eine → Beleidigung oder eine leichte → Körperverletzung auf der Stelle mit einer Beleidigung oder mit einer Körperverletzung erwidert, so hat der Richter nach § 233 StGB die Möglichkeit, einen oder beide Täter nach den Umständen milder zu bestrafen oder von der Strafe freizustellen. Bei wechselseitigen Beleidigungen ist nach § 199 StGB Straffreistellung (hier nicht Strafmilderung) für beide oder nur einen Täter möglich. Auf beiden Seiten müssen rechtswidrige und schuldhafte Taten vorliegen. Die Entscheidung des Richters ist eine Ermessensentscheidung. Der gesetzlichen Regelung liegt der Gedanke einer Aufrechnung zugrunde.

Konkrete Gefährdungsdelikte → Gefährdungsdelikte.

Konkursstraftaten bestrafen die Beeinträchtigung des Anspruchs der Gläubiger auf Befriedigung aus der Konkursmasse durch Handlungen vor oder nach Zahlungseinstellung oder Konkurseröffnung. Voraussetzung der Strafbarkeit ist in allen Fällen, daß der Schuldner letztlich doch seine Zahlungen eingestellt hat oder über sein Vermögen das Konkursverfahren eröffnet oder der Eröffnungsantrag mangels Masse abgewiesen worden ist. Hierbei handelt es sich um objektive → Bedingungen der Strafbarkeit.

I. *Bankrott* liegt nach § 283 I StGB vor, wenn der Täter bei Überschuldung oder bei drohender oder eingetretener Zahlungsunfähigkeit bestimmte Handlungen vornimmt. 1. Minderung des Vermögens durch Beiseiteschaffen, Verheimlichen, Zerstören, Beschädigen oder Unbrauchbarmachen von Vermögensbestandteilen. 2. den Regeln ordnungsgemäßer Wirtschaft zuwiderhandelnde Geschäftsführung (z. B. Spekulations- oder Differenzgeschäfte, Spiel, Wette, Verschleuderung von Waren). 3. Vortäuschung von Rechtspositionen Dritter (z. B. Ausstellen eines Schuldscheins über nicht bestehende Forderungen). 4. Erschwerung der Übersicht über die Geschäftsführung (z. B. durch unsachgemäße Führung oder Vernichtung der Handelsbücher, durch Unterlassen einer Buchführung). 5. Unkorrekte Bilanzierung. 6. Verheimlichen und Verschleiern des Vermögensstands in sonstiger Weise.

Die Strafbarkeit (Freiheitsstrafe bis zu 5 Jahren oder Geldstrafe) ist in gleicher Weise gegeben, wenn erst durch diese Handlungen Über-

Konnivenz

schuldung oder Zahlungseinstellung eintritt (§ 283 II StGB). Schon der Versuch ist strafbar. Bis zu 2 Jahren Freiheitsstrafe oder Geldstrafe sind nach § 283 IV StGB angedroht, wenn der Täter Überschuldung oder Zahlungsunfähigkeit *leichtfertig* verursacht oder *fahrlässig* gar nicht erkannt hat. Auch die Fahrlässigkeit bei bestimmten Handlungen (Verstoß gegen handelsrechtliche Pflichten, Abschluß von Verlust-, Spekulations- oder Differenzgeschäften sowie Verschuldung aus Spiel und Wette oder Verschleuderung) ist nach § 283 V StGB strafbar.

§ 283a StGB bringt für *besonders schwere Fälle* eine Strafschärfung bis zu 10 Jahren Freiheitsstrafe. Regelbeispiel hierfür sind Handeln aus Gewinnsucht und das Wissen des Täters, daß er viele Personen in die Gefahr des Verlusts ihm anvertrauter Vermögenswerte oder in wirtschaftliche Not bringt.

II. § 283b StGB stellt die *Verletzung der Buchführungspflicht* als eigenen Straftatbestand unter Freiheitsstrafe bis zu 2 Jahren oder Geldstrafe, ohne daß es hier auf vorsätzliche oder leichtfertige Verursachung der Überschuldung oder Zahlungsunfähigkeit ankäme.

III. *Gläubigerbegünstigung* liegt nach § 283c StGB vor (Freiheitsstrafe bis zu 2 Jahren oder Geldstrafe), wenn der Gemeinschuldner einem Gläubiger Befriedigung oder eine Sicherheit gewährt, die er nicht, nicht in dieser Art oder zu dieser Zeit beanspruchen kann.

IV. Bei der *Schuldnerbegünstigung* nach § 283d StGB (Freiheitsstrafe bis zu 5 Jahren oder Geldstrafe) schafft der Täter Bestandteile des Vermögens des Gemeinschuldners mit dessen Einwilligung oder zu dessen Gunsten bei drohender oder eingetretener Zahlungseinstellung beiseite, verheimlicht sie oder entzieht sie durch Zerstörung, Beschädigung oder Unbrauchbarmachung einer Verwertung. Auch hier sind besonders schwere Fälle in der Strafe erhöht.

Konnivenz → Verleitung eines Untergebenen zu einer Straftat.

Konsumtion → Gesetzeskonkurrenz.

Konterbande → Schiffsgefährdung.

Kontrollstellen → Terroristische Vereinigungen.

Körperverletzung ist die körperliche *Mißhandlung,* d. h. die üble, unangemessene Behandlung, die das körperliche Wohlbefinden oder die körperliche Unversehrtheit nicht unerheblich beinträchtigt (Schmerzempfindung nicht erforderlich), oder die *Gesundheitsbeschädigung,* das ist jede Herbeiführung oder Steigerung einer Krankheit, d. h. Störung der normalen körperlichen, geistigen oder seelischen Funktionen (auch Geisteskrankheit, Betäubung oder Trunkenheit). Die Rechtswidrigkeit vorsätzlicher K. kann ausgeschlossen sein u. a.

Körperverletzung

durch → Züchtigungsrecht, rechtmäßige staatliche Zwangsmaßnahmen (z. B. polizeiliche Festnahme, Blutprobe) und → Einwilligung des Verletzten (§ 226a StGB), die auch zur Rechtfertigung des *ärztlichen Eingriffs* neben Geschäftsführung ohne Auftrag (mutmaßliche Einwilligung) oder → Notstand herangezogen wird.

1. Die *einfache* vorsätzliche K. (§ 223 StGB) wird mit Geldstrafe oder mit Freiheitsstrafe bis zu 3 Jahren bestraft, die gegenüber Eltern, Großeltern begangene mit Freiheitsstrafe bis zu 5 Jahren. 2. Die *gefährliche* K. (§ 223a StGB) stellt auf die Verwerflichkeit der Begehungsart ab, nämlich K. a) unter Verwendung einer *Waffe* oder eines anderen *gefährlichen Werkzeugs* (Holzscheit, Bierkrug, Stein, Salzsäure, kochendes Wasser, aber auch ein Hund, der auf Menschen gehetzt wird), b) mittels eines hinterlistigen *Überfalls*, c) von mehreren (mindestens zwei) *gemeinschaftlich*, d) durch eine das *Leben gefährdende* Behandlung (Würgegriff, Auffahren mit Kfz). 3. *Schwere* K. (§ 224 StGB; Freiheitsstrafe von 1–5 Jahren) liegt vor, wenn der Verletzte ein wichtiges Glied des Körpers, das Sehvermögen (auch nur auf einem Auge), das Gehör, die Sprache oder die Zeugungsfähigkeit verliert, in erheblicher Weise dauernd entstellt wird oder in Siechtum, Lähmung oder Geisteskrankheit verfällt. War eine solche Folge beabsichtigt, so ist die Strafe 2 bis 10 Jahre Freiheitsstrafe (§ 225 StGB). 4. K. *mit Todesfolge* (§ 226 StGB, Freiheitsstrafe nicht unter 3 Jahren) setzt neben der → Verursachung auch fahrlässiges Verschulden des Täters voraus (§ 18 StGB). Ist der Tod bei der K. auch nur billigend in Kauf genommen, liegt → Tötung vor. 5. Auch die → *Mißhandlung von Schutzbefohlenen* nach § 223b StGB ist nur ein qualifizierter Fall der K. 6. Ein Sondertatbestand der (auch nur versuchten) K. ist das Verbrechen der → *Vergiftung* nach § 229 StGB. 7. Liegt nur *fahrlässige* K. vor (§ 230 StGB), so kann eine schwere Folge nur bei der Strafzumessung berücksichtigt werden. 8. Wegen K. *im Amt* wird nach § 340 StGB der Amtsträger (→ Beamter) bestraft, der während seines Dienstes oder in Beziehung auf seinen Dienst eine K. selbst begeht oder begehen läßt (z. B. Nichteingreifen der Pausenaufsicht in der Schule bei handfester Rauferei). Strafschärfung der K. nach § 223 StGB auf Freiheitsstrafe von 3 Monaten bis zu 5 Jahren, im Fall des § 224 StGB auf solche nicht unter 2 Jahren.

Für die vorsätzlichen Formen der K. sind bei minder schweren Fällen Milderungsmöglichkeiten vorgesehen. Für die Verfolgung von 1 und 7 ist ein (stets zurücknehmbarer) → *Strafantrag* oder Annahme des → *öffentlichen Interesses* durch die Staatsanwaltschaft erforderlich. 1, 2 und 7 können durch → *Privatklage* verfolgt werden. Wegen *Bußzahlung* an den Verletzten s. → Entschädigung des Verletzten; wegen wechselseitiger K. s. Kompensation.

S. a. Beteiligung an einer Schlägerei.

Kosten des Strafverfahrens

Kosten des Strafverfahrens sind die im Ermittlungsverfahren angefallenen *Kosten* (z. B. Gutachterentschädigung, Zeugengebühren), die Gerichtskosten, die aus den *Gebühren* nach §§ 40 ff. GKG festgesetzt werden, und die Verfahrensunkonsten (*Auslagen,* z. B. Zeugengebühren, Reisekosten für die Einnahme eines gerichtlichen Augenscheins), soweit sie nicht wegen Säumigkeit einem Verfahrensbeteiligten durch gesonderte Entscheidung auferlegt sind (vgl. Ordnungsstrafe). Daneben entstehen Auslagen auch für den Angeklagten oder Nebenbeteiligten (z. B. Nebenkläger, Einziehungsbeteiligte). Sie sind *notwendig,* soweit sie zur zwecksprechenden Rechtsverfolgung erforderlich sind.

I. Endet ein gerichtliches Verfahren durch → *Einstellung,* wird das Hauptverfahren nicht eröffnet oder wird ein Angeklagter *freigesprochen,* so fallen sowohl die K. des Verfahrens als auch die notwendigen Auslagen des Beschuldigten der *Staatskasse* zur Last (§ 467 I StPO); lediglich wenn der Beschuldigte zur Erhebung der öffentlichen Klage durch unzutreffende Selbstbezichtigung Veranlassung gegeben hat, hat er seine notwendigen Auslagen selbst zu tragen. Diese brauchen der Staatskasse auch dann nicht auferlegt zu werden, wenn der Beschuldigte die öffentliche Klage durch wahrheitswidrige Einlassung selbst veranlaßt hat, wenn die Verurteilung nur wegen eines → Prozeßhindernisses nicht möglich ist oder wenn das Gericht von Strafe → absehen kann.

Da eine *Pflicht zur Kostenerstattung* nur durch den Richterspruch begründet wird, ist über die Kosten bei jeder verfahrensabschließenden Entscheidung zu befinden. Endet das Verfahren ohne eine richterliche Entscheidung (durch → Einstellung des Ermittlungsverfahrens durch die Staatsanwaltschaft nach Rücknahme der öffentlichen Klage), so hat das für die Eröffnung des Hauptverfahrens zuständige Gericht auf Antrag eines Verfahrensbeteiligten darüber zu entscheiden, ob die notwendigen Auslagen des Beschuldigten dem Nebenbeteiligten der Staatskasse aufzuerlegen sind (§ 467a StPO). Alle Kostenentscheidungen, auch wenn sie Teil eines Urteils sind, können mit der sofortigen → Beschwerde nach § 464 III StPO binnen Wochenfrist angefochten werden. Von den durch den Richter ergehenden Entscheidungen über die Kostenpflicht ist die Kostenfestsetzung zu trennen. Hierüber s. unter VI.

II. Wird das → *Ermittlungsverfahren* von der Staatsanwaltschaft eingestellt, ohne daß es zu einem gerichtlichen Verfahren gekommen ist, ist eine Kostenentscheidung nicht zu treffen. Grundsätzlich trägt der Beschuldigte seine Auslagen. Er hat allenfalls Anspruch auf → Entschädigung für Strafverfolgungsmaßnahmen.

III. Wird der Angeklagte *verurteilt* oder eine → *Maßregel* angeordnet, so sind ihm die K. des Strafverfahrens insoweit grundsätzlich

Kosten des Strafverfahrens

durch die Entscheidung aufzuerlegen. Die Kostenpflicht umfaßt auch die notwendigen Auslagen des *Nebenklägers*. Seine eigenen notwendigen Auslagen muß der Verurteilte selbst tragen. Diese Kostenpflicht des Verurteilten kann das Gericht im Hinblick auf ausscheidbare K. solcher Untersuchungen, die zu Gunsten des Angeklagten ausgegangen sind (z. B. wenn bei fortgesetzter Handlung ein Teilakt nicht erwiesen wird), nach Billigkeit beschränken (§ 465 II StPO). Bei *teilweisem Freispruch* fallen alle ausscheidbaren K. der Staatskasse zur Last. Eine Aufteilung der Kosten nach Bruchteilen ist unzulässig.

IV. Die K. eines *erfolglosen Rechtsmittels* treffen den Rechtsmittelführer (§ 473 I StPO). Bei Erfolglosigkeit eines Rechtsmittels der Staatsanwaltschaft oder eines Nebenbeteiligten sind auch die notwendigen Auslagen des Angeklagten zu erstatten. Legt der Angeklagte oder ein Beteiligter Rechtsmittel in *beschränktem* Umfang ein (z. B. mit dem Ziel teilweisen Freispruchs), und hat er insoweit vollen Erfolg, so sind seine notwendigen Auslagen der Staatskasse aufzuerlegen. Bei *Teilerfolg* eines Rechtsmittels ist Gebührenermäßigung und Teilerstattung notwendiger Auslagen nach Billigkeit möglich (§ 473 III StPO).

V. Besonderheiten: 1. Bei Jugendlichen und Heranwachsenden, soweit sie nach *Jugendrecht* abgeurteilt werden, kann das Gericht nach seinem Ermessen auch bei Verurteilung von der Auferlegung von Kosten und Auslagen absehen (§ 74 JGG). 2. Bei *wechselseitigen Körperverletzungen* ist Kostenauferlegung auch bei Straffreierklärung möglich (§ 468 StPO). 3. Wer durch eine vorsätzliche oder leichtfertige *unwahre Anzeige* ein Ermittlungsverfahren oder ein gerichtliches Strafverfahren veranlaßt, kann nach Anhörung durch gerichtliche Entscheidung in die Kosten des Verfahrens und zur Erstattung der notwendigen Auslagen des Beschuldigten verurteilt werden (§ 469 StPO). 4. Wer durch *Rücknahme des Strafantrags* in einem Strafverfahren bei → Antragsdelikten ein → Prozeßhindernis schafft, das zur → Einstellung führt, hat die Verfahrenskosten sowie die notwendigen Auslagen des Angeklagten zu tragen, wenn sich nicht dieser zur Übernahme der K. bereiterklärt oder die Staatskasse aus Billigkeitsgründen damit belastet wird (§ 470 StPO).

VI. Im *Kostenfestsetzungsverfahren* wird durch den Rechtspfleger (§ 21 I Nr. 1 RPflegerG) als dem Urkundsbeamten der Geschäftsstelle nach § 464b StPO auf Antrag die *Höhe* der entstandenen Kosten und Auslagen festgesetzt, die entsprechend der Kostenentscheidung ein Verfahrensbeteiligter dem anderen zu zahlen hat. Die Festsetzung ist mit der Erinnerung innerhalb 2 Wochen nach Zustellung anfechtbar. Hilft auch der Richter nicht ab, so wird sie als sofortige → Beschwerde dem Beschwerdegericht vorgelegt. Die Kosten und Gebühren des Staates werden nach § 4 GKG angesetzt. Den Ansatz

Kraftfahrzeugführer, Flucht des -s

kann der Kostenpflichtige mit der unbefristeten Erinnerung gerichtlich überprüfen lassen.

Kraftfahrzeugführer, Flucht des -s → Unerlaubtes Entfernen vom Unfallort.

Krankheiten, übertragbare. I. Das Bundes-Seuchen-Gesetz i. d. F. vom 18. 12. 1979 (BGBl. III 2126–1) stellt die Verbreitung *ansteckender Krankheiten* (Katalog in § 37 I: Cholera, Pest, Pocken und virusbedingtes hämorrhagisches Fieber) unter Freiheitsstrafe von 6 Monaten bis zu 5 Jahren (§ 63 BSeuchenG). Bestraft oder als → Ordnungswidrigkeiten geahndet werden darüber hinaus Verstöße gegen Rechtsverordnungen und Anordnungen der Gesundheitsbehörde, zu denen das BSeuchenG ermächtigt.

II. Auch die allgemeinen Strafbestimmungen sind bei übertragbaren K. heranzuziehen. Bei Übertragung eines *Aids*-Virus, die der HIV-Infizierte zumindest billigend in Kauf nimmt, ist gefährliche → Körperverletzung nach § 223a StGB gegeben. Je nach Vorsatz ist Bestrafung wegen → Tötung nicht ausgeschlossen. Der ungeschützte Sexualverkehr des Infizierten ohne nachfolgende Ansteckung kann als Versuch bestraft werden.

Kreditbetrug. I. Das Vergehen des K. nach § 265b StGB (Freiheitsstrafe bis zu 3 Jahren oder Geldstrafe) dient der Lauterkeit *kaufmännisch eingerichteter Betriebe oder Unternehmen* bei Kreditanträgen und -verlängerungen. Der mögliche Täterkreis erstreckt sich aber auf solche Personen, die entsprechende Betriebe oder Unternehmen vortäuschen. Strafbar ist die Vorlage unrichtiger oder unvollständiger Unterlagen (Bilanzen, Vermögensübersichten, Gutachten) sowie Unrichtigkeit oder Unvollständigkeit bei schriftlichen Angaben (auch auf Formularen) über die wirtschaftlichen Verhältnisse, aber ebenso das Verschweigen der bis zur Vorlage eingetretenen Verschlechterungen. Die unrichtigen, unvollständigen oder verschwiegenen Umstände müssen für die Kreditgewährung, dessen Verlängerung oder für die Bedingungen des Kredits von Bedeutung sein. Die Tatvollendung tritt mit der Einreichung des Antrags bei dem Kreditgeber ein. Auf dessen Irrtum kommt es nicht an. Als Kreditgeber kommen alle Betriebe und Unternehmen in Frage, die kaufmännisch geführt werden. Ob mit → Betrug Tateinheit vorliegen kann oder ob dieser § 265b StGB verdrängt, ist umstritten. Gegenüber nicht geschäftlich tätigen Privatpersonen kann allenfalls (u. U. versuchter) Betrug nach § 263 vorliegen.

II. K. im weiteren Sinn ist der Betrug nach § 263 StGB, bei dem der Täter zu einem nicht gerechtfertigten Kredit gelangen will. Er ist vollendet, wenn dem Täter auf Grund unzutreffender Angaben über seine Vermögenslage ein Darlehen gewährt wird, der Rückzahlungsanspruch aber z. B. wegen Vermögenslosigkeit des Täters unsicher ist und deshalb keine gleichwertige Gegenleistung darstellt. In diesen Fällen des K. bedarf es nicht des Nachweises mangelnder *Rückzahlungsabsicht*. Trotz Sicherheit der Rückzahlungsforderung kann die Kreditgewährung dann eine Vermögensbeschädigung darstellen, wenn die Einräumung des Darlehens im Hinblick auf vorgetäuschte besondere Umstände (z. B. Heiratsabsicht) zu überdurchschnittlich günstigen Bedingungen (z. B. zinsloser Kredit) erfolgt.

Kreditgefährdung → Verleumdung.

Kreditkarte → Mißbrauch von Scheck- und Kreditkarten.

Kriegsgefahr → Friedensverrat.

Kriminalpolizei → Polizeibehörden.

Kriminelle Vereinigungen → Bildung krimineller Vereinigungen.

Kriminologie ist die Lehre vom Verbrechen. Sie erforscht die Formen der Straftatenbegehung, deren biologische, psychologische und soziologische Ursachen, der Verfolgung und – z. T. wissenschaftlich – des Nachweises von Verbrechen (Kriminalistik), aber auch die Einwirkung auf den Straftäter (Strafvollzug) und schließlich die Möglichkeiten der Verhütung von Verbrechen (Kriminalpolitik).

Kronzeugen können in bestimmten Fällen durch die Aufklärung der von ihnen begangenen Straftaten unter Aufdeckung des Tatbeitrags von Mittätern oder durch Hinweis auf bevorstehende Straftaten Vergünstigungen insoweit erlangen, daß das gegen sie selbst anhängige Ermittlungsverfahren eingestellt oder im Strafverfahren von Strafe abgesehen oder die Tat milder geahndet wird. K.-Regelungen bestehen für Straftaten der Mitglieder einer → terroristischen Vereinigung (Gesetz vom 9. 6. 1989 BGBl. I 1059) und für Drogenhandel (§ 31 BtMG; vgl. Betäumungsmittel).

Kumulation → Ordnungswidrigkeit (I).

Kumulative Geldstrafe → Geldstrafe (II).

Kunst, Kunstfreiheit. Verschiedene strafrechtliche Tatbestände können auch innerhalb künstlerischer Betätigung erfüllt werden. Dies gilt vor allem für die Verbreitung → pornographischer Schriften, die → Beleidigung, die → Beschimpfung von Bekenntnissen und die → Verunglimpfung. Art. 5 III GG gewährt die Freiheit der Kunst. Die Kunstfreiheit können auch Strafgerichte nicht über die jeweilige Entscheidung einschränken, daß etwas kein Kunstwerk sei. Deshalb ist nicht auf einen materiellen, sondern auf einen formalen

Künstliche Befruchtung

Kunstbegriff (Kunst entsteht durch den Anspruch des Urhebers) abzustellen (sehr str.). Die Kunstfreiheit unterliegt aber als Teil des grundrechtlichen Wertsystems den Schranken, die sich aus ihrer Zuordnung zur Menschenwürde (Art. 1 GG) ergeben. So ist die künstlerische Betätigung eines Pflastermalers kein Rechtfertigungsgrund für eine → Nötigung, die Ehrverletzung nicht schon dadurch gerechtfertigt, daß sie von der Theaterbühne her erfolgt. Erforderlich ist eine Abwägung des Einzelfalles unter Berücksichtigung der Schwere des Eingriffs in das geschützte Rechtsgut (vgl. BVerfGE 67, 213).

Künstliche Befruchtung → Embryonenschutz.

Künstliche Veränderung menschlicher Keimbahnzellen → Embryonenschutz.

Kuppelei ist allgemein die Förderung sexueller Handlungen zwischen anderen. K. ist nur mehr in den Fällen der → Förderung sexueller Handlungen Minderjähriger (§ 180 StGB) und der → Förderung der Prostitution (§ 180a StGB) strafbar. Vgl. Zuhälterei.

Kurzarrest → Zuchtmittel.

Küstenfischerei durch Ausländer → Unbefugte Küstenfischerei durch Ausländer.

L

Ladung → Hauptverhandlung.

Laienrichter sind in Strafsachen die Schöffen.

I. Das Ehrenamt des L. kann nur von Deutschen ausgeübt werden. Unfähigkeit zum Schöffenamt bewirkt eine Verurteilung zu einer Freiheitsstrafe von mehr als 6 Monaten, der Verlust der Amtsfähigkeit als → Nebenfolge, die Entmündigung und der Konkurs. Nichtberufen werden sollen Personen unter 25 und über 70 Jahren. Der L. soll mindestens seit 1 Jahr in der Gemeinde wohnen, die die Vorschlagsliste erstellt. Auch Richter, Staatsanwälte, Polizeibeamte, aber auch Religionsdiener und Ordensangehörige sollen nicht berufen werden, ebenso L., die bereits acht Jahre tätig waren nicht vor Ablauf weiterer 8 Jahre. Die Ablehnung des Schöffenamts ist nur aus besonderen Gründen möglich. Die Wahl der L. aus der Vorschlagsliste der Gemeinde erfolgt durch den Wahlausschuß des jeweiligen Gerichts. Die gewählten L. werden in die Schöffenliste aufgenommen und durch Auslosung für jeweils 1 Jahr (i. d. R. zu 12 Sitzungen, beim Schwurgericht zu 1 Tagung) für die Sitzungstage festgestellt. L. erhalten für ihre Tätigkeit nach dem Gesetz über die Entschädigung der ehrenamtlichen Richter eine Entschädigung.

Landesverrat

II. Die L. üben während der Hauptverhandlung das Richteramt in vollem Umfang und mit gleichem Stimmrecht wie die Berufsrichter aus (§ 30 GVG). Jeweils 2 L. nehmen an den Sitzungen des Schöffengerichts und der Strafkammern des → Landgerichts, auch des Schwurgerichts, teil. Strafrechtlich sind die L. den Berufsrichtern ebenfalls gleichgestellt (§ 11 I Nr. 3 StGB).

Landesrecht steht im Strafrecht, das zur konkurrierenden Gesetzgebung (Art. 74 Nr. 1 GG) gehört, neben Bundesrecht, soweit der Bund keine erschöpfenden Regelungen getroffen oder landesgesetzliche Regelungen ausdrücklich zugelassen hat.

I. In der Gerichtsverfassung gestattet § 9 EGGVG die Einrichtung eines *Obersten Landesgerichts,* dem Aufgaben des → OLG übertragen werden können.

II. Im Prozeßrecht sind nach § 3 EGStPO landesrechtliche Regelungen für besondere amtsgerichtliche Verfahren in *Forst- und Feldrügesachen* gestattet. § 6 II EGStPO läßt auch landesrechtliche Vorschriften über die Immunität der → Abgeordneten der Gesetzgebungsorgane zu.

III. Im *materiellen* Strafrecht sind innerhalb der durch das EGStGB gesetzten Schranken neben den bundesrechtlichen Regelungen landesrechtliche Vorschriften möglich. Als Rechtsfolge kann der Landesgesetzgeber im Höchstmaß Freiheitsstrafe bis zu 2 Jahren und daneben wahlweise Geldstrafe androhen. Bei einzelnen Tatbeständen des StGB (Diebstahl, Betrug, Hehlerei, Begünstigung) ist es dem Landesgesetzgeber gestattet, bestimmten Fällen mit milderen Rechtsfolgen zu begegnen.

Landesverrat. I. Der Abschnitt „L. und Gefährdung der äußeren Sicherheit" befaßt sich mit Strafvorschriften zum Schutz der Bundesrepublik gegen Beeinträchtigungen durch „fremde Mächte", zu denen auch die „Deutsche Demokratische Republik" zählt. Wesentlich für den L. ist der in § 93 StGB definierte (materielle) Begriff des *Staatsgeheimnisses:* Es muß sich um Tatsachen, Gegenstände oder Erkenntnisse handeln, die nur einem begrenzten Personenkreis zugänglich sind. Die Geheimhaltung vor einer fremden Macht muß erforderlich sein, um die Gefahr eines schweren Nachteils für die äußere Sicherheit der Bundesrepublik abzuwenden. Was gegen die Grundordnung der Bundesrepublik verstößt, kann kein Staatsgeheimnis sein (§ 93 II StGB; sog. *illegales Staatsgeheimnis*).

II. L. ist nach § 94 StGB die vorsätzliche Mitteilung eines Staatsgeheimnisses an eine fremde Macht oder deren Mittelsmann sowie die vorsätzliche Bekanntmachung an einen Unbefugten oder an die Öffentlichkeit in der Absicht, die Bundesrepublik zu benachteiligen oder einer fremden Macht einen Vorteil zu verschaffen, wodurch

Landesverrat

jeweils vorsätzlich ein schwerer Nachteil für die äußere Sicherheit herbeigeführt worden sein muß. Das Verbrechen ist in besonders schweren Fällen auch mit lebenslanger Freiheitsstrafe bedroht (§ 94 II StGB). Die *Vorbereitungshandlung* zum L., nämlich das Verschaffen eines Staatsgeheimnisses ist nach § 96 I StGB als *landesverräterische Ausspähung* oder *Auskundschaften von Staatsgeheimnissen* schon als Verbrechen strafbar.

III. Den sog. *publizistischen Verrat* erfaßt § 95 StGB *(Offenbaren von Staatsgeheimnissen)*, bei dem der Täter ein von einer amtlichen Stelle oder auf deren Veranlassung geheimzuhaltendes Staatsgeheimnis Unbefugten zugänglich oder öffentlich bekanntmachen läßt und vorsätzlich einen schweren Nachteil für die äußere Sicherheit herbeiführt. Wird der schwere Nachteil jedoch hierbei fahrlässig herbeigeführt, so ist die Tat als *Preisgabe von Staatsgeheimnissen* nach § 97 I StGB strafbar. Nach § 97 II StGB wird der Geheimnisträger bestraft, der leichtfertig, d. h. grob fahrlässig ein Staatsgeheimnis an Unbefugte gelangen läßt.

IV. Verrät der Täter an eine fremde Macht oder ihre Mittelsmänner ein *Geheimnis,* das wegen § 93 II StGB (s. o. I) kein Staatsgeheimnis ist, und gefährdet er gleichwohl die äußere Sicherheit, so wird er wie ein Landesverräter wegen *Verrats illegaler Geheimnisse* bestraft (§ 97a StGB). Die Folgen eines Irrtums über die Illegalität eines Staatsgeheimnisses regelt § 97b StGB.

V. Die *Tätigkeit* für eine fremde Macht stellen die §§ 98, 99 StGB unter Strafe. Diese Tatbestände treten als Vorbereitungshandlungen gegenüber L. und auch § 96 I StGB als subsidiär zurück. Während § 99 StGB als *geheimdienstliche Agententätigkeit* allgemein die Geheimdiensttätigkeit für eine fremde Macht gegen die Bundesrepublik zur Beschaffung von Tatsachen, Gegenständen oder Erkenntnissen unter Strafe stellt, erfaßt § 98 StGB als *landesverräterische Agententätigkeit* die Ausübung der Tätigkeit, die auf die Erlangung oder Mitteilung von Staatsgeheimnissen gerichtet ist, sowie schon die Bereiterklärung zu solcher Tätigkeit. Für beide Tatbestände besteht bei → tätiger Reue die Möglichkeit zur Strafmilderung oder des Absehens von Strafe.

VI. Wegen *friedensgefährdender Beziehungen* wird nach § 100 StGB der Deutsche bestraft, der Beziehungen zu fremden Institutionen aufnimmt oder unterhält, um einen Krieg oder ein bewaffnetes Unternehmen gegen die Bundesrepublik herbeizuführen.

VII. Die *landesverräterische Fälschung* (§ 100a StGB) geht davon aus, daß nicht nur der Verrat echter Geheimnisse die äußere Sicherheit der Bundesrepublik gefährden kann, sondern auch die Weitergabe oder öffentliche Bekanntmachung gefälschter oder verfälschter Gegenstände, Nachrichten oder Tatsachenbehauptungen. Zum Tat-

Landfriedensbruch

bestand gehört die Absicht, damit eine fremde Macht zu täuschen und die dadurch bedingte Herbeiführung der Gefahr eines Nachteils für die äußere Sicherheit oder für die Beziehungen der Bundesrepublik zu einer fremden Macht.

Landesverräterische Agententätigkeit → Landesverrat (V).

Landesverräterische Ausspähung → Landesverrat (V).

Landesverräterische Fälschung → Landesverrat (VII).

Landesverteidigung. In den §§ 109–109k StGB sind die Vergehen gegen die L. zusammengefaßt. Diese Vorschriften gelten nicht für das Land Berlin. Während das → Wehrstrafgesetz Straftatbestände nur für Angehörige des Wehrdienstes enthält und Nichtwehrbedienstete allenfalls als strafbare Teilnehmer in Frage kommen, bedrohen die §§ 109 ff. StGB jeden.

Zu den Vergehen gegen die L. gehören die → Wehrpflichtentziehung, → Störpropaganda gegen die Bundeswehr, → Sabotagehandlungen an Verteidigungsmitteln und das → Anwerben für fremden Wehrdienst. Darüberhinaus sind durch § 109f. der *sicherheitsgefährdende Nachrichtendienst* und in § 109g das *sicherheitsgefährdende Abbilden* je mit Freiheitsstrafe bis zu 5 Jahren oder mit Geldstrafe bedroht. In beiden Fällen geht es hier speziell um die Belange der L. Beide Tatbestände werden durch die Strafbestimmungen des → Landesverrats verdrängt.

Landfriedensbruch. I. L. nach § 125 StGB setzt die Beteiligung an Gewalttätigkeiten gegenüber Menschen oder Sachen voraus oder aber an der Bedrohung von Menschen mit einer Gewalttätigkeit, die von einer Menschenmenge begangen wird. Erforderlich ist eine rechtswidrige Störung der öffentlichen Sicherheit (nicht nur Ordnung), bei der unter Anwendung von Gewalt Personen oder Sachen gefährdet werden. Das ist z.B. der Fall, wenn Steine geworfen werden, selbst wenn sie fehl gehen.

Die *Gewalttätigkeit* muß mit vereinten Kräften begangen sein. Dazu genügt die Handlung eines einzelnen, wenn sie dem Gemeinschaftwillen der Menge oder eines Teils davon entspricht. Als *Menschenmenge* ist eine der Zahl nach nicht sofort überschaubare Personenmehrheit anzusehen. Die Strafdrohung (bis zu 3 Jahren Freiheitsstrafe oder Geldstrafe) trifft aber nur den Täter oder Teilnehmer (Anstifter oder Gehilfen) an Gewalttätigkeit oder Drohung, nicht den in der Menge stehenden Neugierigen. Dieser kann aber wegen der Ordnungswidrigkeit der *unerlaubten Ansammlung* geahndet werden, wenn er sich trotz dreimaliger Aufforderung nicht entfernt. Bestraft wird aber nach § 125 StGB auch derjenige, der auf die Men-

Landgericht

schenmenge in der Absicht einwirkt, deren Bereitschaft zu Gewalttätigkeiten oder Bedrohungen zu fördern.

Die Strafvorschrift des L. tritt als subsidiär dann zurück, wenn andere Tatbestände erfüllt sind und schwerere Strafen androhen. Wird durch L. → Widerstand begangen, so liegt → Tateinheit mit § 113 StGB vor, es gelten aber auch die besonderen Bestimmungen über die Straflosigkeit bzw. Strafmilderung bei nicht rechtmäßigem Handeln der Vollstreckungsorgane oder aber bei einem Irrtum des Täters über die Rechtmäßigkeit staatlicher Maßnahmen.

II. Nach der Strafzumessungsregel des § 125a StGB ist der L. mit Freiheitsstrafe von 6 Monaten bis 10 Jahren zu bestrafen, wenn ein *besonders schwerer Fall* vorliegt. Das ist nach dem Gesetz i. d. R. anzunehmen, wenn der Täter eine Schußwaffe oder andere, zur Verwendung vorgesehene Waffen mit sich führt, wenn durch die Gewalttätigkeit ein anderer in die Gefahr des Todes oder einer schweren → Körperverletzung gebracht wird, oder schließlich, wenn der Täter plündert oder großen Sachschaden anrichtet.

III. *Schutzbewaffnung* und *Vermummung* sind zwar nach § 17a Versammlungsgesetz (BGBl. III 2180–4) bei öffentlichen Versammlungen unter freiem Himmel oder bei Aufzügen verboten, Zuwiderhandlungen werden jedoch nur als → Ordnungswidrigkeiten verfolgt.

Schutzwaffen sind z. B. Schilde, Stahlhelme. Es genügen aber auch andere Gegenstände (z. B. Motorradhelm), wenn sie zur Abwehr behördlicher Vollstreckungsmaßnahmen bestimmt sind.

Vermummung ist jede Aufmachung (auch Bemalung), die geeignet und nach den Umständen auch dazu bestimmt ist, die Feststellung der Identität des so Ausgestatteten zu verhindern.

Landgericht. I. In Strafsachen entscheiden am LG Strafkammern. Sie entscheiden außerhalb der Hauptverhandlung in der Besetzung mit 3 Berufsrichtern. In der Hauptverhandlung werden sie mit 2 Schöffen ergänzt (sog. *große Strafkammer*). Lediglich bei Berufungen über Urteile des Einzelrichters am → Amtsgericht entscheidet in der Hauptverhandlung die sog. *kleine Strafkammer* in der Besetzung mit 1 Berufsrichter als Vorsitzenden und 2 Schöffen. Die große Strafkammer befindet über Berufungen gegen Urteile des Schöffengerichts, darüber hinaus über Strafsachen im ersten Rechtszug, soweit nicht die Zuständigkeit des → OLG gegeben ist, in folgenden Fällen: a) als *Schwurgericht* für bestimmte schwere Verbrechen (sog. Kapitalverbrechen, z. B. Mord, Totschlag, Verbrechen mit Todesfolge, besonders schwere Brandstiftung und einige andere gemeingefährliche Straftaten; § 74 II GVG) b) bei Straftaten, bei denen eine 3 Jahre (die Strafgewalt des Amtsgerichts) übersteigende Freiheits-

Legalitätsprinzip

strafe oder die → Unterbringung zur Sicherungsverwahrung oder in einem psychiatrischen Krankenhaus, vom 1. 1. 78 auch in eine sozialtherapeutische Anstalt, zu erwarten steht; c) bei Straftaten, die die Staatsanwaltschaft wegen der besonderen Bedeutung des Falles zur Strafkammer anklagt.

II. Gesonderte Zuweisung an eine bestimmte Strafkammer sehen § 74a GVG für *Staatsschutzsachen*, § 74c GVG für *Wirtschaftsstraftaten* vor. Dabei kann ein LG auch für andere LG-Bezirke zuständig werden. Ebenso kann die Zuständigkeit einer Strafkammer als Schwurgericht auch für andere LG-Bezirke festgesetzt werden. Gleichwohl ist das Schwurgericht lediglich eine große Strafkammer des LG. Soweit im einzelnen LG-Bezirken Strafvollzugsanstalten, Anstalten für die → Unterbringung oder Strafvollzugsbehörden ihren Sitz haben, sind bei den LG die Entscheidungen in Vollstreckungssachen eigenen *Strafvollstreckungskammern* zugewiesen (§ 78a GVG).

III. In Jugendsachen entscheidet die *Jugendkammer* (3 Berufsrichter und 2 Jugendschöffen) in allen Berufungssachen sowie im 1. Rechtszug in allen Strafsachen (auch solche der Zuständigkeit des Schwurgerichts), wenn nicht das Amtsgericht als Jugendgericht zuständig ist. Sie kann auch in → Jugendschutzsachen als *Jugendschutzkammer* nach § 74b GVG durch die Geschäftsverteilung an Stelle der für allgemeine Strafsachen zuständigen Strafkammern eingesetzt werden.

IV. Zum Gerichtsaufbau in den 5 neuen Bundesländern → DDR I.

Landgerichtsarzt → Gerichtsarzt.

Landschaftsschutz → Gefährdung schutzbedürftiger Gebiete.

Landzwang → Störung des öffentlichen Friedens durch Androhung von Straftaten.

Lärm → Luftverunreinigung und Lärm, Umweltdelikte.

Lärm in einer Kirche → Störung der Religionsausübung.

Lebensgefährdende Behandlung → Körperverletzung.

Lebenslang → Freiheitsstrafe I, Strafaussetzung II 3.

Legalitätsprinzip. Staatsanwaltschaft und Kriminalpolizei unterstehen dem L. Sie haben von Amts wegen alle strafbaren Handlungen zu verfolgen, wenn zureichende Anhaltspunkte bestehen (§ 152 II StPO). Der Staatsanwalt hat das Verfahren bis zur Erhebung der → öffentlichen Klage oder zur → Einstellung nach § 170 II StPO fortzuführen. Einstellungen nach anderen Bestimmungen, z. B. wegen Geringfügigkeit, sind Durchbrechungen des L. und stehen im pflichtgemäßen Ermessen der Staatsanwaltschaft *(Opportunitätsprinzip)*.

Verstoß gegen das L. kann → Begünstigung sein.

Leibesfrucht

Leibesfrucht → Abbruch der Schwangerschaft.

Leiche, Diebstahl → Diebstahl (I).

Leiche, Wegnahme → Störung der Totenruhe.

Leichenfund, Leichenöffnung → Tod, unnatürlicher.

Leichenschändung → Verunglimpfung.

Leichtfertigkeit ist ein erhöhter Grad der → Fahrlässigkeit.

Leistungskürzung → Abgabenüberhebung.

Lesbische Liebe → Homosexuelle Handlungen.

Letztes Wort → Hauptverhandlung.

Leumundszeugnis → Verlesung (II 4).

Lex generalis → Sonderdelikt, Abwandlung.

Lex specialis → Gesetzeskonkurrenz, Abwandlung.

Limitierte Akzessorietät → Akzessorietät.

Lotterie → Glücksspiel.

Luftaufnahmen → Landesverteidigung.

Luftpiraterie → Angriff auf den Luftverkehr.

Luftverkehr → Verkehrsgefährdung, Angriff auf den Luftverkehr.

Luftverunreinigung und Lärm ist nach § 325 StGB für den Betreiber einer Anlage, insbesondere einer Betriebsstätte oder einer Maschine, allerdings nicht eines Kraft-, Schienen-, Luft- oder Wasserfahrzeugs, mit Freiheitsstrafe bis zu 5 Jahren (bei Fahrlässigkeit bis zu 2 Jahren) oder mit Geldstrafe bedroht. Unter *Luftverunreinigung* versteht das Gesetz solche Veränderungen der natürlichen Zusammensetzung der Luft durch Freisetzen von Staub, Gasen, Dämpfen oder Geruchsstoffen, die geeignet sind, außerhalb des Bereichs der verursachenden Anlage die Gesundheit von Menschen, Tieren oder Pflanzen oder andere Sachen von bedeutendem Wert zu schädigen. Auch *Lärm* muß von solcher Intensität sein, daß er außerhalb des Anlagenbereichs die Gesundheit eines anderen zu schädigen geeignet ist.

Voraussetzung für beide Straftatbestände ist, daß der Täter durch sein Handeln verwaltungsrechtliche Pflichten verletzt. Das ist der Fall, wenn er grob pflichtwidrig gegen Anordnungen oder Auflagen verstößt, die zum Schutz vor schädlichen Umwelteinwirkungen erlassen sind, oder wenn er eine Anlage ohne die aus Gründen des Umweltschutzes erforderliche Genehmigung betreibt.

Meineid

Vgl. auch → Umweltdelikte, Gefährdung schutzbedürftiger Gebiete, 1.

Luxuria ist der gröbste Grad der → Fahrlässigkeit.

M

Mädchen, Verführung → Verführung.

Mädchenhandel → Menschenhandel.

Maßnahmen. Unter M. versteht das Gesetz Rechtsfolgen einer rechtswidrigen Tat außerhalb der → Strafe, der → Nebenstrafe und der → Nebenfolge. In § 11 Nr. 8 StGB werden als M. bezeichnet: → Maßregel der Besserung und Sicherung, der → Verfall, die → Einziehung und die Unbrauchbarmachung. Auch das → Nebenstrafrecht enthält M., z. B. das Verbot der Tierhaltung nach § 20 Tierschutz-Gesetz.

Maßregeln der Besserung und Sicherung gehören zu den → Maßnahmen. M. d. B. u. S. sind nach dem Katalog des § 61 StGB 1. die → Unterbringung in einem psychiatrischen Krankenhaus, 2. in einer Entziehungsanstalt, 3. in der Sicherungsverwahrung, 4. die → Führungsaufsicht, 5. die → Entziehung der Fahrerlaubnis, 6. das Berufsverbot. Sie sind nicht → Strafe und zu unterscheiden von → Nebenstrafen und → Nebenfolgen. Doch sind klare Abgrenzungen, etwa zur sichernden → Einziehung, nicht zu ziehen. Die Anordnung von M. d. B. u. S. ist auch bei fehlender → Schuldfähigkeit möglich. Sie setzt eine Gefährlichkeitsprognose, also ein Wahrscheinlichkeitsurteil voraus. Hierbei ist der Satz „in dubio pro reo" nicht anzuwenden. Stets zu beachten ist nach § 62 der Grundsatz der → Verhältnismäßigkeit.

Medizinische Indikation → Abbruch der Schwangerschaft (II), Sterilisation.

Meineid. I. M. begeht nach § 154 I StGB, wer vor Gericht oder vor einer anderen zur Abnahme von Eiden zuständigen Stelle vorsätzlich falsch *schwört*. Der → Eid, also die Bekräftigung der Richtigkeit des Bekundeten, muß falsch sein. *Versuch* des M. liegt deshalb nicht schon mit der falschen Aussage vor, sondern erst mit Beginn des Sprechens der Eidesworte. *Vollendung* ist mit dem Ausspruch der Eidesformel gegeben. Der Inhalt der beschworenen Bekundung muß objektiv falsch sein. Darauf muß sich der (auch nur bedingte) → Vorsatz des Täters beziehen. Als *Täter* kommen insbesondere in Frage Zeugen, Sachverständige und die Partei im Zivilprozeß (§ 452

Menschenhandel

ZPO). Der Eidesleistung sind nach § 155 StGB gleichgeachtet bestimmte an Stelle des Eides gesetzlich zugelassene *Beteuerungsformeln*, auch *Versicherung* der Richtigkeit weiterer Bekundungen *unter Berufung auf einen bereits geleisteten Eid* (z. B. bei wiederholter Vernehmung, bei allgemeiner Vereidigung des Sachverständigen, Diensteid). Letztere ist zu unterscheiden von der Versicherung an Eides Statt. Über das Verhältnis des M. zur falschen uneidlichen Aussage, über die Möglichkeit der Strafmilderung oder Strafbefreiung bei Berichtigung s. dort. Wegen der Bestrafung des Vollstreckungsschuldners, der falsche Auskunft über seine Vermögensverhältnisse gibt, s. falsche Versicherung an Eidesstatt.

II. *Fahrlässiger Falscheid* liegt vor, wenn der Täter fahrlässig einen falschen Eid leistet. Gleichgestellt sind dem Eid die → Versicherung an Eides Statt und die nach § 155 StGB zugelassenen eidesgleichen Versicherungen. Das Beschworene oder Versicherte muß objektiv unwahr sein. Der Täter muß die ihm nach den Umständen und nach seinen persönlichen Fähigkeiten zuzumutende Sorgfalt bei der Beteuerung der Richtigkeit seiner Erklärung außer acht gelassen haben. Der fahrlässige Falscheid wird nach § 163 StGB mit Freiheitsstrafe bis zu 1 Jahr oder mit Geldstrafe bestraft. Bei rechtzeitiger *Berichtigung* tritt aber Straflosigkeit nach § 163 II StGB ein.

III. Wegen *Verleitung zum Falscheid* und erfolgloser Anstiftung hierzu vgl. falsche uneidliche Aussage (III).

Menschenhandel begeht nach § 181 StGB, wer einen anderen mit Gewalt, durch Drohung mit einem empfindlichen Übel oder aber durch List dazu bringt, der Prostitution nachzugehen. Ebenso strafbar ist das Anwerben oder die unter Einsatz von List, Drohung oder Gewalt bewerkstelligte Entführung wider den Willen des Opfers, wenn der Täter beabsichtigt, die Hilflosigkeit bei einem Aufenthalt in einem fremden Land dazu auszunutzen, das Opfer zu sexuellen Handlungen mit Dritten zu bewegen. Der Tatbestand schließt den früheren → *Mädchenhandel* ein. Das Verbrechen ist im Regelfall mit Freiheitsstrafe von 1–10 Jahren bedroht.

Menschenraub begeht, wer sich durch List, Drohung oder → Gewalt eines Menschen bemächtigt, um ihn in hilfloser Lage auszusetzen oder in Sklaverei oder Leibeigenschaft oder in auswärtige Kriegs- oder Schiffsdienste zu bringen (§ 234 StGB). Das Verbrechen ist vollendet mit der Erlangung der physischen Herrschaft über das Opfer. S. auch erpresserischer Menschenraub, Geiselnahme, Verschleppung.

Menschenrechtskonvention. Die Konvention zum Schutz der Menschenrechte und Grundfreiheiten (BGBl. 1952 II 685) ist ein völkerrechtlicher Vertrag mit innerstaatlicher Geltung im Rang eines Bundesgesetzes. Die darin festgelegten Menschenrechte finden be-

Mißbrauch von Notrufen

reits im Grundrechtskatalog und im Rechtsstaatsprinzip des GG, für das Strafverfahren auch in StPO und StGB vielfache Ausprägung. Für das Strafrecht bedeutsam ist insbesondere die auch schon aus dem Rechtsstaatsprinzip folgende Unschuldsvermutung des Art. 6 II MRK.

Verletzungen der M. können nach Erschöpfung des staatlichen Rechtswegs durch Anrufung der Europäischen Kommission nach Art. 25 MRK geltend gemacht werden.

Meuterei → Gefangenenbefreiung, Wehrstrafgesetz (II).

Mietwucher → Wucher.

Mildernde Umstände → Strafmilderung.

Militärische Straftaten → Wehrstrafgesetz, Landesverteidigung.

Mischtatbestand. Von M. spricht man bei Tatbeständen, deren Erfüllung sowohl Verwaltungsunrecht als auch kriminelles Unrecht enthalten kann. Für den Gesetzgeber ist es oft schwierig, über die Beschreibung der Tatbestandsmerkmale zu einer der Gerechtigkeit entsprechenden Trennung von → Straftaten und → Ordnungswidrigkeiten zu gelangen. So ist die Ausübung der → Prostitution im Sperrbezirk grundsätzlich nur eine Ordnungswidrigkeit (§ 120 I Nr. 1 OWiG), die „beharrliche" Zuwiderhandlung läßt daraus aber eine Straftat nach § 184 a StGB werden.

Mißbrauch eines Willenlosen → Sexueller Mißbrauch (V).

Mißbrauch ionisierender Strahlen → Explosionsdelikte.

Mißbräuchliche Anwendung von Fortpflanzungstechnik → Embryonenschutz.

Mißbräuchliche Verwendung menschlicher Embryonen → Embryonenschutz.

Mißbrauch von Ausweisen → Ausweise.

Mißbrauch von Berufsbezeichnungen → Amtsanmaßung (II).

Mißbrauch von Notrufen. § 145 StGB schützt Zeichen und Einrichtungen, mit denen Notlagen angezeigt, Unglücksfälle verhütet, oder im Falle eines Unglücks oder gemeiner Gefahr Hilfe geleistet werden soll. Nach § 145 I StGB ist die mißbräuchliche Verwendung von Notrufen oder Notzeichen (z. B. Feuermelder, alpines Notsignal, Notbremse) und die Vortäuschung, daß Hilfe wegen eines Unglücksfalls, wegen gemeiner Gefahr oder Not erforderlich sei, unter Freiheitsstrafe bis zu 1 Jahr oder Geldstrafe gestellt. § 145 II StGB (bis zu 2 Jahren Freiheitsstrafe oder Geldstrafe) erfaßt störende Eingriffe an Warn- und Verbotszeichen zur Verhütung von Unglücksfällen oder gemeiner Gefahr sowie an Schutzvorrichtungen zur Un-

Mißbrauch von Scheck- und Kreditkarten

fall- und Gefahrverhütung oder aber zur Hilfeleistung in Unglücksfällen ober bei gemeiner Gefahr (Rettungsgeräte; z. B. Feuerleiter, Rettungsboote, Feuermelder). Soweit → Sachbeschädigung gegeben ist, tritt § 145 II StGB zurück.

Mißbrauch von Scheck- und Kreditkarten begeht nach § 266b StGB, wer die ihm durch Überlassung einer Scheck- oder Kreditkarte eingeräumte Möglichkeit, den Aussteller zu einer Zahlung zu veranlassen, mißbraucht und diesen dadurch schädigt. Täter des → Sonderdelikts kann nur der Karteninhaber sein. Er muß das Kreditinstitut durch den Mißbrauch der ihm eingeräumten rechtlichen Möglichkeit mit mindestens bedingtem Vorsatz schädigen wollen. M. ist mit Freiheitsstrafe bis zu 3 Jahren oder mit Geldstrafe bedroht. Es gilt bei geringer Schädigung die Regelung des § 248a StGB für → Bagatellsachen. M. verdrängt in der Regel Betrug und Untreue.

Mißbrauch von Titeln, Berufsbezeichnungen und Abzeichen → Amtsanmaßung (II).

Mißhandlung → Körperverletzung.

Mißhandlung von Schutzbefohlenen stellt § 223b StGB als qualifizierte → Körperverletzung (str.) unter Freiheitsstrafe von 3 Monaten bis zu 5 Jahren (in besonders schweren Fällen Mindeststrafe 1 Jahr, in minder schweren Freiheitsstrafe bis zu 3 Jahren oder Geldstrafe). M. v. S. begeht, wer Schutzbefohlene quält oder roh mißhandelt oder wer sie durch böswillige Vernachlässigung seiner Sorgepflicht an der Gesundheit schädigt. Quälen ist die Zufügung seelischer oder körperlicher Leiden, so das Herbeiführen von längerdauernden Angstzuständen durch Einsperren im dunklen Keller. Schutzbefohlene sind Personen unter 18 Jahren oder wegen Gebrechlichkeit oder Krankheit Wehrlose, die der Fürsorge oder Obhut des Täters unterstehen oder seinem Hausstand angehören oder die ihm der Fürsorgepflichtige zur Sorge überlassen hat. Schutzbefohlene sind auch Minderjährige und Wehrlose, die vom Täter durch ein Dienst- oder Arbeitsverhältnis abhängig sind.

Soweit nicht nur körperliche Mißhandlung vorliegt, kann die Tat mit → Verletzung der Fürsorge- oder Erziehungspflicht in Tateinheit stehen.

Mitbestrafte Nachtat, Vortat → Nachtat.

Mittäterschaft ist vorsätzliche *gemeinschaftliche* Begehung der Straftat (§ 25 II StGB). Sie setzt gemeinsames Wollen der Tat voraus. Zum Unterschied vom Gehilfen (→ Beihilfe) will der Mittäter die Tat als eigene, was die Untersuchung der inneren Einstellung und Willensrichtung ergeben muß. Eigenhändige Verwirklichung einzel-

Nachtat

ner Tatbestandsmerkmale ist für den Mittäter nicht erforderlich. Unter Umständen genügt passives Dabeistehen, wenn von mehreren plangemäß einer einen Warenautomaten erbricht. Der Wille zur *Tatherrschaft* ist meist ein Hinweis auf Mittäterschaft und spricht gegen Beihilfe. Für gemeinschaftliche Begehung ist bei einigen Straftatbeständen Strafschärfung vorgesehen (z. B. gemeinschaftlich begangene → Körperverletzung). Tragen mehrere Personen, ohne bewußt und gewollt zusammenzuwirken, durch ihr Handeln zur Tatvollendung bei (z. B. A und B verabreichen C voneinander unabhängig Gift), so spricht man von *Nebentäterschaft,* die der Täterschaft gleichzubehandeln ist.

Mittelbare Falschbeurkundung → Falschbeurkundung.

Mittelbare Täterschaft liegt vor, wenn der Täter eine Straftat durch einen anderen begeht (§ 25 I StGB). Der Täter benützt als *Werkzeug* einen anderen, der selbst nicht rechtswidrig, vorsätzlich oder schuldhaft handelt. Als mittelbarer Täter handelt z. B., wer sein strafunmündiges Kind zum Diebstahl in den Laden schickt, wer einen Geisteskranken zu Straftaten anleitet; ebenso wenn A dem B eine scharf geladene Pistole mit der Versicherung reicht, sie sei mit einer Platzpatrone geladen, und ihn auffordert, auf C einen Zielschuß abzugeben, auch wenn B fahrlässig handelt.

Mord → Tötung (I 1).

Morphin, Morphium → Betäubungsmittel.

Muntbruch → Kindesentziehung.

Münzdelikte → Geldfälschung.

N

Nacheid → Eid.

Nachrede, üble → Üble Nachrede.

Nachrichtendienst → Landesverrat, Landesverteidigung.

Nachschlüssel, Diebstahl → Diebstahl (II).

Nachtat (straflose oder mitbestrafte N.). Eine strafbare Handlung wird als straflose N. oder Vortat dann nicht bestraft, wenn sich aus dem Gesetz ergibt, daß das schuldhafte und tatbestandsmäßige Verhalten bereits anderweit erfaßt ist. Es handelt sich um einen Fall der → *Gesetzeskonkurrenz*.

Fälle der *straflosen Vortat* sind z. B. die Versuchshandlung gegenüber der Vollendung, das Verschaffen der Druckstöcke (§ 149 StGB)

Nachtragsanklage

gegenüber der → Geldfälschung (§ 146 StGB). Als *straflose N.* kommen insbesondere die Handlungen in Frage, durch die der Täter die durch eine vorangegangene Tat erlangten Vorteile verwertet oder sichert, ohne erneut ein Rechtsgut anzugreifen. Der Verkauf der Diebesbeute an den Hehler ist straflos (der Verkauf an einen Gutgläubigen aber diesem gegenüber Betrug, weil der Dieb ihm an den gestohlenen Gegenständen nicht Eigentum verschaffen kann); eine straflose N. ist die Beschädigung des gestohlenen Autos.

Straflos bleibt jedoch stets nur derjenige, der die Haupttat begangen oder an ihr teilgenommen hat. Somit ist A, der zusammen mit B das von B gestohlene Auto des C demoliert, wegen Sachbeschädigung strafbar; straflos bleibt jedoch B. Ist die Haupttat nicht nachweisbar, so erfolgt Bestrafung wegen der Vortat oder N. So wird wegen Versuchs bestraft, wenn die Tatvollendung nicht erweislich, wegen Urkundenunterdrückung nach § 274 StGB, wenn zwar diese, aber nicht die Unterschlagung (§ 246 StGB) oder der Diebstahl (§ 242 StGB) der Urkunde nachgewiesen werden kann.

Nachtragsanklage (§ 266 StPO) erhebt der StA (meist mündlich) *in der* → *Hauptverhandlung,* wenn weitere Straftaten des Angeklagten bekannt geworden sind und ihre gleichzeitige Aburteilung zweckmäßig erscheint. Das Gericht kann die Anklage nur mit Zustimmung des Angeklagten zulassen. Dieser kann zu seiner besseren Verteidigung die *Unterbrechung* der Hauptverhandlung beantragen. Reicht der Staatsanwalt *außerhalb der Hauptverhandlung* gegen denselben Angeklagten eine weitere Anklageschrift nach, so kann → Verbindung erfolgen.

Namensangabe → falsche Namensangabe.

Nationalhymne → Verunglimpfung (II 2).

Natotruppenstatut → Exterritorialität.

Natürliche Handlungseinheit → Zusammentreffen mehrerer strafbarer Handlungen.

Naturschutz → Gefährdung schutzbedürftiger Gebiete, Umweltdelikte.

Ne bis in idem → Rechtskraft.

Nebendelikte → Einstellung (II).

Nebenfolgen sind an sich Folgen für den Verurteilten, die ohne eigenen Ausspruch im Urteil eintreten. Die §§ 45–45b StGB sehen den Verlust der Amtsfähigkeit, der Wählbarkeit und des Stimmrechts z. T. auch fakultativ vor. Insoweit liegt eine → Nebenstrafe vor. Der Verlust der sog. *bürgerlichen Ehrenrechte* ist seit 1. 4. 1970 beseitigt.

Nebenklage

I. Das Gesetz unterscheidet:

1. Als *automatische Folge* einer Verurteilung wegen eines → Verbrechens zu mindestens 1 Jahr → Freiheitsstrafe tritt für die Dauer von 5 Jahren der Verlust der Fähigkeit ein, *öffentliche Ämter* zu bekleiden und Rechte aus Wahlen zu erlangen (sog. *passives Wahlrecht*). Zugleich verliert der Verurteilte alle Rechtsstellungen und Rechte, die er aus öffentlichen Ämtern bzw. aus öffentlichen Wahlen erlangt hat. Eines eigenen Ausspruchs dieser Folgen im Urteil bedarf es nicht. Der Verlust öffentlicher Ämter bezieht sich auf alle Ämter, die öffentliche Aufgaben wahrnehmen, also insbesondere solche der öffentlichen Verwaltung und der Justiz.

2. In besonders vom Gesetz bezeichneten Fällen (z. B. nach § 358 StGB bei bestimmten → Amtsdelikten) *kann* das Gericht die unter 1. aufgeführten Fähigkeiten auch ohne die dort genannten Voraussetzungen für die Dauer von 2 bis 5 Jahren aberkennen. Der Verlust dieser Fähigkeiten, nicht der entsprechenden Rechtsstellungen, muß im Urteil ausgesprochen werden.

3. Das Gericht kann auch das Stimm- und *(aktive) Wahlrecht* eines Verurteilten durch Ausspruch im Urteil auf die Dauer von 2–5 Jahren aberkennen, wenn dies durch Gesetz besonders vorgesehen ist.

II. Der Verlust von Fähigkeiten, Rechtsstellungen und Rechten tritt mit der Rechtskraft des Urteils ein. Die Dauer wird jedoch erst von dem Tage an berechnet, an dem der Verurteilte eine Freiheitsstrafe verbüßt hat oder diese verjährt oder erlassen und eine eventuell angeordnete freiheitsentziehende → Maßregel der Sicherung und Besserung erledigt ist. Dem Zweck der → Resozialisierung dient die *vorzeitige Wiederverleihung* der verlorenen Fähigkeiten und Rechte (nicht Rechtsstellungen), wenn mindestens die Hälfte der an sich bestimmten Zeit verstrichen und künftiges Wohlverhalten des Täters zu erwarten ist.

Nebenklage ist die *Beteiligung* des Verletzten am Strafverfahren nach Erhebung der *öffentlichen Klage*. Zur N. *befugt* ist 1. der durch bestimmte Straftaten (insbesondere gegen die sexuelle Selbstbestimmung, gegen Ehre und körperliche Unversehrtheit) Verletzte, 2. wer die Erhebung der öffentlichen Klage im Wege des → Klageerzwingungsverfahrens erwirkt hat, und 3. der nahe Angehörige eines durch eine rechtswidrige Tat Getöteten (§ 395 StPO). Anschluß wegen fahrlässiger Körperverletzung (bedeutsam im Straßenverkehr) ist nur aus besonderen Gründen, so wegen schwerer Tatfolgen, möglich. Die Verfahrensbeteiligung erfolgt durch eine schriftliche *Anschlußerklärung,* die in jedem Verfahrensstadium, auch noch nach Erlaß eines Urteils zum Zweck der Einlegung eines Rechtsmittels, möglich ist. Das Gericht spricht nach Anhörung der Staatsanwalt-

Nebenstrafen

schaft bei Vorliegen der Nebenklagebefugnis die *Zulassung* aus. Der Nebenkläger hat nach dem Anschluß selbständige, von der Staatsanwaltschaft unabhängige, prozessuale Rechte nach § 397 I StPO. Er ist vor gerichtlichen Entscheidungen zu hören, kann an der Hauptverhandlung teilnehmen, Anträge stellen, Richter ablehnen, Erklärungen abgeben, nach der Beweisaufnahme plädieren. Er kann sich – auch schon vor dem Anschluß (vgl. § 406a StPO) durch einen Anwalt vertreten lassen, wozu auch → Prozeßkostenhilfe bewilligt werden kann. Gegen Entscheidungen kann er → *Rechtsmittel* einlegen, allerdings nicht mit dem Ziel der Verurteilung wegen einer anderen als der Nebenklagestraftat oder einer strengeren Rechtsfolge. Der Verurteilte hat die ihm entstandenen *notwendigen Auslagen* (z. B. Reisekosten, Anwaltsgebühren) zu erstatten. Wird der Angeklagte freigesprochen, hat der Nebenkläger seine Auslagen selbst zu tragen. Bleibt ein selbständiges Rechtsmittel des Nebenklägers erfolglos, wird er jedoch in dessen → Kosten, also auch zur Erstattung der notwendigen Auslagen des Angeklagten, verurteilt (§ 473 I StPO). Der Nebenkläger kann seinen Anschluß *widerrufen*.

Nebenstrafen sind solche Strafen, die nicht selbständig, sondern nur neben Freiheits- oder Geldstrafe verhängt werden können. N. sind zu unterscheiden von → Maßregeln der Besserung und Sicherung oder anderen → Maßnahmen (z. B. → Verfall, → Einziehung). Das StGB kennt als N. das → Fahrverbot und die → Einziehung, soweit sie nicht nur sichernden Charakter hat. Die Bekanntmachungsbefugnis bei den Beleidigungsdelikten nach § 200 StGB und der Verlust der Fähigkeit, öffentliche Ämter zu bekleiden und Rechte aus öffentlichen Wahlen zu erlangen, sind primär als → Nebenfolgen geregelt.

Nebenstrafrecht. Von N. spricht man, wenn Gesetze außerhalb des StGB bestimmte Handlungen unter → Strafe stellen. Solche Strafbestimmungen sind in zahlreichen Gesetzen enthalten, die primär nicht strafrechtliche, sondern öffentliche oder private Rechtsverhältnisse regeln, z. B. im Gesellschaftsrecht (§§ 82, 84 GmbHG, § 399 AktG), im Wettbewerbsrecht (§ 4 UWG), im Lebensmittelrecht (§ 11 Lebensmittelgesetz, § 26 Fleischbeschaugesetz), im Gesundheitsrecht (§ 20 Geschlechtskrankheitengesetz, § 63 Bundesseuchengesetz), im Wirtschaftsrecht (§§ 45 ff. AtomG, § 35 ff. BundesbankG, § 54 KreditwG).

Nebentäterschaft → Mittäterschaft.

Netzfahndung ist eine nach § 163d StPO vom Richter, bei Gefahr im Verzug vom Staatsanwalt oder dessen Hilfsbeamten, angeordnete Fahndungsmaßnahme, bei der kurzzeitig Dateien aufgebaut und gespeichert werden, um durch Computerauswertung eine Straftat auf-

Nichtanzeige geplanter Straftaten

zuklären oder einen Täter zu ergreifen. N. ist nur bei Verdacht auf bestimmte schwere Straftaten (u. a. Bildung einer → terroristischen Vereinigung, → Mord, Totschlag, → erpresserischer Menschenraub und → Geiselnahme, gemeingefährliche Verbrechen) und unter Beachtung des Verhältnismäßigkeitsgrundsatzes zulässig. Die erlangten personenbezogenen Daten dürfen nur im Strafverfahren verwertet werden, solche Nichtbeschuldigter sind unverzüglich zu vernichten.

Nichtanzeige geplanter Straftaten. Wer von geplanten, begonnenen oder vollendeten Straftaten anderer erfährt, ist grundsätzlich zu einer Anzeige nicht verpflichtet. Doch gilt dies nicht für Personen, die von Amts wegen zur Verfolgung und Bekämpfung von Straftaten verpflichtet sind. Nach § 138 I StGB ist jedermann strafbar, der die *Anzeige bestimmter* geplanter oder begonnener Straftaten des Friedensverrats, Hochverrats, Landesverrats, der Gefährdung der äußeren Sicherheit, des Mords, Totschlags, Völkermordes, der Geld- oder Wertpapierfälschung, des Raubs, der räub. Erpressung, des Menschenraubs, der Verschleppung, des erpresserischen Menschenraubs, der Geiselnahme, des Menschenhandels (§ 181 Nr. 2), oder bestimmter gemeingefährlicher Straftaten unterläßt. § 138 II StGB stellt die N. terroristischer Vereinigungen gleich.

Voraussetzung ist, daß der Täter von der Straftat glaubhaft zu einer Zeit erfährt, zu der die Ausführung oder der Erfolg noch abgewendet werden kann. Die Anzeige kann an eine Behörde oder an den durch die Straftat Bedrohten erfolgen.

Das Vergehen ist mit Freiheitsstrafen bis zu 5 Jahren oder mit Geldstrafe bedroht. Auch wer die Anzeige leichtfertig (aus grober Fahrlässigkeit) unterläßt, ist nach § 138 III StGB strafbar, wenn er von der Straftat zu einer Zeit erfährt, in der die Ausführung oder der Erfolg noch abgewendet werden kann. Gleichgültig ist, ob der Haupttäter schuldhaft handelt. *Straffrei* bleibt, wer die Tatausführung oder den Erfolg anders als durch Anzeige abwendet oder sich um die Abwendung des aus irgendwelchen Gründen unterbliebenen Verbrechens oder des von einem → Angehörigen begangenen Verbrechens (jedoch hier ausgenommen Mord und Totschlag) ernsthaft bemüht hat (§ 139 III 1, IV StGB). Die A. entfällt bei Geistlichen hinsichtlich dessen, was ihnen als Seelsorger anvertraut wird (§ 139 II StGB), für Rechtsanwälte, Verteidiger und Ärzte, wenn sie sich ernsthaft bemüht haben, den Täter von seinem Vorhaben abzuhalten (§ 139 III 2 StGB).

Strafbar ist aber auch die nachträgliche *Belohnung* vollendeter oder versuchter Straftaten der obenbezeichneten Art (§ 140 I StGB), auch wenn der Täter etwa wegen Schuldlosigkeit nicht bestraft werden kann. Gleiche Strafe (Freiheitsstrafe bis zu 3 Jahren oder Geldstrafe)

Nichtkennen von Tatumständen

trifft auch den, der solche Straftaten in einer dem → öffentlichen Frieden zu stören geeigneten Weise *öffentlich billigt*.

Nichtkennen von Tatumständen → Irrtum.

Niederschlagung von Strafverfahren → Begnadigung.

Normative Tatbestandsmerkmale → Tatbestandsmerkmale.

Nothilfe → Notwehr.

Nothilfemittel → Mißbrauch von Notrufen.

Nötigung ist die Einwirkung auf die Willensentschließung oder Willensbetätigung eines anderen mit Zwangsmitteln. Das Vergehen der N. des § 240 I StGB begeht, wer einen anderen rechtswidrig mit → *Gewalt* oder durch *Drohung mit einem empfindlichen Übel* (z. B. mit Sachbeschädigung, Körperverletzung, Unterrichtung der Ehefrau über einen Seitensprung, Entlassung aus einem Arbeitsverhältnis) zu einer Handlung, Duldung oder Unterlassung nötigt. Die *Rechtswidrigkeit* der N. ergibt sich dabei aus dem Verhältnis von Nötigungsmittel und Nötigungszweck. Die Tat ist nur dann rechtswidrig, wenn der Einsatz des Zwangsmittels zum angestrebten Zweck als verwerflich anzusehen ist (§ 240 II StGB). Beispiel: Verwerflich handelt der Überholer im Straßenverkehr, der durch dichtes, gefährliches Heranfahren den Vordermann zum Ausweichen zwingt, nicht jedoch der Kraftfahrer, der einen Fahrzeugführer zum Halten bringt, um ihn über einen andere Verkehrsteilnehmer gefährdenden Defekt am Fahrzeug oder an der Ladung zu unterrichten. Allerdings ist N. nicht dadurch ausgeschlossen, daß der Zweck erlaubt oder sittlich billigenswert ist. Auch die Durchsetzung eines gerechtfertigten Anspruchs kann N. sein. Verwerflichkeit ist in der Regel schon gegeben, wenn Nötigungsmittel Gewalt ist. Dies gilt nicht ohne weiteres bei Sitzblockaden (BVerfGE 73, 206). Die Feststellung der Verwerflichkeit im Einzelfall bedarf der Begründung durch den Strafrichter. Ob der Nötigende mit seiner Handlung letztlich anerkennenswerte Zwecke *(Fernziele)* verfolgt, ist bei der Verwerflichkeitsprüfung unbeachtlich, kann aber bei der Strafzumessung zur Strafmilderung führen.

N. ist oft in anderen Delikten als Tatbestandsteil enthalten (z. B. → Erpressung). Versuch der N. ist strafbar. Er liegt insbesondere vor, wenn das Zwangsmittel erfolglos eingesetzt wird. Wegen N. zu sexuellen Handlungen s. sexuelle Nötigung und Vergewaltigung.

Nötigung des Bundespräsidenten und von Mitgliedern eines Verfassungsorgans → Verfassungsorgane.

Nötigungsstand → Notstand.

Notstand

Nötigung von Verfassungsorganen → Verfassungsorgane.

Nötigung zu sexuellen Handlungen → Sexuelle Nötigung, Vergewaltigung.

Notlagenindikation → Abbruch der Schwangerschaft (II).

Notruf → Mißbrauch von Notrufen.

Notstaatsanwalt → Ermittlungsrichter.

Notstand ist allgemein ein Zustand gegenwärtiger Gefahr für ein → Rechtsgut, der sich nur durch Verletzung eines anderen Rechtsguts abwenden läßt. Im Gegensatz zur → Notwehr liegt nicht ein rechtswidriger Angriff auf das Rechtsgut vor.

I. Der in § 34 StGB geregelte → Rechtfertigungsgrund des *rechtfertigenden N.* beseitigt die Rechtswidrigkeit der tatbestandsgemäßen Handlung. § 34 StGB setzt voraus: 1. Es muß eine gegenwärtige Gefahr für (irgend-) ein → Rechtsgut gegeben sein. 2. Die Gefahrenabwendung darf nur durch die Tat, also durch die Verletzung eines anderen Rechtsguts, möglich sein. 3. Die zwischen den widerstreitenden Interessen vorzunehmende Abwägung muß dazu führen, daß das verteidigte Interesse das beeinträchtigte wesentlich überwiegt. Die ganz auf den Einzelfall abzustellende *Güterabwägung* muß die betroffenen Rechtsgüter und auch den Grad ihrer Gefährdung einbeziehen. 4. Die Tat muß ein angemessenes Mittel sein, die Gefahr abzuwenden.

Nach diesen Grundsätzen ist es z. B. gerechtfertigt, wenn der zu einem lebensgefährlich Verletzten gerufene Arzt unter Berücksichtigung des übrigen Verkehrs ein Rotlicht überfährt; wenn jemand in ein verschlossenes Haus einbricht, um einen ausgebrochenen Brand zu bekämpfen. Hierher gehören auch die Fälle der rechtfertigenden Pflichtenkollision; so wenn ein Arzt eine Patientin unter → Verletzung von Privatgeheimnissen über die Geschlechtskrankheit ihres gleichfalls von ihm behandelten Intimpartners unterrichtet.

Tötungshandlungen finden durch N. grundsätzlich keine Rechtfertigung, da das Leben einerseits Höchstwert hat, zum anderen auch einer quantitativen Abwägung nicht zugänglich ist. Die Tötung eines Menschen ist deshalb auch dann nicht zu rechtfertigen, wenn eine große Anzahl Menschen dafür gerettet werden könnten.

Irrige Annahme von Umständen, die einen N. nach § 34 StGB annehmen ließen, führt zu den Regeln des → Irrtums über Rechtfertigungsgründe.

II. Bloßer → Schuldausschließungsgrund ist der *entschuldigende N.* des § 35 I StGB, der stets außer Betracht bleibt, wenn rechtfertigender N. vorliegt. Hier ist vorausgesetzt: 1. Das Bestehen einer gegen-

Notwehr

wärtigen Gefahr für Leib, Leben oder Freiheit für den Täter oder für einen → Angehörigen. Gefahr für andere Rechtsgüter (z. B. Eigentum) genügt nicht. Gleichgültig ist, ob die Gefahrenlage durch Naturereignisse, durch behördliche Anordnungen oder durch Verhalten Dritter (z. B. deren → Nötigung, was den früheren *Nötigungsstand* abdeckt) ausgelöst wird. 2. Gefahrenabwendung darf nur durch die rechtswidrige Tat möglich sein. 3. Dem Täter darf nicht zumutbar sein, die Gefahr hinzunehmen. Dies ist insbesondere der Fall, wenn der Täter selbst die Gefahr verursacht hat. So kann sich der Kolonnenspringer bei Gegenverkehr nicht auf N. berufen, wenn er ein rechts fahrendes Fahrzeug von der Fahrbahn abdrängt. Die Berufung auf den N. des § 35 ist auch dann verwehrt, wenn der Handelnde zur Ertragung von Gefahren auf Grund eines besonderen Rechtsverhältnisses verpflichtet ist. Das gilt (nach § 6 WStG) für den Soldaten, für Seeleute, Polizeibeamte, Feuerwehr oder Bergführer. War die Gefahrenhinnahme zumutbar, gewährt § 35 I 2 HS. 2 StGB dem Täter die Möglichkeit der → Strafmilderung.

Nimmt der Täter irrige Umstände an, die ihn entschuldigen würden, wird er nur bei Vermeidbarkeit des Irrtums bestraft, im übrigen tritt aber → Strafmilderung ein (§ 35 II StGB). Da § 35 I StGB lediglich die Schuld, nicht aber die Rechtswidrigkeit der Abwehrhandlung ausschließt, kann gegen den Handelnden → Notwehr zulässig sein.

Unter den entschuldigenden N. fällt nicht die nur schuldausschließende Pflichtenkollision, weil der Täter selbst nicht durch die Gefahrenlage bedroht ist. Vgl. hierzu III.

III. *Übergesetzlichen Notstand* gibt es als Rechtfertigungsgrund nicht mehr, weil § 34 StGB (rechtfertigender Notstand) alle Voraussetzungen für die Rechtfertigung einer an sich rechtswidrigen Handlung zur Gefahrenabwehr außerhalb einer Notwehrlage erschöpfend regelt. Der entschuldigende Notstand des § 35 StGB beschränkt sich auf Gefahrensituationen, die den Täter selbst oder dessen Angehörige betreffen. Sonach bleibt weiterhin als ü. N. der Fall der *schuldausschließenden Pflichtenkollision*. Übergesetzlicher entschuldigender N. liegt insbesondere vor, wenn die Interessenabwägung bei der Prüfung des rechtfertigenden N. dazu führt, Gleichwertigkeit anzunehmen, so wenn der Arzt für mehrere Patienten nur eine Herzlungenmaschine zur Verfügung hat.

Notwehr ist ein → Rechtfertigungsgrund. N. ist diejenige Verteidigung, die erforderlich ist, um einen gegenwärtigen, rechtswidrigen Angriff von sich oder einem anderen abzuwehren (§ 32 II StGB). Die Notwehrlage setzt voraus: 1. Einen *Angriff* auf geschützte Rechtsgüter (z. B. Leben, Freiheit, das Recht auf die Intimsphäre, Eigentum,

Notwendige Teilnahme

Besitz). 2. Der Angriff muß von einem Menschen (str.! nach a. A. genügt ein Tier) ausgehen. 3. Der Angriff muß *gegenwärtig* sein, d. h. er muß unmittelbar drohen oder jedenfalls fortbestehen, darf aber nicht schon abgeschlossen sein. 4. Der Angriff muß *rechtswidrig* sein, also der Rechtsordnung widersprechen.

Die Verteidigungshandlung erfordert: 1. Sie muß zur Abwehr des Angriffs erfolgen. Die Abwehr kann auch in einem Gegenangriff (sog. *Trutzwehr,* im Gegensatz zur *Schutzwehr*) bestehen. 2. Sie muß sich gegen den Angreifer richten. 3. Sie muß zur Abwendung des Angriffs *erforderlich* sein. Die Abwehrhandlung hat sich deshalb nach Art und Schwere des Angriffs zu richten. Auf N. kann sich z. B. nicht berufen, wer Kinder aus seinem Garten mit Steinen vertreibt, wer den Beleidiger erschießt. Verboten ist die *rechtsmißbräuchliche* Verteidigung und auch die, bei der der angerichtete Schaden außer Verhältnis zu dem durch den Angriff drohenden Schaden steht (BayObLG NJW 1963, 825). Grundsätzlich hat der in N. Handelnde unter mehreren das *mildeste Mittel* zur Verteidigung zu wählen.

Wehrt ein selbst nicht angegriffener Dritter den Angriff für einen anderen ab, so spricht man von *Nothilfe*. Die Notwehrlage braucht nur bei dem Angegriffenen vorzuliegen.

Geht der Angegriffene über die erforderliche Verteidigung hinaus, so liegt ein *Notwehrexzeß* vor. Beruht die Überschreitung der Grenzen der notwendigen Verteidigung auf Bestürzung, Furcht oder Schrecken als Reaktion auf den Angriff, so ist der Täter nach § 33 StGB nicht strafbar. Insoweit liegt aber nur ein → Schuldausschließungsgrund vor. In allen übrigen Fällen der *Notwehrüberschreitung* haftet der Täter nach allgemeinen Regeln wegen vorsätzlichen oder fahrlässigen rechtswidrigen Verhaltens.

Nimmt jemand eine Notwehrlage an, die objektiv nicht gegeben ist (sog. *Putativnotwehr*), so liegt ein → Irrtum über das Vorhandensein eines Rechtfertigungsgrundes vor. Beispiel: die Ehefrau schießt in der Annahme, es dringe ein Einbrecher ein, auf ihren durch das Fenster heimkehrenden Gatten, der den Hausschlüssel vergessen hat. Der Täter haftet, wenn der Irrtum ihm vorgeworfen werden kann, in aller Regel nur wegen Fahrlässigkeit. S. im einzelnen Irrtum.

Notwendige Auslagen → Kosten des Strafverfahrens.

Notwendige Teilnahme liegt vor, wenn ein gesetzlicher Straftatbestand begrifflich die Mitwirkung einer weiteren Person neben dem Täter voraussetzt, für diese Person jedoch keine Strafdrohung enthält (z. B. → sexueller Mißbrauch von Schutzbefohlenen). Die notwendig beteiligte Person, die durch den Tatbestand oft geschützt wird, ist dann *straflos,* wenn sie nicht ihrerseits gleichzeitig einen anderen Tatbestand erfüllt.

Notwendige Verteidigung

Notwendige Verteidigung → Verteidiger.

Nullum crimen, nulla poena sine lege → Strafbarkeit.

O

Obduktion → Tod, unnatürlicher.

Oberlandesgericht (OLG). In Strafsachen entscheidet am OLG der *Strafsenat* als Rechtsmittelgericht (3 Berufsrichter) über die → *Revision* gegen Urteile des Amts- oder Landgerichts. Hat das → Landgericht jedoch in erster Instanz oder das Schwurgericht entschieden, so ist das OLG nur dann zuständig, wenn die Revision sich ausschließlich auf Verletzung eines Landesgesetzes stützt (§ 121 I 1 GVG). Das OLG befindet auch über Beschwerden gegen landgerichtliche Entscheidungen. *Im 1. Rechtszug* ist das OLG für → Staatsschutzsachen nach § 120 I, II GVG zuständig. Das OLG entscheidet auch über Anträge auf Überprüfung von → Justizverwaltungsakten.

In Berlin trägt das OLG die traditionelle Bezeichnung *Kammergericht*.

Zum Gerichtsaufbau in den 5 neuen Bundesländern → DDR I.

In Bayern ist die Zuständigkeit des Bayerischen Obersten Landesgerichts nach Art. 22 Nr. 1 Bay. AGGVG zu beachten. Rechtsgrundlage für die Errichtung eines Obersten Landesgerichts ist § 9 EGGVG.

Oberstes Landesgericht → Oberlandesgericht.

Obhutspflicht, Verletzung → Mißhandlung von Schutzbefohlenen.

Objektive Bedingung der Strafbarkeit → Bedingung der Strafbarkeit.

Objektives Verfahren. Von einem o. V. spricht man, wenn Gegenstand eines Strafverfahrens nicht die subjektiv vorwerfbare Tat, sondern die selbständige Anordnung von Maßnahmen, insbesondere von → Maßregeln der Sicherung aus Anlaß einer rechtswidrigen Tat ist. Ein o. V. ist das → Sicherungsverfahren. Im o. V. ist außerdem die → Einziehung von Gegenständen, die Erklärung des → Verfalls, die → Entziehung der Fahrerlaubnis und die Verhängung eines → Berufsverbots möglich.

Offenbaren von Staatsgeheimnissen → Landesverrat.

Offenbaren von Privatgeheimnissen → Verletzung von Privatgeheimnissen.

Öffentliche Klage

Offenbaren abgehörter oder aufgenommener Worte → Verletzung der Vertraulichkeit des Wortes.

Offenkundigkeit einer Tatsache erübrigt die → Beweisaufnahme, entbindet aber das Gericht nicht von der Pflicht, eine tatbestandserhebliche Tatsache zum Gegenstand der Hauptverhandlung zu machen (BVerfG MDR 60, 24). Offenkundig sind Tatsachen, die entweder allgemeinkundig oder gerichtskundig sind. *Allgemeinkundig* ist die Tatsache, von der der verständige und erfahrene Mensch Kenntnis hat oder von der er sich aus allgemein zugänglichen, zuverlässigen Quellen leicht überzeugen kann (z. B. Termin des Osterfestes in früheren Jahren, der Alkoholgehalt eines Magenbitter). *Gerichtskundig* ist eine Tatsache, von der das Gericht durch ein Verfahren so sichere Kenntnis erlangt, daß ein Beweis nicht mehr notwendig ist.

Öffentliche Ämter, Verlust → Nebenfolgen.

Öffentliche Aufforderung zu Straftaten (§ 111 StGB) ist ein abstraktes Gefährdungsdelikt. Voraussetzung ist eine öffentliche, also von einem beliebigen, durch persönliche Beziehungen nicht zusammenhängenden Personenkreis wahrnehmbare A. zu Straftaten oder, daß sie in einer Versammlung oder durch Verbreitung von Schriften, Tonträgern, Abbildungen oder Darstellungen ergeht. Erforderlich ist ferner die A. *zu einer bestimmten Straftat*. Da nicht eine bestimmte Person aufgefordert wird, liegt keine → *Anstiftung* vor. Doch ist durch § 111 StGB der Anwendungsbereich der Bestrafung wegen Anstiftung erweitert. Die Strafbarkeit ist dieselbe wie bei der Anstiftung; die erfolglose Aufforderung ist nach § 111 II StGB mit Freiheitsstrafe bis zu 5 Jahren oder mit Geldstrafe bedroht, doch darf drei Viertel des Höchstmaßes der Strafdrohung der erstrebten Straftat nicht überschritten werden. Vgl. auch → Anleitung zu Straftaten. Über A. zum Steuerstreik s. Streik.

Öffentliche Klage erhebt die Staatsanwaltschaft, wenn die Ermittlungen nicht Anlaß zur → Einstellung geben, durch Einreichen einer → Anklageschrift oder Antrag auf Aburteilung im → beschleunigten Verfahren, auf Erlaß eines → Strafbefehls oder durch Erhebung der → Nachtragsanklage. Die öffentliche Klage kann nur bis zur Eröffnung des Hauptverfahrens (→ Eröffnungsbeschluß bei Anklage, Vernehmung des Angeklagten zur Sache im beschleunigten Verfahren) *zurückgenommen* werden (§ 156 StPO; vgl. aber → Strafbefehl). Die gerichtliche Untersuchung erstreckt sich auf die durch die ö. K. bezeichneten Taten und beschuldigten Personen (§ 155 StPO). Der ö. K. entspricht im → Sicherungsverfahren die Antragsschrift.

Öffentlicher Friede

Öffentlicher Friede ist nicht nur der äußere Friede, sondern das Gefühl der Rechtssicherheit und des Rechtsfriedens der Bevölkerung, aber auch einzelner oder einzelner Gruppen. In den Straftatbeständen des StGB ist regelmäßig nicht auf die Störung des ö. F., sondern darauf abgestellt, daß die Handlungen geeignet sind, den ö.F. zu stören. Eine Störung braucht damit noch nicht vorzuliegen. Vgl. → Störung des ö. F. durch Androhung von Straftaten, → Volksverhetzung, → Beschimpfung von Bekenntnissen.

Öffentliches Ärgernis → Erregung öffentlichen Ärgernisses.

Öffentliches Interesse. Das ö. I. an der Strafverfolgung schließt eine Einstellung wegen Geringfügigkeit an der Schuld nach § 153 StPO aus, verpflichtet den Staatsanwalt auch bei einem Privatklagedelikt zur Erhebung der öffentlichen Klage (§ 376 StPO) und macht bei bestimmten → Antragsdelikten den → Strafantrag des Verletzten als Verfolgungsvoraussetzung entbehrlich (§§ 232, 183 StGB). Das ö. I. kann aus allgemeinen Gründen (z.B. Generalpraevention, Gleichbehandlungsgrundsatz) oder aber auch aus den Umständen des Einzelfalls, etwa wegen außergewöhnlicher Tatfolgen, zu entnehmen sein. Die Annahme des ö. I. durch die Staatsanwaltschaft ist gerichtlich nicht nachprüfbar.

Öffentlichkeit → Hauptverhandlung (V).

Offizialdelikt, Offizialverfahren → Privatklage.

Offizialprinzip → Staatsanwaltschaft.

Offizialverteidiger → Verteidiger.

Opium → Betäubungsmittel.

Opfer von Gewalttaten → Entschädigung für Opfer von Gewalttaten.

Opportunitätsprinzip → Legalitätsprinzip, Ordnungswidrigkeit (III).

Ordentliche Gerichte → Gerichte.

Ordnungsgeld, Ordnungshaft → Ordnungsmittel.

Ordnungsmittel sind Sanktionen zu ungestörter und ordnungsgemäßer Abwicklung gerichtlicher Verfahren. O. stehen neben anderen Maßnahmen der Sitzungspolizei, z.B. dem Entfernen störender Zuschauer, der Ermahnung Prozeßbeteiligter zur Unterlassung von Beleidigungen oder der → Erzwingungshaft. Das mildere O. ist das *Ordnungsgeld,* bei dessen Festsetzung für den Fall erfolgloser Beitreibung aber zugleich das Maß der ersatzweise zu vollstreckenden *Ordnungshaft* bestimmt werden kann.

Ordnungswidrigkeit

O. können im Strafverfahren festgesetzt werden: 1. gegen Zeugen im Fall des Nichterscheinens, der Verweigerung des Zeugnisses oder der Eidesleistung nach §§ 51, 70 StPO; 2. gegen Sachverständige bei Verweigerung der Gutachtenerstellung; 3. gegen Personen, die gem. § 81c StPO untersucht werden sollen; 4. gegen die Gewahrsamsinhaber von Gegenständen, die herauszugeben sind nach § 95 II StPO; 5. gegen Schöffen, die sich ihren Pflichten entziehen, insbesondere zu den Sitzungen nicht erscheinen gem. § 56 I GVG; 6. gegen Beschuldigte, Zeugen, Sachverständige und Verfahrensunbeteiligte, soweit sie den Anordnungen des Vorsitzenden zur Aufrechterhaltung der Ordnung nicht Folge leisten, gem. § 177 GVG, und 7. soweit diese Personen sich einer Ungebühr schuldig machen (z. B. Trunkenheit des Angeklagten, Biertrinken eines Zuschauers) gem. § 178 GVG. Dabei ist in den Fällen 1–5 Ordnungsgeld von 5 bis 1000 DM, im Fall 6 Ordnungshaft bis zu höchstens 24 Stunden, im Fall 7 Ordnungsgeld bis 2000 DM oder Ordnungshaft bis zu 1 Woche angedroht. Gegen Verfahrensunbeteiligte setzt der Vorsitzende das O. fest, gegen Verfahrensbeteiligte entscheidet das Gericht. Die Entscheidung ergeht nach mündlicher Anhörung oder schriftlicher Androhung (z. B. in der Zeugenladung) durch Beschluß, der ins Protokoll aufgenommen wird. Dagegen ist im Fall 6 sofortige Beschwerde (Frist 1 Woche), sonst einfach Beschwerde zulässig. Im Ermittlungsverfahren kann die Staatsanwaltschaft gem. § 161a II StPO in den Fällen 1 und 2 Ordnungsgeld festsetzen. Hiergegen kann gerichtliche Entscheidung beantragt werden.

Ordnungswidrigkeit. I. Die O. ist wie die → Straftat ein rechtswidriges und schuldhaftes Handeln durch Tun oder Unterlassen. Der Unrechtsgehalt (sog. Ordnungs- oder *Verwaltungsunrecht*) ist jedoch geringer und nicht mit einem den Täter persönlich betreffenden Unwerturteil verbunden. Die O. ist erkennbar und von der Straftat unterscheidbar durch die Bedrohung eines bestimmten Verhaltens mit einer *Geldbuße*. Das OWiG i.d. F. v. 19. 2. 1987 (BGBl. I 602) enthält Vorschriften über O. im allgemeinen, über das Verfahren, aber auch über einzelne Tatbestände von O. Überwiegend sind Tatbestände jedoch in zahlreichen Gesetzen (z. B. StVO, StVZO, Bundesbaugesetz) beschrieben. Die Abgrenzung strafwürdiger von nur ahndungswürdigen Handlungen führt z. T. zu → Mischtatbeständen. Entsprechend dem ähnlichen Aufbau der O. zeigt das Recht der O. weitgehend Parallelen zu dem Recht, das für Straftaten gilt. Grundsätzlich wird nur die *vorsätzliche* Begehung geahndet; die *fahrlässige* O. nur dann, wenn das Gesetz ausdrücklich fahrlässiges Verhalten bedroht. Keine Unterscheidung besteht nach der Art der *Teilnahme* an einer Straftat: jeder „Beteiligte" handelt ordnungswidrig.

Ordnungswidrigkeit

Wie das StGB, legt auch das OWiG die Verantwortlichkeit der Vertreter von *juristischen Personen* (AG, GmbH, der Genossenschaft, des eingetragenen Vereins, einer Stiftung oder Anstalt usw.), von Personenhandelsgesellschaften (z. B. OHG, KG) sowie der gesetzlichen Vertreter (z. B. Eltern, Vormund, Konkursverwalter) und sonstiger Beauftragter fest. Die Geldbuße hat einen Regelrahmen von 5 bis 1000 DM, der jedoch durch das einzelne Gesetz überschritten werden kann. Während die Regelung des *Zusammentreffens mehrerer O.* durch eine Handlung der Tateinheit des § 52 entspricht, werden bei mehreren zu ahndenden Handlungen – also Tatmehrheit – mehrere Geldbußen (nicht eine Gesamtgeldbuße) festgesetzt (Kumulation). Trifft die O. mit einer Straftat in Tateinheit zusammen, so wird stets nur das Strafgesetz angewendet. Die Staatsanwaltschaft hat aber ein Verfahren, das sie durch → Einstellung beendet, an die Verwaltungsbehörde zu leiten, wenn Anhaltspunkte für die Annahme von O. gegeben sind (§ 43 OWiG). Nebenfolge der O. ist u. U. auch die → Einziehung, die der Regelung im Strafrecht entspricht.

II. *Verfolgungsverjährung* der O. tritt nach 6 Monaten ein, wenn sie mit Geldbuße bis zu 1000 DM im Höchstmaß bedroht ist. Bei gesetzlich höher festgelegtem Maß der Geldbuße verlängert sich die Verjährungsfrist gestaffelt bis auf 3 Jahre. Eine *Unterbrechung* der Verjährung der O. tritt sowohl durch eine richterliche Verfügung wie auch durch bestimmte Ermittlungshandlungen der Verwaltungsbehörde (insbesondere die Vernehmung des Betroffenen sowie die Bekanntgabe, daß ein Ermittlungsverfahren eingeleitet ist, z. B. Zusendung des Anhörungsbogens), durch den Bußgeldbescheid und durch Erhebung der öffentlichen Klage ein. Das OWiG legt aber eine absolute Verjährungsfrist fest: Die Verfolgung ist auch bei Vorliegen zur Unterbrechung geeigneter Handlungen ausgeschlossen, wenn das Doppelte der gesetzlichen Verjährungsfrist verstrichen ist, jedoch frühestens nach 2 Jahren (§ 33 III OWiG).

III. Zur Verfolgung der O. ist grundsätzlich die Verwaltungsbehörde zuständig. Es gilt aber stets das *Opportunitätsprinzip*, d. h. die Verfolgung steht in pflichtgemäßem Ermessen der Verfolgungsbehörde. Die Erforschung von O. und das Recht bzw. die Pflicht des ersten Zugriffs haben die Behörden und Beamten des Polizeidienstes (§ 53 OWiG). Bei geringfügigen O. können die Verwaltungsbehörde (§ 56 I OWiG), aber auch die (ermächtigten) Beamten des Außendienstes und der Polizeibehörden *Verwarnungen* erteilen. Die Verwarnung ist formlos, ohne Verwarnungsgeld möglich. Soll sie (mündlich oder schriftlich) mit Verwarnungsgeld (5–75 DM) erteilt werden, so ist sie nur wirksam, wenn der Betroffene nach Belehrung über sein Weigerungsrecht mit ihr einverstanden ist und das festgesetzte Verwarnungsgeld sofort oder innerhalb einer ihm gewährten

Ordnungswidrigkeit

Frist (1 Woche) rechtzeitig bei der bezeichneten Dienststelle oder der Post eingezahlt wird (§ 56 II OWiG). Nur in diesem Fall tritt ein Verfahrenshindernis für die weitere Ahndung der O. ein. Sieht die Verwaltungsbehörde nicht von der Verfolgung ab und ist auch keine wirksame Verwarnung erteilt, so erläßt sie einen *Bußgeldbescheid* (§§ 65, 66 OWiG), der unter anderem die zur Last gelegte Tat, deren gesetzliche Merkmale und die angewendete Bußgeldvorschrift bezeichnet.

Gegen den Bußgeldbescheid ist der Rechtsbehelf des *Einspruchs* innerhalb einer Frist von 1 Woche nach Zustellung zulässig. Nimmt die Verwaltungsbehörde auf den Einspruch hin den Bußgeldbescheid nicht zurück, so legt sie die Akten der Staatsanwaltschaft vor. Diese hat damit Befugnisse wie im eigenen Ermittlungsverfahren, also auch zur Einstellung (§ 170 II StPO i. V. § 46 I oder § 47 I OWiG).

IV. Besteht zwischen O. und *Straftaten* ein *Zusammenhang* (§ 42 OWiG), so ist die Staatsanwaltschaft auch zu Ermittlungen hinsichtlich der O. zuständig (§§ 40, 42 OWiG). Ein gesondertes Bußgeldverfahren daneben ist ausgeschlossen. Die wegen der Straftat erhobene → öffentliche Klage erstreckt die Staatsanwaltschaft auch auf die im Zusammenhang stehende O., wenn sie insoweit nicht einstellt. Das Verfahren folgt in diesem Fall den Regeln des Strafrechts mit den sich nach Maßgabe des § 83 OWiG ergebenden Besonderheiten.

V. Bei zulässigem *Einspruch* kann das Amtsgericht über den Bußgeldbescheid, wenn der Staatsanwalt und der Betroffene nicht widersprechen, *ohne Hauptverhandlung durch Beschluß* entscheiden (§ 72 I OWiG). Der Beschluß darf für den Betroffenen keine ungünstigere Ahndung oder Nebenfolge aussprechen (§ 72 II 2 OWiG). Wird nicht durch Beschluß entschieden, so ordnet das Amtsgericht die *Hauptverhandlung* an (§ 71 OWiG). Weder der Staatsanwalt noch der Betroffene ist zur Teilnahme an der Hauptverhandlung verpflichtet. Das Gericht kann jedoch das persönliche Erscheinen des Betroffenen anordnen. Verfahrensbeteiligt ist nach § 76 OWiG die Verwaltungsbehörde. Der Gang der → Hauptverhandlung entspricht der StPO. Sie endet, wenn nicht die Klage oder der Einspruch noch zurückgenommen wird, mit *Urteil*. Eine *Schlechterstellung* des Betroffenen durch das Urteil ist – entsprechend dem Strafbefehlsverfahren, dessen Vorschriften nach § 71 OWiG Anwendung finden, – nicht ausgeschlossen. Gegen das Urteil wie gegen den Beschluß können die Staatsanwaltschaft und der Betroffene nur unter den bestimmten Voraussetzungen des § 79 OWiG *Rechtsbeschwerde* einlegen. Die Regelung der Rechtsbeschwerde ist dem Revisionsverfahren nachgebildet. Über sie entscheidet das Oberlandesgericht, in Bayern das Oberste Landesgericht (§ 121 I Nr. 1a GVG). Der rechtskräftige Bußgeldbescheid oder die rechtskräftige gerichtliche Entscheidung

Organe, Strafbarkeit

begründen ein Verfahrenshindernis zur Verfolgung der Tat als O. Aber auch als Straftat kann die Handlung nicht mehr verfolgt werden, wenn eine gerichtliche Entscheidung über den Bußgeldbescheid ergangen ist (§ 84 OWiG). Ist allerdings der Bußgeldbescheid rechtskräftig geworden, so ist bei Auftauchen neuer Umstände (insbesondere bei Mischtatbeständen) die Verfolgung als Straftat nicht gehindert. Das Strafurteil hebt jedoch dann den Bußgeldbescheid auf, § 86 I OWiG.

VI. Von einem bei Gericht anhängigen Ordnungswidrigkeitsverfahren kann zum Strafverfahren nach Hinweis auf die Änderung des rechtlichen Gesichtspunkts (§ 265 StPO) *übergegangen* werden, wenn sich im Verfahren die zur Last gelegte Tat als Straftat darstellt (§ 81 OWiG).

Organe, Strafbarkeit → Juristische Person, Gesetzlicher Vertreter.

Örtliche Zuständigkeit → Zuständigkeit.

P

Päderastie (Knabenliebe) → Homosexuelle Handlungen.

Parallelwertung in der Laiensphäre → Tatbestandsmerkmal, Irrtum.

Parlamentsfrieden → Verfassungsorgane (IV).

Parlamentsnötigung → Verfassungsorgane (I).

Parteiverrat (sog. Prävarikation) ist als echtes → Sonderdelikt auf *Anwälte oder andere Rechtsbeistände* als Täter beschränkt. Nach § 356 I StGB wird der Anwalt bestraft, der pflichtwidrig in einer Rechtssache beiden Parteien dient. Die *Pflichtwidrigkeit* ist stets dann gegeben, wenn zwischen den Parteien Interessengegensätze bestehen. Als Rechtssache ist jede rechtliche Angelegenheit anzusehen, die zwischen mehreren Beteiligten mit mindestens möglicherweise entgegenstehenden rechtlichen Interessen in einem geordneten Verfahren verhandelt und entschieden wird. § 356 II StGB sieht eine Strafschärfung der Regelstrafe (3 Monate bis zu 5 Jahren Freiheitsstrafe) durch Anhebung der Mindeststrafe auf 1 Jahr (Verbrechen!) für den Fall vor, daß der Täter im Einverständnis mit der Gegenpartei zum Nachteil seiner Partei handelt.

Personalausweise → Ausweismißbrauch.

Personalien, falsche → falsche Namensangabe.

Personalitätsprinzip → Ausländer.

Polizeibehörden

Personenhehlerei → Begünstigung.

Personenstandsfälschung begeht nach § 169 StGB, wer ein Kind unterschiebt oder wer gegenüber einer zur Führung von Personenstandsbüchern oder zur Feststellung des Personenstandes zuständigen Behörde (z. B. Standesamt) den Personenstand eines anderen falsch angibt oder unterdrückt. Der Personenstand wird *unterdrückt,* wenn nicht ein anderer Personenstand als der wahre vorgespiegelt, sondern wenn verhindert oder erschwert wird, daß das wirklich vorliegende Familienrechtsverhältnis einer Person zur Geltung kommt, z. B. durch Nichtanmeldung einer Geburt. Die P. ist mit Freiheitsstrafe bis zu 2 Jahren oder mit Geldstrafe bedroht. Auch der Versuch ist strafbar.

Persönliche Merkmale, Eigenschaften, Verhältnisse, Umstände → Akzessorietät (II).

Persönliche Strafaufhebungsgründe → Strafaufhebungsgründe.

Pfandkehr begeht nach § 289 StGB, wer vorsätzlich durch Wegnahme von beweglichen Sachen, an denen ein Pfandrecht, ein Gebrauchs-, Nutznießungs- oder Zurückbehaltungsrecht vertraglichen oder gesetzlichen Ursprungs besteht, dem Berechtigten die *Ausübung seiner Rechte* an der Sache *unmöglich macht.* Der Täter muß in rechtswidriger Absicht und zugunsten des Eigentümers (der er selbst sein kann) handeln. P. ist → Antragsdelikt. Mit P. kann → Verstrikkungsbruch zusammentreffen. P. wird mit Freiheitsstrafe bis zu 3 Jahren oder mit Geldstrafe bestraft.

Pflichtenkollision → Notstand (I, II).

Pflichtverteidiger → Verteidiger.

Pflichtwidrigkeit → Fahrlässigkeit.

Plädoyer → Hauptverhandlung.

Politische Parteien, Vereinigungen → Gefährdung des demokratischen Rechtsstaats.

Politische Strafsachen → Staatsschutzsachen.

Politische Verdächtigung → Verdächtigung.

Politischer Streik → Streik.

Polizeibehörden haben neben allgemeinen Ordnungsaufgaben (als sog. *Schutzpolizei,* z. B. Verkehrsüberwachung, Transportbegleitung) die Aufgabe, Straftaten zu bekämpfen *(Kriminalpolizei).* Nur soweit sie strafbare Handlungen aufklären, also Tat und Täter zum Zweck der Bestrafung ermitteln, arbeiten die P. als den Weisungen

Polizeihaft

der → Staatsanwaltschaft unterstellte Ermittlungsbehörden. Im übrigen, also insbesondere auch bei der Verhütung bevorstehender oder künftiger Straftaten, sind die P. der Weisungsbefugnis der Innenministerien unterstellt. Überschneidungen der Zuständigkeiten sind insbesondere in den Fällen denkbar, in denen Straftaten schon begangen sind, weitere aber von dem gleichen Täter unmittelbar bevorstehen. Die Konfliktsituation, also der Widerstreit zwischen dem Interesse der Staatsanwaltschaft, die Straftat aufzuklären und des Täters habhaft zu werden, und der Aufgabe der P., weitere Straftaten zu verhüten und bedrohte Rechtsgüter zu schützen, ist nach den Grundsätzen der Güterabwägung und der Verhältnismäßigkeit zu entscheiden.

Polizeihaft → Anrechnung.

Pornographische Schriften, Abbildungen, Darstellungen. Inhaltlich ist mit dem Tatbestandsmerkmal „pornographisch" gegenüber dem früheren Begriff „unzüchtig" kaum größere Klarheit für die Auslegung im Einzelfall gewonnen. Entscheidend ist weiterhin, daß die Darstellung in geschlechtlicher Hinsicht das allgemeine – sicherlich in den letzten Jahren beträchtlich gewandelte – Scham- und Sittlichkeitsgefühl gröblich verletzt. Die Abbildung des nackten menschlichen Körpers ist für sich nicht als p. anzusehen. Auch die Darstellung des Geschlechtsverkehrs oder gleichgeschlechtlicher sexueller Handlungen etwa in Spielfilmen bewertet die Praxis der Strafverfolgungsbehörden nicht mehr als pornographisch. P. ist nur die Grobes und Obszönes betonende Darstellung sexueller Vorgänge. Vgl. auch Kunst, Kunstfreiheit.

I. Als *Verbreitung* p. S. sind nach § 184 StGB nur mehr ganz bestimmte Verhaltensweisen mit Freiheitsstrafe bis zu 1 Jahr oder mit Geldstrafe bedroht. Mit einer unerfreulichen Kasuistik versucht der Gesetzgeber Auswüchse der grundsätzlichen Freigabe pornographischer Darstellungen zu beschneiden. 1. Strafbar sind Herstellungen und jede Art der Verbreitung solcher p. Darstellungen (sog. *harte Pornographie*), die Gewalttätigkeiten, sexuellen Mißbrauch von Kindern oder aber sexuelle Handlung von Menschen mit Tieren (Sodomie) zum Gegenstand haben (§ 184 III StGB). 2. Im Interesse des Jugendschutzes dürfen auch andere p. Darstellungen Personen unter 18 Jahren weder durch Übergabe noch durch Ausstellung, Vorführung, Vorzeigen oder in sonstiger Weise zugänglich gemacht werden. Straffrei bleibt jedoch der Erziehungsberechtigte. Zur Sicherung des Schutzes Jugendlicher sind aber darüber hinaus eine Reihe von Vertriebsformen, so der Versandhandel, der Verkauf aus Kiosken, die Verleihung in Lesezirkeln oder Leihbüchereien, und auch die öffentliche Werbung verboten (§ 184 I Nr. 1–5 StGB). 3. Strafbar ist

Pressedelikte

ferner, p. D. an einen anderen gelangen zu lassen, ohne von diesem hierzu aufgefordert worden zu sein (§ 184 I Nr. 6 StGB). 4. § 184 I Nr. 7 StGB stellt das Zeigen p. Filme dann unter Strafe, wenn Entgelt ganz oder überwiegend für diese Vorführung verlangt wird. Damit ist die unentgeltliche Vorführung p. Filme ebenso straflos wie die Vorführung neben anderen Leistungen (Unterhaltung, Verabreichung von Getränken oder Speisen), sofern auf diese der größere Teil des Entgelts entfällt. 5. Strafbar ist schon Herstellung und Handel mit p. D., wenn eine strafbare Handlung nach den unter 2-4 angeführten Tatbeständen beabsichtigt ist oder ermöglicht werden soll (§ 184 I Nr. 8 StGB). 6. Nach § 184 I Nr. 9 StGB ist strafbar die Ausfuhr in Länder, in denen die Verbreitung p. D. strafbar ist. 7. Schließlich ist die Verbreitung p. D. durch Rundfunk (auch Fernsehen) strafbar (§ 184 II StGB).

II. Nach dem Gesetz über die Verbreitung *jugendgefährdender Schriften* in der Neufassung der Bekanntmachung vom 12. 7. 1985 (BGBl. I 1502) – GjS – sind das Zugänglichmachen an Kinder oder Jugendliche, bestimmte Vertriebsformen (z. B. Versand- und Kioskhandel) sowie die öffentliche Werbung hinsichtlich jugendgefährdender Schriften unter Freiheitsstrafe bis zu 1 Jahr oder Geldstrafe gestellt. Den Beschränkungen unterliegen nur Darstellungen, die a) von der Bundesprüfstelle auf die Liste der jugendgefährdenden Schriften gesetzt sind, b) die Gewalttätigkeiten gegen Menschen in grausamer oder sonst unmenschlicher Weise schildern und dadurch eine Verherrlichung oder Verharmlosung solcher Gewalttätigkeiten ausdrücken oder die zum Rassenhaß aufstacheln, c) pornographisch sind oder d) die offensichtlich geeignet sind, Kinder oder Jugendliche sittlich schwer zu gefährden.

Postgeheimnis → Geheimnisbruch.

Präsente Beweismittel → Beweisaufnahme.

Prävarikation → Parteiverrat.

Preisgabe von Staatsgeheimnissen → Landesverrat (III).

Presse, Berichterstattung → Wahrnehmung berechtigter Interessen.

Presse, Verjährung bei -vergehen → Pressedelikte.

Presse, Wahrnehmung berechtigter Interessen → Wahrnehmung berechtigter Interessen.

Pressedelikte sind die Verstöße gegen die Pressegesetze der Länder sowie alle Straftaten, die durch Verbreitung von *Druckschriften* (Druckwerke aller Art; → Schriften, → Abbildungen, Darstellun-

Privatgeheimnis

gen, die durch ein beliebiges Druckverfahren vervielfältigt werden) begangen werden. Die Pressegesetze legen den Herstellern den Abdruck bestimmter Angaben (Impressum) auf. Im übrigen können die meisten Straftaten des StGB zumindest über die Anstiftung (z. B. Anstiftung zur → Tötung eines anderen, zur Brandstiftung) in Frage kommen. Häufige P. sind → Beleidigung, → üble Nachrede, → Verleumdung, Verbreitung → pornographischer oder jugendgefährdender Schriften, aber auch → Staatsschutzdelikte. Zu beachten ist, daß die Pressegesetze für P. eigene *Verjährungsvorschriften* enthalten. Die presserechtlichen Verjährungsfristen betragen je nach landesgesetzlicher Regelung 6 Monate bis 1 Jahr.

Bei Druckwerken strafbaren Inhalts erstrecken sich → *Beschlagnahme* und → *Einziehung* (§ 74 StGB) i. d. R. auf alle Exemplare, die sich im Besitz des Herstellers oder des Verbreiters befinden. Da → Tatort sowohl der Herstellungsort wie der Verbreitungsort ist, sieht Nr. 250 RiStBV zur Vermeidung unterschiedlicher oder mehrfacher Anordnungen vor, daß ein Ermittlungsverfahren unverzüglich der Staatsanwaltschaft des Erscheinungsorts des Druckwerks mitzuteilen ist.

Privatgeheimnis → Verletzung von Privatgeheimnissen.

Privatklage. Das grundsätzliche Anklagemonopol der Staatsanwaltschaft ist durchbrochen bei einer Anzahl bestimmter Straftaten, den sog. *Privatklagedelikten,* die in § 374 I StPO erschöpfend aufgezählt sind (häufigste Delikte: Beleidigung, Körperverletzung, Sachbeschädigung). Der Verletzte kann hier ohne Anrufung der Polizei oder der Staatsanwaltschaft durch Einreichung einer → Anklageschrift oder zu Protokoll der Geschäftsstelle des Amtsgerichts P. (nicht gegen → Jugendliche, § 80 JGG) erheben. *Privatklagebefugt* sind neben dem Verletzten auch die Personen, die selbständig → Strafantrag stellen können (z. B. Vorgesetzte von Beamten). Der Minderjährige wird durch den gesetzlichen Vertreter vertreten. Liegen nicht die Voraussetzungen für die Bewilligung des Armenrechts (§ 114 ZPO) vor, so hat der Privatkläger einen *Gebührenvorschuß* einzuzahlen. Zulässigkeitsvoraussetzung ist bei einer Reihe von Privatklagedelikten ferner ein erfolgloser *Sühneversuch* vor einer durch Landesrecht bestimmten Vergleichsbehörde (Schiedsmann, Gemeinde, Rechtspfleger des Amtsgerichts), es sei denn, die P. wird durch den amtlichen Vorgesetzten nach § 196 oder 232 II StGB erhoben. Der Sühneversuch ist gem. § 380 IV StPO durch einzelne Landesgesetze für entbehrlich erklärt, wenn die Parteien in verschiedenen Gemeindebezirken wohnen.

Hat sich nach Zustellung der Privatklage der Beschuldigte geäußert oder eine Erklärung binnen der gesetzten Frist nicht abgegeben,

Propaganda zu verfassungswidrigen Zwecken

so eröffnet das Gericht das Hauptverfahren, wenn es das Verfahren nicht wegen *Geringfügigkeit* nach § 383 II StPO einstellt (dagegen sofortige Beschwerde). Das weitere Verfahren nach Eröffnung richtet sich nach den allgemeinen Vorschriften, die für die öffentliche Klage gelten. Dabei hat der Privatkläger die Stellung der Staatsanwaltschaft. Besonderheit des Verfahrens ist die Möglichkeit der *Widerklage* des Beschuldigten (hier auch gegen Jugendliche), wenn er seinerseits wegen eines Privatklagedelikts gegen den Privatkläger in dem gegen ihn anhängigen Verfahren Klage erhebt (§ 388 StPO). Auch ist die Rücknahme der P. in jeder Verfahrenslage möglich (§ 391 I StPO). Unter bestimmten Voraussetzungen wird die Rücknahme der P. auch gesetzlich vermutet (§ 391 II StPO; z. B. Nichterscheinen des Privatklägers, dessen persönliches Erscheinen in der Hauptverhandlung angeordnet war).

Die *Staatsanwaltschaft* wirkt an dem Privatklageverfahren in aller Regel nicht mit. Wegen Privatklagedelikten (Gegensatz: die sog. *Offizialdelikte*) erhebt sie nur dann öffentliche Klage, wenn dies im öffentlichen Interesse liegt, wie dies z. B. stets bei fahrlässiger Körperverletzung im Straßenverkehr angenommen wird. Das Gericht legt jedoch Privatklageakten der Staatsanwaltschaft vor, wenn es eine Übernahme der Verfolgung im Hinblick auf ein öffentliches Interesse oder auf den Verdacht eines Offizialdelikts für geboten hält (§ 377 I 2 StPO). Die Staatsanwaltschaft kann in jeder Lage die Verfolgung durch ausdrückliche Erklärung (als Offizialverfahren) übernehmen (§ 377 II StPO). Der Privatkläger scheidet damit aus dem Verfahren aus; nur unter den Voraussetzungen der → Nebenklage kann er sich weiter am Verfahren beteiligen. Übernimmt die Staatsanwaltschaft das Verfahren nicht, kommt jedoch das Gericht zur Überzeugung, es liege ein Offizialdelikt vor, so stellt das Gericht das Verfahren durch Urteil ein (§ 389 StPO) und übersendet der Staatsanwaltschaft die Akten.

Privilegierung → Abwandlung.

Probationsverfahren → Wiederaufnahme.

Probezeit → Strafaussetzung zur Bewährung, Jugendstrafe.

Productum sceleris → Einziehung.

Promillegrenze → Trunkenheit.

Propaganda, zersetzende → Störpropaganda gegen die Bundeswehr.

Propaganda zu verfassungswidrigen Zwecken → Gefährdung des demokratischen Rechtsstaats.

Prostitution (Gewerbsunzucht)

Prostitution (Gewerbsunzucht). I. Die Ausübung der (auch männlichen oder gleichgeschlechtlichen) P. ist als solche straflos. 1. Wegen *Ausübung der verbotenen P.* wird nach § 184a StGB das beharrliche Zuwiderhandeln gegen das durch Rechtsverordnung (z. B. Sperrbezirksverordnung) erlassene Verbot, der P. an bestimmten Orten oder zu bestimmten Tageszeiten nachzugehen, mit Freiheitsstrafe bis zu 6 Monaten oder mit Geldstrafe bis zu 180 Tagessätzen bedroht. *Beharrlichkeit* setzt mehrfaches und hartnäckiges Fortsetzen der P. trotz vorangegangener behördlicher Beanstandung voraus. Die einmalige oder gelegentliche Zuwiderhandlung gegen solche örtlichen oder zeitlichen Verbote ist lediglich als → Ordnungswidrigkeit mit Geldbuße bedroht (§ 120 OWiG). 2. *Jugendgefährdende P.* liegt nach § 184b StGB vor, wenn ihr in der Nähe von Orten, die zum Besuch von Personen unter 18 Jahren (Schule, Kindergarten) bestimmt sind, oder in einem Haus, in dem Jugendliche oder Kinder wohnen, in einer Weise nachgegangen wird, daß diese sittlich gefährdet werden. Die Tat ist mit Freiheitsstrafe bis zu 1 Jahr oder mit Geldstrafe bedroht.

II. Wegen der Beteiligung Dritter an der P. s. Zuhälterei, Förderung der Prostitution, Menschenhandel.

Protokoll im *weiteren Sinne* ist jede amtliche Niederschrift über Vorgänge, Erklärungen oder Verhandlungen (z. B. polizeiliche Vernehmungsprotokolle, Niederschrift über Sühneversuch im → Privatklageverfahren). P. im engeren Sinne ist *im Strafprozeß* die Niederschrift des *Urkundsbeamten der Geschäftsstelle*. P. werden aufgenommen über Erklärungen und Anträge Rechtsuchender (insbesondere Rechtsmittelerklärungen; u. U. auch Rechtsbelehrung) und über richterliche Handlungen aller Art, so → Vernehmungen, Augenscheinseinnahme, Haftprüfungsverfahren, Leichensektion und → Hauptverhandlung. Das P. muß die Zeit und den Ort der Beurkundung sowie die beteiligten Personen angeben. Der Urkundsbeamte und, sofern ein *richterliches* P. vorliegt, der Richter bzw. der Vorsitzende haben das P. zu unterzeichnen (§ 168a IV StPO). Der Protokollinhalt darf zunächst in Kurzschrift oder mit einem Tonaufnahmegerät festgehalten werden (§ 168a II StPO), das P. ist aber nach Beendigung der Verhandlung unverzüglich herzustellen. Gemäß § 168a III StPO ist das P. den Beteiligten (z. B. Zeugen) zur Genehmigung vorzulesen oder zur Durchsicht vorzulegen, eine Aufzeichnung vorzuspielen. Eine Genehmigung wird vermerkt. Unterschreibt ein Beteiligter trotz Aufforderung nicht, so ist auch der Grund der Weigerung ins P. aufzunehmen. Vernimmt der Staatsanwalt Beschuldigte, Zeugen oder Sachverständige, so ist auch darüber ein P. aufzunehmen (§ 168b II StPO). P. können in der Hauptverhandlung nur nach den Vorschriften über die → Verlesung von Schriftstücken zu Beweiszwecken herangezogen werden.

Besondere Bedeutung kommt dem *P. über die* → *Hauptverhandlung* zu. Es enthält Tag und Ort der Verhandlung, die Namen der Verfahrensbeteiligten und die Bezeichnung der strafbaren Handlung. Es hat den Gang und die Ergebnisse der Hauptverhandlung wiederzugeben. Nur durch das P. kann die Beobachtung der wesentlichen *Förmlichkeiten* bewiesen werden, z. B. die Vernehmung der Zeugen und Sachverständigen, sowie deren Belehrung, die Öffentlichkeit oder deren Ausschluß, die Verlesung von Schriftstücken, die gestellten Anträge, die ergangenen Entscheidungen und die verkündete Urteilsformel (§§ 273 I, 274 I StPO), es sei denn, daß P. ist nachweisbar gefälscht. Der Inhalt von Erklärungen des Angeklagten zur Sache oder von Aussagen der Zeugen und Sachverständigen wird im P. nur vor dem Amtsgericht und auch hier nur dann festgehalten, wenn das Urteil angefochten wird (§ 273 II StPO). Auf Antrag oder von Amts wegen werden Äußerungen oder Aussagen wortwörtlich aufgenommen oder Vorgänge (z. B. Ohnmachtsanfall oder heftige Gemütsbewegung des Angeklagten oder eines Zeugen) festgehalten, wenn daran ein rechtliches Interesse besteht (§ 273 III StPO).

Protokollrüge nennt man bei der Begründung einer → Revision die (unzulässige) Rüge, das Protokoll enthalte eine bestimmte Förmlichkeit nicht, z. B. im Protokoll sei nicht vermerkt, daß der Angeklagte das letzte Wort gehabt habe. Zulässig kann ein entsprechender Verfahrensfehler nur mit der bestimmten Behauptung gerügt werden, das letzte Wort sei dem Angeklagten versagt worden.

Prozeßbetrug ist ein → Betrug im Sinn des § 263 StGB. Die Täuschung eines Richters, eines anderen Rechtspflegeorgans oder auch des Prozeßgegners kann durch falsche Beweismittel (z. B. gefälschte Urkunden), aber auch durch unwahre Parteibehauptungen erfolgen und zu schädigenden Vermögensverfügungen entweder durch die gerichtliche Entscheidung oder aber durch Prozeßhandlungen des Gegners (z. B. Rücknahme der Klage oder Abschluß eines nachteiligen Prozeßvergleichs) führen. Nicht jeder Verstoß gegen die Wahrheitspflicht führt zum P. Ein P. ist in der Regel auch nicht gegeben, wenn vorsätzlich eine nicht existente Forderung durch Antrag auf Mahnbescheid verfolgt wird.

Prozeßhindernis nennt man bestimmte Umstände, deren Vorliegen eine gerichtliche Strafverfolgung hindert. Es handelt sich damit um *negative* → *Prozeßvoraussetzungen*.

Prozeßkostenhilfe (früher *Armenrecht*) kann im Strafverfahren entsprechend den Vorschriften für bürgerliche Rechtsstreitigkeiten

Prozeßvoraussetzungen

(§§ 114–127 ZPO) gewährt werden: 1. dem Antragsteller im → Klageerzwingungsverfahren nach § 172 III 2 StPO; 2. dem Privatkläger nach § 379 III StPO; 3. dem Nebenkläger für die Hinzuziehung eines Rechtsanwalts nach § 397a StPO; dem Verletzten oder seinem Erben, aber auch dem Angeschuldigten im Adhaesionsverfahren zur → Entschädigung des Verletzten nach § 404 V StPO. Für den Beschuldigten im Strafprozeß gibt es sonst keine Prozeßkostenhilfe. Ihm kann aber u. U ein Pflichtverteidiger (s. Verteidiger) bestellt werden.

Die Bewilligung der P. setzt neben hinreichender Aussicht der Rechtsverfolgung voraus, daß der Antragsteller nach seinen persönlichen und wirtschaftlichen Verhältnissen die Kosten seiner Prozeßführung nicht aufbringen kann. Bei der Bewilligung der P. werden Ratenzahlungen festgesetzt. Von der Zahlung der Gerichtskosten (vgl. Kosten des Strafverfahrens) ist der P.-Berechtigte einstweilen befreit. Ihm kann auch ein Rechtsanwalt beigeordnet werden, der seinerseits einen Vergütungsanspruch gegen die Staatskasse erhält.

Prozeßvoraussetzungen *(Verfahrensvoraussetzungen)* sind die Zulässigkeitsvoraussetzungen für das auf die Sachentscheidung gerichtete Verfahren als solches. Soweit das *Fehlen* bestimmter Umstände P. ist, spricht man besser von Verfahrens- oder *Prozeßhindernis*. Liegen die vom Amts wegen zu prüfenden P. nicht vor, ist das Verfahren einzustellen (§§ 206a, 260 III StPO), wenn das Gesetz nicht eine besondere Regelung getroffen hat. Die wichtigsten P. sind: 1. Strafantrag (soweit erforderlich), 2. Zulässige Strafklage, 3. → Zuständigkeit, 4. Fehlen anderweitiger Rechtshängigkeit, 5. Nichteintritt der → Verjährung, 6. Keine in → Rechtskraft erwachsene anderweitige Entscheidung in derselben Sache, 7. Keine Straffreiheit durch Amnestie, 8. Eröffnungsbeschluß, 9. Verhandlungsfähigkeit.

In der → *Revision* sind P. auch ohne Rüge von Amts wegen zu prüfen; Voraussetzung dafür, daß sich das Revisionsgericht mit der Sache befassen kann, ist aber eine zulässige Revisionseinlegung und -begründung. Prozeßhindernisse, die erst nach Verkündung des angefochtenen Urteils eingetreten sind (z. B. Rücknahme des Strafantrags), kann das Revisionsgericht schon berücksichtigen, wenn die Revision wenigstens zulässig eingelegt (wenn auch nicht begründet) ist.

Psychiatrisches Krankenhaus → Unterbringung.

Psychotherapeutische Behandlung → Unterbringung.

Publikationsbefugnis → Beleidigung.

Publizistischer Verrat → Landesverrat (III).

Putativdelikt → Versuch.

Putativ-Notstand, -Notwehr → Notstand, Notwehr.

Q

Qualifikation, qualifizierende Abwandlung → Abwandlung.

Quälen von Kindern, Jugendlichen oder Gebrechlichen → Mißhandlung von Schutzbefohlenen.

Quälen von Tieren → Tierquälerei.

R

Rädelsführer sind bei Straftaten, die von einer Menschenmenge ausgehen, die teilnehmenden Personen, die bei dem ganzen Vorgang geistig oder physich eine führende Rolle spielen. Vgl. Hintermann.

Radfahrer im Verkehr → Trunkenheit.

Radioaktive Strahlung → Explosionsdelikte.

Rassenhaß → Verherrlichung von Gewalt.

Raub. I. R. begeht, wer einem anderen eine fremde bewegliche Sache in der Absicht rechtswidriger Zueignung mit → Gewalt gegen eine Person oder unter Anwendung von Drohungen mit gegenwärtiger Gefahr für Leib oder Leben wegnimmt (§ 249 I StGB). Danach müssen beim R. zunächst sämtliche Tatbestandsmerkmale des → Diebstahls vorliegen. Hinzu kommt als Mittel der Wegnahme die *Gewalt* gegen eine Person (z. B. Entreißen der festgehaltenen Tasche) oder aber die *Drohung* gegen den Gewahrsamsinhaber *mit gegenwärtiger Gefahr für Leib oder Leben* für diesen oder einen anwesenden Dritten (z. B. Androhung der Erschießung des Begleiters). Die Nötigung ermöglicht beim R. die Wegnahme, während durch sie bei der *räuberischen* → *Erpressung* eine Vermögensverfügung des Opfers erzwungen wird. Der Raub wird als Verbrechen mit Freiheitsstrafe nicht unter 1 Jahr bestraft. Für minder schwere Fälle ist der Strafrahmen 6 Monate bis zu 5 Jahren Freiheitsstrafe.

II. Der *schwere Raub* (§ 250 I StGB) wird durch straferhöhende Umstände begründet, so wenn bei der Tat Schußwaffen mitgeführt werden oder aber Gegenstände, die zum Zweck der Drohung mit Gewalt oder zur Gewaltanwendung selbst bestimmt sind, wenn

Räuberische Erpressung

mehrere der Tatbeteiligten sich zur fortgesetzten Begehung von Raub oder Diebstahl verbunden haben, ferner wenn das Opfer in die Gefahr des Todes oder einer schweren → Körperverletzung gebracht wurde. Die Strafe beträgt 5–15 Jahre, bei mildernden Umständen 1–5 Jahre Freiheitsstrafe. Lebenslange oder Freiheitsstrafe nicht unter 10 Jahren ist für den *besonders schweren R.* des § 251 StGB angedroht. Voraussetzung ist dafür, daß durch die Tat leichtfertig der Tod eines anderen (u. U. auch eines Unbeteiligten) verursacht wird. Zur Ermittlung eines schußwaffenführenden Räubers ist die Einrichtung einer → Kontrollstelle (§ 111 StPO) möglich.

III. Ein raubähnliches Sonderdelikt stellt der *räuberische Diebstahl* dar. Nach § 252 StGB wird gleich einem Räuber, also nach den Strafvorschriften der §§ 249–251 StGB bestraft, wer bei einem Diebstahl auf frischer Tat betroffen, die den R. kennzeichnenden, oben erörterten Mittel (Gewalt gegen eine Person, Drohungen mit gegenwärtiger Gefahr für Leib oder Leben) einsetzt, um sich im Besitz des gestohlenen Gutes zu erhalten. Vorausgesetzt ist demnach ein vollendeter Diebstahl.

S. a. Räuberischer Angriff auf Kraftfahrer.

Räuberische Erpressung → Erpressung.

Räuberischer Angriff auf Kraftfahrer. Nach § 316a I StGB ist mit der Mindeststrafe von 5 Jahren, in besonders schweren Fällen mit lebenslanger Freiheitsstrafe bedroht, wer zur Begehung eines → Raubes, eines räuberischen Diebstahls oder einer räuberischen → Erpressung einen Angriff auf Leib, Leben oder Entschlußfreiheit des Führers eines Kfz oder eines Mitfahrers unter Ausnutzung der besonderen Verhältnisse des Straßenverkehrs unternimmt (vgl. → Unternehmen). *Ausnutzung der besonderen Verhältnisse des Straßenverkehrs* ist gegeben, wenn die Tat das Fahrzeug als Verkehrsmittel und die typischen Situationen und Gefahren des Verkehrs mit Kfz ausnützt und die Abwehrmöglichkeiten des Opfers durch diese Verhältnisse gemindert sind. Beispiele: Vortäuschung einer Verkehrsumleitung zu einem geeigneten Tatort, Aufstellen von Hindernissen auf der Straße, Auslegen von Nägeln, aber auch Beordern des Taxifahrers an eine abgelegene Stelle oder Abnahme der Brieftasche des mit hoher Geschwindigkeit fahrenden Fahrzeugführers. → Strafmilderung bzw. Absehen von Strafe ist über §§ 316a II StGB bei → tätiger Reue möglich.

Räuberischer Diebstahl → Raub.

Raufhandel → Beteiligung an einer Schlägerei.

Rausch, verschuldeter → Vollrausch.

Rauschgift → Betäubungsmittel.

Realkonkurrenz → Tatmehrheit.

Rechtfertigender Notstand → Notstand (I).

Rechtfertigungsgründe sind Umstände, die eine Tat trotz Verwirklichung eines gesetzlichen Straftatbestands als nicht rechtswidrig erscheinen lassen. Die Straflosigkeit beruht bei Vorliegen eines R. demnach darauf, daß die *Rechtsordnung nicht verletzt* worden ist. Von den R. sind die → Schuldausschließungsgründe zu unterscheiden, die lediglich die Strafbarkeit, nicht aber die Rechtswidrigkeit der Tat entfallen lassen. R. sind u. a. Notwehr, Notstand, Pflichtenkollision, Einwilligung, Züchtigungsrecht, die behördliche Erlaubnis, Dienstrechte von Beamten und Soldaten, das Festnahmerecht nach § 127 I StPO. Kein R. ist der *zivile Ungehorsam,* bei dem eine – meist leichtere – Gesetzesverletzung provokativ verwirklicht wird, um hierdurch Aufmerksamkeit auf sich und die eigene Meinung zu lenken. Wegen der Folgen *irrtümlicher Annahme eines R.* s. Irrtum.

Rechtliche Handlungseinheit → Zusammentreffen mehrerer strafbarer Handlungen.

Rechtliches Gehör ist nach Art. 103 I GG jedermann vor Gericht zu gewähren. Damit soll verhindert werden, daß der Mensch zum bloßen Objekt eines Verfahrens gemacht wird. Auf r. G. hat jeder Anspruch, der von dem Verfahren des Gerichts unmittelbar betroffen wird. Die vorherige Anhörung ist notwendig, wenn eine in die Rechte des Betroffenen eingreifende Entscheidung ergehen soll. Der Entscheidung dürfen nur Tatsachen und Beweisergebnisse zugrundegelegt werden, zu denen sich der Betroffene äußern konnte (sonst *Verwertungsverbot*). Die Art, in der das r. G. gewährt wird, bestimmt weitgehend das Verfahrensrecht. z. B. Mitteilung der Anklageschrift, letztes Wort des Angeklagten. Im → Strafbefehlsverfahren ist der Beschuldigte mindestens vor der Polizei zu hören; das r. G. durch den Richter wird in diesem summarischen Verfahren durch die Einspruchsmöglichkeit (§§ 410 I, II, 411 I 2 StPO) gewährt. Die Verletzung der r. G. kann neben → Rechtsmitteln auch die → Gegenvorstellung rechtfertigen und selbst bei rechtskräftigem Verfahrensabschluß zu einem Nachverfahren führen (§ 33a StPO).

Rechtliches Zusammentreffen → Tateinheit.

Rechtmäßigkeit der Amtsausübung → Widerstand gegen Vollstreckungsbeamte.

Rechtsanalogie → Strafbarkeit.

Rechtsanwalt → Verteidiger.

Rechtsanwalt, Anzeigepflicht → Nichtanzeige geplanter Straftaten.

Rechtsanwalt, Begünstigung → Begünstigung.

Rechtsanwalt, Berufsgeheimnis → Berufsgeheimnis, Zeugnisverweigerungsrecht.

Rechtsanwalt, Parteiverrat → Parteiverrat.

Rechtsbehelf ist allgemein das *Gesuch* an eine Behörde oder ein Gericht, eine getroffene Entscheidung nachzuprüfen und abzuändern. R. sind im strafgerichtlichen Verfahren der Antrag auf → Wiedereinsetzung, die → Wiederaufnahme, der Einspruch gegen den → Strafbefehl, ferner die → Rechtsmittel (Berufung, Revision, Beschwerde), die sich aber an das Gericht eines höheren Rechtszugs wenden. Sog. formlose R. sind die → Dienstaufsichtsbeschwerde und die → Gegenvorstellung.

Rechtsbeschwerde → Ordnungswidrigkeit (V).

Rechtsbeugung, § 336 StGB, begeht der Richter (auch → Laienrichter), Amtsträger (vgl. → Beamter) oder Schiedsrichter, der bei Leitung oder Entscheidung einer Rechtssache *vorsätzlich* zugunsten oder zum Nachteil einer Partei Rechtsnormen des Verfahrens- oder des sachlichen Rechts nicht oder nicht richtig anwendet. Die R. kann dabei auf tatsächlichem (z. B. der Richter schenkt wider besseres Wissen einem Zeugen Glauben) oder rechtlichem Gebiet (z. B. pflichtwidrige Auslegung eines Gesetzes) liegen. *Rechtssache* ist dabei jede rechtliche Angelegenheit, die zwischen mehreren Beteiligten mit möglicherweise entgegenstehenden rechtlichen Interessen in einem rechtlich geordneten Verfahren nach Rechtsgrundsätzen verhandelt und entschieden wird (z. B. Zivilrechtsstreit, Strafsache, Verfahren der freiwilligen Gerichtsbarkeit wie Erbscheinerteilung, Grundbuchverfahren). Das Verbrechen der R. ist *echtes* → Amtsdelikt. Der Täter wird mit Freiheitsstrafe von 1–5 Jahren bestraft. R. kann mit Bestechlichkeit nach § 332 II StGB in Tatmehrheit zusammentreffen. Vgl. → Bestechung.

Rechtsgut ist jeder von der Rechtsordnung anerkannte Wert. *Inhaber* des R. kann die Allgemeinheit (z. B. hinsichtlich der ethischen Grundlagen des Gemeinschaftslebens, des Bestands der freiheitlichen Demokratie, der Rechtsstaatlichkeit, der Rechtspflege) oder aber der einzelne sein (z. B. Leben, Gesundheit, Freiheit, Eigentum, Besitz). Ein Straftatbestand kann die Verletzung mehrerer R. umfassen; z. B. wird durch die Straftat des Raubes sowohl die Verletzung des Gewahrsams wie die der Willensfreiheit unter Strafe gestellt. Die Fest-

Rechtsmittel

stellung, welches R. eine Strafbestimmung schützt, ist bedeutsam für die Abgrenzung der Gesetzeskonkurrenz von der → Tateinheit. Nur der Inhaber des R. kann u. U. durch → Einwilligung die Verletzung für den Täter rechtfertigen.

Den verschiedenen Rechtsgütern kommt naturgemäß ein unterschiedlicher *Rang* zu. So steht das Leben als Rechtsgut in jedem Fall höher als etwa Eigentum oder Besitz. Die Rangordnung ist von Bedeutung für die Güterabwägung beim → Notstand und bei der → Notwehr.

Rechtshilfe → Amtshilfe.

Rechtsirrtum → Irrtum.

Rechtskraft. *Formelle R.* tritt ein, wenn eine gerichtliche Entscheidung von den Verfahrensbeteiligten nicht mehr mit → Rechtsmitteln angefochten und auch vom Gericht nicht mehr geändert werden kann, so nach Ablauf der Rechtsmittelfrist, durch Verzicht oder Rücknahme von Rechtsmitteln oder durch Entscheidung des Gerichts des letzten Rechtszugs. Darüber hinaus kommt formell rechtskräftigen Entscheidungen in der Sache (also gegenüber einem bestimmten Täter hinsichtlich einer bestimmten Tat Verurteilung zu einer Strafe oder Freispruch) auch *materielle R.* zu. Diese bewirkt, daß wegen derselben → Tat eine neue Strafverfolgung nicht mehr zulässig ist *(„ne bis in idem")*. Der *Verbrauch der Strafklage* reicht soweit, wie eine Sachentscheidung auf Grund der zugelassenen Anklage in tatsächlicher und rechtlicher Hinsicht geboten war. Bei Verurteilung wegen tatbestandsmäßiger Einheitstaten (z. B. → fortgesetzte Handlung → Dauerstraftat) werden auch nicht bekannte Einzelakte, die vor der letzten Tatsachenverhandlung liegen, von dem Verbrauch der Strafklage erfaßt, nicht bei Freispruch. Tritt infolge beschränkter Anfechtung oder durch teilweise Aufhebung einer Entscheidung *Teilrechtskraft* ein, so bleibt der rechtskräftige Teil einer Entscheidung (z. B. hinsichtlich eines Mitangeklagten oder hinsichtlich des Schuldspruchs) auch bei Änderung der tatsächlichen Grundlagen unberührt. Die Änderung der Rechtslage kann aber auch den schon rechtskräftigen Teil erfassen (bei Entdeckung eines Verfahrenshindernisses; s. auch §§ 354a, 357 StPO).

Die R. geht *verloren* bei → Wiedereinsetzung nach Versäumung der Rechtsmittelfrist, durch → Wiederaufnahme des Verfahrens, auch durch verfassungsgerichtliche Aufhebung.

Rechtsmittel sind → Rechtsbehelfe zur Nachprüfung einer noch nicht rechtskräftigen Entscheidung durch eine höhere Instanz *(Devolutiveffekt)*. Die StPO kennt → Beschwerde, → Berufung und → Revision. Nur derjenige, der *beschwert,* d. h. durch eine Entscheidung

Rechtspfleger

(nicht allein durch deren Begründung) betroffen ist, kann ein R. einlegen. *Rechtsmittelberechtigt* sind der Beschuldigte, dessen Verteidiger (jedoch nicht gegen den ausdrücklichen Willen des Mandanten) und gesetzlicher Vertreter, die Staatsanwaltschaft, der Privat- und Nebenkläger, der Einziehungsbeteiligte (§ 433 I StPO). Die Staatsanwaltschaft kann Rechtsmittel auch zugunsten des Beschuldigten einlegen (§ 296 II StPO). Die *Rücknahme* von R. ist zulässig, bedarf jedoch der Zustimmung des Gegners, wenn die Hauptverhandlung durch Aufruf der Sache begonnen hat (§ 303 StPO), der Zustimmung des Beschuldigten, wenn die Staatsanwaltschaft zu dessen Gunsten ein R. eingelegt hat. Der Verteidiger kann nur mit ausdrücklicher Ermächtigung zurücknehmen (§ 302 II StPO). Sobald und solange ein R. eingelegt werden kann, können die Anfechtungsberechtigten erklären, auf seine Einlegung zu *verzichten*. Rücknahme und Verzicht bedürfen der Form, die für die Einlegung des R. vorgesehen ist. Der Verzicht kann in der Hauptverhandlung erklärt werden. R. können auch auf einzelne Punkte der Entscheidung (z. B. auf eine von mehreren Taten oder auf das Strafmaß) *beschränkt* werden. Der Betroffene ist bei der Bekanntmachung einer Entscheidung, die durch ein befristetes R. angefochten werden kann, über diese Möglichkeit sowie über Form und Frist des R. zu *belehren* (§ 35a StPO). Bei Anfechtbarkeit der Entscheidung mit Berufung hat sich die Belehrung auch auf die Folgen des Ausbleibens in der Hauptverhandlung sowie auf die erleichterte Möglichkeit einer öffentlichen → Zustellung (§ 40 III StPO) zu erstrecken. Während Berufung und Revision die Wirksamkeit der angefochtenen Entscheidung zunächst hinausschieben *(Suspensiveffekt)*, wird durch Einlegung der Beschwerde der Vollzug der angefochtenen Entscheidung nicht gehemmt, wenn nicht ihre Vollziehung ausdrücklich ausgesetzt wird (§ 307 StPO).

Rechtspfleger. Dem R. sind im Strafverfahren einmal Aufgaben des Staatsanwalts im Rahmen der Strafvollstreckung (§ 451 StPO) zugewiesen (§ 31 RPflegerG). Ihm fehlt allerdings insoweit die sachliche und persönliche Unabhängigkeit. Er ist den Weisungen des Staatsanwalts unterworfen. Gegen seine Entscheidung ist die Einwendung zum Staatsanwalt gegeben. Zum anderen sind dem R. bestimmte Aufgaben des → Urkundsbeamten vorbehalten (§ 21 RpflegerG), insbesondere die Festsetzung von → Kosten und Auslagen im Kostenfestsetzungsverfahren und die Rechtskraftbescheinigung.

Rechtsreferendare sind in der Ausbildung zum Volljuristen stehende Personen, welche die 1. juristische Staatsprüfung abgelegt, die aber die Fähigkeit zum Richteramt, die mit der 2. Staatsprüfung erlangt wird, noch nicht erworben haben. Das Gesetz gestattet im

Reformatio in peius

Interesse einer möglichst praxisnahen Ausbildung, daß R. bestimmte Aufgaben des Richters, Staatsanwalts oder des Verteidigers übernehmen bzw. daran mitwirken. So können dem R. die Aufgaben eines → Amtsanwalts, im Einzelfall auch die Aufgaben eines Staatsanwalts unter dessen Aufsicht (etwa Plädoyer in einer Hauptverhandlung vor dem LG) übertragen werden, er kann zum Pflichtverteidiger im ersten Rechtszug beim Amtsgericht bestellt werden, er kann zur Erledigung richterlicher Rechtshilfeersuchen (z. B. Vernehmung von Zeugen) herangezogen werden. Der Strafrichter kann einem ihm zugewiesenen R. auch die Anwesenheit bei der Urteilsberatung gestatten (§ 193 GVG).

Rechtsverletzung → Revision.

Rechtswidrige Tat → Straftat.

Rechtswidrigkeit liegt vor, wenn eine Tat der Rechtsordnung widerspricht, also regelmäßig, wenn der Tatbestand einer Straftat oder einer Ordnungswidrigkeit verwirklicht wird. Das *tatbestandsmäßige Verhalten* ist nur dann nicht rechtswidrig, wenn dem Täter → Rechtfertigungsgründe zur Seite stehen. Der → Irrtum über die Rechtswidrigkeit ist in aller Regel Verbotsirrtum. Ist die R. nicht nur *allgemeines Verbrechensmerkmal* der strafbaren Handlung, sondern ausnahmsweise Tatbestandsmerkmal (z. B. „rechtswidriger Vermögensvorteil" in § 263 StGB), so liegt bei Irrtum des Täters darüber (z. B. er glaubt, durch die Täuschung eine ihm zustehende Forderung einzutreiben) vorsatzausschließender Tatbestandsirrtum vor (vgl. § 16 I StGB). Wegen des Bewußtseins der R. im Verhältnis zum → Vorsatz s. Schuldtheorie.

Rechtszug oder *Instanz* wird der Verfahrensabschnitt an einem Gericht genannt. Das Gericht des ersten R. wird durch die → Zuständigkeit bestimmt. Der Übergang des Verfahrens in einen weiteren R. erfolgt durch → Rechtsmittel.

Referendar → Rechtsreferendar.

Reform → Strafrechtsreform.

Reformatio in peius, die *Schlechterstellung* des Angeklagten auf Grund eines zu seinen Gunsten eingelegten Rechtsmittels, ist bei der → Berufung (§ 331 I StPO) und bei der → Revision (§ 358 II StPO) verboten. Das Verbot der Schlechterstellung gilt auch für das → Wiederaufnahmeverfahren, nicht aber für die Entscheidung über den Einspruch gegen den → Strafbefehl (§ 411 IV StPO). Im Verfahren über Ordnungswidrigkeiten ist r. i. p. nur bei schriftlicher Entscheidung über den Einspruch und auf die Rechtsbeschwerde verboten.

Regelbeispiel

Regelbeispiel → Strafe.

Registerzeichen → Akten.

Religionsausübung → Störung der Religionsausübung.

Religionsbeschimpfung. I. Nach § 166 StGB ist strafbar, wer öffentlich oder durch Verbreitung von Schriften, Tonträgern, Abbildungen oder Darstellungen den Inhalt eines religiösen oder weltanschaulichen Bekenntnisses anderer oder eine im Inland bestehende Kirche oder andere Religionsgesellschaft oder Weltanschauungsvereinigung, deren Einrichtungen oder Gebräuche in einer den → öffentlichen Frieden zu stören geeigneten Weise beschimpft. Geschützt ist nicht das religiöse Empfinden des einzelnen, sondern der *öffentliche Friede,* worunter das Gefühl der Rechtssicherheit und des Rechtsfriedens im Hinblick auf die Art und Weise weltanschaulicher oder religiöser Auseinandersetzungen zu verstehen ist. Beschimpfen ist die nach Form und Inhalt besonders verletzende, rohe Kundgebung der Mißachtung. Als Inhalt eines religiösen Bekenntnisses sind die prägenden Glaubenssätze und Lehren anzusehen, z. B. der Glaube an Gott, an die Auferstehung, die Verehrung des Abendmahls. § 166 StGB stellt eine Ausprägung des aus Art. 4 I, II GG folgenden Toleranzgebots dar. Vgl. auch → Störung der Religionsausübung, Kunst.

Remonstration → Gegenvorstellung.

Resozialisierung. Die R. ist als wichtiger Strafzweck der Fassung des § 46 I 2 StGB zu entnehmen. Die Wirkungen, die von der Strafe für das künftige Leben des Täters in der Gesellschaft zu erwarten sind, müssen danach bei der Strafzumessung berücksichtigt werden. Dies bedeutet zugleich, daß die Art der Strafe, ihre Höhe und der → Strafvollzug sich auf eine *Wiedereinordnung des Täters in die Gesellschaft* hin ausrichten müssen. Die Möglichkeiten einer echten R. werden in der Öffentlichkeit einerseits weithin überschätzt, andererseits durch erhebliche gesellschaftliche Vorbehalte gegenüber Straffälligen wesentlich behindert. Erfolgreiche R. setzt die Schaffung sozialer Bindungen insbesondere durch gesellschaftliche Eingliederung in Beruf und Familie voraus. Somit ist für die R. die Zeit nach einer Strafentlassung von entscheidender Bedeutung. Das Strafgesetz versucht hier eine Hilfe durch den Bewährungshelfer bei der → Strafaussetzung und durch die Anordnung der → Führungsaufsicht zu geben. Der R. dient auch in besonderem Maß die → Unterbringung in einer sozialtherapeutischen Anstalt.

Reue → tätige Reue.

Revision

Revision ist zulässiges → Rechtsmittel gegen Urteile des OLG (in → Staatsschutzsachen), der Strafkammer und des Schwurgerichts (§ 333 StPO). Urteile des Amtsgerichts können statt mit der zulässigen Berufung mit der sog. *Sprungrevision* nach § 335 StPO angefochten werden. Dies erscheint oft dann sinnvoll, wenn über die tatsächliche Seite kein Streit besteht. Revisionsgericht ist bei Anfechtung von Urteilen des AG und von Berufungsurteilen des LG das OLG (in Bayern das Oberste Landesgericht), sonst der BGH.

Die innerhalb einer Woche nach Urteilsverkündung *einzulegende* R. (schriftlich oder zu Protokoll der Geschäftsstelle, § 341 I StPO) ist binnen 1 Monats durch eine von einem Rechtsanwalt oder dem Verteidiger unterzeichnete Schrift oder zu Protokoll der Geschäftsstelle zu *begründen* (§ 345 StPO). Die Begründungsfrist beginnt mit Ablauf der Einlegungsfrist, aber nicht vor Zustellung des Urteils. Die Begründung der R. muß in den Anträgen den Umfang der Anfechtung klarstellen und die Art der Rüge bezeichnen. Wie die → Berufung kann auch die R. beschränkt werden. Eine Überprüfung erfolgt nur in rechtlicher Hinsicht; an die tatsächlichen Feststellungen des Urteils der Vorinstanz ist das Revisionsgericht gebunden. Die R. kann dementsprechend auf Verletzung des materiellen Rechts *(Sachrüge)* oder des Verfahrensrechts (*Verfahrensrüge* oder *formelle Rüge*) gestützt werden. Eine *Gesetzesverletzung* liegt vor, wenn ein Gesetz nicht oder nicht richtig angewendet worden ist. Das materielle oder formelle Recht kann auch dadurch verletzt sein, daß das Gericht bei der Subsumtion eines Sachverhalts fehlerhafte tatsächliche Schlüsse gezogen hat. Unter den Sammelbegriff *Denkgesetz*verstoß fallen insbesondere Widersprüche, Zirkelschlüsse, Außerachtlassen von allgemeinen Erfahrungssätzen, Aufstellen nicht bestehender Erfahrungssätze oder das Nichtbefassen mit naheliegenden Möglichkeiten. Während die Sachrüge allgemein, also ohne Angabe einer konkreten Gesetzesverletzung zulässig erhoben werden kann, bedürfen Verfahrensrügen der Angabe der Tatsachen, welche die Gesetzesverletzung schlüssig ergeben. Die bloße Behauptung der Gesetzesverletzung ist ebensowenig eine zulässige Verfahrensrüge wie die → Protokollrüge. Vielmehr sind Tatsachen so anzuführen, daß das Revisionsgericht daraus den Verfahrensfehler ohne weiteres entnehmen kann. Begründet ist die Verfahrensrüge dann, wenn die behaupteten Tatsachen sich als wahr erweisen. Der Verfahrensverstoß muß ferner für die Entscheidung *ursächlich* sein, d.h., die behauptete Verletzung muß wenigstens die Möglichkeit offenlassen, daß das Urteil ohne Verstoß anders ausgefallen wäre. Die Ursächlichkeit wird jedoch bei bestimmten Gesetzesverletzungen kraft Gesetzes angenommen (sog. *absolute Revisionsgründe,* § 338 StPO).

Lediglich die nicht form- und fristgerecht eingelegte oder begrün-

Richter

dete R. kann das Gericht, dessen Urteil angefochten wird, durch Beschluß verwerfen. Sonst leitet es die Revisionsschrift dem Gegner zur Gegenerklärung (Frist 1 Woche) zu. Erst dann legt die Staatsanwaltschaft die Akten dem Revisionsgericht vor. Dieses verwirft die unzulässige R. durch *Beschluß*. Dies auf Antrag der Staatsanwaltschaft nach Anhörung des Revisionsführers auch dann, wenn es die R. einstimmig für *offensichtlich unbegründet* erachtet (§ 349 II StPO). Durch Beschluß hebt das Revisionsgericht das Urteil auf, wenn es die zugunsten des Angeklagten eingelegte R. einstimmig für begründet erachtet (§ 349 IV StPO). In allen anderen Fällen ergeht *Urteil auf Grund einer Hauptverhandlung*. Wird die R. nicht als unbegründet verworfen, so wird das angefochtene Urteil, soweit es auf Gesetzesverletzung beruht, aufgehoben. Beruhen die tatsächlichen Feststellungen gleichfalls auf der Gesetzesverletzung, so sind auch diese aufzuheben, das Verfahren ist an die Vorinstanz *zurückzuverweisen;* andernfalls kann das Revisionsgericht nach § 354 I StPO in der Sache selbst entscheiden.

Richter. Die Rechtsstellung des R. ist durch das Deutsche Richter-Gesetz vom 8. 9. 1961 (BGBl. I 1665) umrissen. Das DRiG gilt z. T. auch für *ehrenamtliche R*. (→ Laienrichter). Für das materielle Strafrecht ist Richter sowohl der Berufsrichter als auch der ehrenamtliche R. (§ 11 I Nr. 3 StGB). Für Berufsrichter ist die Befähigung zum Richteramt Voraussetzung. Sie wird durch Ablegung der 1. und 2. Juristischen Staatsprüfung nach Studium der Rechtswissenschaft und Ableistung eines Vorbereitungsdienstes erworben. Doch läßt das DRiG auch Modellversuche einer einstufigen Ausbildung zu. Der bedeutsamste Grundsatz der Rechtsstellung des Richters ist seine *Unabhängigkeit* (§§ 25 ff. DRiG). Seit der Abschaffung der früheren Titel (z. B. Amtsgerichtsrat, Landgerichtsdirektor, Senatspräsident) führen alle R. die *Amtsbezeichnung* „Richter" bzw. „Vorsitzender Richter" unter Hinzufügen des jeweiligen Gerichts („am Landgericht"). Den Titel „Präsident" führen lediglich die Leiter größerer Gerichte (z. B. „Präsident des Oberlandesgerichts...").

Wegen des gesetzlichen R. s. Ausnahmegerichte.

Richterbestechung → Bestechung.

Richtervorlage → Gerichte.

Richtlinien für das Straf- und Bußgeldverfahren → Staatsanwaltschaft.

Rückfall ist als zwingender gesetzlicher Strafschärfungsgrund durch Gesetz vom 13. 4. 1986 entfallen. Doch ist eine Strafschär-

Sachbeschädigung

fung wegen früher begangener Straftaten im Rahmen der Strafzumessung nicht ausgeschlossen.

Rücktritt → Versuch.

Rückwirkungsverbot → Strafbarkeit.

Ruhen der Verjährung → Verjährung.

Rundfunkaufnahmen (Fernsehaufnahmen oder Tonrundfunkaufnahmen) sowie Filmaufnahmen oder andere Tonträgeraufnahmen von den Vorgängen in der → Hauptverhandlung zum Zweck der öffentlichen Vorführung oder der Veröffentlichung sind nach § 169 GVG unzulässig, auch wenn sämtliche Verfahrensbeteiligten einverstanden sind. Doch können der Presse und dem Funk außerhalb des Gangs der Hauptverhandlung vom Vorsitzenden Aufnahmen im Gerichtssaal gestattet werden.

S

Sabotage → Gefährdung des demokratischen Rechtsstaats (II), Störung öffentlicher Betriebe.

Sabotagehandlungen an Verteidigungsmitteln nach § 109e StGB ist als Vergehen gegen die → Landesverteidigung strafbar. Geschützt sind Wehrmittel und andere Gegenstände, die der Landesverteidigung oder dem Schutz der Zivilbevölkerung vor Kriegsgefahren (z. B. Sirenen) dienen. Wehrmittel sind Gegenstände aller Art, die für den bewaffneten Einsatz der Truppe bestimmt sind, z. B. Panzer, Schiffe, Funkgeräte. Der Täter muß durch die Zerstörung, Beschädigung, Veränderung, Unbrauchbarmachung oder Beseitigung solcher Gegenstände die Sicherheit der Bundesrepublik, die Schlagkraft der Truppe oder Menschenleben gefährden. Strafbedroht ist nach § 109e II StGB auch die wissentliche fehlerhafte Herstellung oder Lieferung dieser Gegenstände unter Herbeiführung der Gefährdung. Die Tat bleibt auch strafbar (§ 109e V StGB), wenn die Gefährdung fahrlässig herbeigeführt wird.

Sachbeschädigung begeht nach § 303 StGB, wer vorsätzlich eine fremde Sache *zerstört* oder *beschädigt*. Sache ist jeder körperliche Gegenstand, auch ein Tier. *Beschädigung* ist eine nicht ganz unerhebliche Verletzung der Form, des Erscheinungsbilds oder der Substanz der Sache (z. B. Ankleben von Plakaten, Löschen eines Tonbands, Scheren eines Pudels, Entladen einer elektrischen Batterie durch Kurzschließen der Pole, Zerlegen eines Automotors, Beschmieren einer Wand auch mit abwaschbarer Farbe, Ablassen der Luft aus einem

Sachhehlerei

Kfz- oder Fahrradreifen). *Zerstörung* ist eine Beschädigung intensiver Art, die zur Unbrauchbarkeit der Sache nach ihrer Zweckbestimmung führt. Die → Rechtswidrigkeit (nur allgemeines Verbrechensmerkmal) kann insbesondere durch Einwilligung ausgeschlossen sein. Strafbar ist nur die vorsätzliche Begehung, auch der *Versuch*. Verfolgungsvoraussetzung ist Strafantrag des Verletzten oder aber die Annahme der Staatsanwaltschaft, es sei wegen besonderen öffentlichen Interesses – etwa bei S. anläßlich unfriedlicher Demonstrationen – ein Einschreiten von Amts wegen geboten (§ 303c StGB). Wegen *gemeinschädlicher S.* wird nach § 304 StGB bestraft, wenn jemand bestimmte Gegenstände, die öffentlichen Interessen dienen, die aber nicht notwendig „fremde Sachen" sein müssen (insbesondere Denkmäler, Naturdenkmäler, Kunstgegenstände, öffentliche Anlagen, dem Gottesdienst oder religiösen Verehrung dienende Sachen, Grabmäler), beschädigt oder zerstört. Auch insoweit ist der Versuch strafbar; doch bedarf es keines Strafantrags. Als Strafe ist nach § 303 StGB Freiheitsstrafe bis zu 2, nach § 304 bis zu 3 Jahren jeweils alternativ neben Geldstrafe angedroht.

Als *erschwerten Fall der S.* stellt § 305 StGB die völlige oder teilweise Zerstörung von fremden Gebäuden, Schiffen, Brücken, Dämmen, gebauten Straßen, Eisenbahnen oder anderen Bauwerken unter Freiheitsstrafe bis zu 5 Jahren oder Geldstrafe.

Beschädigung wichtiger Anlagen begeht nach § 318 StGB, wer vorsätzlich Wasserbauten (Dämme, Schleusen, Brücken) oder Vorrichtungen beim Bergbau zerstört oder beschädigt und dadurch eine Gefahr für Leben oder Gesundheit anderer herbeiführt. Regelstrafe ist Freiheitsstrafe von 3 Monaten bis zu 5 Jahren oder Geldstrafe. Die Tat ist nach § 318 II StGB Verbrechen, wenn (mindestens fahrlässig, § 29 StGB) eine schwere → Körperverletzung oder der Tod eines Menschen verursacht wird. Fahrlässige Beschädigung solcher Anlagen ist nach § 320 StGB als *fahrlässige Gemeingefährdung* mit Freiheitsstrafe bis zu 1 Jahr oder mit Geldstrafe strafbar.

Vgl. auch Computersabotage, Datenveränderung.

Sachhehlerei → Hehlerei.

Sachleitung des Vorsitzenden → Hauptverhandlung (II).

Sachliches Zusammentreffen → Tatmehrheit.

Sachliche Zuständigkeit → Zuständigkeit.

Sachrüge → Revision.

Sachverständiger. Der S. ist ein Beweismittel, dessen sich das Gericht, die Staatsanwaltschaft und der Beschuldigte bedienen können, auch wenn die Regelung der §§ 72ff. StPO nur auf den S. als den

Sammelverfahren

Gehilfen des Gerichts zugeschnitten ist. Die Aufgabe des S. kann sein: 1. dem Gericht bestimmte Erfahrungssätze seines Fachgebiets zu vermitteln (z. B. Bremswirkung abgefahrener Reifen), 2. Erfahrungssätze auf einen Sachverhalt anzuwenden (z. B. Feststellung der Fahrgeschwindigkeit aus Brems- und Blockierspur) oder 3. Tatsachen auf Grund besonderer Kenntnisse oder Methoden festzustellen (z. B. Alkoholgehalt des Blutes). Die Schlußfolgerungen des S. gehen von sog. *Anknüpfungstatsachen* aus. Kann sich der S. diese nur auf Grund seiner besonderen Fachkenntnisse (z. B. durch Sektion) beschaffen, so können sie als sog. *Befundtatsachen* durch das Gutachten in die Hauptverhandlung eingeführt werden. Sind sie jedoch auch ohne besondere Fachkunde feststellbar (sog. *Zusatztatsachen*), so müssen sie durch sonstige Beweismittel (Augenschein, Zeugenvernehmung) festgestellt werden.

Auf den S. sind die Vorschriften über den → Zeugen entsprechend anwendbar (§ 72 StPO). Doch gelten u. a. folgende Besonderheiten: Der S. kann abgelehnt werden (§ 74 StPO); Ungehorsamsfolgen sind nur Ordnungsgeld und Verurteilung in die Kosten (§ 77 I StPO); sofern kein ausdrücklicher Antrag gestellt wird, steht die *Vereidigung* im Ermessen des Gerichts (§ 79 Abs. 1 StPO).

Der S. untersteht bei seiner Tätigkeit der Leitung des Richters (§ 78 StPO). Er darf außerhalb seines Fachgebiets keine Ermittlungstätigkeit entfalten. Benötigt er zur Erstattung seines Gutachtens weitere Tatsachen, so hat er sich an das Gericht zu wenden (§ 80 I StPO). Bei Vernehmungen von Zeugen oder des Beschuldigten kann ihm die Anwesenheit und das *Fragerecht* gestattet werden. Das Gutachten wird im Vorverfahren i. d. R. schriftlich, in der → Hauptverhandlung jedoch mündlich erstattet. Vgl. auch → Entschädigung für Zeugen und Sachverständige.

Ist der S. zugleich Zeuge (sog. *sachverständiger Zeuge*; z. B. Arzt am Unfallort), so finden auf ihn die Vorschriften über Zeugen Anwendung (§ 85 StPO). Er kann nicht wie ein S. abgelehnt werden.

Sammelstraftat → fortgesetzte Handlung (III).

Sammelverfahren werden von der Staatsanwaltschaft geführt, wenn der Verdacht mehrerer zusammenhängender Straftaten besteht und die Taten in die Zuständigkeit mehrerer Staatsanwaltschaften fielen. Das S. bearbeitet i. d. R. der Staatsanwalt, in dessen Bezirk der Schwerpunkt des Verfahrens liegt. An ihn geben die anderen Staatsanwaltschaften ihre Verfahren ab. Das nähere Verfahren und auch die Zusammenarbeit mit dem Bundeskriminalamt regeln Nr. 25 ff. RiStBV und § 7 Bundeskriminalamtsgesetz (BKAG). S. haben insbesondere bei den → Wirtschaftsstrafsachen große Bedeutung.

Schaden aus strafrechtlicher Verfolgung

Schaden aus strafrechtlicher Verfolgung → Entschädigung für Strafverfolgungsmaßnahmen.

Schadenswiedergutmachung → Strafaussetzung zur Bewährung.

Schädliche Neigungen → Jugendstrafe.

Schändung → sexueller Mißbrauch.

Scheckkarte → Geldfälschung, Mißbrauch von Scheck- oder Kreditkarten.

Schiedsmann → Privatklage.

Schiedsrichter → Bestechung, Rechtsbeugung.

Schienenbahnen → Verkehrsgefährdung (V).

Schiffsgefährdung durch Bannware (Konterbande, Schmuggelware) begeht nach § 297 StGB (nur) der Reisende oder Schiffsmann, der Gegenstände an Bord nimmt, die die Gefahr der Beschlagnahme oder Einziehung für Ladung oder für das Schiff begründen. Die Handlung muß ohne Wissen des Schiffers und, wenn dieser Täter ist, ohne Wissen des Reeders begangen werden.

Schiffsverkehr → Angriff auf den Luft- und Seeverkehr, Verkehrsgefährdung.

Schlägerei → Beteiligung an einer Schlägerei.

Schleppnetzfahndung → Netzfahndung.

Schlüssel, falsche → Diebstahl (II).

Schlußverfügung nennt man die Entscheidung, durch die der Staatsanwalt nach Durchführung der Ermittlungen ein → Ermittlungsverfahren abschließt. Sie kann auf eine → Einstellung des Verfahrens oder auf der Erhebung der → öffentlichen Klage gerichtet sein, kann auch bei dem Verdacht mehrerer Straftaten sowohl Einstellung als auch Anklage enthalten.

Schmuggel. Unter S. versteht man die Hinterziehung von Eingangsabgaben (z. B. Zölle, Einfuhrumsatzsteuer, EWG-Abschöpfungen) oder den → Bannbruch. Die Strafbarkeit ergibt sich deshalb aus den Tatbeständen der → Steuerhinterziehung nach § 370 AO oder des Bannbruchs nach § 372 AO. Eine Strafschärfung (die Mindeststrafe ist auf 3 Monate Freiheitsstrafe angehoben) enthält § 373 I AO für den → *gewerbsmäßigen S.*, § 373 II AO für den Bandenschmuggel und den bewaffneten S. Die *bandenmäßige* Begehung des S. setzt voraus, daß sich zwei oder mehr Personen zu gemeinschaftlicher Ausübung der Hinterziehung von Eingangsabgaben oder des

Schuldausschließungsgründe

Bannbruchs verbunden haben und die Tat von mindestens zwei von ihnen begangen wird. Der *gewaltsame S.* setzt eine Tatbegehung voraus, bei der ein Beteiligter eine Schußwaffe oder aber in der Absicht, einen persönlichen Widerstand zu überwinden, eine sonstige Waffe, ein Werkzeug oder anderes Mittel (z. B. Regenschirm, Autowerkzeug) mit sich führt.

Schnellverfahren → Beschleunigtes Verfahren.

Schöffen → Laienrichter.

Schöffengericht → Amtsgericht.

Schriften sind alle körperlichen Zeichen, die geeignet sind, die Vorstellung von Lauten, insbesondere von Worten und mittelbar von Gedanken zu erwecken, auch wenn zur Wahrnehmung Hilfsmittel erforderlich sind. Unter S. fallen demnach neben Geschriebenem aller Art Zeitschriften, Bücher, Flugblätter, auch Tonbänder und Schallplatten. Den S. sind nach § 11 III StGB Tonträger, Abbildungen und andere → Darstellungen gleichgestellt. Strafbar kann sowohl die Herstellung als auch die Verbreitung einer Schrift sein (z. B. §§ 90 ff., 184 StGB).

Vgl. auch Pressedelikte.

Schriftliche Lüge → Urkunde.

Schriftverkehr mit dem Verteidiger → Untersuchungshaft (IV).

Schuld ist die Vorwerfbarkeit (BGHE 2, 200) des straftatbestandsmäßigen Verhaltens. Die Art des Vorwurfs ist näher danach bestimmt, ob der Täter mit → *Vorsatz* oder mit → *Fahrlässigkeit* gehandelt hat. In beiden Fällen gehört jedoch zum Schuldvorwurf, daß der Täter sich der *Rechtswidrigkeit* seines Tuns bewußt war bzw. hätte erkennen müssen, daß er rechtswidrig handelte.

Der Schuldvorwurf setzt → *Schuldfähigkeit* voraus. Sie fehlt dem noch nicht 14jährigen (§ 19 StGB).

Wegen des Grundsatzes, daß jeder Tatbeteiligte nach seiner S. zu bestrafen ist, s. Akzessorietät.

Schuldausschließungsgründe sind Umstände, die für den Täter die Schuld, nicht dagegen Tatbestandsmäßigkeit und → Rechtswidrigkeit entfallen lassen. Von mehreren Mittätern oder Teilnehmern ist aber jeder nach seiner eigenen Schuld strafbar (§ 29 I StGB). Ein S. wirkt somit nur für die Person, bei der er vorliegt. Verwandt sind den S. die *Schuldminderungsgründe,* bei denen die Schuld nicht ausgeschlossen, sondern nur gemindert ist (z. B. beschränkte Schuldfähigkeit). Die S. sind zu unterscheiden einerseits von den → Rechtfertigungsgründen, andererseits von den persönlichen → Strafausschließungs-

Schuldfähigkeit

gründen. S. sind u. a. die mangelnde → Schuldfähigkeit, der entschuldigende und der rechtfertigende → Notstand, der entschuldigende Verbotsirrtum (s. Irrtum) und der rechtswidrige → Befehl.

Schuldfähigkeit ist eine Voraussetzung für die Schuld und damit für die Strafbarkeit. Von S. ist auszugehen, wenn nicht Anhaltspunkte für ihr Fehlen oder ihre Minderung vorhanden sind. Das Fehlen oder das Vorliegen verminderter S. hindert nicht die Anordnung von → Maßregeln der Besserung und Sicherung. Teilnehmer sind gemäß § 29 StGB stets voll haftbar.

I. S. *fehlt* bei dem noch nicht 14jährigen (§ 19 StGB).

II. Die S. ist *ausgeschlossen,* wenn der Täter bei Begehung der Tat wegen einer krankhaften seelischen Störung, wegen einer tiefgreifenden Bewußtseinsstörung, wegen Schwachsinns oder einer schweren anderen seelischen Abartigkeit unfähig ist, das Unrecht der Tat einzusehen oder nach dieser Einsicht zu handeln (§ 20 StGB). Die Bewußtseinsstörung kann z. B. in einem Rauschzustand, u. U. in hochgradigem Affekt, Hypnose oder Schlaftrunkenheit bestehen. Fehlende Unrechtseinsichtigkeit führt bereits über die Regeln des Verbotsirrtums (s. Irrtum) zu Straflosigkeit. Bei vorhandener Einsichtsfähigkeit kann die Steuerungsfähigkeit (die Einbeziehung der Einsicht in die Willensbildung) fehlen. Diesbezügliche Feststellungen des Gerichts erfordern regelmäßig das Gutachten eines Facharztes. Führt der Täter den Zustand ausgeschlossener S. vorsätzlich oder fahrlässig herbei, kommt Strafbarkeit unter den Gesichtspunkten der → actio libera in causa und des → Vollrauschs in Betracht.

III. Ist die S. *vermindert,* so wirkt sich das nur auf das Maß der Schuld aus. Während § 20 StGB für die Frage der Tatbestandserfüllung und für den Schuldspruch entscheidend ist, muß § 21 StGB als möglicher Milderungsgrund bei der Zumessung der → Strafe geprüft werden. § 21 verlangt eine erhebliche Minderung der S. aus den Gründen des § 20 StGB. Auch hier tritt bei verminderter Einsichtfähigkeit und dadurch bedingter fehlender Einsicht Bestrafung nach Regeln des Verbotsirrtums ein.

Schuldnerbegünstigung → Konkursstraftaten.

Schuldspruch ist der Teil eines Urteils, der den Angeklagten wegen einer bestimmten, also nach Tatort und -zeit, Schuldumfang, Schaden oder Beute sowie anderen Tatumständen feststehenden Straftat schuldig spricht. Ihm folgen regelmäßig (Ausnahmen: → Absehen von Strafe, → Verwarnung mit Strafvorbehalt, Schuldfeststellung mit Aussetzung der Verhängung einer → Jugendstrafe) der Strafausspruch (Art und Maß der Strafe), die Entscheidung über → Nebenstrafen, → Nebenfolgen, → Maßnahmen und über die → Kosten.

Schuldtheorie

Bei dieser Aufteilung handelt es sich um eine inhaltliche, nicht äußere Gliederung des Urteils, die für die *Teilanfechtung* von praktischer Bedeutung ist. Wird ein → Rechtsmittel z. B. nur gegen den Strafausspruch eingelegt, so bleiben damit alle tatsächlichen Feststellungen zum S. für das Rechtsmittelgericht bindend; das Urteil ist im S. bereits rechtskräftig (327 StPO). Der Begriff *Strafausspruch* wird im weiteren Sinn als Oberbegriff für die Entscheidung zum Strafmaß, Nebenstrafen, Nebenfolgen und Maßregeln verwendet. Die Beschränkung eines Rechtsmittels auf den „Strafausspruch" gestattet deshalb auch die Überprüfung von Nebenstrafen und Maßnahmen.

Schuldstrafrecht. Der Begriff kennzeichnet die Orientierung der →Strafe an der Schuld des Täters. Dem S. wird das sog. *Erfolgsstrafrecht* gegenübergestellt, bei dem die Strafe in erster Linie eine Reaktion auf einen bestimmten tatbestandlichen Erfolg darstellt. Insbesondere der Rechtsprechung im Verkehrsstrafrecht ist eine deutliche Hinwendung zum Erfolgsstrafrecht zu entnehmen. Bei gleichem Verschulden wird der trunkene Autofahrer, der zufällig keinen Passanten totfährt, regelmäßig nur mit einem Bruchteil der Strafe belegt, die den der fahrlässigen Tötung Schuldigen trifft.

Schuldtheorie. In dem dogmatischen Streit um das Verhältnis von Handlung, Vorsatz und Unrechtsbewußtsein haben sich, von Abwandlungen abgesehen, zwei Auffassungen herausgestellt.

1. Die vom BGH und in der Rechtsprechung vertretene *Schuldtheorie* trennt Vorsatz und Unrechtsbewußtsein und erkennt in letzterem ein selbständiges Schuldelement (BGHE 2, 208). Der Vorsatz muß sich nur auf die im → Tatbestand niedergelegten → Tatbestandsmerkmale beziehen. Fehlt dem so vorsätzlich handelnden Täter das Bewußtsein der → Rechtswidrigkeit, so ist im Hinblick auf die für die Strafbarkeit zu ziehenden Folgerungen zu unterscheiden, ob er schuldlos in Unkenntnis der Rechtswidrigkeit seines Tuns handelt (dann Straflosigkeit) oder ob er die Unkenntnis von der Rechtswidrigkeit hätte vermeiden können (vermeidbarer Verbotsirrtum). Im letzteren Fall ist er wegen des vorsätzlich begangenen Delikts zu bestrafen, wobei die Strafe nach den Regeln des → Versuchs gemildert werden kann (vgl. Irrtum). Der S. folgt auch § 17 StGB.

2. Demgegenüber betrachtet z. T. die im Schrifttum (z. B. von Schönke-Schröder) vertretene *Vorsatztheorie* das Wissen des Täters, durch sein Handeln gegen ein rechtliches Verbot zu verstoßen, also das Unrechtsbewußtsein, als positive Vorsatzvoraussetzung. Dies führt dazu, daß bei fehlendem Unrechtsbewußtsein stets auch der Vorsatz ausgeschlossen ist und eine Bestrafung wegen vorsätzlicher

Schuldunfähigkeit

Tat nicht erfolgen kann. Strafbarkeit besteht danach nur dann, wenn die Handlungsweise durch einen Fahrlässigkeitstatbestand erfaßt wird.

Schuldunfähigkeit → Schuldfähigkeit.

Schutzbefohlene → Mißhandlung von Schutzbefohlenen.

Schutzbewaffnung → Landfriedensbruch III.

Schutzpolizei → Polizeibehörden.

Schutzprinzip → Ausländer.

Schwangerschaftsabbruch → Abbruch der Schwangerschaft.

Schwere Fälle → Strafe.

Schwere Gefährdung durch Freisetzen von Giften → Umweltdelikte IV.

Schwere Umweltgefährdung → Umweltdelikte III.

Schwur → Eid.

Schwurgericht → Landgericht.

Seelische Störung → Schuldfähigkeit.

Seeverkehr → Angriff auf den Luft- und Seeverkehr.

Sektion einer Leiche → Tod, unnatürlicher.

Selbstablehnung → Ablehnung.

Selbständiges Verfahren → Objektives Verfahren.

Selbstanzeige von Steuerstraftaten → Steuerhinterziehung.

Selbstbedienungsladen → Diebstahl (I).

Selbstbefreiung → Gefangenenbefreiung.

Selbstbegünstigung → Begünstigung.

Selbstmord ist keine mit Strafe bedrohte Handlung. Deshalb ist der *Versuch* und auch die *Teilnahmehandlung straflos*. Doch wird von der Rechtsprechung vorsätzliche und z. T. auch fahrlässige → Tötung durch denjenigen angenommen, der gegenüber dem Selbstmörder in einem besonderen Pflichtverhältnis, z. B. als Ehegatte oder als Arzt, steht (str.). BGH NJW 1960, 1821 will die Verletzung dieser Pflicht zur Verhinderung des S. jedenfalls dann bestrafen, wenn der Selbstmörder handlungsunfähig geworden ist und die Unterlassung nicht auf einer Achtung vor dem Willen des Selbstmörders, sondern auf Gleichgültigkeit beruht.

Sexueller Mißbrauch

In allen Fällen eines Selbstmords prüft der Staatsanwalt, ob eine Leichenöffnung zur genauen Feststellung der Todesursache veranlaßt ist. Vgl. dazu Tod, unnatürlicher.

Selbstverstümmelung → Landesverteidigung, Wehrstrafgesetz.

Sexualstraftaten. Unter dem Titel „Straftaten gegen die *sexuelle Selbstbestimmung*" faßt der 13. Abschnitt des StGB alle Straftaten zusammen, welche die persönliche Sexualsphäre beeinträchtigen. Damit ist der als zu moralisch wertend empfundene Begriff der Sittlichkeitsdelikte abgelöst. Zu den S. gehören insbesondere → sexueller Mißbrauch, → Vergewaltigung, → sexuelle Nötigung und → Zuhälterei. Bei der Mehrzahl der S. kann → Führungsaufsicht verhängt werden (§ 181b StGB).

Sexuelle Handlung ist eine geschlechtsbezogene Betätigung des menschlichen Körpers. Der Begriff ist in den Strafbestimmungen der → Sexualstraftaten als → Tatbestandsmerkmal nicht einer einheitlichen Auslegung zugänglich. In der Definition des § 184c StGB ist festgelegt, daß s. H. im Sinn des Gesetzes nur solche sind, die im Hinblick auf das jeweils geschützte Rechtsgut von einiger Erheblichkeit sind. S. H. *an einem anderen* erfordern körperliche Berührung. S. H. *vor einem anderen* sind nur solche, die vor einem anderen vorgenommen werden, der den Vorgang wahrnimmt. Vgl. im übrigen sexueller Mißbrauch.

Sexuelle Nötigung begeht nach § 178 StGB, wer einen anderen mit → Gewalt oder durch Drohung mit gegenwärtiger Gefahr für Leib oder Leben nötigt, außereheliche → sexuelle Handlungen an sich zu dulden oder an sich oder einem anderen vorzunehmen. Wird einer Frau der Beischlaf abgenötigt, so liegt → Vergewaltigung (Notzucht) vor. Das Opfer der s. N. wird stets durch die sexuelle Handlung körperlich, mindestens durch Berührung, betroffen. Im Hinblick auf die breite Skala möglicher sexueller Handlungen ist die s. N. zwar Verbrechen und mit Freiheitsstrafe von 1 bis zu 10 Jahren bedroht; für minder schwere Fälle gilt aber nach § 178 II StGB eine mildere Strafdrohung (Freiheitsstrafe von 3 Monaten bis zu 5 Jahren; gleichwohl Verbrechen!)

Sexueller Mißbrauch. Dieser Begriff ist mit dem 4. StrRG an die Stelle der früheren „Unzucht" getreten. Die Tatbestände des s. M. gegenüber verschiedenen Schutzpersonen enthalten sämtlich als Tatbestandsmerkmal die → sexuelle Handlung. Nach § 184c StGB muß für die jeweilige Tatbestandserfüllung eine Handlung von einiger Erheblichkeit im Hinblick auf das geschützte Rechtsgut vorliegen. Somit hat der Richter die Wertung zu treffen, ob im Einzelfall die vorliegende sexuelle Handlung zur Tatbestandserfüllung ausreicht.

Sexueller Mißbrauch

I. Sexueller *Mißbrauch von Kindern*. 1. § 176 StGB bestraft mit Freiheitsstrafe von mindestens 6 Monaten den Täter, der sexuelle Handlungen an einem Kind (bis Vollendung des 14. Lebensjahres) vornimmt oder an sich von einem Kind vornehmen läßt oder aber das Kind bestimmt, dies mit einem Dritten zu tun oder von diesem geschehen zu lassen. Somit ist in allen Fällen *körperlicher Kontakt* zwischen dem Kind und dem Täter bzw. dem Dritten bei der sexuellen Handlung notwendig. Die Freiheitsstrafe ist in besonders schweren Fällen auf 1–10 Jahre festgesetzt. Die Tat bleibt hier gleichwohl Vergehen. Ein solcher Fall ist nach dem Gesetz i. d. R. anzunehmen, wenn der Täter mit dem Kind den Beischlaf vollzieht oder das Kind bei der Tat körperlich schwer mißhandelt. Wird leichtfertig der Tod des Kindes verursacht, so ist Mindeststrafe 5 Jahre Freiheitsstrafe. 2. Unter Strafdrohung von Freiheitsstrafe bis zu 3 Jahren oder Geldstrafe sind sexuelle Handlungen gestellt, bei denen das Kind *nicht in körperlichen Kontakt* mit dem Täter gerät. Hierher gehören die Fälle, daß der Täter in der Absicht, sich, das Kind oder einen Dritten sexuell zu erregen, a) sexuelle, z. B. exhibitionistische Handlungen vor einem Kind vornimmt, b) das Kind dazu bestimmt, sexuelle Handlungen vor ihm oder einem Dritten vorzunehmen (Entkleidenlassen des Kindes kann genügen) oder c) auf ein Kind durch Vorzeigen → pornographischer Darstellungen oder aber durch entsprechende Redensarten einwirkt. Nur im letzten Fall ist der Versuch straflos.

II. 1. Sexueller *Mißbrauch von Schutzbefohlenen* ist in § 174 StGB mit Freiheitsstrafe bis zu 5 Jahren oder mit Geldstrafe bedroht, wenn der Täter sexuelle Handlungen *mit körperlichem Kontakt* gegenüber abhängigen Minderjährigen vornimmt. Geschützt sind 3 Gruppen: a) Personen unter 16 Jahren, soweit sie dem Täter zur Erziehung, zur Ausbildung oder zur Betreuung in der Lebensführung anvertraut sind. b) Personen unter 18 Jahren, unter den Voraussetzungen nach a) auch dann noch, wenn der Täter die diesem Verhältnis innewohnende Abhängigkeit zu sexuellen Handlungen mißbraucht. Gleiches gilt dann, wenn ein Dienst- oder Arbeitsverhältnis mit einer unter 18 Jahren alten Person besteht. c) Die eigenen Kinder und Adoptivkinder unter 18 Jahren. 2. Sexuelle Handlungen *ohne körperliche Berührung* zur sexuellen Erregung eines Beteiligten sind gegenüber den genannten Personengruppen mit Freiheitsstrafe bis zu 3 Jahren oder mit Geldstrafe bedroht. 3. Der Versuch ist in allen Fällen strafbar. Für die Strafbarkeit ist es im übrigen nicht entscheidend, von wem die Anregung oder der Anlaß zu sexueller Betätigung ausgeht. Doch ist im Hinblick auf ein entsprechendes Verhalten der Schutzbefohlenen in § 174 IV StGB dem Gericht die Möglichkeit eingeräumt, von der Bestrafung abzusehen, wenn das Unrecht der Tat gering ist. Das

Sicheres Geleit

gilt allerdings nur für Straftaten gegenüber Personen unter 16 Jahren (oben Gruppe a), bei denen nicht gerade die Abhängigkeit mißbraucht wird.

III. Sexueller *Mißbrauch von Gefangenen* oder sonst behördlich Verwahrten ist nach § 174a StGB mit Geldstrafe oder Freiheitsstrafe bis zu 5 Jahren bedroht. Tatbestandsvoraussetzung ist eine sexuelle Handlung bei körperlicher Berührung des Geschützten unter Mißbrauch der beruflichen Stellung. Die gleiche Strafe trifft unter diesen Voraussetzungen auch denjenigen, dem *Kranke* und *Hilfsbedürftige* als Insassen einer Anstalt anvertraut sind, wenn er gerade die Krankheit oder die Hilfsbedürftigkeit zu sexuellen Handlungen ausnützt. Der Versuch ist stets strafbar.

IV. § 174b StGB stellt sexuelle Handlungen mit körperlicher Berührung unter gleiche Strafe, wenn der Täter gegenüber dem Betroffenen eines Verfahrens seine *Amtsstellung* hierzu *ausnutzt*. Täter können sein → Beamte, die zur Mitwirkung an einem Strafverfahren oder an einem Verfahren zur Anordnung einer Freiheitsentziehung (vgl. hierzu Freiheitsstrafe IV!) berufen sind.

V. 1. Sexueller *Mißbrauch von Widerstandsunfähigen* ist in § 179 I StGB mit Freiheitsstrafe bis zu 5 Jahren oder mit Geldstrafe bedroht. Strafbar sind außereheliche sexuelle Handlungen an Personen, die entweder körperlich widerstandsunfähig sind oder die wegen krankhafter seelischer Störung, wegen tiefgreifender Bewußtseinsstörung oder wegen Schwachsinns oder einer schweren anderen seelischen Abartigkeit zum Widerstand unfähig sind. Der Täter muß gerade die Widerstandsunfähigkeit ausnutzen. Im Gegensatz zur früheren Regelung (einfache *Schändung*) ist nun auch der Mißbrauch eines männlichen Opfers strafbar. 2. § 179 II StGB qualifiziert die Tat dann als Verbrechen, wenn eine Frau unter den genannten Voraussetzungen zum außerehelichen Beischlaf (Vereinigung der Geschlechtsteile) mißbraucht wird (sog. schwere Schändung). Die Strafe ist Freiheitsstrafe von 1–10 Jahren, in minder schweren Fällen eine solche von 3 Monaten bis zu 5 Jahren. § 179 II scheidet aber aus, wenn der Täter die Frau in der Absicht, sie zu mißbrauchen, in einen willenlosen oder sonst widerstandsunfähigen Zustand versetzt. In diesem Fall liegt → Vergewaltigung vor, weil die Betäubung oder sonstige Versetzung in einen Zustand psychischer oder physischer Wehrlosigkeit Anwendung von → Gewalt darstellt.

Sexueller Mißbrauch von Jugendlichen → DDR II 2.

Sichbereiterklären zu einem Verbrechen → Versuch der Beteiligung.

Sicheres Geleit → Verfahren gegen Abwesende.

Sicherheitsgefährdender Nachrichtendienst

Sicherheitsgefährdender Nachrichtendienst → Landesverteidigung.

Sicherheitsgefährdendes Abbilden → Landesverteidigung.

Sicherstellung → Beschlagnahme.

Sicherungsverfahren. Das S. nach §§ 413 ff. StPO ist ein Verfahren zur Anordnung der → Maßregeln der Sicherung durch → Unterbringung in eine psychiatrische Krankenanstalt, eine Entziehungsanstalt oder in eine sozialtherapeutische Anstalt. Das S. ist ein *objektives Verfahren*. Gegenstand ist nur die Frage der Unterbringung wegen der Gefährlichkeit des Täters, nicht hingegen – wie bei dem subjektiven Strafverfahren – ein Schuldvorwurf wegen der von den Beschuldigten begangenen Tat.

I. Voraussetzungen des S. sind, daß die Staatsanwaltschaft das subjektive Verfahren gegen den Täter wegen (mindestens nicht ausschließbarer) Schuldunfähigkeit durch → Einstellung abgeschlossen hat oder aber der (schuldfähige) Beschuldigte voraussichtlich auf Dauer verhandlungsunfähig ist und die Unterbringung durch eine *Antragsschrift,* die der öffentlichen Klage entspricht, zu der allein zuständigen großen Strafkammer begehrt. Der Gang des Verfahrens und der Hauptverhandlung regelt sich nach den allgemeinen Vorschriften; doch bestehen zugunsten des Beschuldigten im Hinblick auf dessen Zustand Sonderregelungen für die Anwesenheitspflicht und die Zuziehung eines Sachverständigen. Auch ist stets die Mitwirkung eines Verteidigers nötig. Das Urteil befindet nur über den Antrag auf Unterbringung. Gleichwohl tritt wegen der dem Verfahren zugrundeliegenden Tat Verbrauch der Strafklage ein.

II. Ergibt sich im S. die Schuldfähigkeit des Beschuldigten, so kann die auch für das Strafverfahren zuständige Strafkammer nach entsprechendem Hinweis selbst entscheiden. In den übrigen Fällen ist zu verweisen. Stellt umgekehrt im *subjektiven Verfahren* das Strafgericht fest, daß der Angeklagte nicht schuldfähig ist, so ist ein Übergang zum S. nicht möglich, sondern das Gericht muß den Angeklagten freisprechen und daneben die Unterbringung anordnen.

Sicherungsverwahrung → Unterbringung (III).

Siegelbruch → Verstrickungsbruch (II).

Sittlichkeitsdelikte → Sexualstraftaten.

Sitzblockade → Gewalt.

Sitzungsordnung → Hauptverhandlung.

Sitzungspolizei → Hauptverhandlung (VI).

Spezialität

Sitzungsprotokoll → Protokoll.

Sodomie (widernatürliche Unzucht, Unzucht mit Tieren) ist nicht gesondert strafbar. Bestrafung kommt allenfalls wegen → Tierquälerei oder, wenn es sich um fremde Tiere handelt, wegen → Sachbeschädigung in Frage.

Soldaten → Beamter, Wehrstrafgesetz.

Sonderdelikte sind Tatbestände, in denen der *Täterkreis* nach bestimmten Merkmalen (z. B. Beamteneigenschaft bei § 331 StGB) *begrenzt* wird. Derjenige, der das Merkmal nicht erfüllt, kann nicht als Täter, wohl aber als Teilnehmer in Form des Gehilfen oder Anstifters bestraft werden.

Der Begriff S. wird auch zur Bezeichnung eines gegenüber einem *Grundtatbestand* selbständigen (eigenständigen) Delikts verwendet. Vgl. → Abwandlung.

Soziale Indikation → Abbruch der Schwangerschaft, Sterilisation.

Sozialschädlichkeit. Die S. eines Verhaltens, einer Handlung oder einer Unterlassung wird heute als wesentliches Kriterium für die Strafwürdigkeit angesehen. Der Inhalt dieses Begriffes liegt von jeher den Überlegungen rechtsstaatlicher Strafordnungen zugrunde. Sozialschädlich ist ein Verhalten, das dem Gemeinwohl zuwiderläuft. Unter das Gemeinwohl fallen aber nicht nur die gleichgerichteten Interessen aller oder der Mehrzahl, sondern auch die den einzelnen Bürgern im Rahmen der gesetzlichen Ordnung eingeräumten individuellen freiheitlichen Entfaltungsräume. Im Einzelfall bleibt aber die Frage nach der S. gleichwohl schwierig und oft umstritten, zumal hierbei nicht nur unmittelbare Folgen, sondern auch Neben- und Nachwirkungen des einzelnen Falles und auch der möglichen Vielzahl der fraglichen Verhaltensweisen zu bedenken sind. Damit ist die Untersuchung der S. Gegenstand nicht nur der Jurisprudenz, sondern der Soziologie, insbesondere der Sozialpsychologie, der Individualpsychologie, der Medizin, u. U. der Naturwissenschaften, aber ebenso der Kriminalpolitik, die ihrerseits auch Nebenfolgen der Strafbarkeit eines Verhaltens, Folgen der Aufhebung einer bisher bestehenden Bestrafung oder aber auch die Möglichkeiten der Tatermittlung zu berücksichtigen hat.

Sozialversicherungsbeiträge → Vorenthalten und Veruntreuen von Arbeitsentgelt.

Sperrbezirk → Prostitution.

Sperrfrist → Entziehung der Fahrerlaubnis.

Spezialität → Gesetzeskonkurrenz.

Spezialprävention

Spezialprävention → Strafe.

Spionage → Landesverrat.

Spitzelparagraph → Verdächtigung (II).

Sportkämpfe, Verletzung bei S. → Körperverletzung, Einwilligung.

Sprechschein → Untersuchungshaft (IV).

Sprengstoff → Explosionsdelikte.

Sprungrevision → Revision.

Staatsanwalt. Wie der → Richter muß der S. die Befähigung zum Richteramt haben (§ 122 I DRiG). Der S. ist jedoch *Beamter* und untersteht dem Weisungsrecht seiner Vorgesetzten (§ 146 GVG). Je nach landesrechtlicher Regelung ist ein Wechsel in die Laufbahn des Richters und umgekehrt möglich. Staatsanwaltliche Aufgaben sind z. T. auch dem → Amtsanwalt übertragen.

Staatsanwaltschaft. Die S. ist eine büromäßig organisierte Behörde, die dem Bundes- bzw. Landesjustizminister untersteht. Sie ist ein dem Gericht gleichgeordnetes Organ der Rechtspflege ohne Parteifunktion, also zur Objektivität verpflichtet. Ihr steht das *Anklagemonopol* zu, also das Recht, durch Erhebung der öffentlichen Klage eine gerichtliche Untersuchung herbeizuführen (§ 152 I StPO; sog. Offizialprinzip). S. bestehen beim BGH *(Bundesanwaltschaft),* den Oberlandesgerichten und den Landgerichten. Die S. der Landgerichte nehmen auch die Aufgaben an den Amtsgerichten des Bezirks wahr. Die Staatsanwälte einer Behörde handeln stets als Vertreter ihres Behördenleiters. *Behördenleiter* sind der Generalbundesanwalt bei der S. am BGH, der Generalstaatsanwalt bei der S. bei dem OLG und der Leitende Oberstaatsanwalt bei der S. beim Landgericht. Die *Richtlinien für das Strafverfahren und das Bußgeldverfahren* (RiStBV) vom 1. 1. 1977 sind bundeseinheitlich geltende, bindende Vorschriften für die Staatsanwaltschaften (zugleich Empfehlungen für den Richter). Der → Staatsanwalt ist grundsätzlich als Beamter *weisungsgebunden* (§ 146 GVG); doch hält sich das Weisungsrecht des Vorgesetzten im engen Spielraum des → Legalitätsprinzips. Der Vorgesetzte kann aber die Amtsverrichtung entweder selbst übernehmen (Devolutionsrecht) oder an einen anderen Staatsanwalt als den zunächst zuständigen übertragen (Substitutionsrecht).

Staatsbeschimpfung → Verunglimpfung (II).

Staatsgefährdung → Gefährdung des demokratischen Rechtsstaats.

Staatsgeheimnis → Landesverrat (I).

Staatsgewalt, Widerstand → Widerstand gegen Vollstreckungsbeamte.

Staatsschutzsachen (politische Strafsachen) sind Strafsachen, die sich gegen den Bestand und die verfassungsmäßige Ordnung des Staats richten (u. a. → Friedensverrat nach § 80 StGB, → Hochverrat, Landesverrat und Gefährdung der äußeren Sicherheit nach §§ 94–100a StGB, Angriff gegen Vertreter ausländischer Staaten nach § 102 StGB, Straftaten gegen Verfassungsorgane nach §§ 105, 106 StGB, → Völkermord, Bildung → terroristischer Vereinigungen). Für eine Reihe von schwerwiegenden Tatbeständen sind nach § 120 GVG im ersten Rechtszug die Oberlandesgerichte zuständig, die sich am Sitz der jeweiligen Landesregierung befinden, in Bayern das Bayer. Oberste Landesgericht. Die Entscheidung über die → Revisionen gegen Urteile des OLG steht dem BGH zu (§ 135 GVG). Das OLG ist auch für die in § 74a GVG der sog. *Staatsschutzkammer* (Strafkammer bei einem LG) zugewiesenen Straftaten (u. a. → Gefährdung des demokratischen Rechtsstaats nach §§ 84–90, 90a III, 90b StGB, → Friedensverrat nach § 80a StGB) zuständig, wenn der Generalbundesanwalt wegen der besonderen Bedeutung des Falles nach § 74a II GVG die Verfolgung übernimmt. Führt der Generalbundesanwalt die Ermittlungen, so ist für ermittlungsrichterliche Tätigkeiten der → Ermittlungsrichter des BGH zuständig. In den anderen dem OLG zugewiesenen Sachen kann ein Ermittlungsrichter bei dem OLG tätig werden (§ 169 StPO).

Staatssymbole → Verunglimpfung (II).

Steckbrief ist ein Fahndungsmittel, das sich in erster Linie an die Strafverfolgungsbehörden wendet. Der Erlaß eines S. durch den Richter oder Staatsanwalt setzt voraus, daß gegen den flüchtigen oder sich verborgen haltenden Beschuldigten → Haftbefehl oder Unterbringungsbefehl besteht oder aber, daß ein Festgenommener entwichen ist (§ 131 StPO). Bei Festnahme des Gesuchten gelten die Vorschriften wie bei Festnahme auf Grund Haftbefehls (§ 131 IV, 115, 115a StPO). Die Behörde, der die → Strafvollstreckung obliegt, kann nach § 457 StPO einen S. zur Ergreifung eines flüchtigen oder sich verborgen haltenden Verurteilten zum Zweck der Strafverbüßung erlassen. Der S. wird als Steckbriefnachricht dem Bundeszentralregister mitgeteilt. Vgl. auch Fahndungsmaßnahmen.

Steckbriefnachricht → Zentralregister (V).

Stempelmarken → Geldfälschung.

Sterbehilfe → Tötung I 2.

Sterilisation

Sterilisation. Während für die S. des Mannes das Gesetz über die freiwillige → Kastration vom 15. 8. 1969 eine Rechtsgrundlage geschaffen hat, ist die Unfruchtbarmachung der Frau, soweit in einzelnen Bundesländern nicht noch § 14 I ErbgesundheitsG als Rechtfertigungsgrund herangezogen werden kann, nur nach § 226a StGB zu rechtfertigen. Die mit Einwilligung der Betroffenen vorgenommene S. verstößt nicht gegen die guten Sitten, wenn sie aus medizinischen Gründen angezeigt ist (sog. medizinische Indikation). Auch bei medizinisch-sozialer Indikation, z. B. wenn die Geburt weiterer Kinder der Mutter aus psychischen oder physischen Gründen einen gesundheitlichen Schaden brächte, oder bei eugenischer Indikation, wenn die Betroffene an einer schweren Erbkrankheit leidet, wird die S. als gerechtfertigt angesehen. Hingegen wird die S. lediglich aus sozialen Gründen oder aus Gefälligkeit gegenüber der Betroffenen nicht durch deren Einwilligung gerechtfertigt. Die entgegenstehende Auffassung in BGHE 20, 81, die S. stelle infolge der Aufhebung des § 236b StGB keine Körperverletzung mehr dar, ist im Hinblick auf das Gesetz über die Kastration, das eine Körperverletzung nur unter bestimmten Voraussetzungen verneint, überholt.

Steuer ist nach § 3 AO eine Geldleistung, die nicht eine Gegenleistung für eine besondere Leistung darstellt und von einem öffentlichrechtlichen Gemeinwesen (Bund, Länder, Gemeinden) zur Erzielung von Einnahmen allen auferlegt wurde, bei denen der Anknüpfungstatbestand für die Leistungspflicht vorliegt. Dazu gehören z. B. auch Zölle und Kurabgaben.

Steuerfahndung → Steuerstrafverfahren.

Steuergeheimnis → Verletzung des Steuergeheimnisses.

Steuerhehlerei begeht nach § 374 AO, wer, um sich oder einen Dritten zu bereichern, Erzeugnisse oder Waren, hinsichtlich deren → Steuerhinterziehung (Verbrauchssteuer oder Zölle) oder → Bannbruch begangen worden ist, ankauft oder sonst sich oder einem Dritten verschafft, sie absetzt oder absetzen hilft. Die Strafdrohung ist der der Steuerhinterziehung gleichgesetzt. → Gewerbsmäßiges Handeln ist nach § 373 AO strafgeschärft.

Steuerhinterziehung begeht nach § 370 AO, wer → Steuern verkürzt oder für sich oder einen anderen nicht gerechtfertigte Steuervorteile erlangt. Tathandlungen sind: 1. Unrichtige oder unvollständige Angaben über steuerlich erhebliche Tatsachen gegenüber Finanzbehörden oder anderen Behörden. Doch ist das Vorspiegeln eines frei erfundenen steuererheblichen Vorgangs (z. B. zwecks Mehrwertsteuererstattung) → Betrug. 2. Pflichtwidrige Nichtunterrichtung der Finanzbehörden über steuerliche Tatsachen. 3. Pflichtwidriges Unterlassen der Verwendung von Steuerzeichen oder -Stempel. Die Tat ist vollendet, wenn die Steuer nicht oder zu niedrig oder nicht rechtzeitig festgesetzt wird oder aber wenn dem Täter die Steuervorteile (z. B. Erlaß, Stundung, Zahlungsaufschub) zukommen. Beispiele: Abgabe einer falschen Steuererklärung; Nichtabgabe einer Steuererklärung; Verwendung von Heizöl als Dieselkraftstoff trotz der Erklärung, es nur für Heizzwecke zu verwenden; Schnapsbrennen ohne Meldung; Verschweigen von größeren Schenkungen; Einsatz gebundener Bausparmittel für nicht steuerbegünstigte Zwecke. Die S. entfällt nicht deshalb, weil etwa der Steuervorteil aus anderen Gründen hätte gesetzmäßig erlangt werden können. S. ist auch hinsichtlich der von Mitgliedsstaaten der Europäischen Freihandelsassoziation einzuziehenden Eingangsabgaben möglich. Die Tat wird auch nicht dadurch ausgeschlossen, daß die S. betreffend solcher Gegenstände begangen wird, deren Einfuhr, Ausfuhr oder Durchfuhr verboten ist (z. B. Rauschgifte). Die S. (auch der Versuch) wird mit Freiheitsstrafe bis zu 5 Jahren oder mit Geldstrafe bestraft. Strafschärfung ist für besonders schwere Fälle (z. B. grober Eigennutz, Mißbrauch einer Amtsträgerstellung) auf Freiheitsstrafe von 6 Monaten bis zu 10 Jahren vorgesehen.

§ 371 AO enthält eine besondere Regelung der *tätigen Reue* für den Täter, der unrichtige oder unvollständige Angaben bei der Finanzbehörde berichtigt, ergänzt oder unterlassene Angaben nachholt (sog. *Selbstanzeige*). Voraussetzung der Straffreiheit ist jedoch, daß die Anzeige eingeht, bevor die Finanzbehörde zu einer Steuerprüfung erschienen ist oder dem Täter die Einleitung eines Straf- oder Bußgeldverfahrens wegen der S. bekanntgegeben worden ist. Straffreiheit tritt auch dann nicht ein, wenn der Täter im Zeitpunkt der Selbstanzeige wußte oder annehmen mußte, daß die Tat ganz oder z. T. bereits entdeckt war oder wenn er die hinterzogenen Steuern nicht innerhalb der vom Finanzamt gesetzten Frist entrichtet.

Steuerstraftaten. S. sind alle mit → Strafe, also Kriminalstrafe bedrohten Steuer- und Zollvergehen. Sie sind von den Steuer-(Zoll-)ordnungswidrigkeiten (§§ 377 ff. AO), für die nach §§ 409 ff. AO das Bußgeldverfahren entsprechend der Regelung für sonstige → Ordnungswidrigkeiten gilt, zu unterscheiden. *Steuerstraftaten* sind nach § 369 AO zunächst die strafbaren (also mit Strafe bedrohten) Zuwiderhandlungen gegen Steuergesetze. Hierunter fallen alle Straftatbestände der einzelnen Steuergesetze sowie die Blankettvorschriften der → Steuerhinterziehung in § 370 AO, des → Schmuggels nach § 373 AO und der → Steuerhehlerei nach § 374 AO. S. sind daneben die Wertzeichenfälschung (→ Geldfälschung), soweit sie Steuerzei-

Steuerstrafverfahren

chen betrifft, der → Bannbruch sowie die → Begünstigung (§ 257 StGB) von Tätern, die Steuervergehen der bezeichneten Art begangen haben. Die S. unterliegen, soweit nicht im Einzelfall eine abweichende Regelung getroffen ist, den Bestimmungen des allgemeinen Strafrechts (insbesondere StGB und JGG). Nach § 375 II AO ist die Einziehung der Gegenstände, auf die sich S. beziehen, sowie der entsprechenden Beförderungsmittel möglich. Vgl. Steuerstrafverfahren.

Steuerstrafverfahren. Das S. ist in den §§ 385 ff. AO geregelt. Diese Vorschriften stellen jedoch lediglich eine Ergänzung des allgemeinen Strafprozeßrechts und nicht eine abgeschlossene Sonderregelung dar (§ 385 AO). Wichtige Abweichungen sind: 1. Die Finanzbehörde (Hauptzollamt, Finanzamt und Bundesamt für Finanzen) ist *Ermittlungsbehörde*. Für mehrere Finanzbehörden kann einem der Ämter die sachliche Zuständigkeit übertragen werden (sog. *Gemeinsame Strafsachenstelle*). Bei Verdacht eines Steuervergehens kann neben Staatsanwaltschaft und Polizei auch die Finanzbehörde ein → Ermittlungsverfahren einleiten (§ 397 I AO). Die Finanzbehörde führt das Ermittlungsverfahren selbständig, wenn die Tat nur Steuervorschriften verletzt und gegen den Beschuldigten nicht ein → Haftbefehl oder → Unterbringungsbefehl erlassen ist. Führt die Finanzbehörde das Ermittlungsverfahren selbständig, so hat die Finanzbehörde in diesem Verfahren die Stellung der Staatsanwaltschaft (§ 399 I AO). 2. Die Finanzbehörde kann nach § 400 AO selbständig ohne Zwischenschaltung der Staatsanwaltschaft einen *Strafbefehl* beantragen. Beraumt der Amtsrichter Termin zur Hauptverhandlung an, legt der Beschuldigte Einspruch ein oder soll in anderer Weise als durch Strafbefehlsantrag die → öffentliche Klage erhoben werden, so führt das weitere Verfahren die Staatsanwaltschaft. Die Finanzbehörde legt dazu die Akten der Staatsanwaltschaft vor. 3. In dem *Ermittlungsverfahren der Staatsanwaltschaft* haben die (auch sonst zuständigen) Finanzbehörden, die Gemeinsame Strafsachenstelle, die Zollfahndungsstelle und die mit der Steuerfahndung betrauten Dienststellen der Landesfinanzbehörde sowie ihre Beamten dieselben Rechte und Pflichten wie die Behörden und Beamten des Polizeidienstes (§§ 402, 409 AO), d. h. insbesondere das Recht und die Pflicht des ersten Zugriffs. Die zuständige Finanzbehörde ist befugt, an Ermittlungen der Staatsanwaltschaft teilzunehmen. Vor einer → Einstellung hat die Staatsanwaltschaft das Finanzamt zu hören. 4. Im *gerichtlichen Verfahren* ist das Finanzamt zu hören (§ 407 I AO). Es hat nicht die Stellung eines Nebenklägers. Doch steht dem Vertreter der Finanzbehörde ein Fragerecht gegenüber dem Beschuldigten, den Zeugen oder Sachverständigen zu (§ 407 I 5 AO). Er kann keine Beweisanträge stellen und keine → Rechtsmittel einlegen.

Steuerstreik → Streik.

Störung des öffentlichen Friedens

Steuerungsfähigkeit → Schuldfähigkeit.

Steuervergehen → Steuerstraftaten.

Steuerzeichenfälschung → Geldfälschung.

Stillstand der Rechtspflege → Verjährung.

Stimmrecht → Nebenfolgen.

Störpropaganda gegen die Bundeswehr begeht nach § 109d StGB, wer unwahre oder gröblich entstellte Behauptungen tatsächlicher Art wider besseres Wissen aufstellt oder verbreitet, um die Bundeswehr in ihrer Aufgabe der → Landesverteidigung zu behindern.

Störung der Religionsausübung begeht nach § 167 I Nr. 1 StGB, wer den Gottesdienst oder gottesdienstliche Handlungen (z. B. Tauffeier, kirchliche Prozessionen) einer im Inland bestehenden Kirche oder anderen Religionsgesellschaft absichtlich und in grober Weise stört. In § 167 I Nr. 2 kann die Tat aber auch durch die Verübung beschimpfenden Unfugs an einem Ort begangen werden, der dem Gottesdienst gewidmet ist. Nach § 167 II sind die Feiern einer im Inland bestehenden Weltanschauungsvereinigung (z. B. Humanistische Union, Freimaurer) dem Gottesdienst gleichgestellt. Die Tat ist mit Freiheitsstrafe bis zu 3 Jahren oder mit Geldstrafe bedroht. Die → Störung einer Bestattungsfeier regelt die Spezialvorschrift des § 167a StGB. Vgl. auch → Beschimpfung von Bekenntnissen.

Störung der Tätigkeit eines Gesetzgebungsorgans → Verfassungsorgane (IV).

Störung der Totenruhe ist nach § 168 StGB mit Freiheitsstrafe bis zu 3 Jahren oder mit Geldstrafe bedroht. Der Tatbestand umfaßt a) das unbefugte Wegnehmen von Leichen, Leichenteilen oder der Asche eines Verstorbenen aus dem Gewahrsam der Berechtigten, b) das Verüben beschimpfenden Unfugs an solchen Gegenständen oder an Beisetzungsstätten (z. B. Grab einschließlich Grabmal und Blumenschmuck), c) das Zerstören oder Beschädigen von Beisetzungsstätten. § 168 steht nach a) somit der Transplantation von Organen dann entgegen, wenn die Einwilligung der Angehörigen dazu nicht vorliegt.

Störung des öffentlichen Friedens durch Androhung von Straftaten begeht nach § 126 StGB (Freiheitsstrafe bis zu 3 Jahren oder Geldstrafe), wer bestimmte schwere Straftaten in einer Weise androht, die den → öffentlichen Frieden zu stören geeignet ist. Ebenso wird aber bestraft, wer wider besseres Wissen in einer den öffentlichen Frieden zu stören geeigneten Weise vortäuscht, die Verwirklichung solcher Taten stehe bevor.

Störung einer Bestattungsfeier

Störung einer Bestattungsfeier weltlicher oder religiöser Art wird in § 167a StGB unter Freiheitsstrafe bis zu 6 Monaten oder Geldstrafe gestellt. Voraussetzung ist die absichtliche oder wissentliche Störung.

Störung öffentlicher Betriebe begeht nach § 316b StGB, wer vorsätzlich den Betrieb von Verkehrseinrichtungen (z. B. Bahn, Post, auch private Verkehrslinien, die dem öffentlichen Verkehr dienen), von öffentlichen oder lebenswichtigen privaten Versorgungsunternehmen (z. B. Wasser-, Stromversorgung) oder von Anlagen und Einrichtungen, die der Sicherheit und Ordnung dienen (z. B. Polizei, Feuermelder) dadurch *verhindert* oder *stört*, daß er dem Betrieb dienende Sachen zerstört, beschädigt, beseitigt, verändert oder unbrauchbar macht. Strafbar ist auch der Versuch. Die Strafe (Freiheitsstrafe bis 5 Jahre oder Geldstrafe) ist in besonders schweren Fällen erhöht auf 6 Monate bis 10 Jahre Freiheitsstrafe. Dies ist in der Regel anzunehmen, wenn die Tat die Versorgung der Bevölkerung mit lebenswichtigen Gütern (Wasser, Licht, Wärme, Kraft) beeinträchtigt.

Eine dem § 316b StGB entsprechende Regelung enthält § 317 I, II StGB für *Fernmeldeanlagen*. Es genügt hier jedoch schon die *Gefährdung* des Betriebs. Im Verhältnis zu § 88 StGB (*staatsgefährdende* Störhandlungen); s. Gefährdung des demokratischen Rechtsstaats) ist Tateinheit mit Vergehen nach § 316b oder § 317 I, II möglich. Der Täterkreis in § 88 StGB ist weitergezogen, weil der Eingriff in den Betrieb nicht Tathandlung ist. § 88 StGB setzt staatsgefährdende Absicht voraus. Die Strafdrohung beträgt in sämtlichen Fällen Freiheitsstrafe bis zu 5 Jahren. Die *fahrlässige Störung von Fernmeldeanlagen* ist in § 317 III StGB mit Freiheitsstrafe bis zu 1 Jahr oder mit Geldstrafe bedroht.

Strafakten → Akten.

Strafantrag. I. Bei einer Anzahl von Straftatbeständen (sog. → Antragsdelikten) macht das Gesetz die Verfolgung von der Stellung eines S. abhängig. Der S. ist damit → *Prozeßvoraussetzung*. S. ist die Erklärung des nach Gesetz dazu Befugten, daß er die Strafverfolgung wünsche. Er muß schriftlich oder zu Protokoll bei einem Gericht oder der Staatsanwaltschaft oder schriftlich bei der Polizei angebracht werden (§ 158 II StPO). Der S. ist nicht der → *Strafanzeige* gleichzusetzen, kann mit dieser jedoch verbunden werden. Der S. muß i. d. R. innerhalb einer Frist von 3 Monaten gestellt werden (§ 77b I StGB). Sie beginnt für jeden Strafantragsberechtigten mit Kenntnis von Tat und Täter. Antragsberechtigt ist, soweit nicht das Gesetz Dritten (z. B. Dienstvorgesetzten, vgl. § 77a StGB) ein selb-

Strafausschließungsgründe

ständiges Recht einräumt, der unmittelbar → Verletzte. Die Antragsmündigkeit beginnt mit dem 18. Lebensjahr. Für den Minderjährigen ist der gesetzliche Vertreter (i. d. R. die Eltern) antragsberechtigt. Bei Tod des Verletzten geht dessen Antragsrecht in gesetzlich bestimmten Fällen auf den Ehegatten und die Kinder, im Falle ihres Fehlens oder Todes vor Ablauf der Antragsfrist auf die Eltern, ersatzweise auf Geschwister und Enkel über (§ 77 II StGB). Die *Zurücknahme* eines S. ist bis zum rechtskräftigen Abschluß des Strafverfahrens zulässig. Die Zurücknahme hat die → Einstellung des Verfahrens und u. U. auch Kostenlast für den Antragsteller (§ 470 StPO) zur Folge. *Verzicht* auf S. ist unwiderruflich.

II. Dem S. entsprechen die *Ermächtigung* und das *Strafverlangen*. Sie sind fristlose Prozeßvoraussetzungen. Das Gesetz sieht sie bei Delikten gegen den Staat oder seine Organe vor.

Strafanzeige (§ 158 I StPO) ist die Mitteilung des Verdachts einer strafbaren Handlung an die Staatsanwaltschaft, die Polizei oder das Amtsgericht. S. kann *jedermann,* auch der völlig Unbeteiligte, schriftlich oder mündlich (dann ist eine Niederschrift aufzunehmen) erstatten. Die S. kann lediglich die *Anregung* enthalten, zu prüfen, ob Anlaß zur Strafverfolgung besteht. Sie kann aber auch *Antrag auf Strafverfolgung* sein. Erhebt die Staatsanwaltschaft in diesem Fall nicht → öffentliche Klage, so muß sie dem Antragsteller einen Bescheid mit Gründen erteilen (§ 171 StPO). Die S. kann zugleich auch → *Strafantrag* nach § 158 II StPO sein. Staatsanwaltschaft und Polizei können dem Anzeiger u. U. Vertraulichkeit zusichern. Wer vorsätzlich oder leichtfertig eine unwahre Anzeige erstattet, kann in die entstandenen Kosten verurteilt werden (§ 469 I StPO). S. auch falsche Anschuldigung. Eine *Pflicht* zur S. besteht für Privatpersonen hinsichtlich begangener Straftaten nicht. Wegen bevorstehender Taten s. Nichtanzeige geplanter Straftaten. Auch die *anonyme* S. verpflichtet die Strafverfolgungsbehörden zur Prüfung, ob Anhaltspunkte für eine Straftat vorliegen (Nr. 8 RiStBV).

Strafarrest → Wehrstrafgesetz.

Strafarten → Strafe.

Strafaufhebungsgründe sind Umstände, die *nach* der tatbestandsmäßigen rechtswidrigen und *schuldhaften Handlung* eintreten und die Strafbarkeit entfallen lassen. Hierzu gehören u. a. der Rücktritt vom → Versuch und der → Straferlaß.

Strafaufschub → Vollstreckungsaufschub.

Strafausschließungsgründe sind diejenigen *persönlichen Umstände,* die einen Täter trotz tatbestandsmäßiger, rechtswidriger und schuld-

Strafaussetzung zur Bewährung

hafter Handlung von Strafe freistellen. Sie kommen Mittätern oder Teilnehmern, bei denen diese persönlichen Eigenschaften fehlen, nicht zugute (§ 29 StGB). Als S. ist insbesondere die Angehörigeneigenschaft (vgl. § 258 VI StGB) bedeutsam.

Strafaussetzung zur Bewährung. I. Die S. nach §§ 56–58 StGB regelt die Aussetzung der Vollstreckung einer unbedingten Verurteilung zu einer Freiheitsstrafe. Für die Geldstrafe ist ein ähnliches Institut die → Verwarnung mit Strafvorbehalt. Im Jugendstrafrecht gibt es neben der S. z. B. die Aussetzung der *Verhängung* der → Jugendstrafe.

1. Ausgesetzt werden kann nach § 56 I StGB eine → *Freiheitsstrafe* von nicht mehr als 1 Jahr, ausnahmsweise bei Vorliegen besonderer Umstände in der Tat und in der Persönlichkeit des Täters auch eine Freiheitsstrafe von nicht mehr als 2 Jahren (§ 56 II StGB). Voraussetzung ist in jedem Fall die Erwartung, daß der Verurteilte sich schon die Verurteilung als solche hat zur Warnung dienen lassen und künftig keine Straftaten mehr begehen werde. Die *Prognose* hat die Persönlichkeit des Täters, sein Vorleben, die Tatumstände, sein Verhalten nach der Tat, seine Lebensverhältnisse und die Wirkung der Aussetzung für ihn zu berücksichtigen. Während Freiheitsstrafen unter 6 Monaten bei günstiger Täterprognose stets ausgesetzt werden müssen, ist die S. höherer Freiheitsstrafe nach § 56 III StGB dann ausgeschlossen, wenn die *Verteidigung der Rechtsordnung* die Vollstreckung gebietet, d. h., wenn das Interesse der Allgemeinheit an dem Schutz der durch die Tat angegriffenen Rechtsgüter die Vollstreckung erforderlich macht. Wird in dem Urteil eine erlittene → Untersuchungshaft oder eine andere Freiheitsentziehung angerechnet (§ 56 IV StGB), so erfaßt die S. den verbleibenden Teil der Freiheitsstrafe.

2. Während die S. im *Tenor* ausgesprochen und in den Gründen des Urteils begründet wird, werden in einem regelmäßig nach dem Urteil verkündeten gesonderten *Beschluß* (§ 268a I StPO) *nähere Regelungen* getroffen. Zunächst wird die *Bewährungszeit* im gesetzlich zulässigen Rahmen von 2–5 Jahren (§ 56a I StGB; im Jugendrecht 2–3 Jahren, § 22 I 2 JGG) festgesetzt. Sie beginnt mit Rechtskraft der Entscheidung über die Strafaussetzung. Das Gericht erteilt dem Verurteilten Auflagen und Weisungen, wenn er sich nicht selbst freiwillig zu Leistungen, die der Genugtuung für das begangene Unrecht dienen, oder zu *Zusagen* für seine künftige Lebensführung glaubhaft bereiterklärt. Als *Auflagen* (§ 56b StGB) kommen insbesondere die Wiedergutmachung des Schadens, die Zahlung von Geldbeträgen zu Sühnezwecken an gemeinnützige Einrichtungen oder die Staatskasse und sonstige gemeinnützige Leistungen in Frage, die der Genugtuung des begangenen Unrechts dienen. *Weisungen* (§ 56c StGB) die-

Strafaussetzung zur Bewährung

nen dazu, die Lebensumstände des Verurteilten im Hinblick auf die Gefahr erneuter Straffälligkeit günstig zu beeinflussen. Dafür führt § 56c II StGB beispielhaft auf: Anordnungen hinsichtlich des Aufenthalts (insbesondere in bestimmten Lokalen), der Berufsausbildung, der Arbeit, der Freizeitbeschäftigung, der wirtschaftlichen Führung; Meldeauflagen; Untersagung des Verkehrs mit bestimmten Personen oder Gruppen; Verbot des Besitzes bestimmter Gegenstände (z. B. einer Nachschlüsselsammlung, Waffen); Erfüllung der Unterhaltspflichten. Mit seinem Einverständnis kann der Verurteilte auch angewiesen werden, eine Heilbehandlung oder eine Entziehungskur durchzuführen oder in einem Heim oder einer Anstalt Aufenthalt zu nehmen (§ 56c III StGB). Dem gleichen Zweck wie die Weisungen dient die Unterstellung des Verurteilten unter die *Aufsicht eines Bewährungshelfers*. Bei Verurteilung eines noch nicht 27-jährigen zu mehr als 9 Monaten Freiheitsstrafe soll i. d. R. ein Bewährungshelfer bestellt werden (§ 56d II StGB). Der haupt- oder ehrenamtliche Bewährungshelfer steht dem Verurteilten helfend und betreuend zur Seite (§ 56d III StGB). Er hat gegenüber dem Verurteilten kein Weisungsrecht. Er muß mit ihm aber in Kontakt bleiben, um die Erfüllung von Auflagen und Weisungen zu überwachen. Der Verurteilte wird entweder vom Vorsitzenden noch in der Hauptverhandlung (§ 268a StPO) oder durch das Gericht des 1. Rechtszugs (§§ 453 II, 462a II StPO) über Sinn und Zweck der getroffenen Regelung unterrichtet und auch über die Folgen erneuter Straffälligkeit oder der Nichtbeachtung der Anordnungen *belehrt* (§ 453a StPO).

3. Entscheidungen hinsichtlich der Bewährungszeit und der getroffenen Anordnungen können *nachträglich* veränderten Umständen angepaßt und *abgeändert* werden (§§ 56a II 2, 56e StGB). Die Einhaltung der Auflagen und Weisungen überwacht das Gericht. Soweit ein Bewährungshelfer bestellt ist, hat dieser das Gericht regelmäßig über die Entwicklung des Verurteilten zu unterrichten. Er hat schwere Verstöße gegen die richterlichen Anordnungen mitzuteilen (§ 56d III 3 StGB).

4. Das Gericht *widerruft* die S., wenn der Verurteilte die der S. zugrundeliegende Erwartung nicht erfüllt, weil er in der Bewährungszeit eine insoweit ins Gewicht fallende Straftat begeht, gegen Auflagen oder – in einer die Besorgnis erneuter Straffälligkeit begründenden Art – Weisungen gröblich oder beharrlich verstößt oder sich der Leitung und Aufsicht seines Bewährungshelfers entzieht (§ 56f I StGB). Vor dem Widerruf hat das Gericht jedoch zu prüfen, ob eine Änderung der getroffenen Regelung, u. U. die Verlängerung der Bewährungszeit (auch über das gesetzliche Höchstmaß), genügt, den Zweck der S. zu erreichen. Leistungen des Verurteilten zur Erfüllung von Auflagen, Weisungen oder Zusagen (z. B. Geldbuße an

Strafaussetzung zur Bewährung

eine gemeinnützige Vereinigung zu entrichten) werden nicht zurückerstattet. Nach § 56f III 2 StGB kann das Gericht aber bestimmte Leistungen auf die Strafe anrechnen.

5. Nach Ablauf der *Bewährungszeit* wird, wenn kein Widerruf erfolgt, die im Urteil verhängte Freiheitsstrafe bzw. der nach Anrechnung von Freiheitsentziehung verbleibende Rest *erlassen*. Stellt sich nachträglich heraus, daß der Verurteilte noch während der Bewährungszeit eine vorsätzliche Straftat begangen hat, deretwegen er zu einer Freiheitsstrafe von mehr als 6 Monaten verurteilt wird, so kann der Straferlaß innerhalb eines Jahres nach Ablauf der Bewährungszeit und innerhalb 6 Monate nach Rechtskraft der Verurteilung widerrufen werden (§ 56g StGB).

II. 1. S. kann auch *nach Teilverbüßung* einer Freiheitsstrafe hinsichtlich eines Strafrests (sog. *letztes Drittel*) gewährt werden (§ 57 StGB). Formelle Voraussetzungen einer S. nach Teilverbüßung sind, daß der Verurteilte a) zwei Drittel der Strafe, mindestens jedoch 2 Monate verbüßt hat (§ 57 I Nr. 1 StGB) und b) sich mit der S. einverstanden erklärt (§ 57 I 1 Nr. 3 StGB). Zur verbüßten Strafe zählt auch eine angerechnete → Untersuchungshaft. Sachliche Voraussetzung ist, daß verantwortet werden kann zu erproben, ob der Verurteilte außerhalb des Strafvollzugs keine Straftaten mehr begehen wird (§ 57 I 1 Nr. 2 StGB). Die Prognose richtet sich auf die ernsthafte Möglichkeit (nicht Wahrscheinlichkeit) straffreier Führung, damit nur auf das Verhalten des Täters in strafrechtlicher Hinsicht. Bei der Entscheidung sind entsprechend dem Ziel der Aussetzung eines Strafrests, nämlich der sozialen Anpassung des Verurteilten, seine Persönlichkeit, sein Vorleben, die Tatumstände, sein Verhalten (nicht nur die Führung) im Strafvollzug, seine Lebensverhältnisse und auch die Auswirkungen der S. zu berücksichtigen. Nach § 57 V StGB kann von S. abgesehen werden, wenn der Verurteilte unzureichende oder falsche Angaben über den Verbleib von Gegenständen macht, die dem → Verfall unterliegen (z. B. Tatbeute).

2. *In Ausnahmefällen* kann S. bei Vorliegen der Voraussetzungen nach 1. und besonderer Umstände in der Tat oder in der Persönlichkeit des Verurteilten schon *nach Verbüßung der Hälfte* der verhängten Strafe gewährt werden, wenn mindestens 6 Monate Freiheitsstrafe verbüßt sind (§ 57 II StGB).

3. Gem. § 57a StGB kann das Gericht auch die Vollstreckung des Rests einer *lebenslangen* Freiheitsstrafe zur Bewährung aussetzen. Voraussetzung ist, daß 15 Jahre der Strafe verbüßt sind, nicht die besondere Schwere der Schuld des Verurteilten die weitere Vollstreckung gebietet und im übrigen die weiteren Voraussetzungen für die S. eines Strafrests gegeben sind. Die Dauer der Bewährungszeit beträgt 5 Jahre.

Strafbarkeit

4. Über die Aussetzung eines Strafrests *entscheidet* die Strafvollstreckungskammer des Landgerichts, in deren Bezirk die Strafanstalt liegt, in die der Verurteilte zur Zeit der Entscheidung aufgenommen ist (§§ 462a, 454 StPO), durch Beschluß. Dagegen ist sofortige Beschwerde zulässig, wobei das Rechtsmittel der Staatsanwaltschaft aufschiebende Wirkung hat. Hinsichtlich der Ausgestaltung der Bewährungszeit in dem Beschluß und dessen Abänderungsmöglichkeit sind die Vorschriften über die S. zur Bewährung entsprechend anzuwenden. Die Bewährungszeit darf jedoch die Dauer des verbliebenen Strafrests nicht unterschreiten. Entsprechend kann auch der Strafrest, wenn die Aussetzung nicht widerrufen wird, *erlassen* werden.

Das Gericht kann zugleich mit der Ablehnung eines Antrags auf S. nach Teilverbüßung eine Frist bis zu 6 Monaten setzen, innerhalb der der Verurteilte einen neuen zulässigen Antrag nicht stellen kann (§ 57 V StGB).

Strafausspruch → Schuldspruch.

Strafausstand → Vollstreckungsaufschub.

Strafbare Handlung → Straftat, Handlung.

Strafbarer Eigennutz lautet die Titelüberschrift des 25. Abschnitts des StGB. Einen eigenen Straftatbestand des s. E. gibt es nicht. Zu den Straftaten des s. E. gehören u. a. die Vorschriften über das unerlaubte → Glücksspiel, das → Vereiteln der Zwangsvollstreckung, die → Pfandkehr, die → Wilderei und der → Wucher.

Strafbarkeit. Eine Tat kann nur bestraft werden, wenn die S. gesetzlich bestimmt war, bevor die Tat begangen wurde (Art. 103 II GG, § 1 StGB). Sowohl der Richter als auch der Gesetzgeber ist an die rechtsstaatlichen Prinzipien *nullum crimen, nulla poena sine lege* (keine Straftat, keine Strafe ohne Gesetz) gebunden. Nach dem Grundsatz der *Bestimmtheit* muß sich die S. aus einem Gesetz sowohl nach dem Tatbestand durch Beschreibung der Tatbestandsmerkmale als auch nach der Strafdrohung durch Festlegung einer Strafe oder eines Strafrahmens ergeben.

Aus dem *Grundsatz der Bestimmtheit* der S. folgt das Verbot, zuungunsten des Beschuldigten einen Straftatbestand im Wege der *Analogie* (Gesetzesanwendung auf Sachverhalte, die von dem betreffenden Gesetz zwar nicht erfaßt werden, die aber den gesetzlich geregelten in rechtlicher Hinsicht ähnlich sind) oder aber auf Grund Gewohnheitsrechts anzunehmen. Hingegen sind Analogie und die Anwendung von *Gewohnheitsrecht* (z. B. das Züchtigungsrecht) zugunsten des Täters zulässig. Auch das *Rückwirkungsverbot* folgt aus dem Grundsatz der Bestimmtheit. Nach der Tat entstandenes Recht, das

Strafbefehl

für den Täter eine Verschlechterung gegenüber der zur Tatzeit bestehenden Rechtslage bedeuten würde, kann nicht angewendet werden. Das Rückwirkungsverbot bezieht sich auf alle verschärfenden Rechtselemente, z. B. strafschärfende Umstände, den Wegfall von Rechtfertigungs- und Schuldausschließungsgründen, nicht jedoch auf Erschwerungen, die durch neue Bestimmungen des Verfahrensrechts bedingt sind. Deshalb konnte der Gesetzgeber die → Verjährung für Mord und Völkermord mit Wirkung für begangene, aber noch nicht verjährte Verbrechen aufheben. Wird das Gesetz während der Tatbegehung geändert, was bei → Dauerdelikten und bei fortgesetzten Handlungen denkbar ist, so ist das Gesetz anzuwenden, das im Zeitpunkt der Tatbeendigung gilt (§ 2 II StGB). Auf → Maßregeln der Besserung und Sicherung ist grundsätzlich das z. Zt. der Entscheidung geltende Recht anzuwenden (§ 2 VI StGB).

Nach § 2 III StGB muß rückwirkend das (im konkreten Einzelfall) mildeste Gesetz angewendet werden, wenn die Gesetze zur Zeit der Tat und zur Zeit der Aburteilung verschieden sind. Eine Ausnahme gilt nach § 2 IV StGB nur dann, wenn ein Gesetz ausdrücklich für eine bestimmte Zeit erlassen ist (sog. *Zeitgesetz*, z. B. Wohnraumbewirtschaftungsgesetz).

Strafbefehl. Das auf Antrag der Staatsanwaltschaft vor dem Amtsgericht durchzuführende Strafbefehlsverfahren (§§ 407 ff. StPO) ist ein *summarisches* Verfahren. Es beruht auf dem Gedanken der Unterwerfung des Straftäters unter ein vorläufiges Angebot vereinfachter Erledigung. Der Richter prüft den Sachverhalt nur auf Grund der vorgelegten Akten. *Voraussetzung* für den Erlaß eines S. ist ein Antrag der StA. Dieser stellt eine Form der öffentlichen Klage dar. Inhaltlich ist zu beachten: 1. Die → Straftat darf nicht Verbrechen sein (§ 407 I StPO). 2. Der Strafausspruch darf nur gehen auf a) Geldstrafe, b) → Fahrverbot, c) → Einziehung, d) Vernichtung, e) Unbrauchbarmachung, f) Verfallerklärung, g) Bekanntmachung der Entscheidung, h) Entziehung der → Fahrerlaubnis bis zu 2 Jahren sowie i) → Verwarnung mit Strafvorbehalt. 3. Der Antrag und auch der S. muß die strafbare Handlung nach ihren gesetzlichen Merkmalen einschließlich Tatort und Tatzeit sowie das angewandte Strafgesetz und die Beweismittel bezeichnen (§ 409 I StPO). 4. Übereinstimmung des Staatsanwalts mit dem Amtsrichter in der Schuld- und Straffrage. 5. Bei → Heranwachsenden dürfen nicht die Voraussetzungen für die Anwendung von Jugendrecht vorliegen. Gegen Jugendliche ist ein S. ausgeschlossen (§ 79 JGG).

Der S. muß die Belehrung über die Möglichkeit des *Einspruchs* und über die Folgen seiner Unterlassung enthalten. Mit Ablauf der Einspruchsfrist von einer Woche nach → Zustellung (§ 409 I StPO)

Strafe

erlangt der S. die Wirkung eines rechtskräftigen Urteils (§ 410 StPO). Der verspätete Einspruch wird durch Beschluß verworfen. Bei unverschuldeter Fristversäumung ist → Wiedereinsetzung möglich. Der Einspruch kann wie ein → Rechtsmittel auf bestimmte Beschwerdepunkte beschränkt werden.

Lehnt der Amtsrichter den Erlaß des S. mit der Begründung ab, es fehle eine → Prozeßvoraussetzung oder der hinreichende Tatverdacht, so steht dem Staatsanwalt die sofortige Beschwerde des § 210 StPO zu. Hat der Amtsrichter sonst Bedenken oder kann er den Staatsanwalt nicht zur Änderung seines Antrags bewegen, so beraumt er → Hauptverhandlung an (§ 408 III StPO). Dazu kommt es auch bei rechtzeitigem Einspruch. Bis zur Urteilsverkündung im 1. Rechtszug kann der Staatsanwalt die Klage fallen lassen oder der Beschuldigte den Einspruch zurücknehmen (§ 411 III StPO). Grundlage der Hauptverhandlung ist der im Strafbefehlsantrag enthaltene Anklagesatz. An die im S. ausgesprochene Strafe ist das Gericht nicht gebunden (§ 411 IV StPO). Der Angeklagte kann *auch schlechter* gestellt werden. Er kann sich in der Hauptverhandlung durch einen mit schriftlicher Vollmacht versehenen Verteidiger vertreten lassen. Bleibt der Angeklagte aus und wird er auch nicht vertreten, so wird der Einspruch ohne Beweisaufnahme durch Urteil verworfen (§ 412 I StPO). Dagegen kann sich der Angeklagte sowohl mit der → Berufung als auch mit einem Antrag auf → Wiedereinsetzung zur Wehr setzen. Die Berufung kann er aber zulässig nur mit der Behauptung begründen, die Voraussetzungen für die Verwerfung hätten nicht vorgelegen. Bei erfolgreicher Berufung entscheidet das Berufungsgericht nicht in der Sache selbst, sondern hebt lediglich das Urteil des AG auf. Dieses muß neue Hauptverhandlung anberaumen.

Für die → Wiederaufnahme eines durch rechtskräftigen S. abgeschlossenen Verfahrens gelten die allgemeinen Bestimmungen. Nach § 373a StPO ist jedoch zusätzlich zuungunsten des Verurteilten Wiederaufnahme dann zulässig, wenn der Verdacht eines Verbrechens begründet ist.

Strafbemessung → Strafe, Strafmilderung.

Strafe ist die regelmäßige Rechtsfolge einer schuldhaft begangenen Straftat. Seit dem 1. 4. 1970 (1. StrRG) gibt es nur noch eine einheitliche → *Freiheitsstrafe*, → *Geldstrafe* und die → *Nebenstrafen*. Davon zu trennen sind → Maßnahmen. Der Verlust der Amtsfähigkeit sowie der Wählbarkeit und des Stimmrechts sind nur → *Nebenfolgen* (vgl. Titel vor § 45 StGB). Keine Strafe sind auch → Erziehungsmaßregeln und → Zuchtmittel des Jugendrechts, wohl aber die → Jugendstrafe.

Strafe

Die Festsetzung einer angemessenen S. innerhalb des gesetzlichen → Strafrahmens ist neben der Fällung des → Schuldspruchs eine der schwierigsten Aufgaben des Gerichts.

Nach § 46 StGB ist die Täterschuld Grundlage der *Strafzumessung*. Doch wird zugleich die Berücksichtigung der Auswirkungen einer S. für das künftige Leben des Täters in der Gesellschaft (§ 46 I 2 StGB) gefordert. Vgl. dazu → Schuldstrafrecht. Zur Feststellung der dem Täter angemessenen S. bedarf es einer sorgfältigen Untersuchung der *Täterpersönlichkeit* und der *Tatantriebe*. Dafür führt § 46 II beispielhaft einen Katalog von Umständen an: Beweggründe und Ziele des Täters; die Gesinnung, die aus der Tat spricht, und der bei der Tat aufgewendete Wille; das Maß der Pflichtwidrigkeit; die Art der Ausführung; die verschuldeten Auswirkungen der Tat; das Vorleben des Täters, seine persönlichen und wirtschaftlichen Verhältnisse, sein Verhalten nach der Tat, sein Bestreben um Schadenswiedergutmachung. Bei der Strafzumessung haben jedoch die Umstände außer Betracht zu bleiben, die bereits in dem Straftatbestand als *Tatbestandsmerkmale* aufgenommen sind (z. B. die Todesfolge bei der Körperverletzung nach § 226 StGB), weil diese bereits den Strafrahmen mitbestimmt haben (sog. *Verbot der Doppelverwertung* von Strafzumessungstatsachen). § 46 StGB bestimmt die Schuld nicht als ausschließlichen Zumessungsgrund für die S. Auch die Strafzwecke der *Abschreckung* des einzelnen Täters *(Spezialprävention)*, der Sicherheit der Allgemeinheit und der Abschreckung Dritter *(Generalprävention)* können als Strafzumessungsgründe herangezogen werden, wobei jedoch auch insoweit die Folgen der S. für den Täter nicht außer acht gelassen werden dürfen.

Setzt das Gesetz, ohne daß es den Hinzutritt weiterer → Tatbestandsmerkmale wie bei den privilegierenden oder qualifizierenden → Abwandlungen des Grundtatbestands fordert, für den „minder schweren Fall" (z. B. § 105 II StGB) oder den „besonders schweren Fall" (z. B. § 263 III StGB) einen eigenen Strafrahmen fest, so handelt es sich um eine gesetzliche Strafzumessungsregel. Dies gilt auch dann, wenn das Gesetz hierfür *Regelbeispiele* beschreibt. Die straferschwerenden Merkmale einer solchen Strafzumessungsregel (z. B. § 243 Nr. 1 StGB) gehören zwar zur Beschreibung der Tat, finden aber im Schuldspruch des Urteilstenors keinen Ausdruck (im Beispiel: Verurteilung nur wegen „Diebstahls"). Allerdings kann die Annahme eines „besonders schweren Falles" bei der Strafzumessung wegen der Erfüllung der Merkmale eines Regelbeispiels andere Strafgesetze (im Beispiel etwa Sachbeschädigung nach § 303 StGB) in Gesetzeskonkurrenz verdrängen (str.).

Beim *Zusammentreffen* mehrerer Gesetzesverletzungen richtet sich die Strafzumessung danach, ob dieselbe Tat mehrere Strafgesetze

Strafmilderung

verletzt (→ Tateinheit) oder ob jemand mehrere selbständige Straftaten begangen hat, die nur gleichzeitig zur Aburteilung anstehen (→ Tatmehrheit).

Straferlaß kann nur erfolgen durch gerichtliche Entscheidung nach einer → Strafaussetzung zur Bewährung oder durch →Begnadigung.

Straffreierklärung → Beleidigung. Kompensation.

Strafgericht → Gericht.

Strafhaft ist die Freiheitsentziehung auf Grund eines rechtskräftigen strafgerichtlichen Urteils, das auf → Freiheitsstrafe erkennt.

Strafkammer → Landgericht.

Strafklageverbrauch → Rechtskraft, Eröffnung des Hauptverfahrens.

Strafmakel → Zentralregister (III 2).

Strafmilderung. Die Möglichkeit, eine Strafe abweichend vom Regelfall wegen besonderer Umstände der Tat oder des Täters milder festzusetzen, räumt das Gesetz in unterschiedlicher Weise ein. 1. Durch Privilegierungen, also Straftatbestände, die wegen des Hinzutritts oder Fehlens eines weiteren Tatbestandsmerkmals einen niedrigen Regelstrafrahmen erhalten. Beispiel: Die → Nötigung eines Vollstreckungsbeamten ist als → Widerstand nach § 113 StGB mit einem gegenüber § 240 StGB geringerem Strafrahmen versehen. 2. Durch Festsetzung eines eigenen Strafrahmens für „minder schwere Fälle", z. B. § 181 (→ Menschenhandel), § 178 II (→ sexuelle Nötigung). Der Straftatcharakter (in den Beispielen Verbrechen) wird auch bei Annahme eines minder schweren Falls nicht geändert, weil es sich hier um reine Strafzumessungsregeln handelt. Aufgabe des Richters ist es, alle Tatumstände heranzuziehen und abzuwägen, ob der Fall bei einer Gesamtwürdigung aus dem Rahmen der durchschnittlichen Tatverwirklichungen herausfällt. 3. Durch gesetzlichen Verweis auf die Vorschrift des § 49 II StGB. Dies geschieht z. B. in § 158 I StGB für die Berichtigung eines → Meineids. Der Richter kann in diesen Fällen auf das gesetzliche Mindestmaß der angedrohten Strafe (bei Freiheitsstrafe bis auf 1 Monat, § 38 II StGB) herabgehen oder aber statt auf Freiheitsstrafe auf (nicht angedrohte) Geldstrafe erkennen. 4. Das Gesetz kann eine S. nach § 49 I StGB oder aber auch nur nach einzelnen Nummern des § 49 I StGB zwingend (z. B. in § 111 II StGB) oder fakultativ (z. B. in § 239a III StGB) festsetzen. Die Milderungsmöglichkeiten sind: a) An Stelle lebenslanger Freiheitsstrafe tritt eine solche nicht unter 3 Jahren. b) Bei zeitiger Freiheitsstrafe oder Geldstrafe ist das Höchstmaß auf drei

Strafprozeßrecht

Viertel der angedrohten Strafe herabgesetzt. c) Das (gegenüber dem gesetzlichen Mindestmaß erhöhte) Mindestmaß ermäßigt sich von 5–10 auf 2 Jahre, von 2–3 Jahren auf 6 Monate, von 1 Jahr auf 3 Monate.

Das *Zusammentreffen von* mehreren *Milderungsgründen* regelt § 50 StGB dahin, daß die Gründe nach 2 einerseits und 3./4. andererseits nicht zu einer Doppelverwertung führen dürfen. Dem Richter bleibt es überlassen, in welchem der Milderungsumstände er den gesetzlichen Grund für die Verschiebung des Strafrahmens in erster Linie sieht. Im übrigen sind mehrfache Milderungen nach § 49 I StGB durchaus möglich, z. B. versuchter Mord des vermindert Schuldfähigen (§§ 21, 23 II StGB).

Strafprozeßrecht ist die Gesamtheit aller Rechtsnormen über das *Strafverfahren,* wozu sowohl das → Ermittlungsverfahren wie das Verfahren vor den Strafgerichten gehört. Das S. ist vornehmlich in der StPO geregelt, wird jedoch durch weitere Gesetze ergänzt (z. B. JGG, Abgabenordnung, OWiG).

Strafrahmen ist die gesetzlich festgelegte Spannweite einer Strafdrohung, innerhalb deren der Richter die → Strafe für eine bestimmte → Straftat nach Art und Maß finden muß. Die → Geldstrafe wie die → Freiheitsstrafe sind im Allgemeinen Teil des StGB schon nach Mindest- und Höchstmaß begrenzt (§§ 38 II, 40 I StGB). Doch legen die einzelnen Strafbestimmungen bei der Freiheitsstrafe regelmäßig innerhalb dieser *allgemeinen Strafbegrenzungen* einen dem jeweiligen Unrechtsgehalt eines Straftatbestands angemessenen eigenen S. fest. Bei der Geldstrafe läßt § 40 I StGB Überschreitung des gesetzlichen Höchstmaßes zu.

Vgl. auch Strafmilderung.

Strafrecht. Das S. umfaßt alle Rechtsnormen, die die Voraussetzungen, den Inhalt und den Umfang der staatlichen Strafbefugnis regeln. Da der Strafanspruch Äußerung der Hoheitsgewalt ist, gehört das S. zum *öffentlichen Recht.* Das *formelle S.* bestimmt das Verfahren (Verfahrensrecht oder → Strafprozeßrecht). Das materielle S. ist das S. im engeren Sinn. Es legt die Voraussetzungen der Strafbarkeit bestimmter → Handlungen und deren Folgen fest. Das *materielle S.* ist in erster Linie im StGB geregelt, wobei allgemeine Regeln im sog. *Allgemeinen Teil* (§§ 1–79b StGB) vorangestellt sind und die Beschreibung der einzelnen Tatbestände der → Straftaten im sog. *Besonderen Teil* folgt. Doch sind in vielen Nebengesetzen zahlreiche ergänzende oder selbständige Straftatbestände enthalten. Zum eigentlichen S. gehört nicht das Recht der → Ordnungswidrigkeiten, weil diesen nicht kriminelles Unrecht zugrundeliegt.

Strafrechtsreform. I. Das StGB vom 31. 5. 1870 und die StPO vom 1. 2. 1877 haben zwar im Laufe der Zeit zahlreiche und einschneidende Änderungen erfahren. Die jahrzehntelangen Bestrebungen um eine S., die 1954 erneut aufgegriffen wurden, haben auf dem Gebiet des materiellen Strafrechts aber erst durch die Strafrechtsreformgesetze (StrRG) seit 1969 zu Rechtsänderungen größeren Umfangs geführt. Während das materielle Strafrecht durch die Neufassung des Allgemeinen Teils und durch die Absetzung der → Ordnungswidrigkeiten von den Straftaten weithin neue Gestalt und in vielen Tatbeständen neue Bewertung gefunden hat, sind im Verfahrensrecht Bestrebungen zu Reformen noch weithin unerfüllt geblieben. Stückwerke, wie etwa die Schlußanhörung des Beschuldigten durch den Staatsanwalt vor Anklageerhebung, wurden wegen mangelnder Praktikabilität z. T. wieder aufgehoben.

Strafregister → Zentralregister.

Strafsenat → Oberlandesgericht, Bundesgerichtshof.

Straftat ist als Begriff des materiellen Strafrechts nicht zu verwechseln mit dem prozessualen Begriff der → Tat. S. oder *strafbare Handlung* ist die rechtswidrige, schuldhafte, durch Gesetz nach → *Tatbestandsmerkmalen* gekennzeichnete und mit Strafe bedrohte → Handlung. → Rechtswidrigkeit und → Schuld sind in aller Regel in der gesetzlichen Tatbestandsbeschreibung nicht eigens angeführt. Die Verwirklichung eines gesetzlichen Straftatbestands ist als von der Rechtsordnung mißbilligtes Verhalten stets rechtswidrig, wenn nicht ein → Rechtfertigungsgrund vorliegt. Entfällt die Schuld durch Vorliegen eines → Schuldausschließungsgrundes, so liegt doch eine *„rechtswidrige Tat"* vor.

Ist eine Handlung nicht mit Strafe, sondern nur mit → Geldbuße bedroht, so ist lediglich eine → Ordnungswidrigkeit gegeben (vgl. → Mischtatbestand). Die strafbaren Handlungen zerfallen je nach der gesetzlichen Androhung (sog. abstrakte Betrachtungsweise) der Strafen (nicht der → Nebenstrafen) in 2 Gruppen (§ 12 StGB; sog. *Dichotomie*): Eine im Mindestmaß mit 1 Jahr oder mehr Freiheitsstrafe bedrohte Handlung ist *Verbrechen*. Alle übrigen mit Freiheitsstrafe oder Geldstrafe bedrohten Handlungen sind *Vergehen*.

Soweit ein eigener Deliktstypus gegeben ist, also wenn gegenüber dem Grundtatbestand (z. B. Körperverletzung) *weitere Tatbestandsmerkmale* die Strafandrohung schärfen (z. B. Körperverletzung mit Todesfolge) oder mildern, ist gesonderte Einstufung vorzunehmen. Hingegen bleiben Milderungen oder Schärfungen, die nach den Vorschriften des Allgemeinen Teils des StGB oder bei „mildernden Umständen", minder oder besonders schweren oder ähnlichen allgemein

Strafunmündigkeit

umschriebenen Fällen vorgesehen sind, für die Einteilung außer Betracht (§ 12 III StGB). Vgl. auch Tatbestand.

Strafunmündigkeit → Jugendstrafrecht.

Strafunterbrechung → Vollstreckungsaufschub.

Strafvereitelung (früher persönliche Begünstigung) begeht, nach § 258 I StGB, wer absichtlich oder wissentlich ganz oder zum Teil vereitelt, daß ein anderer, der eine rechtswidrige Tat begangen hat, dem Strafgesetz gemäß den Rechtsfolgen dieser Tat unterworfen wird. Nicht nur die Bewahrung vor → Strafe, sondern auch vor → Maßnahmen (z. B. Unterbringung des schuldunfähigen Täters in einer Entziehungsanstalt) genügt. Während der Wille des Täters in § 258 I StGB darauf gerichtet ist, es gar nicht zu einer strafgerichtlichen Entscheidung wegen der begangenen Tat kommen zu lassen (sog. *Verfolgungsvereitelung*), erfaßt § 258 II StGB die *Vollstreckungsvereitelung*, also die Vereitelung der Vollstreckung einer bereits ausgesprochenen Strafe oder Maßnahme (z. B. Verstecken des Abgeurteilten). In beiden Fällen genügt für die Kenntnis der Vortat bedingter Vorsatz. Der Versuch ist strafbar. Die S., durch die der Täter einen → Angehörigen oder sich selbst oder aber neben der S. hinsichtlich eines anderen zugleich auch sich selbst begünstigt, ist straflos (§ 258 V, VI StGB; persönlicher → Strafausschließungsgrund).

Der → *Verteidiger* hat gegenüber seinem Mandanten eine Treuepflicht, die ihm verbietet, Belastendes ohne die Einwilligung seines Mandanten vorzutragen. Selbst wenn der Verteidiger die Schuld seines Mandanten kennt, kann er die sich für den Angeklagten aus einer mangelnden Nachweisbarkeit ergebenden Vorteile nutzen und auch Freispruch beantragen. Wegen S. ist der Verteidiger aber dann strafbar, wenn er Beweismittel beseitigt, wenn er wider besseres Wissen die Glaubwürdigkeit eines Zeugen angreift, wenn er Belastungszeugen beeinflußt, nicht zu erscheinen.

Der Strafrahmen (Freiheitsstrafe bis zu 5 Jahren oder Geldstrafe) ist jeweils beschränkt durch die Höchststrafe des Delikts, dessentwegen die S. begangen wurde. Strafschärfung sieht die S. im Amt nach § 258a StGB vor (Freiheitsstrafe von 6 Monaten bis zu 5 Jahren, in minder schweren Fällen eine solche bis zu 3 Jahren). Das uneigentliche → Amtsdelikt kann nur ein Amtsträger (vgl. → Beamter) begehen. Straffrei ist auch hier die Selbstbegünstigung, nicht jedoch die S. gegenüber Angehörigen.

Strafverfolgungsbehörden im engeren Sinn sind die → Staatsanwaltschaft und die Kriminalpolizei. Im weiteren Sinn zählen dazu die Strafgerichte, die Finanzbehörden, soweit sie → Steuerstraftaten verfolgen (Steuerfahndung), sowie alle Behörden, die mit → Hilfsbeam-

Straßenraub

ten der Staatsanwaltschaft Straftaten (nicht nur → Ordnungswidrigkeiten) ermitteln.

Strafverfolgungsverjährung → Verjährung.

Strafvermerk → Zentralregister (I).

Strafvollstreckung. I. Die Vollstreckung der in einem Urteil verhängten → Strafen, → Maßregeln der Besserung und Sicherung und → Nebenstrafen ist in den §§ 449 ff StPO, in der Strafvollstreckungsordnung (StVollstrO), der Justiz-Beitreibungs-Ordnung (JBeitrO), in der Einforderungs- und Beitreibungsanordnung (EBAO) und dem Strafvollzugsgesetz (StVollG) geregelt. Soweit nicht in der StPO Entscheidungen auch während der S. dem Gericht vorbehalten sind, ist die Vollstreckungsbehörde zuständig. Vollstreckungsbehörde ist die Staatsanwaltschaft. Bis 31. 12. 1979 kann landesrechtlich die S. geringer Strafen noch den Amtsgerichten zugewiesen werden. Die Aufgaben der S. nimmt bei der Vollstreckungsbehörde weitgehend der → Rechtspfleger wahr (§ 31 RPflegerG). Die Entscheidungen der Vollstreckungsbehörde sind → Justizverwaltungsakte. Soweit die StPO dagegen nicht die Anrufung des Gerichts zuläßt, kann Überprüfung nach § 23 EGGVG beim Strafsenat des OLG beantragt werden. Sonst ist als entscheidendes Gericht bei der Vollstreckung von Freiheitsstrafen grundsätzlich die *Strafvollstreckungskammer,* bei anderweitiger S. das Gericht des ersten Rechtszugs zuständig, § 462 a StPO. Zur Strafvollstreckungskammer wird eine Strafkammer des LG bestimmt, in dessen Bezirk eine Justizvollzugsanstalt liegt.

II. Zur Erzwingung der S. von Freiheitsstrafen kann die Vollstreckungsbehörde nach § 457 I StPO auch → Vorführungs- oder → Haftbefehl erlassen. Sie entscheidet auch über Anträge auf → Vollstreckungsaufschub. Vgl. im übrigen auch → Freiheitsstrafe III.

III. Wegen der S. von Geldstrafen s. dort.

Strafvollstreckungskammer → Strafvollstreckung, Landgericht.

Strafvollstreckungsverjährung → Verjährung.

Strafvollzug → Freiheitsstrafe (III).

Strafvorbehalt → Verwarnung mit Strafvorbehalt.

Strafzumessung → Strafe, Strafmilderung.

Strafzweck → Strafe.

Strahlungsverbrechen → Explosionsdelikte.

Straßenraub → Räuberischer Angriff auf Kraftfahrer.

Straßenverkehrsgefährdung

Straßenverkehrsgefährdung → Verkehrsgefährdung.

Streik ist ein rechtmäßiges Kampfmittel des Arbeitnehmers zur Durchsetzung von Forderungen im Arbeitsleben. Die planmäßige Arbeitsniederlegung größerer Gruppen der Arbeitnehmer kann neben wirtschaftlichen auch politische Auswirkungen haben. Bedient sich der S. des Mittels der Gewalt oder der Drohung mit Gewalt, bezweckt der S., insbesondere der *Generalstreik,* etwa wegen des damit verbundenen Ausfalls lebenswichtiger Versorgungsanlagen die Ausübung eines Drucks auf die Allgemeinheit, auf die Regierung oder das Parlament mit dem Ziel, politische Entscheidungen außerhalb des Arbeitsbereichs zu erzwingen, so kann Nötigung von → Verfassungsorganen nach § 105 StGB, u. U. auch → Hochverrat nach § 81 StGB vorliegen. § 105 StGB kann auch beim *Steuerstreik*, der Verweigerung der Steuerzahlung, anwendbar sein.

Strengbeweis → Beweisaufnahme.

Stromentwendung → Entziehung elektrischer Energie.

Subsidiarität → Gesetzeskonkurrenz.

Substitutionsrecht → Staatsanwaltschaft.

Subsumtionsirrtum → Irrtum (II).

Subventionsbetrug begeht nach § 264 I StGB, wer in einem Subventionsverfahren unrichtige oder unvollständige Angaben macht, entscheidungserhebliche und gesetzlich geforderte Tatsachenangaben unterläßt oder Bescheinigungen über die Subventionsberechtigung oder über subventionserhebliche Tatsachen gebraucht, obwohl sie durch unrichtige oder unvollständige Angaben erlangt sind. Zur Vollendung der Tat ist die Gewährung der Subvention nicht erforderlich. Den Begriff der Subvention definiert § 264 VI StGB. Die Regelstrafe (Freiheitsstrafe bis zu 5 Jahren oder Geldstrafe) ist für besonders schwere Fälle auf 6 Monate bis zu 10 Jahren Freiheitsstrafe erhöht. In § 264 III StGB wird leichtfertiges (grobfahrlässiges) Handeln unter Freiheitsstrafe bis zu 3 Jahren oder Geldstrafe gestellt.

Suchvermerk → Zentralregister (V).
Sühneversuch → Privatklage.

Summarisches Verfahren → Strafbefehl.

Suspensiveffekt → Rechtsmittel.

Symbole, Verunglimpfung → Verunglimpfung (II 2).

T

Tagessätze → Geldstrafe.

Tat im prozessualen Sinn (§ 264 StPO) ist der einheitliche geschichtliche Vorgang, innerhalb dessen der Angeklagte einen Straftatbestand verwirklicht haben soll (BGHE 10, 936). Der Begriff ist nicht identisch mit dem der materiellrechtlichen Handlungseinheit (vgl. Zusammentreffen mehrerer strafbarer Handlungen). Seine Konturen sind oft unscharf, weil entgegen der Annahme der nicht immer einheitlichen Rechtsprechung (BGHE 32, 215) die Beurteilung der „Einheitlichkeit" eines Lebensvorgangs oder der „inneren Verknüpfung mehrerer Vorgänge" auch bei Bemühen um eine „natürliche" Auffassung nicht objektiven Kriterien folgen kann. Die neuere Rechtsprechung (BGHE 35, 60 und 80) bestimmt den Begriff der T. enger nach der Schilderung des Anklagesachverhalts. Maßgeblich ist dabei, ob die bedeutsamen Unrechtshandlungen und deren Zuweisung an den Beschuldigten dem geschilderten Vorgang entnommen werden können. Nicht entscheidend ist, wie die Staatsanwaltschaft den Sachverhalt ihrerseits rechtlich bewertet hat.

Der Begriff der T. ist von erheblicher verfahrensrechtlicher Bedeutung, weil wegen *einer* Tat nur *eine* Sachentscheidung ergehen kann: Im Ermittlungsverfahren Erhebung der öffentlichen Klage oder Einstellung; nach Eröffnung des Hauptverfahrens Verurteilung oder Freispruch – hier bei → Rechtskraft mit der Folge des Strafklageverbrauchs.

In → Tateinheit stehende Delikte, die Dauerstraftat oder die fortgesetzte Handlung stellen prozessual nur eine T. dar. Dieser Grundsatz wird ausnahmsweise durchbrochen, wenn innerhalb einer Handlungseinheit (z. B. Mitgliedschaft in einer terroristischen Vereinigung) mehrere Tatbestände von erheblichem Gewicht (z. B. Morde) verwirklicht werden (BGHE 29, 288). Innerhalb einer T. ist aber auch → Tatmehrheit denkbar (z. B. Straßenverkehrsgefährdung und anschließendes Entfernen vom Unfallort).

Teile der T. können nach § 154a StPO von der Verfolgung ausgenommen werden. Vgl. Einstellung des Verfahrens II. 7.

Tatbestand (*Straftatbestand*) ist die Bezeichnung für die objektiven und subjektiven Voraussetzungen eines vom Gesetzgeber als → Straftat mit → Strafe bedrohten Verhaltens. Seine nähere Bestimmung erfährt der T. durch die Anführung einzelner → Tatbestandsmerkmale. Zum gesetzlichen T. gehört nicht die → Schuld. Von *Tatbestandsmäßigkeit* oder Tatbestandserfüllung spricht man, wenn alle Tatbestandsmerkmale eines Strafgesetzes vorliegen. Die einzel-

Tatbestandsirrtum

nen T. lassen sich zergliedern in → Unterlassungsdelikte und Begehungsdelikte, in → Tätigkeitsdelikte und Erfolgsdelikte. Besondere Gruppen bilden auch die → eigenhändigen Delikte und die → Gefährdungsdelikte.

Vgl. auch Schuldtheorie.

Tatbestandsirrtum → Irrtum.

Tatbestandsmerkmale sind die gesetzlich bestimmten Kennzeichen eines Tatbestandes. Man unterscheidet *descriptive* und *normative* T., wobei die Abgrenzung z. T. schwierig sein kann. Die deskriptiven T. beschreiben sinnlich wahrnehmbare Umstände oder Vorgänge, z. B. „Fahrrad" in § 248b StGB, „Gewalt" in § 240, „zerstören" in § 303 StGB. Die normativen T. erfordern eine Wertung, z. B. „gesetzliche Unterhaltspflicht" in § 170b, „rechtswidrige Zueignung" in § 242, „Treueverhältnis" in § 266, „Urkunde" in § 267 StGB. Während sich die deskriptiven T. in ihrem Inhalt dem Laien unmittelbar erschließen, bedarf es bei den normativen T. einer Unterordnung (Subsumierung, Subsumtion) tatsächlicher Umstände unter den Gesetzesbegriff. Die Feststellung des → Vorsatzes, also der Kenntnis von solchen normativen T., setzt aber nicht die zutreffende juristische Bewertung voraus, sondern es genügt insoweit für den Laien neben der Kenntnis der tatsächlichen Umstände (sonst vorsatzausschließender Tatbestandsirrtum; vgl. Irrtum), daß er sich entsprechend seinen Fähigkeiten und seiner Bildung ein ausreichendes Vorstellungsbild über den Wert des Begriffes im gesellschaftlichen Leben gemacht hat (sog. *Parallelwertung in der Laiensphäre*). Beispiel: Wer sich an einem Kind durch einen Zungenkuß vergeht, kann sich nicht darauf berufen, er habe keine „sexuelle Handlung" vorgenommen; denn zumindest kennt er die Ungehörigkeit seines Verhaltens. T. sind zu unterscheiden von den objektiven → Bedingungen der Strafbarkeit.

Tateinheit *(rechtliches* → *Zusammentreffen, Idealkonkurrenz)* liegt vor, wenn ein und dieselbe Handlung mehrere Strafgesetze oder dasselbe Strafgesetz mehrmals (sog. *gleichartige* T.) verletzt (§ 52 I StGB). Mindestens durch einen Handlungsteil einer natürlichen oder rechtlichen Handlungseinheit müssen Tatbestandsmerkmale beider Straftatbestände auf Grund einer einheitlichen Willensbetätigung verwirklicht werden, d. h., die Ausführungshandlungen müssen z. T. identisch sein. Es genügt zur Annahme der T. hingegen nicht, wenn Tatbestandsverwirklichungen nur zeitlich oder räumlich zusammenfallen; z. B. ist → Tatmehrheit der Urkundenfälschung anzunehmen, wenn der Täter noch am Schreibtisch des Bestohlenen dessen Unterschrift auf dem entwendeten Scheck nachmacht. Eine Handlung kann bei T. a) entweder zu einem Erfolg führen, der mehrfach strafrechtlich zu würdigen ist, z. B. der Käufer bezahlt mit Falschgeld (§ 147 und § 263 StGB), oder aber b) zu mehreren gleichartigen oder ungleichartigen Erfolgen, z. B. durch Werfen einer Handgranate in eine Menschenansammlung, wobei mehrere Personen getötet (gleichartige T.) bzw. zugleich andere verletzt werden (ungleichartige T.).

T. entsteht u. U. zwischen zwei an sich selbständigen Handlungen durch die *Klammerwirkung* einer dritten Straftat, die mit den beiden in T. steht, z. B. die Körperverletzung (§ 223 StGB) bei Anwendung von Gewalt zur Entführung nach § 237 StGB und die Beleidigung (§ 185 StGB), die in den durch Ausnutzung der geschaffenen Schutzlosigkeit erfolgenden sexuellen Handlungen liegt. Die Rechtsprechung läßt eine Verklammerung durch eine dritte Tat nicht zu, wenn die an sich selbständigen Handlungen oder auch nur eine dieser Handlungen von unverhältnismäßig größerem Unrechtsgehalt ist als die verbindende dritte Tat. Keine T. besteht deshalb zwischen fahrlässiger Tötung und unerlaubtem Entfernen vom Unfallort des trunkenen oder führerscheinlosen Fahrers. Hier ist § 222 und § 142 StGB in Tatmehrheit und je in Tateinheit mit § 315c III StGB oder § 21 StVG anzunehmen.

Obwohl der in T. handelnde Täter stets wegen mehrerer Gesetzesverletzungen verurteilt wird, wird nur auf *eine Strafe* erkannt (§ 52 I StGB). Sie ist bei Verletzung verschiedener Strafgesetze nach dem Gesetz zu bestimmen, das die schwerste Strafe androht *(Absorptionsprinzip)*. Das *höchste Mindestmaß* sperrt den Strafrahmen nach unten. Ist nach einem der Strafgesetze Geldstrafe, eine Nebenstrafe, Nebenfolge, Maßregel, Einziehung, Unbrauchbarmachung oder der Verfall obligatorisch oder fakultativ vorgesehen, so gilt das auch für die Verurteilung aus einem Strafgesetz, das diese Folgen nicht vorschreibt (§ 52 IV StGB).

Täter ist bei vorsätzlichen Straftaten derjenige, der mit dem Willen, eine Straftat als eigene zu begehen, handelt. Haben mehrere Personen diesen Willen gemeinsam, liegt → Mittäterschaft vor. Der *Täterschaft* steht die → Teilnahme als die Beteiligung an fremder Tat gegenüber. Bei Fahrlässigkeitstaten ist jeder Täter, der den Tatbestand verwirklicht, ohne die Verwirklichung zu erkennen oder zu wollen. Vgl. auch → mittelbare Täterschaft.

Täterpersönlichkeit → Strafe.

Tatherrschaft → Mittäterschaft.

Tätige Reue. Aus kriminalpolitischen Gründen ist dem Straftäter beim beendigten → Versuch, bei verschiedenen Einzeltatbeständen

Tätigkeitsdelikte

aber auch bei Tatvollendung, insbesondere wenn schon das → Unternehmen bestimmter Handlungen unter Strafe gestellt ist (z. B. §§ 83a, 310, 311b StGB), *Strafbefreiung,* die Möglichkeit des → Absehens von Strafe oder → *Strafmilderung* zugesagt, wenn er von seinem Vorhaben abläßt und den Taterfolg nach Möglichkeit abwendet. T. R. ist persönlicher Strafbefreiungs- bzw. -milderungsgrund, gilt also nicht für den Teilnehmer, der nicht selbst erfolgsabwendend tätig ist.

Tätigkeitsdelikte sind die Straftaten, bei denen das tatbestandlich beschriebene Unrecht schon in einer bestimmten Handlung, nicht erst in der Herbeiführung eines bestimmten Erfolgs (sog. *Erfolgsdelikte*) liegt. T. sind oft → eigenhändige Delikte. T. sind z. B. → Hausfriedensbruch, → sexueller Mißbrauch von Kindern, Widerstand gegen Vollstreckungsbeamte, Fahren ohne Fahrerlaubnis; hingegen sind Erfolgsdelikte die → Tötung, die Beleidigung, der → Betrug, die → Unterschlagung. Eine genaue Abgrenzung zwischen den T. und den Erfolgsdelikten ist nicht durchführbar, weil das Gesetz auch Mischtatbestände enthält, bei denen das Unrecht gleichermaßen in der Handlung des Täters wie in dem ausgelösten Erfolg liegt, z. B. → Diebstahl. Zu den Erfolgsdelikten gehören die konkreten → Gefährdungsdelikte. Vgl. auch → erfolgsqualifizierte Delikte.

Tatirrtum → Irrtum.

Tatmehrheit *(Realkonkurrenz, sachliches Zusammentreffen)* setzt mehrere selbständige Handlungen voraus. Das → Zusammentreffen ist lediglich *prozessual:* es stehen mehrere Straftaten eines Täters zur Aburteilung. Doch ist T. auch innerhalb einer → Tat möglich (z. B. bei fahrlässiger Körperverletzung im Straßenverkehr, der ein Entfernen vom Unfallort nachfolgt). Bei T. erkennt das Gericht nach § 53 StGB auf eine *Gesamtstrafe.* Aus mehreren zeitigen Freiheitsstrafen wird eine Gesamtfreiheitsstrafe (bis zu 15 Jahren) gebildet. Ist wegen einer von mehreren Straftaten auf lebenslange Freiheitsstrafe zu erkennen, so ist diese als Gesamtstrafe auszusprechen. Treffen nur mit Geldstrafe bedrohte Delikte zusammen, so ist eine *Gesamtgeldstrafe* zu bilden (Höchstmaß 720 Tagessätze, § 54 II 2 StGB). Vgl. hierzu auch Geldstrafe. Trifft Freiheitsstrafe mit Geldstrafe zusammen, so wird auf eine Gesamtfreiheitsstrafe erkannt. Doch kann der Strafrichter auch auf die Geldstrafe gesondert erkennen (§ 53 II 2 StGB). Diese Möglichkeit hat er insbesondere zu prüfen, wenn der Angeklagte dadurch günstiger zu stehen kommt (z. B. wenn dann für die einzelne Freiheitsstrafe noch Strafaussetzung gewährt werden kann).

Die Gesamtstrafenbildung setzt zunächst die Festsetzung der Einzelstrafen voraus. Die Gesamtstrafe wird sodann durch Erhöhung

Tatverdacht

der in erster Linie nach Strafart schwersten, in zweiter Linie nach Strafmaß höchsten Einzelstrafe (der sog. *Einsatzstrafe*) gebildet (§ 54 I 1 StGB). Bei dieser Schärfung *(Asperation)* sind die Person des Täters und die einzelnen Straftaten zusammenfassend zu würdigen (§ 54 I 2 StGB). Die Gesamtstrafe muß stets höher als die schwerste Einzelstrafe sein, sie darf die Summen der Einzelstrafen andererseits nicht erreichen.

Die Grundsätze der T. gelten auch dann, wenn ein *rechtskräftig Verurteilter,* bevor die gegen ihn erkannte Strafe vollstreckt, verjährt oder erlassen ist, nunmehr wegen einer anderen Straftat verurteilt wird, die vor der früheren Verurteilung (letzte Tatsacheninstanz) begangen wurde (§ 55 StGB). Damit soll für den Täter ein Nachteil, der sich aus der prozessualen Situation ergibt, aufgehoben werden. Kann eine an sich gesamtstrafenfähige Vorstrafe wegen Vollstreckung, Verjährung oder Erlaß nicht mehr für eine Gesamtstrafenbildung herangezogen werden, so ist eine Strafmilderung als *Härteausgleich* vorzunehmen (BGHE 31, 103).

Zur Sicherung dieses Ziels gibt § 460 StPO einen zusätzlichen Rechtsbehelf. Wird ein Urteil rechtskräftig, ohne daß in zulässiger Weise mit den Strafen aus einer früheren Verurteilung eine Gesamtstrafe gebildet worden wäre, so läßt sich die *Gesamtstrafenbildung* im Beschlußverfahren (sog. Gesamtstrafenbeschluß) durch das nach § 462a III StPO zuständige Gericht *nachholen.*

Tatort (Begehungsort) ist sowohl der Ort, an dem der Täter gehandelt hat oder eine pflichtgemäß gebotene Handlung unterlassen hat, als auch der Ort, an dem der tatbestandsmäßige Erfolg eingetreten ist oder wie beim Versuch hätte eintreten sollen (§ 9 I StGB). Deshalb handelt es sich im Fall der sog. *Distanzdelikte* um Inlandstaten, wenn der beleidigende Brief vom Ausland an einen Inlandsort oder umgekehrt abgesandt wurde, und ebenso, wenn das in Paris aufgegebene, an einen Münchner adressierte Sprengstoffpaket schon vom französischen Zollbeamten festgehalten wird. Bei der → fortgesetzten Handlung genügt es, wenn ein Teilakt im Inland liegt. Für den Anstifter oder Gehilfen gilt neben dem T. des Haupttäters zusätzlich der Ort ihres Handelns bzw. Unterlassens als T. (§ 9 II StGB). Der T. begründet auch die örtliche → Zuständigkeit.

Tatsachen → Üble Nachrede.

Tatverdacht kann in unterschiedlichem Maße vorliegen. *Dringender* T. (als Voraussetzung des → Haftbefehls) besteht, wenn Täterschaft und Schuld des Beschuldigten mit hoher Wahrscheinlichkeit anzunehmen sind. *Hinreichender* T. ist begründet, wenn nach abgeschlossenen Ermittlungen eine Verurteilung wahrscheinlich ist. Er darf

Tatzeit

sich nicht auf unzulässige Beweismittel (z. B. pol. Protokolle von der Aussage des von seinem Vater mißbrauchten Kindes, das vor dem Ermittlungsrichter die Aussage verweigert) stützen. Ein T. geringen Grades genügt zur Einleitung eines → Ermittlungsverfahrens.

Tatzeit. Als Zeit der Tat bestimmt § 8 StGB die Zeit, zu der der → Täter oder Teilnehmer handelt. Auf den Zeitpunkt des Erfolgseintritts kommt es nicht an. Die T. ist insbesondere für den → Rückfall, für die → Verwarnung mit Strafvorbehalt und für die → Unterbringung in Sicherungsverwahrung von Bedeutung.

In der öffentlichen Klage ist neben den Tatbestandsmerkmalen stets auch die T. und der Tatort anzugeben (§ 200 I 1 StPO).

Technische Aufzeichnung ist nach der Definition in § 268 II StGB eine Darstellung von Daten, Meß- oder Rechenwerten, Zuständen oder Geschehensabläufen, die durch ein technisches Gerät ganz oder zum Teil selbsttätig bewirkt wird, den Gegenstand der Aufzeichnung allgemein oder für Eingeweihte erkennen läßt und zum Beweis einer rechtlich erheblichen Tatsache bestimmt ist, gleichviel ob ihr die Bestimmung schon bei der Herstellung oder erst später gegeben wird. Beispiele: Fahrtschreiber, Heizungs- oder Warmwasserzähler, Diagramme. § 268 I StGB entspricht mit den Tatbeständen der Herstellung unechter t. A., der Verfälschung echter t. A. sowie des Gebrauchmachens von diesen zur Täuschung im Rechtsverkehr der → Urkundenfälschung des § 267 StGB, auch hinsichtlich der Strafdrohung.

Teilnahme. I. An einer vorsätzlichen Straftat können mehrere Personen in unterschiedlicher Weise *beteiligt* sein. Das StGB kennt in § 25 StGB neben der Alleintäterschaft die Mittäterschaft und die → mittelbare Täterschaft. Teilnehmer sind der Anstifter (→ Anstiftung) und der Gehilfe (→ Beihilfe). Beteiligung an fahrlässigen Taten ist zwar nicht durch vorsätzliches Zusammenwirken denkbar, doch kann die Haftung wegen eines strafrechtlichen Erfolgs mehrere Personen nebeneinander treffen. So sind bei Überlastung eines Schrankenwärters u. U. neben ihm die Vorgesetzten wegen fahrlässiger Tötung strafbar. Das StGB kennzeichnet diese Art der Beteiligung nicht eigens.

II. Bei *verschiedenartiger Beteiligung* einer Person an einer Straftat zählt stets nur die schwerste Form: Täterschaft vor Anstiftung, Anstiftung vor Beihilfe. Stiftet aber A den B an, dem C Gift für einen Mordanschlag zur Verfügung zu stellen, liegt also Anstiftung zur Beihilfe vor, so wird A gleichwohl nur wegen Beihilfe bestraft, weil sein Tatbeitrag hinsichtlich des Unrechtsgehalts nicht höher zu bewerten ist als die Beihilfe des B. Desgleichen ist die Beihilfe zur Anstiftung lediglich als Beihilfe zu bestrafen.

Terroristische Vereinigungen

III. Wegen der Abhängigkeit der Strafbarkeit der Teilnahmehandlung von der Tat des Haupttäters s. Akzessorietät. Eine T. nach Beendigung der Tat kann allenfalls → Begünstigung sein.

IV. Über den Begriff „Beteiligte" bei Ordnungswidrigkeiten s. dort (I).

Teilverbüßung → Strafaussetzung zur Bewährung.

Telefongeheimnis → Verletzung des Post- und Fernmeldegeheimnisses.

Telefonüberwachung → Fernmeldeverkehrsüberwachung.

Telegrafengeheimnis → Verletzung des Post- und Fernmeldegeheimnisses.

Tenor → Urteil.

Territorialitätsprinzip → Ausländer.

Terroristische Vereinigungen sind in ihrem Zweck und in ihrer Tätigkeit darauf gerichtet, Mord, Totschlag oder Völkermord, erpresserischen Menschenraub oder Geiselnahme oder bestimmte gemeingefährliche Verbrechen zu begehen. Sollen nur andere Straftaten begangen werden, liegt lediglich eine kriminelle Vereinigung vor. Vgl. → Bildung krimineller Vereinigungen und wegen politischer Vereinigungen → Gefährdung des demokratischen Rechtsstaats.

I. Wegen *Bildung t. V.* bedroht § 129a I StGB mit Freiheitsstrafe von 1–10 Jahren denjenigen, der eine t. V. gründet oder sich an ihr als Mitglied beteiligt. Für → Rädelsführer und → Hintermänner beträgt die Mindeststrafe 3 Jahre. Wer t. V. *unterstützt* (z. B. durch Zuwendungen, Unterschlupfgewährung) oder für sie *wirbt* (z. B. durch Verbreitung von RAF-Parolen), wird nach § 129a III StGB mit Freiheitsstrafe von 6 Monaten bis zu 5 Jahren bestraft. § 129a VI, VII StGB sehen die Verhängung von → Nebenfolgen und die Anordnung von → Führungsaufsicht vor.

II. Das Vorliegen des Verdachts einer Straftat nach § 129a I StGB macht für die Anordnung der → Untersuchungshaft einen Haftgrund entbehrlich (§ 112 III StPO). Auch die Durchsuchungsmöglichkeiten sind zum Zweck der Ergreifung eines nach § 129a StGB Verdächtigen ausgeweitet (§ 103 I 2 StPO). Nach § 111 StPO kann der Richter, bei Gefahr im Verzug auch die Staatsanwaltschaft und Hilfsbeamte, auf Straßen und Plätzen *Kontrollstellen* anordnen, an denen jedermann verpflichtet ist, seine Identität feststellen und mitgeführte Sachen durchsuchen zu lassen. Nach § 148a StPO kann die Aushändigung von Schriftstücken oder Gegenständen an den verhaf-

Tierquälerei

teten Beschuldigten durch den Verteidiger von richterlicher Kontrolle abhängig gemacht werden. Nach § 120 I Nr. 6 GVG ist für Zuwiderhandlungen nach § 129a StGB das OLG am jeweiligen Landesregierungssitz im ersten Rechtszug zuständig.

Tierquälerei ist nach § 17 Tierschutzgesetz (Neufassung vom 18. 8. 86, BGBl. I 1319) nur gegenüber *Wirbeltieren* strafbar. Freiheitsstrafe bis zu 2 Jahren oder Geldstrafe ist für die Tötung eines Wirbeltieres ohne vernünftigen Grund oder aber gegen den angedroht, der einem Wirbeltier entweder aus Rohheit erhebliche Schmerzen oder Leiden oder, ohne daß es einer rohen Gesinnung entspringen müßte, länger anhaltende oder sich wiederholende Schmerzen oder Leiden zufügt. Alle übrigen Verstöße gegen Schutzbestimmungen des Tierschutzgesetzes sowie die Mißhandlung anderer Tiere sind als → Ordnungswidrigkeit mit Geldbuße oder aber gar nicht bewehrt.

Tierschutz → Umweltdelikte.

Tilgung des Strafvermerks → Zentralregister (III 1).

Titelführung, unbefugte → Amtsanmaßung (II).

Tod, unnatürlicher. Sind Anhaltspunkte dafür vorhanden, daß jemand eines nicht natürlichen Todes gestorben ist, oder wird die Leiche eines Unbekannten gefunden, so haben Polizei und Gemeindebehörden sofort Anzeige zur Staatsanwaltschaft oder zum Amtsrichter als → Ermittlungsrichter zu erstatten (§ 159 StPO). Wann ein nicht natürlicher T. vorliegt, ist nicht scharf abgrenzbar. Stets ist unnatürlicher T. anzunehmen bei → Selbstmord, bei Haushalts-, Betriebs- oder Verkehrsunfällen und bei allen Todesfällen, bei denen die Mitwirkung oder das Verschulden einer anderen Person in Frage kommen kann. Ist die Möglichkeit einer strafbaren Handlung nicht ausschließbar, so nimmt der Staatsanwalt, auf dessen Antrag auch der Richter, eine *Leichenschau* möglichst am Tatort (wichtig insbesondere bei Verkehrsunfällen) vor oder ordnet sie durch die Polizei an. Dabei wird in der Regel ein Arzt zugezogen (§ 87 StPO). Wenn die Todesursache nicht genau feststellbar oder damit zu rechnen ist, daß die Feststellungen später angezweifelt werden, so ordnet der Ermittlungsrichter auf Antrag des Staatsanwalts die *Leichenöffnung* (Obduktion) durch den → Gerichtsarzt oder einen anderen gerichtsmedizinisch erfahrenen Arzt an. Bei der Leichenöffnung muß immer ein zweiter Arzt und auf Antrag der Staatsanwaltschaft auch der Ermittlungsrichter anwesend sein. Die Bestattung einer nicht natürlich verstorbenen Person ist erst zulässig, wenn der Staatsanwalt oder der Ermittlungsrichter einen *Bestattungsschein* aushändigt. In diesem ist auch vermerkt, ob die Leiche zur Feuer- oder nur zur Erdbestattung freigegeben wird. Die Feuerbestattung wird regelmäßig dann nicht gestattet, wenn für weitere Ermittlungen die Möglichkeit der *Exhumierung* (Ausgrabung einer erdbestatteten Leiche) offengehalten werden soll. Sie wird gleichfalls durch den Ermittlungsrichter angeordnet.

Todesstrafe. In der Bundesrepublik ist die Todesstrafe durch Art. 102 GG abgeschafft. Damit soll im Hinblick auf die Erfahrungen unter totalitären Regimen sichergestellt werden, daß über das Leben des einzelnen Menschen kein anderer, auch nicht der Staat, rechtliche Verfügungsgewalt erlangt.

Tonträger gehören zu den → Darstellungen. Hierunter fallen alle Arten technischer Aufzeichnungen von Schall (Platte, Magnetband, Lichtspur usw). Wegen heimlicher Aufnahmen → Verletzung der Vertraulichkeit des Wortes. Wegen Verwendung von T. im Strafprozeß s. Tonträgeraufnahmen im Strafverfahren.

Tonträgeraufnahmen im Strafverfahren. I. Aufnahmen auf *Tonträgern* aller Art (Band, Magnetfaden) sind mit Einwilligung des Betroffenen auch im Strafverfahren uneingeschränkt zulässig und verwertbar. Ohne Einwilligung sind solche Aufnahmen im → Ermittlungsverfahren nur dann zulässig, wenn der damit verbundene Eingriff in die Intimsphäre des Beschuldigten und insbesondere auch Dritter im Hinblick auf das Gewicht und das öffentliche Interesse an der Strafverfolgung dem *Grundsatz der* → *Verhältnismäßigkeit* entspricht. Deshalb sind geheime T. etwa zur Feststellung beleidigender → Äußerungen unzulässig und begründen ein *Verwertungsverbot*. Vgl. auch → Fernmeldeverkehrsüberwachung.

II. Zulässige Aufnahmen können *in der* → *Hauptverhandlung* als Beweismittel im Wege der Einnahme eines Augenscheins verwertet werden. T. von → Vernehmungen (z. B. als Hilfsmittel für die Fertigung von Niederschriften) von Zeugen oder Sachverständigen können im Wege des → Vorhalts zur Gedächtnisstützung nach § 253 StPO abgespielt werden. Die Verwertung aufgenommener Vernehmungen ist auch bei Verhinderung von Zeugen, Sachverständigen oder Mitbeschuldigten analog § 251 II StPO durch Abspielen zulässig. Auch während der Hauptverhandlung können T. gefertigt und mit als Beratungsgrundlage für das Gericht verwendet werden (BGHE 19, 193). Wegen T. zu Veröffentlichungszwecken s. Rundfunkaufnahmen.

III. *Private T.* unterliegen, wenn sie als Beweismittel für strafbare Handlungen in Frage kommen, der → Beschlagnahme. Doch ist das Beschlagnahmeverbot nach § 97 I StPO im Zusammenhang mit dem → Zeugnisverweigerungsrecht zu beachten.

Tonträgeraufzeichnungen ohne Einwilligung

Tonträgeraufzeichnungen ohne Einwilligung des Betroffenen
→ Verletzung der Vertraulichkeit des Wortes.

Totenruhe → Störung der Totenruhe.

Totschlag → Tötung.

Tötung eines Menschen ist möglich von dessen Ausstoßung bei der Geburt (u. U. auch bei operativer Herausnahme der lebenden Frucht; vorher → Abbruch der Schwangerschaft) bis zum Tod, der bei endgültigem Stillstand der Herztätigkeit angenommen wird.
   I. Vorsätzliche Tötungsdelikte: 1. *Mord* (§ 211 StGB) ist die vorsätzliche Tötung, bei der der Täter besonders verwerflich handelt. Die Fälle des verwerflichen Handelns zählt § 211 II StGB auf: a) Handeln aus *niedrigen Beweggründen,* wobei Mordlust, Befriedigung des Geschlechtstriebs, Habgier als gesetzliche Beispiele aufgeführt sind, wozu aber alle Beweggründe gehören, die als Tötungsmotive nach allgemein sittlicher Anschauung verachtenswert sind und auf tiefster Stufe stehen z. B. Rachsucht, triebhafte Eigensucht, Rassenhaß; b) *Heimtücke* (Ausnutzung der Arg- und Wehrlosigkeit des Opfers), Grausamkeit (Zufügung besonderer Schmerzen aus gefühlloser Gesinnung) oder T. mit einem gemeingefährlichen Mittel (z. B. Brandstiftung); c) T., um eine andere *Straftat zu verdecken* (z. B. T. des Beraubten, um ihn als Tatzeugen zu beseitigen) oder *zu ermöglichen* (z. B. Erschießen eines Wachpostens, um stehlen zu können). Der Mörder wird mit lebenslanger Freiheitsstrafe bestraft. Eine → Verjährung ist durch § 78 II StGB ausgeschlossen. 2. Das Vergehen der *T. auf Verlangen* (§ 216 StGB) setzt den ausdrücklichen und ernsthaften Wunsch des Opfers zu seiner T. sowie Tatherrschaft, also nicht bloßen Gehilfenwillen, des Täters voraus. Sie ist oft schwer zu unterscheiden von der straflosen Beihilfe zum → Selbstmord eines anderen. Unter § 216 StGB kann auch die sog. aktive *Sterbehilfe* (ebenso unscharf der Begriff *Euthanasie*) fallen, wenn einem Sterbenden (auch schmerzbekämpfende) Mittel, die die Lebenszeit verkürzen, verabreicht werden. Die Tat kann auch durch Unterlassen begangen werden (BGHE 13, 166). Regelstrafe ist nach § 216 StGB 6 Monate bis 5 Jahre Freiheitsstrafe. 3. Das Verbrechen der *Kindestötung* (§ 217 StGB) kann nur die Mutter eines nichtehelichen (auch außerehelichen) Kindes während oder gleich nach der Geburt begehen. Strafe ist Freiheitsstrafe von mindestens 3 Jahren, in minder schweren Fällen von 6 Monaten. 4. *Totschlag* (§ 212 StGB) sind alle Fälle der vorsätzlichen T., die nicht unter 1–3 fallen. Die Regelstrafe (mindestens 5 Jahre Freiheitsstrafe) ist in besonders schweren Fällen lebenslänglich, kann aber über § 213 StGB insbesondere bei Provokation bis auf 6 Monate Freiheitsstrafe gemildert werden. S. auch Völkermord.

Trunkenheit

II. *Fahrlässige* T. (§ 222 StGB) ist die → Verursachung des Todes eines Menschen durch → Fahrlässigkeit. Häufigster Fall ist die fahrlässige T. im Straßenverkehr meist in → Tateinheit mit Verkehrsdelikten. § 222 StGB wird im übrigen oft durch Unterlassen verwirklicht (Verletzung der Sorgfaltspflicht, z. B. Unterlassen der Anbringung von Schutzvorrichtungen bei gefährlichen Anlagen). § 222 StGB wird wegen → Gesetzeskonkurrenz oft verdrängt, wenn eine vorsätzliche strafbare Handlung die Todesfolge fahrlässig auslöst, z. B. §§ 226, 239 II, 307 Nr. 1, 311 III StGB. Die Strafe nach § 222 StGB ist Freiheitsstrafe bis zu 5 Jahren oder Geldstrafe.

Transplantation → Störung der Totenruhe.

Transportgefährdung → Verkehrsgefährdung.

Trennung von Strafverfahren → Zusammenhang.

Treubruch → Untreue.

Trinkerheilanstalt → Unterbringung (II).

Trunkenheit ist der Zustand geminderter Leistungsfähigkeit auf Grund berauschender Mittel (z. B. Alkohol, Narkotika). Ist die → Schuldfähigkeit nicht nur gemindert, sondern ausgeschlossen, so liegt *Volltrunkenheit* vor, die als → Vollrausch strafbar sein kann. Die T. ist grundsätzlich straflos, befreit jedoch nicht von der Verantwortlichkeit für strafbare Handlungen (u. U. Strafmilderungsgrund).

Wegen *T. im Verkehr* wird jedoch nach § 316 StGB bestraft, wer vorsätzlich oder fahrlässig ein Fahrzeug (auch Fahrrad) führt, obwohl er infolge des trunkenen Zustands nicht in der Lage ist, das Fahrzeug sicher zu führen. Die Blutalkoholkonzentration (BAK) wird durch Untersuchung des entnommenen Blutes nach dem Widmark- und dem ADH-Verfahren festgestellt. Sog. *absolute Fahruntüchtigkeit* ist nach der Rechtsprechung für Kraftfahrer bei einer Blutalkoholkonzentration (BAK) von 1,3‰ gegeben. *Relative Fahruntüchtigkeit* ist anzunehmen, wenn die BAK zwar unter 1,3‰ liegt, aber weitere Umstände hinzutreten, die erkennen lassen, daß der Täter fahruntüchtig war. Solche Umstände sind insbesondere verzögertes Reaktionsvermögen, ungewöhnliche Fahrfehler, wie Abkommen von gerader Straße oder Fahren in Schlangenlinien. Tritt durch die T. eine Gefährdung ein, kommen §§ 315a und c StGB (→ Verkehrsgefährdung) in Betracht.

T. von *Fußgängern* im Straßenverkehr kann über § 2 StVZO, § 24 StVG als → Ordnungswidrigkeit geahndet werden.

Die Teilnahme am Kraftverkehr mit einer BAK von 0,8‰ oder mehr, ist gleichfalls Ordnungswidrigkeit (§ 24a StVG), wenn nicht

Trunksucht

eine konkrete Gefährdung zu einem der angeführten Straftatbeständen führt.

Trunksucht → Unterbringung (II).

Typische Jugendverfehlung → Heranwachsender.

U

Übergesetzlicher Notstand → Notstand (III).

Überhaft wird durch Erlaß eines (weiteren) → Haftbefehls gegen denjenigen angeordnet, der sich in anderer Sache bereits in → Untersuchungshaft befindet. Endet die Untersuchungshaft auf Grund des ersten Haftbefehls, so muß der Beschuldigte auf Grund des zweiten in Haft behalten werden.

Überholen → Verkehrsgefährdung (III).

Überschwemmung im Sinne des StGB ist die Entfesselung der Naturkraft des Wassers, so daß es in größerer Menge und Wucht eindringt. Als Verbrechen wird nach § 312 StGB *als Herbeiführung einer lebensgefährdenden Überschwemmung* die vorsätzliche Herbeiführung einer Ü. unter Auslösung einer *gemeinen* (konkreten) *Gefahr* für Menschenleben (also nicht nur einzelner Personen) bestraft. Die Mindestfreiheitsstrafe von 3 Jahren erhöht sich auf 10 Jahre, wenn der Tod eines Menschen durch die Ü. verursacht wurde. Ein Verbrechen liegt nach § 313 I StGB *(Herbeiführen einer sachengefährdenden Überschwemmung)* auch dann vor, wenn lediglich eine gemeine Gefahr für das Eigentum durch die Ü. vorsätzlich herbeigeführt wird. Doch ist der Täter, der zum Schutz seines Eigentums handelt, nach § 313 II StGB nur wegen eines Vergehens strafbar. Die *fahrlässige* Herbeiführung einer Ü. mit gemeiner Gefahr für Leben oder Eigentum ist als Vergehen nach § 314 StGB strafbar.

Übertragbare Krankheiten → Krankheiten.

Überwachung des Fernmeldeverkehrs → Fernmeldeverkehrsüberwachung.

Üble Nachrede stellt wie die → Beleidigung die Ehrenmißachtung unter Strafe. Ü. N. begeht, wer nicht erweislich wahre Tatsachen in Beziehung auf einen anderen behauptet oder verbreitet, die denselben verächtlich zu machen oder in der öffentlichen Meinung herabzuwürdigen geeignet sind (§ 186 StGB). Der Täter liefert somit die tatsächlichen Grundlagen für ein ungünstiges, ehrenkränkendes Urteil. Er muß *Tatsachen* behaupten, d. h. einen Sachverhalt, der Gegenstand sinnlicher Wahrnehmung sein könnte. Der Tatbestand der ü. N. kann somit nicht durch reine *Werturteile* verwirklicht werden. Die Unterscheidung tatsächlicher Behauptungen von Werturteilen ist sehr schwierig, weil am Urteil meist tatsächliche Voraussetzungen umfaßt. So enthält die Bezeichnung „Dieb" die Behauptung, der Betreffende habe einen Diebstahl begangen. Da die ü. N. durch Behaupten oder durch Verbreiten in Beziehung auf einen anderen begangen wird, ist die Bekanntgabe der tatsächlichen Behauptungen allein gegenüber dem Betroffenen nur → Beleidigung. Das Risiko der Nachweisbarkeit seiner Behauptungen trägt nach der im Gesetz enthaltenen *Beweisregel* der Täter; denn der Tatbestand setzt die Kundgebung nicht unwahrer, sondern nur nicht erweislich wahrer Tatsachen voraus. Ohne Bedeutung ist deshalb auch der Irrtum des Täters über die Richtigkeit seiner Behauptungen. Wird der *Wahrheitsbeweis* vom Täter erbracht, so ist stets noch (Formal-)Beleidigung nach § 192 StGB zu prüfen. Wird vom Täter eine Straftat behauptet, so ist der Wahrheitsbeweis erbracht, wenn der Beleidigte wegen dieser Tat rechtskräftig verurteilt wurde. Doch ist der Wahrheitsbeweis ausgeschlossen, wenn ein rechtskräftiger Freispruch des Beleidigten vorliegt (§ 190 StGB).

Die ü. N. wird mit Freiheitsstrafe bis zu 2 Jahren oder mit Geldstrafe bestraft. Eine Strafschärfung auf Freiheitsstrafe bis zu 5 Jahren oder Geldstrafe ist für die ü. N. vorgesehen, die öffentlich oder durch Verbreitung von Schriften, Abbildungen oder Darstellungen begangen wird. Kennt der Täter die Unwahrheit seiner Behauptungen positiv, so kommt → Verleumdung in Frage. Als besonderer Rechtfertigungsgrund kommt für die ü. N. → *Wahrnehmung berechtigter Interessen* in Betracht. Ü. N. ist wie die Beleidigung → Antragsdelikt und wird meist im → Privatklageweg verfolgt.

Wird die ü. N. gegen Personen, die im *politischen Leben* des Volkes stehen, öffentlich, in einer Versammlung oder durch Verbreitung von Schriften, Abbildungen, Darstellungen und Tonträgern im Hinblick auf die Stellung des Beleidigten im öffentlichen Leben begangen und ist die Tat geeignet, sein öffentliches Wirken erheblich zu erschweren, so tritt nach § 187a StGB Strafschärfung auf Freiheitsstrafe von 3 Monaten bis zu 5 Jahren ein.

Umweltdelikte. I. Die fortschreitende Veränderung der Umwelt als Folge einer hochentwickelten Industrie- und Konsumgesellschaft bringt zunehmend Bedrohungen für den natürlichen Lebensraum, für die Landschaft, die Pflanzen- und Tierwelt und für die Lebensbedingungen des Menschen mit sich. Ein großer Teil von schädigenden Verhaltensweisen ist nur als → Ordnungswidrigkeit mit Geldbuße bedroht. Vgl. dazu das Bundes-Immissionsschutzgesetz vom 15. 4.

Umweltdelikte

1990 (BGBl. I 880), das Abfallgesetz, das Benzinbleigesetz, die Altölverordnung, das Wasserhaushaltsgesetz, das Tierschutzgesetz, das Bundesjagdgesetz, die Natur- und Landschaftsschutzgesetze der Länder sowie die bundes- und landesrechtliche Pflanzenschutzbestimmungen.

II. Das 18. Strafrechtsänderungsgesetz vom 28. 3. 1980 hat wesentliche Strafbestimmungen zum Umweltschutz unter dem Titel „Straftaten gegen die Umwelt" im 28. Abschnitt zusammengezogen. Zu den U. gehören → Verunreinigung eines Gewässers nach § 324 StGB, → Luftverunreinigung und Lärm nach § 325 StGB, → Umweltgefährdende Abfallbeseitigung nach § 326 StGB und → Gefährdung schutzbedürftiger Gebiete nach § 329 StGB.

Das Vergehen des *unerlaubten Betreibens von Anlagen* nach § 327 StGB betrifft kerntechnische Anlagen nach dem Atomgesetz vom 15. 7. 1985, genehmigungsbedürftige Anlagen im Sinne des Bundes-ImmissionsschutzG, und Abfallentsorgungsanlagen nach dem Abfallgesetz. Strafbar ist der vorschriftswidrige Betrieb, bei ersterem auch das Innehaben einer solchen Anlage, deren Änderung oder Abbau.

§ 328 StGB stellt den vorschriftswidrigen Verkehr oder das vorschriftswidrige Behandeln von Kernbrennstoff als *unerlaubten Umgang mit Kernbrennstoffen* unter Strafe.

III. Die *schwere Umweltgefährdung* des § 330 StGB schafft in I Satz 1 Nr. 1 einen qualifizierenden Tatbestand gegenüber den vorsätzlichen, vollendeten Tatformen aller U. der §§ 324ff, ausgenommen der → Luftverunreinigung nach § 325 StGB. Als straferhöhendes Merkmal tritt die konkrete Gefährdung von Leib und Leben eines Menschen oder von Sachen bedeutenden Werts, der öffentlichen Wasserversorgung oder einer staatlich anerkannten Heilquelle hinzu. Unter der gleichen Voraussetzung sind in § 330 I S 1 Nr. 2 bis 4 Verstöße gegen Rechtsvorschriften oder Anordnungen von Verwaltungsbehörden beim Betrieb von umweltbeeinträchtigenden oder -gefährdenden Anlagen oder Umgang mit entsprechenden Stoffen unter Strafe gestellt. Nach § 330 StGB genügt statt der konkreten Rechtsgutgefährdung der oben genannten Art die Beeinträchtigung der Nutzbarkeit eines Gewässers oder land- oder forstwirtschaftlich genutzter Flächen auf längere Zeit oder aber die erhebliche Beeinträchtigung ökologisch bedeutsamer Bestandteile des Naturhaushalts.

Die Strafdrohung nach § 330 StGB beträgt 3 Monate bis 5 Jahre Freiheitsstrafe, bei besonders schweren Fällen von 6 Monaten bis zu 10 Jahren. Fahrlässige Begehung kann bis zu 5 Jahren Freiheitsstrafe oder mit Geldstrafe geahndet werden. Die Möglichkeit der Milderung und das Absehen von Strafe bei → tätiger Reue regelt § 330b StGB.

IV. Neben den eigentlichen U. kommt aber auch Sachbeschädigung oder → Körperverletzung in Frage, etwa bei Vernichtung des

Unbefugter Gebrauch von Pfandsachen

Fischbestandes oder bei Einleitung von gesundheitsschädigenden Giftstoffen in einen Badesee. *Lärmbelästigung* ist u. U. als Körperverletzung strafbar.

Umweltgefährdende Abfallbeseitigung nach § 326 I StGB stellt den umweltschädigenden Umgang mit Abfällen unter Freiheitsstrafe bis zu 3 Jahren (bei Fahrlässigkeit bis zu 1 Jahr) oder Geldstrafe. Schädliche Abfälle sind solche, die 1. Gifte oder Erreger gemeingefährlicher oder übertragbarer Krankheiten bei Mensch oder Tier enthalten oder hervorbringen können, 2. explosionsgefährlich, selbstentzündlich oder nicht nur geringfügig radioaktiv sind, oder 3. nach Art, Beschaffenheit oder Menge zur Verunreinigung oder nachteiligen Veränderung von Gewässer, Luft oder Boden geeignet sind. Tathandlung ist das Behandeln, Lagern, Ablassen oder das sonstige Beseitigen der Abfälle außerhalb hierfür zugelassener Anlagen oder unter wesentlicher Abweichung eines vorgeschriebenen oder zugelassenen Verfahrens. Gleichgestellt wird nach § 326 II StGB derjenige, der vorschriftswidrig radioaktive Abfälle nicht abliefert.

Der Tatbestand der U. A. ist nicht erfüllt, wenn schädliche Einwirkungen auf die Umwelt zufolge der geringen Menge an Abfällen offensichtlich ausgeschlossen sind (§ 326 V StGB).

Die Tat wird zur *schweren Umweltgefährdung* nach § 330 StGB, wenn durch sie hochwertige Rechtsgüter gefährdet werden. Vgl. Umweltdelikte.

Unbefugter Gebrauch von Fahrzeugen ist nach § 248 b I StGB unter Strafe gestellt. Der Täter muß ein Kraftfahrzeug (alle maschinenbewegten Fahrzeuge zu Land, zu Wasser und in der Luft, jedoch nicht Schienenfahrzeuge) oder aber ein Fahrrad gegen den Willen des Berechtigten zur selbständigen Fahrt nach eigenem Willen in Gebrauch nehmen. Liegt Zueignungsabsicht vor, so ist → *Diebstahl* gegeben. Die Zueignungsabsicht wird in der Rechtsprechung i. d. R. dann angenommen, wenn der Täter das entwendete Fahrzeug an irgendeiner Stelle, an der Dritte Zugriffsmöglichkeiten haben, abstellt. Hat der Täter zunächst die Absicht, das Fahrzeug an den ursprünglichen Standort zurückzubringen, entschließt er sich jedoch später dazu, es irgendwo stehen zu lassen, so ist insoweit → Unterschlagung gegeben. U. G. v. F. ist → Antragsdelikt. Das Vergehen ist mit Freiheitsstrafe bis zu 3 Jahren oder mit Geldstrafe bedroht. Der Versuch (z. B. Öffnen der Wagentüre, um davonzufahren) ist strafbar.

Unbefugter Gebrauch von Pfandsachen. Das Vergehen des U. G. v. P. nach § 290 StGB kann nur der öffentliche Pfandleiher dadurch begehen, daß er in Pfand genommene Gegenstände unbe-

Unbefugte Küstenfischerei durch Ausländer

fugt in Gebrauch nimmt, z. B. Tragen von verpfändetem Schmuck oder Vermietung von Pfandsachen. Im übrigen ist die vorübergehende Benutzung fremder Gegenstände (sog. furtum usus) nur noch beim → unbefugten Gebrauch von Fahrzeugen strafbar. Bei Zueignungsabsicht geht stets → Unterschlagung vor.

Unbefugte Küstenfischerei durch Ausländer wird nach § 196a StGB mit Freiheitsstrafe bis zu 1 Jahr oder mit Geldstrafe bedroht. Geschützt ist die offene See bis zur Hoheitsgrenze.

Unbefugtes Uniformtragen → Amtsanmaßung.

Unbefugte Weitergabe geheimer Gegenstände und Nachrichten → Verletzung des Dienstgeheimnisses.

Unbestimmte Strafdauer → Jugendstrafe.

Unbestraft → Vorstrafe.

Unbrauchbarmachung → Einziehung (I).

Uneidliche Falschaussage → Falsche uneidliche Aussage.

Unerlaubte Ansammlung → Landfriedensbruch.

Unerlaubter Umgang mit Kernbrennstoffen → Umweltdelikte II.

Unerlaubtes Betreiben von Anlagen → Umweltdelikte II.

Unerlaubtes Entfernen vom Unfallort *(Unfallflucht)* stellt § 142 StGB unter Freiheitsstrafe bis zu 3 Jahren oder Geldstrafe

I. Geschütztes *Rechtsgut* ist Feststellung und Sicherung der durch einen Unfall entstehenden Ansprüche und zugleich der Schutz vor unberechtigten Ansprüchen. *Unfall* ist ein plötzliches Ereignis im Straßenverkehr, das mit den Gefahren, die der Verkehr als solcher mit sich bringt, zusammenhängt und einen Personen- oder nicht ganz unerheblichen Sachschaden zur Folge hat. Öffentlicher *Verkehr* ist anzunehmen, wenn die Allgemeinheit, also ein unbestimmter Personenkreis, die Verkehrsfläche tatsächlich benützt (z. B. auch Tankstelleneinfahrten, Parkhäuser, Parkhof einer Gastwirtschaft). Der Unfall ereignet sich auch dann im Straßenverkehr, wenn der Schaden außerhalb der Verkehrsfläche ausgelöst wird, so wenn ein Fahrzeug von der Straße abkommt und in einem Privatgarten Personen verletzt. Täter kann nur ein *Unfallbeteiligter* sein, das ist nach § 142 IV StGB jeder, dessen Verhalten nach den Umständen zur Verursachung des Unfalls beigetragen hat. Verschulden ist keineswegs erforderlich. § 142 StGB scheidet aus, wenn Schaden nur den Unfallbeteiligten selbst getroffen hat, ebenso aber, wenn der Geschädigte auf Feststellungen verzichtet.

Unglücksfall

II. Strafbedroht ist das unberechtigte *Sichentfernen* des Unfallbeteiligten vom Unfallort unter 2 alternativen Voraussetzungen: 1. Wenn der Unfallbeteiligte zugunsten anderer Unfallbeteiligter oder Geschädigter die *Feststellung* a) seiner Person, b) seines Fahrzeugs oder c) der Art seiner Beteiligung nicht vorher ermöglicht hat durch seine Anwesenheit und die Angabe, daß er an dem Unfall beteiligt ist. Es besteht darüberhinaus keine Pflicht zu weiteren Angaben oder zu einem bestimmten Verhalten. Auch Nachtrunk oder Fortschaffenlassen des Fahrzeugs sind nicht gehindert. 2. Wenn der Unfallbeteiligte nicht angemessene Zeit auf einen Feststellungsinteressenten wartet. Die *Wartezeit* hängt stets von den Umständen ab. Sie ist nicht von vorneherein ersetzbar durch eine Benachrichtigung der Polizei oder etwa des Geschädigten durch einen Zettel am Fahrzeug.

Strafbar ist aber der Unfallbeteiligte nach § 142 II StGB auch dann, wenn er sich nach Ablauf der Wartefrist oder sonst berechtigt (z. B. zur Wundbehandlung bei sich oder einem anderen) oder entschuldigt (z. B. durch Unfallschock) vom Unfallort entfernt hat und gleichwohl die Feststellungen nicht unverzüglich nachträglich ermöglicht. Dazu genügt nach § 142 III 1 StGB, wenn er 1. der Polizei oder dem Geschädigten seine Unfallbeteiligung mitteilt, 2. seine Anschrift, Kennzeichen und Standort seines Fahrzeugs angibt und 3. das Fahrzeug zu unverzüglichen Feststellungen für eine ihm zumutbare Zeit zur Verfügung hält. Vereitelt der Unfallbeteiligte aber durch sein Verhalten die Feststellungen (z. B. durch Veränderungen am Fahrzeug, Nachtrunk, Zeugenbeeinflussung) absichtlich, so bleibt er trotz Erfüllung dieser Erfordernisse strafbar (§ 142 III 2 StGB).

III. Der Versuch ist nicht unter Strafe gestellt. Bei Verlassen eines hilflosen Unfallopfers können vorsätzliche Delikte der Körperverletzung oder der Tötung tateinheitlich in Frage kommen.

Unerlaubte Veranstaltung eines Glücksspiels, einer Lotterie oder einer Ausspielung → Glücksspiel.

Unfallflucht → Unerlaubtes Entfernen vom Unfallort.

Unfallverhütungsmittel → Mißbrauch von Notrufen.

Unfruchtbarmachung → Sterilisation.

Ungebühr → Ordnungsmittel, Hauptverhandlung VI.

Ungehorsam, diplomatischer → Vertrauensbruch im auswärtigen Dienst.

Ungehorsam, militärischer → Landesverteidigung.

Ungehorsam, ziviler → Rechtfertigungsgründe.

Unglücksfall → Unterlassene Hilfeleistung.

Uniformtragen

Uniformtragen → Amtsanmaßung.

Unlauterer Wettbewerb. Das Gesetz gegen den u. W. vom 7. 6. 1909 (BGBl. III 43–1) enthält eine Reihe von Strafbestimmungen. § 4 UWG erfaßt die Fälle strafbarer *Werbung* (insbesondere Täuschung über die Beschaffenheit der Ware, über deren Herkunft oder Herstellungsart, um den Anschein eines besonders günstigen Angebots zu erwecken). Die *Bestechung von Angestellten,* um durch deren unlauteres Verhalten eine Bevorzugung zu erlangen, stellt § 12 UWG unter Strafe. Die geschäftsschädigende → *Verleumdung* ist nach § 15 UWG strafbar. *Verrat von Betriebs- oder Geschäftsgeheimnissen* durch Angestellte, Arbeiter und Auszubildende wird nach § 17 UWG mit Freiheitsstrafe bis zu 3 Jahren oder mit Geldstrafe bestraft. Unter Strafe gestellt ist ferner die *Verwertung von Vorlagen* (Vorschriften, technische Zeichnungen, Modelle, Schablonen, Schnitte, Rezepte) nach § 18 UWG und das Verleiten oder Erbieten zum Verrat (§ 20 UWG). Die Straftaten sind gemäß § 22 UWG → Antragsdelikte bis auf § 4 UWG.

Unmittelbarkeit der Beweisaufnahme → Beweisaufnahme.

Unnatürlicher Tod → Tod, unnatürlicher.

Unrat → Umweltdelikte, umweltgefährdende Abfallbeseitigung.

Unrechtsbewußtsein → Irrtum (II), Schuldtheorie.

Unrichtige ärztliche Feststellung → Abbruch der Schwangerschaft (III).

Unschuldig erlittene Straf- oder Untersuchungshaft → Entschädigung für Strafverfolgungsmaßnahmen.

Untauglicher Versuch → Versuch.

Unterbrechung der Hauptverhandlung → Hauptverhandlung.

Unterbrechung der Strafvollstreckung → Vollstreckungsaufschub.

Unterbrechung der Verjährung → Verjährung.

Unterbringung. Die 4 Fälle der Unterbringung des StGB sind freiheitsentziehende → Maßregeln der Besserung und Sicherung (§ 61 StGB). Für ihre Anordnung gilt nach § 62 StGB der Grundsatz der → Verhältnismäßigkeit.

I. Die U. in einem *psychiatrischen Krankenhaus* ist nach § 63 StGB zulässig, wenn jemand Vergehen oder Verbrechen im Zustand der Schuldunfähigkeit oder der verminderten → Schuldfähigkeit begangen hat und die öffentliche Sicherheit im Hinblick auf die symptoma-

Unterbringung

tisch in der Tat zutagegetretenen Gefährlichkeit des Täters die U. erfordert. Es müssen also als Folge der Erkrankung weitere Straftaten nicht nur möglich, sondern wahrscheinlich sein *(Wiederholungsgefahr)*. Liegt lediglich *verminderte* Schuldfähigkeit vor, so tritt die U. neben die Strafe. Wird Schuldunfähigkeit erst im Strafverfahren festgestellt, tritt die Anordnung der U. neben den Freispruch von der Anklage. Wird der Ausschluß der Verantwortlichkeit von vorneherein angenommen, so wird eine erforderliche U. im → *Sicherungsverfahren* angeordnet (§§ 429a ff. StPO). Im Ermittlungsverfahren kann → Unterbringungsbefehl ergehen.

II. Die U. in einer *Entziehungsanstalt* nach § 64 I StGB setzt voraus, 1. daß der Täter den Hang hat, im Übermaß geistige Getränke oder andere berauschende Mittel (z. B. Rauschgift) zu sich zu nehmen, 2.) daß er weiter wegen eines damit im Zusammenhang stehenden Verbrechens oder Vergehens oder wegen → Vollrausches verurteilt wird oder aber nur wegen nicht ausschließbarer Schuldunfähigkeit nicht verurteilt wird, 3.) daß infolge des bestehenden Hangs weitere erhebliche rechtswidrige Taten erwartet werden müssen. Bei Aussichtslosigkeit einer Entziehung wird keine U. nach § 64 StGB angeordnet.

III. Eine U. ist auch die *Sicherungsverwahrung* (§ 66 StGB). Sie ist unter folgenden Voraussetzungen anzuordnen: 1. Der Täter muß a) wegen einer vorsätzlichen Straftat zu mindestens 2 Jahren Freiheitsstrafe verurteilt werden, und muß b) wegen vorher begangener vorsätzlicher Straftaten schon zweimal jeweils zu einer Freiheitsstrafe von mindestens 1 Jahr verurteilt worden sein und er muß c) dieserhalb mindestens 2 Jahre Freiheitsstrafe verbüßt oder sich im Vollzug einer freiheitsentziehenden Maßregel der Besserung und Sicherung befunden haben. 2. Sicherungsverwahrung ist aber auch dann zulässig, wenn jemand ohne vorangegangene Verurteilung oder Strafverbüßung drei vorsätzliche Straftaten begangen hat, durch die er jeweils Freiheitsstrafe von mindestens 1 Jahr verwirkt hat, und wegen einer oder mehrerer dieser Taten zu zeitiger Freiheitsstrafe von mindestens 3 Jahren verurteilt wird. Dabei bleiben Straftaten, die vor einer 5jährigen straftatenfreien Zeit liegen, außer Betracht (§ 66 III StGB). In beiden Fällen ist erforderlich, daß die Gesamtwürdigung des Täters und der Taten seine *Allgemeingefährlichkeit* wegen eines *Hangs* zu erheblichen Straftaten ergibt. Erheblich sind namentlich solche Delikte, bei denen die Opfer seelisch oder körperlich schwer geschädigt werden oder schwerer wirtschaftlicher Schaden angerichtet wird.

In den 5 neuen Bundesländern ist Sicherungsverwahrung nicht möglich. Vgl. DDR II.

IV. Die *Dauer* der U. wird im Urteil nicht festgelegt. Höchstmaße

Unterbringungsbefehl

der U. sind in § 67d StGB festgesetzt für die U. in einer Entziehungsanstalt auf 2 Jahre und für die erste U. in Sicherungsverwahrung auf 10 Jahre. In allen Fällen hat jedoch das Gericht *in regelmäßigen Abständen zu prüfen,* ob verantwortet werden kann zu erproben, ob der Untergebrachte ohne die U. keine rechtswidrige Tat mehr begehen wird (§ 67d II StGB). Eine solche Prüfung hat das Gericht auch dann vorzunehmen, wenn die Unterbringung entgegen der Regel des § 67 I StGB im Anschluß an eine Strafverbüßung vollstreckt wird. Das Gericht kann nach § 67 StGB auch zu einer anderen Art der U. übergehen. Die Entlassung aus der Unterbringung gilt, wenn sie nicht durch Ablauf des Höchstmaßes endet, als *Aussetzung* der U. *zur Bewährung* (§ 67e StGB). Dem Entlassenen können besondere Pflichten auferlegt werden. Zuständig für die erforderliche Entscheidung ist nach §§ 463 III, 462a I StPO die Strafvollstreckungskammer. Nach §§ 67c I 2, 67d II 2 StGB tritt mit der Aussetzung → Führungsaufsicht ein. Ist die Höchstfrist für eine bestimmte U. abgelaufen, wird der Untergebrachte entlassen. Die Maßregel ist erledigt. Unter besonderen Umständen kann das Gericht nach § 67b I StGB schon gleichzeitig mit der Anordnung der U. deren Aussetzung zur Bewährung verfügen.

Unterbringungsbefehl. 1. Der U. im *Straf- oder* → *Sicherungsverfahren* setzt voraus: a) Dringende Gründe für die Annahme, daß jemand eine Straftat im Zustand fehlender oder verminderter → Schuldfähigkeit begangen hat. b) Wahrscheinlichkeit der → Unterbringung in einem psychiatrischen Krankenhaus oder einer Entziehungsanstalt. c) Die öffentliche Sicherheit muß die einstweilige Unterbringung erfordern (§ 126a StPO). Die Vorschriften für → Haftbefehl und → Untersuchungshaft gelten entsprechend. Vgl. auch → Anrechnung.

2. Gegen *Jugendliche* kann über 1 hinaus ein U. auch ergehen, a) wenn die Voraussetzungen eines Haftbefehls vorliegen (§ 72 III 1 JGG), b) wenn Jugendstrafe zu erwarten ist und weiteren Straftaten oder einer Gefährdung der Entwicklung entgegengewirkt werden soll (§ 71 II 1 JGG), oder c) zur Vorbereitung eines Gutachtens über den Entwicklungsstand des Beschuldigten (§ 73 I 1 JGG). Die Unterbringung erfolgt in den Fällen a und b in einem Erziehungsheim, im Fall c in einer zur Untersuchung geeigneten Anstalt.

Unterbringung zur Beobachtung → Untersuchung.

Unterdrückung des Personenstandes → Personenstandsfälschung.

Unterdrückung von Briefen und Telegrammen → Verletzung des Post- und Fernmeldegeheimnisses.

Unterlassungsdelikte

Unterdrückung von Urkunden → Urkundenunterdrückung.

Unterhaltspflicht, Verletzung → Verletzung der Unterhaltspflicht.

Unterlassene Hilfeleistung. Wegen u. H. ist mit Freiheitsstrafe bis zu 1 Jahr oder Geldstrafe bedroht, wer vorsätzlich bei Unglücksfällen oder gemeiner Gefahr (z. B. Brand) oder Not nicht Hilfe leistet, obwohl dies erforderlich und ihm nach den Umständen zuzumuten ist (§ 323c StGB). *Unglücksfall* ist ein plötzliches Ereignis, das für Mensch oder Sachen erhebliche Gefahr mit sich bringt. Auf Verursachung oder Verschulden kommt es nicht an. Doch wegen → Gesetzeskonkurrenz keine Bestrafung desjenigen, der die Gefahrenlage durch eine vorsätzliche strafbare Handlung geschaffen hat (z. B. kann der Brandstifter nicht wegen u. H. zusätzlich bestraft werden). Bei der Prüfung der *Zumutbarkeit* der Hilfeleistung ist auf die persönlichen Umstände des Täters abzustellen. Eine Hilfe unter eigener erheblicher Gefährdung ist nicht zumutbar.

Unterlassungsdelikte sind die Straftaten, deren tatbestandsmäßiger Erfolg nicht durch aktives Tun wie bei den sog. *Begehungsdelikten*, sondern durch Unterlassen eintritt. Dabei spricht man von *echten* U., wenn das Gesetz das Unterlassen einer gebotenen Handlung als Tatbestandsmerkmal beschreibt (z. B. Unterlassen der Hilfeleistung bei Unglücksfällen nach § 323c StGB). Hingegen liegt den *unechten* U. ein Straftatbestand zugrunde, der i. d. R. durch aktives Tun erfüllt wird, den aber der Täter dadurch verwirklicht, daß er entgegen einer Verpflichtung den tatbestandsmäßigen Erfolg nicht verhindert (§ 13 I StGB). Eine solche Pflicht zur Erfolgsabwendung (sog. *Garantenstellung*) kann aus Gesetz, aus Vertrag, aus einem besonderen Vertrauensverhältnis oder aber aus vorangegangenem Handeln des Täters entstehen. Deshalb begehen durch Unterlassung die Mutter oder das Kindermädchen, die ein 2-jähriges Kind unbeaufsichtigt auf der Straße lassen, fahrlässige Tötung, wenn das Kind überfahren wird; der Kunsthändler, der seinen Geschäftsfreund über die irrige Annahme eines Meisterwerks nicht aufklärt, Betrug; der Kraftfahrer, der den von ihm Angefahrenen hilflos sich selbst überläßt, u. U. Mord. Voraussetzung ist stets, daß der Täter durch ein aktives Handeln die *Möglichkeit* gehabt hätte, *den Erfolg abzuwenden*. Ist die dem Täter mögliche Handlung zur Erfolgsabwendung nach allen Umständen des Einzelfalls nicht *zumutbar*, so kann ein Schuldausschließungsgrund gegeben sein (vgl. BGHE 6, 57). Wegen der geringeren Intensität des verbrecherischen Willens sieht § 13 II StGB für die Ausführung der Tat durch Unterlassen die Möglichkeit zu einer → Strafmilderung nach § 49 I StGB vor.

Unternehmen

Unternehmen. Stellt ein Straftatbestand das U. einer Handlung unter Strafe, so ist die Straftat vollendet, sobald die Ausführung der Handlung nur begonnen hat. Nach § 11 I Nr. 6 StGB umfaßt der Begriff U. Versuch und Vollendung.

Untersagung der Berufsausübung → Berufsverbot.

Unterschlagung begeht derjenige, der eine fremde bewegliche Sache in Besitz oder Gewahrsam (tatsächliche Sachherrschaft) hat, wenn er sich die Sache rechtswidrig zueignet (§ 246 StGB). Im Unterschied zum → Diebstahl, der den Gewahrsamsbruch voraussetzt, hat der Täter die *Sachherrschaft* über den Gegenstand. Ist sie durch eine strafbare Handlung erfolgt (z. B. Diebstahl), so ist die Zueignung lediglich straflose → Nachtat. Der Angriff der U. richtet sich gegen das Eigentum, wofür die dingliche Rechtslage entscheidend ist. Die *Zueignung* besteht darin, daß der Täter die Sache unter Ausschluß der Verfügungsmöglichkeit des Eigentümers seinem Vermögen einverleibt. Die Zueignung muß nach außen erkennbar sein, so z. B. durch Verfügung über die Sache (Verkauf, Verschenken), durch deren Verbrauch oder durch Verheimlichen oder Ableugnen des Besitzes. *Strafschärfung* tritt ein, wenn die Sache dem Täter *anvertraut* war. Die Strafe ist Freiheitsstrafe bis zu 3 (im erschwerten Fall bis 5) Jahren oder Geldstrafe. Auch der Versuch ist strafbar.

§ 246 StGB kann in → Tateinheit stehen mit → Untreue. Die U. gegen Angehörige oder in häuslicher Gemeinschaft lebende Personen ist nur auf → Strafantrag verfolgbar (§ 247 StGB). Nach § 248a StGB setzt Strafverfolgung bei U. geringwertiger Gegenstände Strafantrag des Verletzten oder die Annahme eines besonderen → öffentlichen Interesses an der Strafverfolgung durch die Strafverfolgungsbehörden voraus.

Untersuchung. Die *körperliche* U. eines Beschuldigten ist nach § 81a StPO zur Feststellung von Tatsachen zulässig, die für das Verfahren von Bedeutung sind. Sie ist von Maßnahmen zur → Identitätstellung oder des → Erkennungsdienstes zu unterscheiden. Die U. besteht in der Beobachtung des Körpers, seines Zustands und seiner Funktionsfähigkeit, u. U. auch seiner Reaktionen auf Einwirkungen. Ist ein körperlicher *Eingriff* (z. B. Blutentnahme) erforderlich, so darf die U. ohne Einwilligung des Betroffenen nur durch den Arzt und nur dann durchgeführt werden, wenn kein Nachteil für die Gesundheit des Beschuldigten zu befürchten ist (§ 81a I 2 StPO). Die U. *anderer Personen,* die nicht Beschuldigte sind, ist zulässig, wenn sie als Zeugen in Betracht kommen (§ 81c StPO). Bei diesen darf Zweck der U. jedoch nur die Feststellung bestimmter Spuren oder Tatfolgen sein. Die U. muß ferner zumutbar sein. Als körperlicher Eingriff

Untersuchungshaft

ist ohne Einwilligung des Betroffenen lediglich die U. zur Abstammungsfeststellung und die Entnahme von Blutproben zulässig. Die U. kann aber entsprechend dem → Zeugnisverweigerungsrecht verweigert werden.

In allen Fällen steht die *Anordnung der U.* dem Richter zu. Bei Gefährdung des Untersuchungserfolgs durch eine Verzögerung kann die U. durch die Staatsanwaltschaft und ihre → Hilfsbeamten angeordnet werden. So ordnet regelmäßig der Polizeibeamte die Entnahme einer *Blutprobe* zur Feststellung einer → Trunkenheit an. Unmittelbarer *Zwang* kann zur Durchsetzung der angeordneten U. dem → Verhältnismäßigkeitsgrundsatz entsprechend angewendet werden, bei anderen Personen als dem Beschuldigten jedoch nur auf Grund besonderer Anordnung des Richters, wenn Beugemittel nach § 70 StPO vergeblich waren oder Gefahr im Verzug ist. Die U. einer *Frau* ist durch eine Frau oder durch einen Arzt durchzuführen (§ 81 d StPO).

Die U. eines Beschuldigten auf seinen psychischen Zustand durch Beobachtung in einem öffentlichen *psychiatrischen Krankenhaus* ist nach § 81 StPO bis zu 6 Wochen zulässig. Voraussetzungen sind: Anhörung eines Sachverständigen über die Erforderlichkeit der Unterbringung und Anhörung des Verteidigers, der von amtswegen zu bestellen ist, wenn der Beschuldigte noch keinen Verteidiger hat. Die Entscheidung trifft das mit der Sache befaßte Gericht, im → Ermittlungsverfahren das Gericht, das für die Eröffnung des Hauptverfahrens zuständig wäre.

Untersuchungshaft. I. *Voraussetzungen* für die Anordnung der U. sind *dringender* → *Tatverdacht* und das Vorliegen eines *Haftgrunds* (§ 112 I 1 StPO). Das Erfordernis des Haftgrunds entfällt jedoch, wenn der Beschuldigte einer Straftat nach § 129 a StGB (→ terroristische Vereinigungen), des (auch nur versuchten) Mordes, Totschlags oder Völkermords (aber nur § 220 a I Nr. 1 StGB) oder aber eines leib- oder lebengefährdenden → Explosionsdelikts (§ 311 StGB) dringend verdächtig ist (§ 112 III StPO). Haftgründe sind: 1. *Flucht* (§ 112 II Nr. 1 StPO); der Beschuldigte muß flüchtig sein oder sich vor den Strafverfolgungsbehörden verborgen halten. 2. *Fluchtgefahr* (§ 112 Nr. 2 StPO). Ob Fluchtneigung bei dem Beschuldigten vorliegt, ist den Umständen des Einzelfalles zu entnehmen. Ein fester Wohnsitz schließt Fluchtgefahr nicht notwendig aus. Es genügt die Feststellung, daß sich der Beschuldigte dem Verfahren nach aller Wahrscheinlichkeit entziehen wird. 3. *Verdunkelungsgefahr* (§ 112 II Nr. 3 StPO) setzt voraus, daß das Verhalten des Beschuldigten den Verdacht rechtfertigt, er werde selbst oder durch andere auf → Beweismittel unlauter einwirken. Dadurch muß konkrete Gefahr beste-

Untersuchungshaft

hen, daß die Wahrheitsfindung erschwert oder gar verhindert wird.
4. *Wiederholungsgefahr;* dieser Haftgrund nach § 112a StPO umfaßt sowohl die Besorgnis, der Beschuldigte werde weitere Straftaten begehen, als auch die Erwartung, er werde die Straftat fortsetzen. Er setzt den dringenden Tatverdacht hinsichtlich der in § 112a I Nr. 1 oder 2 StPO aufgeführten Straftaten voraus. Während bei der ersten Gruppe von Straftaten (schwerwiegende Sittlichkeitsdelikte) genügt, daß die Gefahr weiterer Tatbegehung besteht und die Haft zur Abwendung dieser Gefahr erforderlich ist, setzen die Taten der Nr. 2 (Körperverletzung, Diebstahl, Raub, Erpressung etc.) zusätzlich voraus, daß eine Strafe von mehr als 1 Jahr Freiheitsstrafe erwartet wird. Dies ist aber i. d. R. nur dann annehmbar, wenn innerhalb der letzten 5 Jahre Straftaten gleicher Art schon zur Verurteilung zu Freiheitsstrafe geführt haben. Der Haftgrund der Wiederholungsgefahr ist gegenüber den anderen Haftgründen subsidiär.

Anordnung und Dauer der U. müssen dem Grundsatz der → *Verhältnismäßigkeit* entsprechen (§§ 112 I 2, 120 I 1 StPO). Eine gesetzliche Anwendung dieses Grundsatzes enthält § 113 StPO, der die Zulässigkeit der U. bei Straftaten, die nur mit Freiheitsstrafe bis zu 6 Monaten oder mit Geldstrafe bis zu 180 Tagessätzen bedroht sind, einschränkt auf die Haftgründe der Flucht und der Fluchtgefahr. Bei Fluchtgefahr muß jedoch der Beschuldigte im Bundesgebiet keinen festen Wohnsitz oder Aufenthalt haben, sich nicht ausweisen können, dem Verfahren sich bereits einmal entzogen oder Anstalten zur Flucht getroffen haben (§ 113 II StPO).

II. Die U. wird durch schriftlichen → *Haftbefehl* angeordnet. Der Haftbefehl wird dem vorläufig Festgenommenen alsbald nach Erlaß, dem Verhafteten nach Ergreifung durch den für den Erlaß des Haftbefehls zuständigen Richter (§ 115 I StPO) oder, wenn dies nicht bis spätestens am Tag nach Ergreifung möglich ist, nach § 115a I StPO den *nächsten* Amtsrichter (Haftrichter) *eröffnet*. Die → Vernehmung des Beschuldigten nach Belehrung über seine Rechte erstreckt sich auf die zur Last gelegte Tat und auf die Haftgründe.

Der nächste Amtsrichter kann die Freilassung des Beschuldigten nur dann verfügen, wenn der Haftbefehl aufgehoben oder der Ergriffene nicht die im Haftbefehl bezeichnete Person ist. Sonstige Einwände (z. B. mangelnder Tatverdacht auf Grund der Einlassung des Beschuldigten) muß er unverzüglich dem *zuständigen* Richter mitteilen. Nur dieser entscheidet in allen Fällen über die Aufrechterhaltung des Haftbefehls. Wird die Haft aufrechterhalten, hat der Beschuldigte die Möglichkeit der Haftbeschwerde zum übergeordneten Gericht *oder* des Antrags auf *Haftprüfung* (§ 117 StPO). Die Entscheidung im Haftprüfungsverfahren durch das zuständige Gericht kann auf Antrag des Beschuldigten oder von Amts wegen auf Grund *mündlicher*

Untersuchungshaft

Verhandlung ergehen (§ 118 StPO). Der Beschuldigte ist über seine Rechte auf Überprüfung der Haftvoraussetzungen (auch über die Zuziehung eines → Verteidigers) zu belehren. Von der Verhaftung wie auch von Anordnungen der Haftfortdauer hat der Richter die Benachrichtigung eines Angehörigen oder einer Vertrauensperson zu veranlassen. Zu solcher Nachricht ist auch dem Beschuldigten selbst Gelegenheit zu geben, wenn der Untersuchungszweck nicht gefährdet wird (§ 114b StPO).

III. Liegen die Voraussetzungen der U. nicht mehr vor oder steht deren weitere Dauer außer Verhältnis zur Bedeutung der Sache oder zu der zu erwartenden Strafe, so ist der Haftbefehl *aufzuheben* und der Beschuldigte freizulassen (§ 120 I StPO). Im → Ermittlungsverfahren kann die Staatsanwaltschaft selbständig die Entlassung des verhafteten Beschuldigten verfügen; sie hat gleichzeitig Antrag auf Aufhebung des Haftbefehls zu stellen (§ 120 III StPO).

Genügen weniger einschneidende Maßnahmen, den Zweck der U. – die Sicherung des Strafverfahrens – zu erreichen, so wird der Haftbefehl *außer Vollzug* gesetzt (§ 116 StPO; sog. *Haftverschonung*). Damit können Auflagen verbunden werden, z.B. regelmäßige Meldung bei der Polizei, Verbleib am Wohnort. Die Haftverschonung kann bei Fluchtgefahr auch von der Hinterlegung einer Sicherheit (Kaution) abhängig gemacht werden, die verfällt, wenn sich der Beschuldigte dem Strafverfahren oder der Strafvollstreckung entzieht (§ 124 StPO). Sicherheit kann auch durch Dritte geleistet werden. Der erneute Vollzug der U. wird angeordnet bei gröblichem Zuwiderhandeln gegen Auflagen, Entfallen der Vertrauensgrundlage oder Hervortreten neuer Umstände, die die Verhaftung erforderlich machen (§ 116 IV StPO). Die laufende *Überwachung* der Voraussetzungen der U. obliegt im Ermittlungsverfahren der Staatsanwaltschaft und dem Ermittlungsrichter, nach Erhebung der → öffentlichen Klage dem zuständigen Gericht.

Die U. darf grundsätzlich wegen derselben Tat nicht *über 6 Monate* hinaus aufrechterhalten werden, solange kein Urteil ergangen ist, das auf Freiheitsstrafe oder eine freiheitsentziehende Maßregel erkennt (§ 121 I StPO). Nur wenn ein wichtiger Grund, so besondere Schwierigkeiten oder außergewöhnlicher Umfang der Ermittlungen, die Haftfortdauer rechtfertigt, kann das OLG bei rechtzeitiger Vorlage der Akten die Fortdauer der U. über 6 Monate hinaus anordnen (§ 121 II StPO). Stützt sich der Haftbefehl nur auf den Haftgrund der Wiederholungsgefahr, so ist in jedem Fall Höchstmaß der U. 1 Jahr (§ 122a StPO). Das OLG ist fortan für die weitere Haftprüfung zuständig und hat spätestens alle 3 Monate die allgemeinen und die besonderen (§ 121 I StPO) Haftvoraussetzungen zu überprüfen (§ 122 III, IV StPO). Das OLG kann jedoch die Haftprüfung hin-

Untreue

sichtlich der allgemeinen Voraussetzungen für jeweils höchstens 3 Monate dem sonst zuständigen Haftrichter übertragen.

IV. Den *Vollzug der U.* regelt § 119 StPO. Die U. ist grundsätzlich in Einzelhaft zu vollziehen. Nur auf ausdrücklichen schriftlichen (rücknehmbaren) Antrag oder aber, wenn es der körperliche oder geistige Zustand des Häftlings erfordert, kann eine Unterbringung mit anderen angeordnet werden. Beschränkungen, die über den bloßen Freiheitsentzug hinausgehen, sind nur zulässig, wenn es der Zweck der U. oder die Ordnung der Vollzugsanstalt erfordert (§ 119 III StPO). Danach unterliegt z. B. der *Briefverkehr* mit Ausnahme des Schriftverkehrs des Beschuldigten mit seinem → Verteidiger (sog. Verteidigerpost) der richterlichen Kontrolle; der Besuch ist von richterlicher Genehmigung (sog. *Sprechschein*) abhängig. Die erforderlichen Maßnahmen ordnet der Richter an. Dabei entspricht er in aller Regel der bundeseinheitlichen *Untersuchungshaftvollzugsordnung* der Länder, die eine Verwaltungsanordnung für die Leiter der Vollzugsanstalten, für den Richter aber nur eine nicht bindende Empfehlung darstellt. Zur Aufrechterhaltung der Anstaltsordnung können durch den Richter auch *Hausstrafen* (z. B. Verweis, persönliche Beschränkungen oder aber auch bis zu 2 Wochen Arrest, der meist in Unterbrechung der U. verbüßt wird) verhängt werden.

V. Die U. wird auf die verhängte (zeitige) Freiheits- und auch Geldstrafe *angerechnet* (§ 60 I 1 StGB, § 51 I 1 n. F.). Näheres bei → Anrechnung.

Vgl. auch → Entschädigung für Strafverfolgungsmaßnahmen.

Untreue ist die vorsätzliche Vermögensbeschädigung eines anderen durch Mißbrauch einer Vertrauensstellung oder durch Ausnutzung eines Treueverhältnisses. § 266 StGB enthält somit zwei Tatbestände.

I. Der *Mißbrauchstatbestand* setzt zunächst voraus, daß dem Täter die Befugnis eingeräumt ist, über fremdes Vermögen zu verfügen oder einen anderen zu verpflichten. Diese *Verfügungsbefugnis* kann gesetzlich begründet sein (z. B. der Eltern nach §§ 1626, 1629 BGB, der Ehefrau nach § 1357 BGB); sie kann auf behördlichem Auftrag beruhen, wie bei der Vormundschaft, der Pflegschaft, der Konkurs- oder Nachlaßverwaltung; sie kann sich schließlich aus einem Rechtsgeschäft ergeben. Der Täter muß die ihm nach außen zustehende Befugnis durch eine Verfügung oder eine Verpflichtung mißbrauchen. Ein *Mißbrauch* liegt vor, wenn das eingegangene Geschäft oder ein Unterlassen eines Geschäfts im Widerspruch zu den Pflichten aus dem Innenverhältnis steht, wenn der Täter also etwas tut, was er nach seiner Verfügungsbefugnis nach außen kann, aber im Innenverhältnis nicht darf. Beispiel: Verkauf eines Grundstücks des Mündels

Untreue

durch den Vormund an einen Bekannten zu einem „Freundschaftspreis".

II. Der *Treubruchstatbestand* wird begangen durch Verletzung der dem Täter obliegenden *Pflicht, fremde Vermögensinteressen wahrzunehmen*. Diese Pflicht kann sich aus Gesetz, behördlichem Auftrag oder Rechtsgeschäft ergeben. Dabei scheiden jedoch untergeordnete Tätigkeiten ohne gewisse Selbständigkeit aus. Die Verpflichtung muß ein *Treueverhältnis* ergeben. Ein solches Treueverhältnis kann jedoch auch seinerseits selbständig eine Pflicht zur Wahrung fremder Vermögensinteressen begründen. Ein tatsächliches Pflichtverhältnis ist insbesondere anzunehmen, wenn wegen Nichtigkeit oder Unwirksamkeit ein rechtliches Verhältnis nicht entstanden ist, aber tatsächlich ein Betreuungsverhältnis bestanden hat, z. B. Mitgesellschafter bei nichtigem Gesellschaftsvertrag. Die tatsächlichen Grundlagen eines solchen Treueverhältnisses sind sorgfältig festzustellen. Nach der Rechtsprechung (vgl. BGHE 8, 254) kann ein tatsächliches Pflichtenverhältnis u. U. auch aus Verhältnissen abgeleitet werden, die der Sittenordnung widersprechen (str.). Die Pflichtverletzung kann durch rechtsgeschäftliche, aber auch durch tatsächliche Handlungen bzw. deren Unterlassung begangen werden. Beispiel für den Treubruchstatbestand: Der Vormund läßt das Haus seines Mündels vorsätzlich zerfallen.

III. Die *Pflichtverletzungen* bei beiden Tatbeständen müssen einen *Vermögensschaden* auslösen. Der Begriff des Vermögens wie der des Vermögensschadens entspricht im wesentlichen dem des → Betrugs. Die Zufügung des Vermögensnachteils kann im Fall des Treubruchtatbestands auch durch tatsächliche Handlungen, z. B. durch Beschädigung oder Aneignung von Vermögensgegenständen, erfolgen. Auch kann die Vermögensgefährdung (z. B. Darlehenshingabe an eine wenig kreditwürdige Person) genügen.

IV. Vergehen nach § 266 StGB sind mit Freiheitsstrafe bis zu 5 Jahren oder mit *Geldstrafe* bedroht. In besonders schweren Fällen ist die Freiheitsstrafe 1 bis 10 Jahre. Der Versuch ist stets straflos. Bei Verletzung geringwertiger Interessen gelten die Regeln für → Bagatellsachen (§§ 266 III, 248 StGB). Oft liegt Tateinheit mit anderen Straftaten (z. B. Diebstahl, Unterschlagung, Betrug) vor. Strafantrag ist erforderlich bei U. gegenüber Angehörigen, Vormündern und Personen der häuslichen Gemeinschaft (§§ 266 III, 247 StGB).

§ 266 StGB wird wegen Gesetzeskonkurrenz oft von den speziellen Normen strafrechtlicher *Nebengesetze* verdrängt: z. B. § 95 Börsengesetz, § 142 des Gesetzes über die Beaufsichtigung der privaten Versicherungsunternehmen, § 34 des Gesetzes über die Verwahrung und Anschaffung von Wertpapieren.

Unzüchtige Handlung

Unzüchtige Handlung → Sexuelle Handlung.

Unzüchtige, schamlose und jugendgefährdende Schriften → Pornographische Schriften.

Unzumutbarkeit → Notstand (III).

Unzurechnungsfähigkeit → Schuldfähigkeit.

Urkunde. I. U. ist ein Gegenstand, der 1. als Träger einer gedanklichen Erklärung von vornherein (sog. *„Absichtsurkunde"*) oder später (sog. *„Zufallsurkunde"*) bestimmt und auch geeignet ist, für den gedanklichen Inhalt Beweis zu erbringen, und 2. den Erklärenden erkennen läßt. Unterschrift nicht erforderlich. Aussteller und Erklärungsinhalt können sich unmittelbar, u. U. aber erst durch Heranziehung weiterer Umstände erschließen (Fahrkarte, Registrierkassenzettel, Eichstempel der Waage). Deshalb sind auch *Beweiszeichen* (pol. Kennzeichen und Fahrgestell-Nr. am Kfz, Typenschilder, Künstlerzeichen des Malers) U., wenn sie nach Gesetz, Herkommen oder Vereinbarung der Beteiligten erkennbar eine Gedankenäußerung des Ausstellers darstellen. Der gedankliche *Inhalt* muß jedoch *durch einen Menschen bestimmt* werden, nicht durch Automaten; vgl. hierzu → technische Aufzeichnungen. Andererseits muß der gedankliche Inhalt visuell erkennbar sein. Das ist bei einer Speicherung in einer Datenverarbeitungsanlage nicht der Fall, wohl aber bei dessen Ausdruck. Vgl. → Fälschung beweiserheblicher Daten, Computersabotage.

II. Man unterscheidet *öffentliche* und *private* U. Erstere müssen a) von einer öffentlichen Behörde b) innerhalb ihrer Amtsbefugnisse, c) in der gesetzlichen Form, d) zum öffentlichen Glauben für und gegen jedermann ausgestellt sein. Vgl. auch → Ausweise.

III. Im *Prozeß* können U. zu Beweiszwecken *verlesen* (§ 249 StPO) oder zum Gegenstand eines *Augenscheins* (§ 86 StPO) gemacht werden. Hinsichtlich Niederschriften von Aussagen ist die → Verlesung eingeschränkt. Beruht ein Urteil auf einer unechten oder verfälschten U., so ist → *Wiederaufnahme* zulässig § 359 Nr. 1 StPO.

Urkundenfälschung begeht nach § 267 StGB, wer zur Täuschung im Rechtsverkehr a) eine unechte → Urkunde herstellt, b) eine echte Urkunde verfälscht oder c) von einer unechten oder verfälschten Urkunde Gebrauch macht. Hinsichtlich der Täuschung ist direkter → Vorsatz erforderlich. Der Täuschung steht nach § 270 StGB die fälschliche Beeinflussung einer Datenverarbeitung im Rechtsverkehr gleich. Nicht erforderlich ist, daß ein rechtswidriger Erfolg mit der Handlung erstrebt wird.

Eine U. ist *echt,* wenn die Erklärung vom Aussteller herrührt. Sie

Urteil

ist *unecht,* wenn der Aussteller eine andere Person als Urheber vortäuscht. Die andere Person braucht nicht zu existieren. Erkenntliche Verheimlichung des Herstellers oder Täuschung nur über den Namen (z. B. Angabe eines Künstlernamens) schafft keine unechte U. Eine U. wird *verfälscht,* wenn der Erklärungsinhalt einer echten U. nachträglich geändert wird, z. B. Ausradieren, Überkleben, Wegschneiden rechtlich bedeutsamer Teile (Schuldbetrag auf Schuldscheinen, Datum, Ausstellungsort o. ä.). Bei der *Blankettfälschung* wird der echten Unterschrift eines anderen unbefugt eine Erklärung vorangesetzt (Ausfüllen eines Blankoschecks). Ob der Erklärungsinhalt der Wahrheit entspricht oder eine Unwahrheit enthält (sog. *schriftliche Lüge),* ist weder für die Echtheit noch für die Verfälschung der U. erheblich. Die Strafe ist grundsätzlich Freiheitsstrafe bis zu 5 Jahren, in schweren Fällen nach § 267 III StGB Freiheitsstrafe von mindestens 1 Jahr. Der Versuch ist strafbar.

Wegen der Fälschung von Geld, Euroscheckvordrucken, Wertpapieren, Wertzeichen s. den Sondertatbestand → Geldfälschung. Vorbereitungshandlungen der U. von Ausweisen erfaßt § 275 StGB, den Mißbrauch von Ausweisen § 281 StGB. Vgl. auch → Fälschung beweiserheblicher Daten, technische Aufzeichnung, Falschbeurkundung.

Urkundenunterdrückung begeht nach § 274 I StGB (Freiheitsstrafe bis zu 5 Jahren oder Geldstrafe), wer entweder eine → Urkunde, die ihm nicht (ausschließlich) gehört, vernichtet, beschädigt oder unterdrückt, beweiserhebliche Daten ohne Verfügungsbefugnis in Benachteiligungsabsicht löscht, unterdrückt, unbrauchbar macht oder verändert oder einen Grenzstein oder ein anderes zur Kennzeichnung einer Grenze oder eines Wasserstandes bestimmtes Merkmal wegnimmt, vernichtet, unkenntlich macht, verrückt oder fälschlich setzt (Veränderung einer Grenzbezeichnung) und dabei in der Absicht handelt, einem anderen Nachteil zuzufügen. Vgl. Verwahrungsbruch.

Urkundsbeamter der Geschäftsstelle. Die bei jedem Gericht bestehenden Geschäftsstellen sind mit U. besetzt. Sie haben neben der Führung des → Protokolls in und außerhalb der Hauptverhandlung auch Prozeßerklärungen, z. B. Einlegung von → Rechtsmitteln, Gesuche um → Wiedereinsetzung, zur Niederschrift der Geschäftsstelle entgegenzunehmen. Der U. d. G. nimmt häufig gleichzeitig Aufgaben des → Rechtspflegers wahr.

Ursachenzusammenhang → Verursachung.

Urteil. I. Das Urteil ist die das Verfahren in dem jeweiligen Rechtszug auf Grund einer → Hauptverhandlung abschließende *Entschei-*

Urteil

dung des Gerichts. Nur ausnahmsweise wird das Verfahren in der Hauptverhandlung durch → Beschluß beendet (z. B. bei Einstellungen nach § 153 III, 154 II StPO). Neben dem Urteil sind jedoch vielfach eigene Beschlüsse erforderlich. (z. B. Entscheidungen über Haftfortdauer, § 268b StPO; Aufhebung des Haftbefehls; Bewährungsauflagen, § 268a StPO; Kostenerstattung durch die Staatskasse nach § 467 IV StPO). Das U. lautet auf Verurteilung, Anordnung einer Maßregel der Besserung und Sicherung, Freisprechung oder bei Vorliegen eines Verfahrenshindernisses Einstellung (§ 260 III StPO), im Sicherungsverfahren auf Anordnung der Unterbringung oder Ablehnung des Antrags (§ 449 II StPO). Das U. ergeht „im Namen des Volkes" (§ 268 I StPO) und wird durch Verlesung der Urteilsformel (*Tenor*) verkündet. Schon damit ist das U. wirksam erlassen. Die Formel enthält das Ergebnis des Schuldspruchs (z. B.: „Der Angeklagte wird wegen Diebstahls ..."). Dabei wird die Tat nach ihrer gesetzlichen Bezeichnung angeführt. Es folgen der Strafausspruch (z. B. „... zu 1 Jahr Freiheitsstrafe verurteilt.") und die Festsetzung anderer Rechtsfolgen, dann die Nebenentscheidungen. Der Formel angefügt, nicht mitverkündet, werden die angewendeten Paragraphen. Die *Urteilsverkündung* umfaßt neben der Verlesung der Urteilsformel auch die Mitteilung der wesentlichen Gründe (§ 268 II StPO). Bis zur Beendigung der mündlichen Urteilsbegründung kann die Urteilsformel durch das Gericht noch abgeändert werden. Ist die Urteilsverkündung jedoch beendet, so ist eine *Berichtigung* der Urteilsformel nur zulässig, soweit ein offenbares Schreib- oder Fassungsversehen vorliegt. Jede sachliche Änderung oder Ergänzung ist unwirksam und kann allenfalls durch → Rechtsmittel der Verfahrensbeteiligten angestrebt werden. Das U. ist nach dem Schluß der Verhandlung zu verkünden (§ 268 III StPO), spätestens aber am 11. Tag nach dem Schluß der Verhandlung, andernfalls erneut die Hauptverhandlung durchgeführt werden muß.

II. Das U. soll unverzüglich, muß aber spätestens 5 Wochen (bei Großverfahren Fristverlängerung) nach der Verkündigung *schriftlich* zu den Akten gebracht werden (§ 275 I StPO). Es enthält die Angabe der Sitzungstage sowie die Namen der Verfahrensbeteiligten (§ 275 III StPO). Es ist von den Berufsrichtern zu *unterschreiben*. Der Formel folgen die *Urteilsgründe*. Diese werden im Fall der Verurteilung regelmäßig aufgebaut: 1. Die tatsächlichen *Feststellungen* in Form einer Sachverhaltsschilderung unter Angabe aller entscheidungserheblichen, für erwiesen erachteten äußeren und inneren Tatsachen (§ 267 I 1 StPO). Dazu gehören auch Feststellungen, aus denen sich Straf- oder Schuldausschließungs- bzw. -minderungsgründe ergeben. 2. Die *Beweiswürdigung*. Sie ist gesetzlich nicht vorgeschrieben; jedoch folgt aus § 34 StPO die Notwendigkeit, die Grundlage der Entschei-

Urteil

dung für die Anfechtungsberechtigten und für das Rechtsmittelgericht darzustellen. Die Beweiswürdigung beginnt i. d. R. mit der Einlassung des Angeklagten. Sie gibt die Beweismittel und die Art ihrer Verwertung an. Vgl. hierzu Beweisaufnahme, Zeugenbeweis. 3. Die *rechtliche Würdigung* unter Angabe der angewandten Strafgesetze (§ 267 III 1 StPO). Dazu zählen auch die Vorschriften über Versuch, Teilnahmeform, Zusammentreffen mehrerer Straftaten. 4. Die wesentlichen Umstände für die *Zumessung der* → *Strafe* (§ 267 III 1 StPO), wobei auch die Frage der → Strafaussetzung zur Bewährung und des u. U. möglichen → Absehens von Strafe zu erörtern sind. 5. Die Gründe für die Anordnung von → Maßregeln der Sicherung und Besserung oder deren Ablehnung. 6. Die tatsächlichen und rechtlichen Angaben für Nebenentscheidungen (so über → Kosten, → Einziehung, Anrechnung der → Untersuchungshaft).

Vom *Inhalt* des verurteilenden Erkenntnisses her unterscheidet man den → Schuldspruch, den Strafausspruch und die Nebenentscheidungen.

Das *freisprechende* U. enthält i. d. R. die tatsächlichen Feststellungen, die auf Grund der Hauptverhandlung getroffen werden konnten, und legt dar, aus welchen tatsächlichen oder rechtlichen Gründen der Angeklagte freizusprechen war.

Das Fehlen des schriftlichen Urteils oder wesentlicher Urteilsgründe läßt eine Nachprüfung des U. nicht zu und führt deshalb auf die Sachrüge in der → Revision zu seiner Aufhebung. Vgl. § 338 Nr. 7 StPO. Verzichten alle zur Anfechtung Berechtigten auf Rechtsmittel oder wird innerhalb der Frist kein Rechtsmittel eingelegt, so ist die Urteilsbegründung in abgekürzter Form möglich (§ 267 IV StPO).

III. Gegenstand der Urteilsfindung ist die in der zugelassenen Anklage bezeichnete → *Tat*, wie sie sich nach dem Ergebnis der Verhandlung darstellt (§ 264 I StPO). Sie ist durch das U. auszuschöpfen. Es sind alle in Frage kommenden Tatbestände und Begehungsformen zu prüfen. Die Verurteilung wegen eines anderen als in der zugelassenen Anklage angeführten Strafgesetzes (z. B. Unterschlagung statt Diebstahl, Beihilfe statt Täterschaft) setzt jedoch den Hinweis des Angeklagten auf die *Veränderung des rechtlichen Gesichtspunkts* voraus (§ 265 I StPO), damit er sich in seiner Verteidigung darauf einstellen kann (u. U. kommt Aussetzung der Hauptverhandlung in Frage). Freispruch und Verurteilung sind Sachentscheidungen, die Einstellung ist dagegen eine Prozeßentscheidung, die keinen Strafklageverbrauch bewirkt. Fällt nach dem Ergebnis der Hauptverhandlung ein tateinheitliches Delikt oder ein Teilakt einer → fortgesetzten Handlung weg, so ergeht kein gesonderter Freispruch. Ist jedoch ein fortgesetztes Vergehen angeklagt (z. B. ein Diebstahl in 5

Verabredung zu einem Verbrechen

Einzelfällen), das in der Hauptverhandlung mangels Nachweises eines Gesamtvorsatzes in mehrere selbständige Handlungen zerfällt, so ergeht wegen einzelner nicht erwiesener Einzelakte Freispruch.

V

Verabredung zu einem Verbrechen → Versuch der Beteiligung.

Verächtlichmachung → Üble Nachrede.

Verächtlichmachung Verstorbener → Verunglimpfung (IV).

Verächtlichmachung von Staatseinrichtungen → Verunglimpfung (II).

Veränderung des rechtlichen Gesichtspunkts → Urteil (III).

Veränderung von Grenzbezeichnungen → Urkundenunterdrückung.

Verbindung von Strafverfahren → Zusammenhang.

Verbot der Schlechterstellung, Verbot der reformatio in peius → Reformatio in peius.

Verbotene Geschlechtswahl → Embryonenschutz.

Verbotene Mitteilungen über Gerichtsverhandlungen begeht nach § 353d StGB (Freiheitsstrafe bis zu 1 Jahr oder Geldstrafe), wer entgegen einem gesetzlichen Verbot oder entgegen einer vom Gericht auf Grund eines Gesetzes auferlegten Schweigepflicht über amtliche Schriftstücke oder Tatsachen aus nicht öffentlichen Gerichtsverhandlungen berichtet. Gesetzliche Beschränkungen liegen nach § 174 II GVG bei Gefährdung der Staatssicherheit vor. § 353d III StGB stellt aber auch die öffentliche Mitteilung des ganzen oder teilweisen Wortlauts einer Anklageschrift oder anderer amtlicher Schriftstücke aus einem Straf-, Bußgeld- oder Disziplinarverfahren unter Strafe, bevor sie in öffentlicher Verhandlung erörtert worden sind oder bevor das Verfahren abgeschlossen ist.

Verbotsirrtum → Irrtum (II).

Verbrauch der Strafklage → Rechtskraft.

Verbrechen → Straftat.

Verbreitung pornographischer Schriften, Abbildungen oder Darstellungen → Pornographische Schriften.

Verbreitung gewaltverherrlichender Darstellungen → Verherrlichung von Gewalt.

Verdächtigung

Verdächtigung. I. Die sog. *falsche V.* (falsche *Anschuldigung*) des § 164 StGB richtet sich gegen den ordnungsgemäßen Ablauf einer geordneten Rechtspflege.

Nach § 164 I StGB ist strafbar, wer wider besseres Wissen (bedingter Vorsatz genügt nicht) einen anderen entweder einer rechtswidrigen Tat oder der Verletzung einer Amts- oder Dienstpflicht verdächtigt. Die V. muß entweder a) vor einer Behörde, b) vor einem zur Annahme von Anzeigen zuständigen Amtsträger oder militärischen Vorgesetzten oder c) öffentlich erfolgt sein; dabei muß der Täter die Absicht haben, gegen den Verdächtigen ein *behördliches Verfahren* oder andere behördliche Maßnahmen herbeizuführen oder fortdauern zu lassen. Als V. ist jede Mitteilung von belastenden *Tatsachen* anzusehen. Sie kann auch darin bestehen, daß falsches Beweismaterial der Polizei zugespielt wird. Die Tatsachenbehauptungen müssen *objektiv unwahr* sein. Werturteile oder falsche Wertungen aus mitgeteilten objektiv zutreffenden Tatsachen genügen nicht (z. B. Mitteilung einer richtigen Prozeßgeschichte mit der Feststellung, der entscheidende Richter habe das Recht gebeugt, ist keine V., u. U. aber → Beleidigung). Die tatsächlichen Behauptungen müssen ferner – ihre Wahrheit unterstellt – eine *strafbare Handlung* oder die *Verletzung einer Amts- oder Dienstpflicht* ergeben.

Nach § 164 II StGB wird unter den gleichen Voraussetzungen bestraft, wer sonstige Behauptungen tatsächlicher Art (also nicht wie nach I. Straftaten oder Pflichtverletzungen) aufstellt, die geeignet sind, ein behördliches Verfahren oder eine *behördliche Maßnahme* gegen ihn herbeizuführen oder fortdauern zu lassen (z. B. die Mitteilung, jemand leide an einer ansteckenden Krankheit, um Schutzmaßnahmen nach dem Bundesseuchengesetz auszulösen). Bezieht sich die tatsächliche Behauptung auf eine Straftat (z. B. wenn A in der Absicht, B. in eine Nervenheilanstalt zu bringen, der Polizei meldet, B habe versucht, das Haus anzuzünden), so ist stets § 164 I StGB als lex specialis anzuwenden.

Beide Tatbestände sind mit Freiheitsstrafe bis zu 5 Jahren oder mit Geldstrafe bedroht. § 165 StGB sieht die Möglichkeit vor, neben der Bestrafung des Täters auf die Befugnis zur Bekanntmachung der Verurteilung zu erkennen.

Solange das eingeleitete Verfahren (hier nicht nur das gerichtliche, sondern auch das staatsanwaltschaftliche oder dienststrafrechtliche) noch anhängig, also nicht abgeschlossen ist, ist das Verfahren wegen V. nach § 154e StPO (vorläufig) einzustellen.

II. Die *politische V.* nach § 241a StGB (sog. *Denunziation*) ist ein Gefährdungstatbestand ähnlich der → Verschleppung. Der V. macht sich schuldig, wer einen anderen anzeigt oder verdächtigt und ihn dadurch politischer Verfolgung aussetzt. Anzeigen an eine Behörde

Verdunkelungsgefahr

der Bundesrepublik können den Tatbestand nicht erfüllen, weil hier das Grundgesetz, die Länderverfassungen und das Strafverfahrensrecht behördliche Gewalt- und Willkürmaßnahmen selbst bei falscher Anschuldigung ausschließen. § 241a I StGB erfordert eine förmliche, im allgemeinen schriftlich niedergelegte politische Verdächtigung (auch anonym); § 241a II läßt die formlose, mündliche Mitteilung verdächtigender Natur genügen. Im Gegensatz zu § 164 StGB gehört zur politischen V. nicht, daß die Behauptung objektiv unwahr ist. Die Unwahrheit kann jedoch das Vergehen zum Verbrechen nach § 241a IV StGB qualifizieren, wenn der Täter bestimmte Folgen seiner Tat auslösen will. Zum objektiven Tatbestand gehört, daß der Täter durch die V. einen anderen der Gefahr aussetzt, im Widerspruch zu rechtsstaatlichen Grundsätzen a) Schaden an Leib oder Leben zu erleiden, b) der Freiheit beraubt zu werden oder c) in seiner beruflichen oder wirtschaftlichen Stellung empfindlich beeinträchtigt zu werden. Die Tat ist mit Freiheitsstrafe bis zu 5 Jahren oder mit Geldstrafe bedroht. Bei politischer V. durch unwahre Behauptungen oder sonst in besonders schweren Fällen ist Strafschärfung auf Freiheitsstrafe von 1–10 Jahren vorgesehen.

Verdunkelungsgefahr → Untersuchungshaft.

Vereidigung → Zeugenbeweis.

Verein, Haftung des Vorstands → gesetzlicher Vertreter.

Vereinfachtes Jugendverfahren → Jugendstrafverfahren.

Vereinigung ist im Sinne auch des Strafrechts jede Organisation, zu der sich eine Mehrheit natürlicher oder juristischer Personen für eine längere Zeit zu einem gemeinsamen Zweck freiwillig zusammengeschlossen hat und einer organisierten Willensbildung untersteht. Die Gründung oder Beteiligung daran ist strafbar, wenn der Zweck der V. auf die Begehung von Straftaten gerichtet ist. Wegen politischer V. → Gefährdung des demokratischen Rechtsstaats, wegen krimineller V. → Bildung krimineller V. Vgl. auch → terroristische Vereinigungen.

Vereinigungsverbot, Verstoß gegen –, → Bildung krimineller Vereinigungen, → Gefährdung des demokratischen Rechtsstaats (I), terroristische Vereinigungen.

Vereiteln der Zwangsvollstreckung. Der Straftatbestand des § 288 StGB dient dem Schutz des Gläubigers. Bestrafung (Freiheitsstrafe bis zu 2 Jahren oder Geldstrafe) wegen V. setzt voraus: 1. den begründeten Anspruch eines Gläubigers, 2. das Drohen der Zwangsvollstreckung, also das zwangsweise Durchsetzen des Anspruchs,

Verfall

wozu schon Klageerhebung genügt, 3. das vorsätzliche Veräußern oder Beiseiteschaffen (auch Zerstören) von Vermögensgegenständen, die der Zwangsvollstreckung unterliegen (also nicht unpfändbar sind), durch den Schuldner, 4. dessen Absicht, die Befriedigung des Gläubigers zu vereiteln, 5. einen Strafantrag des Gläubigers. Nach Pfändung oder Beschlagnahme ist → Verstrickungsbruch möglich.

Verfahren gegen Abwesende. Vgl. zunächst → Hauptverhandlung IV. Ist ein Beschuldigter unbekannten Aufenthalts oder im Ausland, ohne daß seine Gestellung vor das zuständige Gericht erreichbar wäre, kann nach § 285 StPO ein Beweissicherungsverfahren stattfinden. Wäre ein Haftbefehl gerechtfertigt, so läßt § 290 StPO die *Beschlagnahme des Vermögens* des Beschuldigten im Bundesgebiet zu, um ihn zur Gestellung zu veranlassen. Das Gericht kann dem abwesenden Beschuldigten nach § 295 StPO *sicheres Geleit* zusagen. Der Geleitbrief befreit von der Untersuchungshaft wegen der Straftat, deretwegen er erteilt ist.

Verfahrensbeteiligung → Einziehung (II), Nebenklage.

Verfahrensrecht → Strafprozeßrecht.

Verfahrensrüge → Revision.

Verfahrensvoraussetzung, -hindernis → Prozeßvoraussetzung.

Verfall ist keine → Strafe, sondern → Maßnahme eigener Art, sie zielt darauf ab, dem Täter die Vorteile (nicht die Werkzeuge wie bei der → Einziehung) seiner Tat zu nehmen. Der V. muß im Tenor des Urteils angeordnet werden. – In §§ 73–73d StGB ist zwingend die Verfallerklärung bei allen Straftaten vorgesehen, bei denen der Täter oder Teilnehmer für die Tat oder aus ihr einen *Vermögensvorteil* erlangt hat. Der V. erstreckt sich auch auf ein Surrogat, also das, was der Täter bei Veräußerung der Sache oder sonst als Ersatz für diese bei Zerstörung, Beschädigung oder Entziehung erworben hat. Das Gericht kann aber auch den V. des *Wertersatzes,* also eines bestimmten Geldbetrags, anordnen, wenn dies im Hinblick auf die Eigenart des Vermögensvorteils zweckmäßig ist. Die Verfallerklärung, die auch nachträglich oder im objektiven (selbständigen) Verfahren (vgl. Einziehung, I 4) erfolgen kann, unterbleibt lediglich dann, wenn sie für den Betroffenen eine unbillige Härte wäre (sog. Härteklausel). Von der Verfallerklärung kann außerdem dann abgesehen werden, wenn der Wert des erlangten Vermögensvorteils zur Zeit der Anordnung in dem Vermögen nicht mehr vorhanden oder nur geringfügig ist. Der V. bewirkt, daß mit Rechtskraft der Anordnung das Eigentum an dem verfallenen Gegenstand auf den Staat übergeht; soweit Wertersatz für verfallen erklärt wird, entsteht ein Anspruch des Staats auf Zahlung.

Verfassungsbeschwerde

Verfassungsbeschwerde. Die V. zum Bundesverfassungsgericht (§§ 90 ff. BVerfGG) oder zu einem Landesverfassungsgericht ist ein außerordentlicher Rechtsbehelf. Die V. ist nach *Erschöpfung des Rechtswegs,* mit der Behauptung zulässig, der Beschwerdeführer sei durch die öffentliche Gewalt in einem seiner Grundrechte oder diesen gleichgestellten Rechten verletzt worden. Die V. ist auch gegen Entscheidungen im Strafverfahren unter diesen Voraussetzungen grundsätzlich zulässig. Doch ist die Überprüfung von Entscheidungen der Gerichte, die zur Achtung der Grundrechte bei der Anwendung des einfachen Rechts ohnehin verpflichtet sind, eingeschränkt; sonst würde das Verfassungsgericht zu einer Super-Revisionsinstanz. Erfolg kann die V. nur haben, wenn Verfahrensgrundrechte (z. B. auf → rechtliches Gehör) oder aber spezifisches Verfassungsrecht (insbesondere Meinungsäußerungsfreiheit, Kunstfreiheit) verletzt sind.

Verfassungsfeindliche Einwirkung auf Bundeswehr und öffentliche Sicherheitsorgane → Gefährdung des demokratischen Rechtsstaats (III).

Verfassungsfeindliche Sabotage → Gefährdung des demokratischen Rechtsstaats (II).

Verfassungsfeindliche Verunglimpfung von Verfassungsorganen → Verunglimpfung (III).

Verfassungsorgane. Zum Schutz der demokratischen Willensbildung enthält das StGB mehrere Strafbestimmungen, durch welche die Einflußnahme auf Entschlüsse der V. von außen her verhindert werden soll. Geschützte Verfassungsorgane sind die Gesetzgebungsorgane des Bundes und der Länder (also Bundestag, Bundesrat, Senate, Landtage sowie deren Ausschüsse), die Bundesversammlung oder ihre Ausschüsse, sowie die Regierungen und Verfassungsgerichte des Bundes und der Länder.

I. Die → *Nötigung von V.* nach § 105 StGB begeht, wer V. rechtswidrig mit Gewalt oder Drohung mit Gewalt nötigt, ihre Befugnisse entweder gar nicht oder aber in einem bestimmten Sinn auszuüben. Als Mittel der Nötigung ist auch ein → Streik denkbar. Die für den Regelfall für das Verbrechen angedrohte Freiheitsstrafe von 1 bis zu 10 Jahren ist nach § 105 II StGB für minder schwere Fälle auf 6 Monate bis 5 Jahre gemildert.

II. *Nötigung des Bundespräsidenten* oder der *Mitglieder von V.* ist nach § 106 StGB als Vergehen mit Freiheitsstrafe von 3 Monaten bis zu 5 Jahren, in besonders schweren Fällen von 1 bis zu 10 Jahren bedroht.

III. Das Vergehen der *Bannkreisverletzung* nach § 106a StGB soll die gesetzgebenden Organe bei ihrer Arbeit und ihren Entschlüssen

Verfügung

vor einem „Druck von der Straße her" schützen. Unter Strafe gestellt ist das Teilnehmen (Freiheitsstrafe bis zu 6 Monaten oder Geldstrafe) an öffentlichen Versammlungen oder Aufzügen innerhalb der sog. *Bannmeile* sowie das Auffordern (Freiheitsstrafe bis zu 2 Jahren) dazu, soweit Versammlungen oder Aufzüge durch entsprechende Vorschriften untersagt sind. § 106a StGB ist deshalb nur Blankettgesetz. Die nähere Bestimmung des befriedeten Bannkreises sowie die Zulässigkeit von Menschenansammlungen innerhalb der Bannmeile ist durch Gesetz bzw. Verordnungen des Bundes (z. B. Bannmeilengesetz des Bundes vom 6. 8. 1955 – BGBl. I 504) und der Länder getroffen.

IV. Die *Störung der Tätigkeit eines Gesetzgebungsorgans* (des Parlamentsfriedens) nach § 106b I StGB können nicht Parlamentsangehörige, sondern nur Störer von außen (z. B. Publikum) dadurch begehen, daß sie gegen Anordnungen eines Gesetzgebungsorgans oder dessen Präsidenten als des Hausherrn und des Inhabers der Polizeigewalt im Parlamentsgebäude verstoßen. § 106b StGB (Geldstrafe oder Freiheitsstrafe bis zu 1 Jahr) ist nur Auffangtatbestand gegenüber schwereren Delikten (z. B. Hausfriedensbruch, Sachbeschädigung). Strafverfolgungsvoraussetzung ist *Ermächtigung* des Präsidenten.

Verfassungswidrige Organisation, Partei → Gefährdung des demokratischen Rechtsstaats (I).

Verfolgung Unschuldiger begeht nach § 344 StGB wer als Amtsträger (→ Beamter) in einem Verfahren mitarbeitet und dabei absichtlich oder wissentlich einen Unschuldigen oder aber jemanden, der nach dem Gesetz nicht verfolgt werden darf (z. B. ein Kind), strafrechtlich verfolgt oder auf eine Verfolgung hinwirkt. Die angedrohte Strafe ist für Täter, die an Strafverfahren mitzuwirken berufen sind (Polizeibeamte, Staatsanwalt, Strafrichter), Freiheitsstrafe von 1–10 Jahre. Nicht hierunter fallen Amtsträger, die nur in Verfahren mitwirken, in denen nicht freiheitsentziehende → Maßnahmen behandelt werden. Für sie droht § 344 II StGB Freiheitsstrafe von 3 Monaten bis zu 5 Jahren an. Zu dieser Tätergruppe gehören auch die Amtsträger, die in Bußgeld-, Ehrengerichts-, Berufsgerichts- oder Disziplinarverfahren mitwirken.

Vgl. auch Vollstreckung gegen Unschuldige.

Verfolgungsvereitelung → Strafvereitelung.

Verfolgungsverjährung → Verjährung.

Verfolgungszwang → Legalitätsprinzip.

Verfügung → Entscheidung.

Verführung

Verführung begeht nach § 182 I StGB, wer ein Mädchen unter 16 Jahren dazu verführt, mit ihm den Beischlaf (Vereinigung der Geschlechtsteile) zu vollziehen. Auf *Unbescholtenheit* des Mädchens kommt es nicht an. Verführt werden kann nicht, wer selbst ohne Zutun des Täters den Beischlaf erstrebt. Die Tat wird nur auf Antrag des gesetzlichen Vertreters der Minderjährigen verfolgt. Als Strafe ist Freiheitsstrafe bis zu 1 Jahr oder Geldstrafe angedroht. Die Strafverfolgung ist ausgeschlossen, wenn der Täter die Verführte geheiratet hat. Das Gericht kann von der Bestrafung absehen, wenn der Täter zur Tatzeit noch nicht 21 Jahre alt war.

In den 5 neuen Bundesländern ist V. entsprechend dem Recht der früheren → DDR nicht strafbar.

Vergehen → Straftat.

Vergewaltigung begeht nach § 177 StGB, wer eine Frau mit → Gewalt oder durch Drohung mit gegenwärtiger Gefahr für Leib oder Leben zum außerehelichen Beischlaf (Vereinigung der Geschlechtsteile) mit ihm oder mit einem Dritten nötigt. Täter der V. können demnach auch mehrere Personen oder eine Frau neben einem Mann als Mittäter sein. Die V. ist als Verbrechen mit Freiheitsstrafe von 2 bis 15 Jahren bedroht. Für minder schwere Fälle ist der Strafrahmen auf 6 Monate bis zu 5 Jahren ermäßigt. Verursacht der Täter → leichtfertig den Tod des Opfers, so ist die Mindeststrafe 5 Jahre.

Vergiftung ist als Sondertatbestand der → Körperverletzung und als gemeingefährliches Delikt strafbar. I. Das Verbrechen der *Vergiftung* nach § 229 StGB begeht, wer vorsätzlich einem anderen Gift oder Stoffe (fest, flüssig, gasförmig) beibringt, die die Gesundheit zu zerstören geeignet sind. Der Eintritt einer gesundheitlichen Beeinträchtigung ist nicht erforderlich. Der Regelstrafrahmen (1–10 Jahre Freiheitsstrafe) ist geschärft für den Fall des Eintritts einer schweren Körperverletzung auf eine Mindeststrafe von 5 Jahren, bei (fahrlässig verursachtem) Tod des Opfers auf 10–15 Jahre oder lebenslang.

II. Das Verbrechen der *gemeingefährlichen Vergiftung* nach § 319 StGB erfaßt das Vergiften von Brunnen- oder Wasserbehältern, die zum Gebrauch Dritter dienen, oder anderer Gegenstände, die zum öffentlichen Verkauf oder Verbrauch bestimmt sind. Gleichgestellt ist das Beimischen von Stoffen, deren gesundheitszerstörende Wirkung dem Täter bekannt ist. Strafbar ist aber auch das Verkaufen, Feilhalten oder sonstiges Inverkehrbringen vergifteter oder mit gefährlichen Stoffen vermengter Sachen. Angedroht ist Freiheitsstrafe von 1–10 Jahren; wenn durch die Tat der Tod eines Menschen verursacht wird, Freiheitsstrafe nicht unter 10 Jahren oder lebenslang. Fahrlässige Tatbegehung bedroht § 320 StGB als *fahrlässige Gemein-*

Verjährung

gefährdung mit Freiheitsstrafe bis zu 1 Jahr (bei Todesverursachung 5 Jahre) oder Geldstrafe. Vgl. auch Umweltdelikte IV.

Verhältnismäßigkeit. Der Grundsatz der V. leitet sich aus dem Rechtsstaatsprinzip ab. Er besagt allgemein, daß ein an sich gesetzlich zulässiger Eingriff unzulässig ist, wenn der erstrebte Erfolg außer Verhältnis zum angewandten Mittel steht. Der Grundsatz der V. gilt auch im Strafverfahren. Er ist in einzelnen Bestimmungen (z. B. § 112 I 2 StPO, § 62 StGB) ausdrücklich enthalten.

Verhandlungsfähigkeit ist die Fähigkeit eines Beschuldigten, sich vernünftig zu verteidigen. Sie ist immer nur auf das konkret erforderliche prozessuale Handeln zu beziehen und nicht einheitlich – wie bei der zivilrechtlichen Geschäftsfähigkeit – festzulegen. So kann das → Rechtsmittel eines geistig Behinderten zulässig, die Hauptverhandlung aber undurchführbar sein mit der Folge der Einstellung des Verfahrens nach § 205 StPO. Endgültige Verhandlungsunfähigkeit ist ein → Prozeßhindernis.

Verherrlichung von Gewalt → Gewaltdarstellung.

Verjährung. Zu unterscheiden ist die Verfolgungsverjährung und die Vollstreckungsverjährung. Erstere hindert die Verfolgung der Tat durch Ermittlungsbehörden und Strafgericht, letztere hindert die → Strafvollstreckung eines rechtskräftigen Urteils.

I. Die *Verfolgungsverjährung* bildet für das Strafverfahren (auch hinsichtlich der Verhängung von Maßregeln der Besserung und Sicherung) ein in allen Instanzen von Amtswegen zu beachtendes → Prozeßhindernis. Die *Verjährungsfrist* beginnt mit Beendigung der Tathandlung, aber nicht vor Eintritt des Taterfolges, also bei der fortgesetzten Handlung mit deren letztem Teilakt, beim → Dauerdelikt mit Beendigung der Tat, d. h. Beseitigung des rechtswidrigen Zustands (z. B. Freilassen des der Freiheit Beraubten). Die Verjährungsfrist richtet sich nach der Strafdrohung. Sie beträgt für Taten, die im Höchstmaß mit 1 Jahr Freiheitsstrafe bedroht sind, 3 Jahre, für Taten, die mit Freiheitsstrafe bis zu 5 Jahren bedroht sind, 5 Jahre. Bei Strafdrohungen im Höchstmaß von 5–10 Jahren beträgt die Verjährungsfrist 10 Jahre, bei Androhung höherer zeitiger Freiheitsstrafe 20 Jahre und bei Androhung lebenslanger Freiheitsstrafe 30 Jahre (§ 78 III StGB). Von der Verjährung ausgenommen ist → Völkermord und Mord (§ 78 II StGB; vgl. hierzu → Strafbarkeit). Eigene Verjährungsbestimmungen in Nebengesetzen, insbesondere die kurzen Verjährungsfristen für *Pressedelikte* in den landesrechtlichen Pressegesetzen, sind zu beachten.

Durch bestimmte Vorgänge ist der Ablauf der Verjährungsfrist gehindert. Das *Ruhen der V.* bedeutet, daß die Verjährungsfrist in

Verkehrsdelikte

ihrem Ablauf für eine bestimmte Zeit gehemmt ist, nach Beseitigung des Hindernisses also weiterläuft. Dagegen wird durch die *Unterbrechung* der Verjährungsfrist der bisherige Fristenlauf hinfällig, die Frist beginnt von neuem zu laufen (§ 78c III StGB). 1. Die V. *ruht* nach § 78b I StGB, solange nach dem Gesetz die Verfolgung nicht begonnen oder nicht fortgesetzt werden kann. Doch sind als Verfolgungshindernisse Fehlen des → Strafantrags, der Ermächtigur.g oder des Strafverlangens ausgenommen. Wichtig ist das Ruhen der V. nach Ausspruch der → Verwarnung mit Strafvorbehalt. Hierunter fällt das Ruhen der Verjährung für aus politischen Gründen nicht verfolgte Straftaten in der nationalsozialistischen Zeit. Die Vorschrift enthält insoweit den Rechtsgedanken des Ruhens der V. bei Stillstand der Rechtspflege (vgl. BVerfG NJW 1953, 177). Nach § 78b II StGB steht die Immunität der Abgeordneten des Bundestags oder der Landesparlamente solange dem Lauf der Verjährungsfrist nicht entgegen, solange die Strafverfolgungsbehörden keine Kenntnis von der Tat erlangt haben. Ist in einem Strafverfahren ein (auch freisprechendes) Urteil ergangen, so ist der Ablauf der Verjährungsfrist auch bis zum rechtskräftigen Abschluß des Verfahrens gehemmt (§ 78b III StGB). 2. Die V. wird nach § 78c StGB durch bestimmte Handlungen der Strafverfolgungsbehörden *unterbrochen,* z. B. durch die erste Vernehmung des Beschuldigten, die Beauftragung eines Sachverständigen zur Gutachtenerstellung, richterliche Beschlagnahmeanordnungen oder -bestätigungen, den Erlaß des Haftbefehls, Erhebung der öffentlichen Klage, Terminanberaumung für die Hauptverhandlung. Die Verjährung wirkt nur gegen den Täter, auf den sich die Handlung bezieht.

II. *Vollstreckungsverjährung* beginnt mit dem Tag, an dem das Urteil rechtskräftig wird. Die Verjährungsfristen zwischen 3 und 25 Jahren nach § 79 III StGB staffeln sich nach den ausgesprochenen Strafen. Die Vollstreckung von → Maßnahmen verjährt in 10 Jahren. Die Vollstreckung der Sicherungsverwahrung verjährt nicht, die der ersten → Unterbringung in einer Entziehungsanstalt oder der → Führungsaufsicht in 5 Jahren. Die V. ruht, solange ihr gesetzliche Hindernisse entgegenstehen oder dem Verurteilten hinsichtlich der Vollstreckung Vergünstigungen (z. B. → Strafaufschub, Strafaussetzung zur Bewährung, Zahlungserleichterungen) bewilligt wurden oder aber der Verurteilte in einer Anstalt behördlich (vgl. Freiheitsstrafe, IV) verwahrt wird. Bei Unerreichbarkeit des Verurteilten ist nach § 79b StGB eine gerichtliche Verlängerung der Verjährungsfrist möglich.

Verkehrsdelikte sind die Straftaten, die im Zusammenhang mit dem Straßenverkehr begangen werden. V. des *StGB* sind insbeson-

Verkehrsgefährdung

dere die Straßenverkehrsgefährdung (→ Verkehrsgefährdung), die → Trunkenheit, das → unerlaubte Entfernen vom Unfallort, die fahrlässige → Körperverletzung und → Tötung. Das *StVG* stellt in § 21 das → Fahren ohne Fahrerlaubnis, in § 22 den → Kennzeichenmißbrauch unter Strafe. Die Verstöße gegen die Vorschriften der StVO und der StVZO sind hingegen nach § 24 StVG lediglich → Ordnungswidrigkeiten.

Verkehrsflucht → Unerlaubtes Entfernen vom Unfallort.

Verkehrsgefährdung. I. Zum Schutz des Verkehrs stellt das StGB als konkrete → Gefährdungsdelikte sowohl *gefährliche Eingriffe* von außen in den Bahn-, Schiffs- oder Luftverkehr (§ 315 StGB) und in den Straßenverkehr (§ 315b StGB) als auch deren *Gefährdung* durch vorschrifts- oder *pflichtwidriges Verhalten* der jeweiligen Verkehrsteilnehmer (§§ 315a, 315c) unter Strafe, wenn dadurch Leib und Leben eines anderen oder fremde Sachen von bedeutendem Wert gefährdet werden. In allen Fällen muß somit eine konkrete Gefahr für diese Güter entstanden sein.

II. Die *Beeinträchtigung der Sicherheit* des Verkehrs durch die gefährlichen Eingriffe i. S. der §§ 315 I, 315b I StGB (Zerstören, Beschädigen, Beseitigen von Verkehrsanlagen, Hindernisbereiten, Geben von falschen Signalen und Zeichen) und die dadurch verursachte *Gefährdung* müssen bei beiden Tatbeständen vorsätzlich erfolgen. Die Strafdrohung beträgt in beiden Fällen Freiheitsstrafe bis zu 5 Jahren, bei § 315 StGB ist die Mindeststrafe aber 3 Monate. Der Versuch der Vergehen ist strafbar. Ein Verbrechen liegt vor, wenn der Täter in diesen Fällen in der Absicht handelt, a) einen Unglücksfall herbeizuführen oder b) eine andere Straftat zu ermöglichen oder zu verdecken (§§ 315 III, 315b III StGB). Strafmilderung ist in den Absätzen IV für den vorsätzlich handelnden Täter vorgesehen, der die Gefährdung lediglich fahrlässig verursacht. Unter Strafe (Freiheitsstrafe bis zu 2 Jahren oder Geldstrafe) gestellt ist auch für beide Tatbestände die *fahrlässige* Begehung (§§ 315 V, 315b V StGB). Möglichkeiten zur Milderung und zum → Absehen von Strafe sehen die Absätze VI bei tätiger Reue vor.

III. Die *Gefährdung des Straßenverkehrs* nach § 315c StGB setzt die Verursachung einer konkreten Gefährdung durch bestimmte im Gesetz aufgezählte Handlungen voraus:

1. Führen eines Fahrzeugs in *fahruntauglichem* Zustand, sei es durch → Trunkenheit, sei es durch geistige oder körperliche Mängel (z. B. bei Kurzsichtigkeit ohne Brille, bei starker Übermüdung, nach Einnahme von Medikamenten, die die Reaktionsfähigkeit herabsetzen).

2. *Grobverkehrswidrige* und *rücksichtslose,* d. h. unter eigensüchtiger Vernachlässigung seiner Pflichten gegenüber anderen Verkehrsteil-

Verkehrsnötigung

nehmern oder unverantwortlicher Gleichgültigkeit erfolgende Begehung folgender Verkehrsverstöße: a) Nichtbeachtung der Vorfahrt, b) falsches Überholen oder falsches Verhalten bei Überholvorgängen (z. B. Beschleunigung durch den Überholten), c) falsches Fahren an Fußgängerüberwegen, d) zu schnelles Fahren an unübersichtlichen Stellen, Straßenkreuzungen, Straßeneinmündungen, Bahnübergängen, e) Nichteinhaltung der rechten Straßenseite bei unübersichtlicher Fahrtstrecke, f) Wendeversuche, Rückwärtsfahren oder Fahren entgegen der Fahrtrichtung (sog. Geisterfahrer) einschließlich entsprechender Versuche hierzu auf der Autobahn oder auf Kraftstraßen, g) Unterlassen genügender Kenntlichmachung haltender oder liegengebliebener Fahrzeuge auf der Fahrbahn zur erforderlichen Sicherung des Verkehrs (insbesondere zur Nachtzeit).

Die *vorsätzliche* Straßenverkehrsgefährdung ist mit Freiheitsstrafe bis zu 5 Jahren bedroht. Der Versuch ist strafbar in den Fällen des Führens eines Fahrzeugs trotz Fahruntauglichkeit (§ 315c II StGB). Sowohl für *fahrlässiges* als auch für vorsätzliches Handeln unter fahrlässiger Verursachung der Gefährdung ist Freiheitsstrafe bis zu 2 Jahren oder Geldstrafe angedroht (§ 315c III StGB). Oft ist → Tateinheit mit fahrlässiger → Körperverletzung oder → Tötung gegeben.

IV. Entsprechend der Regelung des § 315c stellt § 315a StGB wegen *Gefährdung des Bahn-, Schiffs- und Luftverkehrs* die *Führer* eines Fahrzeugs im Bahn-, Schiffs- und Luftverkehr bei Fahruntauglichkeit oder die Führer solcher Fahrzeuge sowie die sonst für die Sicherheit Verantwortlichen bei grob pflichtwidrigem Verstoß gegen Rechtsvorschriften, die der Sicherung des Verkehrs dienen, unter Strafe.

V. Für *Schienenbahnen* bestimmt § 315d StGB, daß nur §§ 315b und 315c anzuwenden sind, soweit die Bahnen am Straßenverkehr teilnehmen. Danach gelten §§ 315, 315a, wenn die Straßenbahn auf gesondertem Gleiskörper fährt.

Verkehrsnötigung → Nötigung.

Verkehrssünderkartei → Zentralregister (VI).

Verkehrsunfallflucht → Unerlaubtes Entfernen vom Unfallort.

Verkehrsunterricht, Weisung zur Teilnahme → Erziehungsmaßregel.

Verkehrszentralregister → Zentralregister (VI).

Verkündung des Urteils → Hauptverhandlung.

Verkürzung von Steuer → Steuerhinterziehung.

Verlesung von Schriftstücken

Verlassen in hilfloser Lage → Aussetzung.

Verleitung eines Untergebenen zu einer Straftat (Konnivenz). § 357 StGB stellt bestimmte *Teilnahmehandlungen* der Amtsvorgesetzten *an Straftaten seiner Untergebenen* als selbständige Taten unter Strafe. Voraussetzung ist, daß der Vorgesetzte zur Verhinderung der Taten seiner Untergebenen verpflichtet und in der Lage ist. Strafbar ist danach die – auch erfolglose – Anstiftung und Beihilfe (auch durch Unterlassen) des Vorgesetzten zu Delikten, die der Untergebene in Ausübung seines Amtes (also nicht nur → Amtsdelikte) begeht. Dem Amtsvorgesetzten ist der Aufsichtsbeamte in § 357 II StGB gleichgestellt. Die Strafdrohung entspricht der des durch den Untergebenen verwirklichten Straftatbestands.

Verleitung zum Auswandern → Auswanderungsbetrug, Menschenhandel.

Verleitung zur Falschaussage → Falsche uneidliche Aussage (III).

Verlesung von Schriftstücken. I. Die V. von Schriftstücken dient der Erhebung des *Urkundenbeweises*. Im Strafprozeß können öffentliche und private → Urkunden verlesen werden (§ 249 StPO), so Strafurteile, Straflisten, Testamente, vertragliche Erklärungen, Briefe, das schriftliche Geständnis des Angeklagten. Sind die Schriftstücke als (sog. präsente) Beweismittel herbeigeschafft, müssen sie nach § 245 StPO in der Hauptverhandlung verlesen werden, die des Angeklagten allerdings nur auf dessen Beweisantrag. Die Beweisverwertung von S. ist auch im *Selbstleseverfahren* zulässig. Hier kann die V. in der Hauptverhandlung unterbleiben, wenn die Richter vom Wortlaut des Schriftstückes (z. B. eines beleidigenden Buches) Kenntnis genommen haben und die übrigen Verfahrensbeteiligten hierzu Gelegenheit hatten. Widersprechen diese einer entsprechenden Anordnung des Vorsitzenden, so entscheidet das Gericht (§ 249 II StPO). Vernehmungsprotokolle sind aber stets zu verlesen.

Zur V. genügen Abschriften oder Fotokopien, wenn die Übereinstimmung mit dem Original feststellbar ist. Die V. erbringt sicheren Beweis dafür, daß eine Person das oder jenes erklärt hat, nicht unbedingt dafür, daß das Erklärte der Wahrheit entspricht. Die V. – nicht der → Vorhalt – eines Schriftstückes ist deshalb verboten, wenn es sich um die Wahrnehmung einer Person handelt und diese als Zeuge vernommen werden kann (*Grundsatz der persönlichen Vernehmung*, § 250 StPO). Die V. von Zeugenaussagen ist stets dann unstatthaft, wenn der Zeuge in der Hauptverhandlung von einem → Zeugnisverweigerungsrecht Gebrauch macht (§ 252 StPO).

II. Der Grundsatz der persönlichen Vernehmung ist jedoch verschiedentlich durchbrochen: 1. Durch Gerichtsbeschluß kann die V.

Verlesung von Schriftstücken

richterlicher Protokolle über Aussagen von Zeugen, Sachverständigen oder Mitbeschuldigten angeordnet werden, wenn a) die Beweisperson verstorben oder b) unbekannten Aufenthalts ist, c) wenn sie wegen Krankheit oder anderer Hindernisse längere oder ungewisse Zeit nicht wird erscheinen können, d) wenn ihr das Erscheinen in der Hauptverhandlung wegen großer Entfernung im Hinblick auf die Bedeutung der Aussage nicht zumutbar ist, oder e) wenn StA, Verteidiger und Angeklagter mit der Verlesung einverstanden sind (§ 251 I StPO). Soweit richterliche Protokolle von Aussagen des Angeklagten oder der Zeugen verlesen werden dürfen, kann es sich um Niederschriften aus der Vernehmung vor dem kommissarischen Richter (bei Hinderungsgründen für eine Vernehmung in der Hauptverhandlung §§ 223, 233 StPO), dem → Ermittlungsrichter oder dem erkennenden Gericht handeln. Hat in diesen Niederschriften der Vernommene auf frühere, auch nichtrichterliche Protokolle in zulässiger Weise Bezug genommen, also die früheren Angaben bestätigt und zum Gegenstand der richterlichen Vernehmung gemacht, so können auch die früheren Angaben verlesen werden.

2. Unter den Voraussetzungen 1a, b, c können auch andere, also *nichtrichterliche Vernehmungen* (z. B. polizeiliche Protokolle) oder schriftliche Äußerungen zum Urkundenbeweis verlesen werden. Darüberhinaus ist die V. von Vernehmungsniederschriften oder auch von schriftlichen Erklärungen von Zeugen, Sachverständigen oder Mitbeschuldigten statthaft, wenn der Angeklagte einen Verteidiger hat und die Prozeßbeteiligten damit einverstanden sind (§ 251 II StPO).

3. In der *Berufungsinstanz* kann der Vorsitzende die V. der in erster Instanz im Protokoll aufgenommenen Aussagen anordnen, wenn nicht Zeugen oder Sachverständige erneut geladen waren oder ihre Ladung vom Angeklagten vor der Berufungsverhandlung beantragt war (§ 325 StPO).

4. *Zeugnisse* und *Gutachten* öffentlicher Behörden sowie ärztliche Atteste über → Körperverletzungen, soweit es sich nicht um schwere (§ 224 StGB) handelt, sind verlesbar (§ 256 StGB): Gutachten der Universitätsinstitute über Blutalkohol, der Gesundheitsämter, der Industrie- und Handelskammer, nicht des Technischen Überwachungsvereins (keine öffentliche Behörde). Ausdrücklich ausgenommen, also nicht verlesbar, sind jedoch *Leumundszeugnisse* gleich welchen Ausstellers und gleich, ob über Angeklagte oder Zeugen. Darunter fallen alle Äußerungen, die eine „Würdigung der Persönlichkeit", ein Urteil über sittliches Verhalten, Charakter, Wahrheitsliebe usw. darstellen, so insbesondere Führungszeugnisse, allgemeine Vermerke in Schulzeugnissen, wie auch u. U. Ju-

Verletzung der Fürsorge- und Erziehungspflicht

gendamtsberichte, wenn nicht bestimmte Tatsachen angegeben werden. Der Leumund kann nur durch Zeugeneinvernahme festgestellt werden.

5. Aussagen des Angeklagten vor einem Richter können verlesen werden, wenn sie ein *Geständnis* oder einen Widerspruch zur späteren Einlassung enthalten (§ 254 StPO).

Verletzter ist derjenige, der durch eine Straftat unmittelbar in einem → Rechtsgut verletzt oder in seinen von der Strafrechtsordnung anerkannten Interessen beeinträchtigt ist. V. sind z. B. der Bestohlene, der Beleidigte, die Eltern des betroffenen Kindes. V. kann auch eine juristische Person, ein Verein, eine Regierung oder eine Behörde sein. Der V. kann sein Interesse an der Durchführung eines Strafverfahrens verfolgen durch Stellung eines → Strafantrags, durch das → Klageerzwingungsverfahren, u. U. im Wege der → Privatklage oder der → Nebenklage. Seine zivilrechtlichen Ansprüche können im Adhäsionsverfahren (vgl. → Entschädigung des Verletzten) berücksichtigt werden. Der V. und seine Angehörigen sind vom Richteramt ausgeschlossen (§ 22 StPO). Von ihrer Vereidigung als Zeugen kann abgesehen werden (§ 61 Nr. 2 StPO).

Verletzung amtlicher Bekanntmachungen liegt nach § 134 StGB (Freiheitsstrafe bis zu 1 Jahr oder Geldstrafe) im Zerstören, Beseitigen, Verunstalten, im Unkenntlichmachen oder in der Sinnentstellung dienstlicher Schriftstücke, die zur Bekanntmachung angeschlagen oder ausgelegt sind. § 134 StGB schließt → Sachbeschädigung aus.

Verletzung der Aufsichtspflicht → Vernachlässigung d. A.

Verletzung der Bannmeile, des Bannkreises → Verfassungsorgane.

Verletzung der Buchführungspflicht → Konkursstraftaten.

Verletzung der Denkgesetze → Revision.

Verletzung der Flaggen und Hoheitszeichen ausländischer Staaten → Ausländische Staaten.

Verletzung der Fürsorge- und Erziehungspflicht nach § 170d StGB begeht, wer seine Fürsorge- und Erziehungspflicht gegenüber einer Person unter 16 Jahren gröblich verletzt und dadurch den Schutzbefohlenen in die Gefahr bringt, in seiner körperlichen oder psychischen Entwicklung erheblich geschädigt zu werden, einen kriminellen Lebenswandel zu führen oder der Prostitution nachzugehen. Hierunter fallen die Vernachlässigung der Versorgung von Kleinkindern oder erkrankten Kindern, das Verabreichen von Alko-

Verletzung der Geheimhaltungspflicht

hol oder Rauschgift, das Abhalten vom Schulbesuch, die Ermunterung zu Straftaten oder zur Prostitution. Die Straftat ist mit Freiheitsstrafe bis zu 3 Jahren oder mit Geldstrafe bedroht. Die Strafbarkeit nach § 170d StGB besteht neben anderen Delikten, z. B. → Verletzung der Unterhaltspflicht. Vgl. auch → Mißhandlung von Schutzbefohlenen.

Verletzung der Geheimhaltungspflicht → Geheimnis.

Verletzung der Obhutspflicht → Mißhandlung von Schutzbefohlenen.

Verletzung der Sorgfaltspflicht → Fahrlässigkeit.

Verletzung der Unterhaltspflicht begeht, wer sich einer *gesetzlichen Unterhaltspflicht* vorsätzlich entzieht, so daß der Lebensbedarf des Unterhaltsberechtigten gefährdet ist oder aber ohne Hilfe Dritter gefährdet wäre (§ 170b StGB). Die Unterhaltspflicht ergibt sich aus dem Gesetz; ein Zivilurteil, das eine gesetzliche Unterhaltspflicht feststellt, bindet den Strafrichter jedoch nicht. Er hat die Unterhaltspflicht selbst festzustellen, ist dabei jedoch an gesetzliche Beweisvermutungen (z. B. § 1600o II BGB, wonach als Vater gilt, wer der Kindsmutter beigewohnt hat) und auch an rechtskräftige Strafurteile (vgl. §§ 640ff. ZPO; z. B. Feststellung der blutmäßigen Abstammung) gebunden. Der Umfang des zu gewährenden Unterhalts bestimmt sich gleichfalls nach bürgerlichem Recht. Das *Sichentziehen* setzt voraus, daß der Verpflichtete zur Unterhaltsleistung tatsächlich imstande wäre. Leistungsfähigkeit ist aber auch dann anzunehmen, wenn sich der Unterhaltspflichtige die nötigen Mittel durch eine zumutbare Arbeit verschaffen könnte. Auch wenn die Gefährdung des Lebensbedarfs durch das Eintreten Dritter, insbesondere der Sozialhilfe, abgewendet wird, ist die Tat vollendet. Die Tat ist mit Freiheitsstrafe bis zu 3 Jahren oder mit Geldstrafe bedroht. Der Versuch ist nicht mehr strafbar.

Verletzung der Vertraulichkeit des Wortes (Abhörverbot). Wegen eines Vergehens nach § 201 StGB wird bestraft, wer unbefugt (insbes. ohne Wissen oder Einwilligung des Betroffenen) 1. das nichtöffentlich gesprochene Wort eines anderen auf einen *Tonträger* (Tonband, Schallplatte, Magnetfaden usw.) aufnimmt oder 2. so hergestellte Aufnahmen gebraucht oder einem Dritten zugänglich macht oder 3. das nicht zu seiner Kenntnis bestimmte nichtöffentliche Wort mit einem *Abhörgerät* abhört. Das Vergehen ist → Antragsdelikt. Die Regelstrafe (Freiheitsstrafe bis zu 3 Jahren oder Geldstrafe) ist geschärft auf Freiheitsstrafe bis zu 5 Jahren für den → Beamten, der diese Handlungen ohne rechtfertigenden Grund bei Ausübung seines Amtes begeht (kein Antragsdelikt!).

Verletzung des Post- und Fernmeldegeheimnisses

Wegen der Verwendung von Tonträgern im Strafprozeß s. Tonträgeraufnahmen im Strafverfahren.

Verletzung des Briefgeheimnisses liegt nach § 202 StGB in 3 Fällen vor: a) In der unbefugten Öffnung verschlossener, nicht zu Kenntnis des Täters bestimmter Schriftstücke. b) In der unbefugten Kenntnisnahme vom Inhalt verschlossener Schriftstücke durch Anwendung technischer Mittel (Durchleuchten). c) In der unbefugten Kenntnisnahme vom Inhalt eines Schriftstücks, zu dem der Täter erwartungsgemäß durch Eröffnung eines Behältnisses gelangt ist, das das Schriftstück gegen Kenntnisnahme schützen sollte (z. B. Aufbrechen der Schreibtischschublade). Schriftstücken stehen andere Träger zur Gedankenübermittlung (Tonband) und auch → Abbildungen gleich. Die V.d.B. ist mit Freiheitsstrafe bis 1 Jahr oder Geldstrafe bedroht. Strafantrag ist gem. § 205 StGB erforderlich.

Verletzung des Dienstgeheimnisses nach § 353b I StGB begeht, wer als → Beamter (auch für den öffentlichen Dienst besonders Verpflichteter) oder als Person, die Aufgaben nach dem Personalvertretungsrecht wahrnimmt, ihm anvertraute oder sonst bekannt gewordene → Geheimnisse unbefugt offenbart und dadurch wichtige öffentliche Interessen gefährdet. Ist die Interessengefährdung nur fahrlässig verursacht, mäßigt sich die Regelstrafe (Freiheitsstrafe bis zu 5 Jahren oder Geldstrafe) auf Freiheitsstrafe bis zu 1 Jahr. *Verletzung einer besonderen Geheimhaltungspflicht* begeht nach § 353b II StGB derjenige, der unbefugt einen Gegenstand (z. B. Schriften, Zeichnungen, Modelle) oder eine Nachricht, zu deren Geheimhaltung er gesetzlich oder amtlich verpflichtet ist, an einen anderen gelangen läßt oder öffentlich bekanntmacht und dadurch wichtige öffentliche Interessen gefährdet. Während die V.d.D. in § 353b I StGB ein echtes → Amtsdelikt ist, kann den Straftatbestand nach § 353b I StGB jedermann begehen, der amtlich förmlich zur Geheimhaltung verpflichtet worden ist. Der Versuch ist in allen Fällen strafbar. Nach § 353b IV StGB ist für die Strafverfolgung die → Ermächtigung durch die jeweiligen obersten Dienststellen erforderlich.

Verletzung des formellen oder materiellen Rechts → Revision.

Verletzung des Parlamentsfriedens → Verfassungsorgane (IV).

Verletzung des Post- und Fernmeldegeheimnisses. Das Amtsdelikt nach § 354 StGB bedroht mit Freiheitsstrafe bis zu 5 Jahren oder Geldstrafe Bedienstete der Post ohne Rücksicht auf ihren Aufgabenbereich (auch Reinigungspersonal), 1. wenn sie unbefugt anderen über Tatsachen Mitteilung machen, die dem Post- und Fernmeldegeheimnis unterliegen (hier strafbar auch mit Arbeit an Fernmel-

Verletzung des Steuergeheimnisses

deanlagen betraute Privatpersonen), 2. wenn sie a) verschlossene Sendungen öffnen oder sich ohne Öffnung mit technischen Mitteln vom Inhalt Kenntnis verschaffen, b) Sendungen unterdrücken oder c) solche Handlungen gestatten oder fördern. § 354 III stellt Amtsträger außerhalb der Post unter Freiheitsstrafe bis zu 2 Jahren oder Geldstrafe, wenn sie anderen Mitteilungen über Tatsachen machen, die ihnen auf Grund berechtigten Eingriffs in das Post- und Fernmeldegeheimnis (z. B. gerichtliche Beschlagnahme) bekannt geworden sind.

Verletzung des Steuergeheimnisses nach § 355 StGB können → Beamte, amtlich zugezogene Sachverständige und Amtsträger von Kirchen und Religionsgemeinschaften des öffentlichen Rechts (im Hinblick auf die Kirchensteuer) begehen. Die Tat besteht im unbefugten Offenbaren oder Verwerten (auch im Steuerstrafverfahren) bekanntgewordener Verhältnisse oder Betriebs- und Geschäftsgeheimnisse. Die mit Freiheitsstrafe bis zu 2 Jahren oder Geldstrafe bedrohte Tat wird nur auf Strafantrag des Verletzten oder des Dienstvorgesetzten des Täters verfolgt.

Verletzung des Verfahrensrechts → Revision.

Verletzung des Wahlgeheimnisses → Wahldelikte.

Verletzung einer besonderen Geheimhaltungspflicht → Verletzung des Dienstgeheimnisses.

Verletzung von Privatgeheimnissen begeht nach § 203 I StGB (Freiheitsstrafe bis 1 Jahr oder Geldstrafe), wer als Angehöriger oder Hilfsperson bestimmter Berufsgruppen unbefugt ein fremdes → Geheimnis, das ihm anvertraut oder im Zusammenhang mit seinem Beruf bekanntgeworden ist, einem Dritten offenbart. Privatgeheimnis ist ein solches des persönlichen Lebensbereichs (z. B. Krankheiten, Vermögensverhältnisse) aber auch das Betriebs- oder Geschäftsgeheimnis. Durch § 203 II StGB sind im Interesse des persönlichen Datenschutzes Einzelangaben über persönliche oder sachliche Verhältnisse einer Person gleichgestellt, soweit sie für Aufgaben der öffentlichen Verwaltung erfaßt und nicht befugt an andere Verwaltungsbehörden bekannt gegeben worden sind. Die zur Geheimhaltung verpflichteten Berufsgruppen sind insbesondere Heilberufe, Berufspsychologen, Anwälte, Notare, Wirtschafts- und Buchprüfer, Steuerberater, Ehe-, Erziehungs- und Jugendberater, die Schwangerschaftsberatung nach § 218b StGB, staatlich anerkannte Sozialarbeiter und Sozialpädagogen, Versicherungsangehörige. § 203 II StGB bedroht ebenso die V. v. P. durch → Beamte, durch Mitglieder von Personalvertretungen, von parlamentarischen Untersuchungsausschüssen oder durch öffentliche Sachverständige, die förmlich ver-

Vernehmung

pflichtet sind. Strafschärfung bis 2 Jahre Freiheitsstrafe sieht § 203 V StGB für Handlungen gegen Entgelt, in Bereicherungsabsicht oder in der Absicht einen anderen zu schädigen, vor. Gleiche Strafe droht § 204 StGB für die *Verwertung von Privatgeheimnissen* an, also die wirtschaftliche Ausnutzung zum Zweck der Gewinnerzielung. In allen Fällen ist gem. § 205 StGB Strafantrag erforderlich. Vgl. auch → Zeugnisverweigerungsrecht, das sich mit der strafrechtlichen Haftung nicht deckt.

Verleumdung. Die V. nach § 187 StGB entspricht dem Tatbestand der → üblen Nachrede. Während dort aber die Kundgebung nicht erweislich wahrer tatsächlicher Behauptungen genügt, ist hier erforderlich, daß der Täter Tatsachen *wider besseres Wissen* aufstellt. Der Tatbestand ist auch insofern erweitert, als neben der Ehre auch die Vertrauensstellung in vermögensrechtlicher Hinsicht geschützt wird (sog. *Kreditgefährdung*). Ob sich der Verleumder auf → Wahrnehmung berechtigter Interessen berufen kann, ist sehr str. und zw. Die Tat ist mit Freiheitsstrafe bis zu 2 Jahren oder mit Geldstrafe bedroht. Eine Strafschärfung auf Freiheitsstrafe von 6 Monaten bis zu 5 Jahren enthält § 187a II StGB für bestimmte V. gegen Personen des *politischen Lebens*.

Verlust der Amtsfähigkeit, der Wählbarkeit und des Stimmrechts → Nebenfolgen.

Verminderte Schuldfähigkeit → Schuldfähigkeit.

Vermögensauskunft → Falsche Versicherung an Eides Statt.

Vermögensbeschlagnahme kann der Richter (bei Gefahr in Verzug vorläufig auch der Staatsanwalt) gegen einen Beschuldigten nach § 443 StPO anordnen, wenn wegen bestimmter Staatsschutzdelikte → öffentliche Klage erhoben oder Haftbefehl erlassen worden ist. Dadurch soll der Beschuldigte zur Teilnahme am Verfahren angehalten werden. V. ist auch im → Verfahren gegen Abwesende nach § 290 StPO möglich.

Vermummungsverbot → Landfriedensbruch III.

Vernachlässigung der Aufsichtspflicht ist als solche nicht unter Strafe gestellt. Aufsichtspflichtige sind bei Straftaten der zu Beaufsichtigenden nur dann strafbar, wenn sie Teilnehmer sind oder wenn ihnen eine Fahrlässigkeitsstraftat zur Last gelegt werden kann.

Vernachlässigung eines Kindes → Verletzung der Fürsorge- und Erziehungspflicht, Mißhandlung von Schutzbefohlenen.

Vernehmung. Beschuldigte, Zeugen und Sachverständige werden im Strafverfahren außerhalb der → Hauptverhandlung durch Polizei,

Vernehmungsniederschrift

Staatsanwaltschaft oder durch den Richter vernommen. Grundsätzlich ist, soweit erforderlich, die zu vernehmende Person zunächst nach ihren *Personalien* (vgl. dazu → falsche Namensangabe) festzustellen und über den Gegenstand der V. zu unterrichten. Dem Beschuldigten wird auch die ihm zur Last gelegte Tat bekannt gegeben. Daran schließt eine Belehrung des zu Vernehmenden über seine Rechte. Der *Beschuldigte* ist darauf hinzuweisen, daß es ihm nach dem Gesetz freistehe, sich zur Beschuldigung zu äußern oder nicht zur Sache auszusagen und jederzeit, auch schon vor der Vernehmung, einen von ihm zu wählenden → Verteidiger zu befragen (§§ 136 I S. 2, 163a III, IV StPO). Erst dann ist der (aussagebereite) Beschuldigte zu den weiteren persönlichen Verhältnissen und zur Sache zu vernehmen, wobei ihm Gelegenheit zu geben ist, die ihn entlastenden Tatsachen geltend zu machen (§§ 136 II, 163a III, IV StPO). Bei Eignung des Falles kann der Beschuldigte auch auf die Möglichkeit einer *schriftlichen Äußerung* hingewiesen werden. Der Vernehmung der → *Zeugen und Sachverständigen* geht deren Belehrung über ein eventuelles → Zeugnisverweigerungsrecht oder ein → Auskunftsverweigerungsrecht (§§ 163a V, 52 III, 55 II StPO), bei richterlicher Vernehmung auch über die Pflichten eines Zeugen oder Sachverständigen (§ 57 StPO), voran. Zeugen und Sachverständige sind bei Vorladung durch den Richter (§ 51 StPO) oder durch den Staatsanwalt (§ 161a StPO) zum Erscheinen und zur Aussage verpflichtet. Für alle Vernehmungen gilt das Verbot, die Willensentschließung oder Willensbetätigung des Vernommenen durch Mißhandlung, Ermüdung, körperliche Eingriffe, Verabreichung von Mitteln, Quälerei, Täuschung, Hypnose, ungesetzlichen Zwang, Drohung mit unzulässigen Maßnahmen oder Versprechen gesetzlich nicht vorgesehener Vorteile zu beeinträchtigen oder das Erinnerungsvermögen oder die Einsichtsfähigkeit herabzusetzen (§§ 136a, 69 III, 72 StPO). Ein Verstoß führt zu einem *Verwertungsverbot*.

Vernehmungsniederschrift → Verlesung (II).

Verrat illegaler Geheimnisse → Landesverrat (IV).

Versandhandel mit jugendgefährdenden Schriften → Pornographische Schriften.

Versäumnis einer Frist oder der Hauptverhandlung → Wiedereinsetzung.

Verschleppung. Das Verbrechen der V. nach § 234a StGB setzt voraus: 1. Handeln mit List, Drohung oder → Gewalt. 2. Der Täter muß einen anderen dem Gefährdungsbereich (an sich das Gebiet außerhalb der Bundesrepublik und Westberlin, doch z. Zt. vorwiegend die Länder jenseits des sog. Eisernen Vorhangs) aussetzen, indem er den anderen a) dorthin verbringt, b) veranlaßt, sich dorthin zu begeben, oder c) abhält, von dort zurückzukehren. 3. Der Täter muß den anderen damit der Gefahr aussetzen, im Widerspruch zu rechtsstaatlichen Grundsätzen durch Gewalt und Willkürmaßnahmen a) Schaden an Leib oder Leben zu erleiden, b) der Freiheit beraubt zu werden oder c) in seiner beruflichen oder wirtschaftlichen Stellung empfindlich beeinträchtigt zu werden. Der Vorsatz des Täters muß auch die Gefahr zumindest bedingt umfassen. Die Regelstrafe ist Freiheitsstrafe nicht unter 1 Jahr. Auch Vorbereitungshandlungen (→ Versuch) sind strafbar.

Verschmutzung → Umweltdelikte.

Versicherung an Eides Statt → Falsche Versicherung an Eides Statt.

Versicherungsbetrug begeht, wer in betrügerischer Absicht, d. h. zu dem Zweck, dem Versicherten ungerechtfertigt die Versicherungssumme zu verschaffen, entweder eine versicherte Sache *in Brand setzt* oder ein Schiff, das selbst oder dessen Ladung oder Frachtlohn versichert ist, sinken oder stranden macht (§ 265 StGB). Andere Fälle des *Versicherungsschwindels* fallen lediglich unter → Betrug. Das Verbrechen des § 265 steht, soweit Brandversicherungsbetrug vorliegt, oft in Tateinheit mit → Brandstiftung nach §§ 306ff. StGB. Tatvollendung tritt hier erst ein, wenn die versicherte Sache in Brand gesetzt ist. Beim Seeversicherungsbetrug genügt die Strandung ohne Sachschaden zur Tatvollendung.

Verstorbene → Verunglimpfung (IV).

Verstoß gegen ein Berufsverbot → Berufsverbot (III).

Verstoß gegen ein Vereinigungsverbot → Gefährdung des demokratischen Rechtsstaats (I); vgl. auch → Bildung krimineller Vereinigungen, → terroristische Vereinigungen.

Verstoß gegen Weisungen des Jugendrichters → Erziehungsmaßregel.

Verstoß gegen Weisungen während der Führungsaufsicht → Führungsaufsicht.

Verstrickungsbruch. I. V. begeht nach § 136 StGB, wer eine gepfändete oder sonst dienstlich in Beschlag genommene Sache (auch Grundstück) zerstört, beschädigt, unbrauchbar macht oder in anderer Weise ganz oder zum Teil der Verstrickung entzieht. *Beschlagnahme* ist die zwangsweise Bereitstellung einer Sache zur Verfügung einer Behörde zur Sicherung privater oder öffentlicher Belange; sie

Verstümmelung

kann auf straf-, zivil- oder verwaltungsrechtlichen Gesetzen beruhen. Voraussetzung der Strafbarkeit (Freiheitsstrafe bis zu 1 Jahr oder Geldstrafe) ist nach § 136 III StGB stets die formelle Rechtmäßigkeit der Anordnung der Verstrickung (z. B. durch Gerichtsvollzieher). Beim Irrtum des Täters über die Rechtmäßigkeit gewährt § 136 IV StGB die Möglichkeit der → Strafmilderung, des → Absehens von Strafe oder Straflosigkeit entsprechend der Regelung beim → Widerstand (§ 113 IV StGB).

II. Wegen *Siegelbruchs* stellt § 136 II StGB unter dieselbe Regelung denjenigen, der ein dienstliches Siegel beschädigt, ablöst oder unkenntlich macht. Das Siegel (Plombe, Siegellack, Siegelmarke) muß zum Zweck der Beschlagnahme, des dienstlichen Verschlusses oder der Kennzeichnung von Sachen angelegt sein.

III. V. und Siegelbruch kann auch nebeneinander und, wenn sich die Pfandsache beim Gläubiger befindet, in → Tateinheit mit → Pfandkehr gegeben sein.

Verstümmelung → Wehrpflichtentziehung.

Versuch liegt vor, wenn die *Ausführung* eines vorsätzlichen Vergehens oder Verbrechens zwar *begonnen* worden, aber nicht zur Vollendung gekommen ist. Nach § 22 StGB versucht eine Straftat, wer *nach seiner Vorstellung von der Tat* zur Verwirklichung des Tatbestandes unmittelbar ansetzt. Damit ist im Sinn der sog. „subjektiven Theorie" klargestellt, daß die Vorstellungen des Täters über den Tatablauf maßgebend sind; demnach ist unerheblich, ob die Handlung überhaupt für die gewollte Rechtsverletzung geeignet ist.

I. Die Abgrenzung von der nur vorbereitenden Handlung ist schwierig. Der Übergang in das Versuchsstadium wird angenommen, wenn die Einzelhandlungen eine unmittelbare Gefährdung des geschützten Rechtsguts bewirken. Danach ist *Vorbereitungshandlung:* Kauf der Mordpistole, Fertigung einer Skizze für Einbruch und Rückzugswege, Schreiben des Erpresserbriefs, Erwerb von Attrappen für spätere Betrügereien. Vorbereitungshandlungen sind straflos, wenn sie nicht ausdrücklich durch Gesetz unter Strafe gestellt sind (z. B. das Anfertigen von Gegenständen zur Herstellung von Falschgeld, § 149 I StGB). Hingegen wird V. angenommen bei: Anlegen des Gewehrs auf das Opfer, Anlegen der Leiter beim Einsteigdiebstahl, Vermischen eines Getränks mit Gift, Ausgießen des Benzins durch den Brandstifter, Anhalten eines Pkw zur Beraubung der Insassen.

II. Aus welchem Grund der tatbestandsmäßige Erfolg nicht eintritt, ist gleichgültig. Strafbarer V. liegt also auch vor, wenn Objekt oder Mittel der Tat untauglich sind (sog. *untauglicher Versuch;* z. B. Mordversuch mit Champignons statt mit Knollenblätterpilzen, Tö-

Versuch

tungsversuch an einer Leiche). Entscheidend ist, daß der Täter die Möglichkeit der tatbestandsmäßigen Verwirklichung des Delikts angenommen und entsprechend gehandelt hat. Straflos ist aber das *Wahn-*(Putativ)-*delikt,* bei dem der Täter den (straflosen) Sachverhalt kennt, jedoch irrtümlich Strafbarkeit seines Tuns annimmt, z. B. nunmehr der 20-Jährige, der mit einem Gleichaltrigen Unzucht treibt und dies noch für strafbar hält. Sind alle Tatbestandsmerkmale erfüllt, so ist die Tat *vollendet,* aber nicht notwendig tatsächlich beendet. Vollendung und *Beendigung* der Tat fallen zwar oft zusammen (z. B. durch den Eintritt des Todes des Erschossenen ist der Totschlag vollendet und beendet). Doch tritt Beendigung insbesondere bei → Dauerdelikten und mehrgliedrigen Handlungen erst später ein (z. B. mit Freilassung des Eingesperrten bei der Freiheitsberaubung, mit dem letzten Schlag einer längeren Verprügelung, obwohl die Körperverletzung mit dem ersten Hieb vollendet ist).

III. Der V. von Verbrechen ist stets, der von Vergehen nur dann strafbar, wenn die *Strafbarkeit* gesetzlich bestimmt ist. Das versuchte Verbrechen oder Vergehen kann milder bestraft werden als das vollendete (§ 23 II StGB). Es gilt dann die Regelung der → Strafmilderung nach § 49 StGB.

IV. Bei freiwilligem *Rücktritt vom Versuch* geht der Täter straflos aus (§ 24 StGB). Es werden 2 Versuchsformen unterschieden:

1. Straflos bleibt der Täter, wenn er den *nicht beendigten* Versuch freiwillig abbricht, also die weitere Ausführung der Tat aufgibt. Das ist der Fall, wenn der Täter noch nicht alles getan hat, was den Erfolgseintritt nach seiner Vorstellung auslöst; z. B. der Erpresser hat das bereitgehaltene Geld noch nicht entgegengenommen, der Brandstifter das verschüttete Benzin noch nicht angezündet, der Mörder hat sein Opfer, das er ertränken will, erst wenige Sekunden unter Wasser gedrückt. Beendigt ist der Versuch, wenn der Täter alles aus seiner Sicht Notwendige zur Tatbestandserfüllung getan hat; z. B. der Sprengstoffattentäter hat die Uhr des Zeitzünders in Gang gesetzt, der Mörder hat dem Opfer die mit Gift versetzte Mahlzeit serviert, der Wilderer hat Fallen aufgestellt. *Freiwilligkeit* des Rücktritts liegt vor, wenn der Täter von der Tat deswegen abläßt, weil er sie nicht mehr will, obwohl sie nach seiner Meinung noch möglich wäre.

2. Straflosigkeit tritt aber auch dann ein, wenn der Täter bei *beendigtem* Versuch den Erfolg der beabsichtigten Tat zu einer Zeit abwendet, in der die Handlung noch nicht entdeckt war (sog. →*tätige Reue*), und dadurch die Tatvollendung verhindert. Der Täter hat also in diesem Fall getan, was nach seiner Vorstellung den Erfolg herbeiführen soll, er handelt (Passivität genügt nicht) jetzt jedoch mit umgekehrter Zielrichtung, er verhindert den ursprünglich erstrebten

Versuch der Beteiligung

Erfolg. Freiwilligkeit des Täters ist auch hier erforderlich. Auf die Entdeckung der Tat kommt es nicht an. Doch liegt in der Regel Freiwilligkeit nicht mehr vor, wenn der Täter um die Entdeckung weiß.

Nach § 24 I 2 StGB bleibt der Täter auch dann straflos, wenn die Tat ohne Zutun des Täters nicht zur Vollendung kommt, dieser aber sich freiwillig und ernsthaft *bemüht,* die Vollendung zu verhindern.

3. Der Rücktritt wirkt als persönlicher → *Strafaufhebungsgrund* nur für den Täter, nicht für den nicht gleichgesinnten Mittäter oder Teilnehmer. Für die Straflosigkeit eines Tatbeteiligten genügt aber dessen ernsthaftes Bemühen zur Verhinderung der Tatvollendung dann, wenn entweder die Tat aus anderen Gründen nicht vollendet wird oder aber der Tatbeitrag für die Vollendung nicht mehr kausal ist.

Versuch der Beteiligung ist bei Vergehen grundsätzlich nicht strafbar. Eine Ausnahme bringt das Gesetz etwa für die Anstiftung zur Falschaussage in § 159 StGB. Der V. d. B. bei einem (konkret geplanten) Verbrechen wird aber nach § 30 StGB (sog. Duchesne-Paragraph; benannt nach einem Belgier, der sich zur Ermordung Bismarcks erbot) bei bestimmten Formen bestraft, wobei → Strafmilderung zwingend ist. Die Begehungsformen sind: 1. Die versuchte Bestimmung eines anderen, d. h. die Fälle der erfolglosen → Anstiftung. 2. Das Sichbereiterklären zur Begehung eines Verbrechens. 3. Die Annahme eines solchen Anerbietens. 4. Die Verabredung von mindestens 2 Personen, an einem Verbrechen mitzuwirken. Die verschiedenen Begehungsformen können hinsichtlich einer geplanten Tat in → Tatmehrheit anfallen. Wird die so vorbereitete Tat auch nur versucht, so scheidet § 30 StGB wegen Gesetzeskonkurrenz (Subsidiarität) aus. In § 31 StGB sind für den freiwilligen Rücktritt vom V. d. B. Strafbefreiungsgründe vorgesehen.

Verteidiger. I. Der V. ist ein dem Beschuldigten zur Seite stehendes Organ der Rechtspflege. Er hat die sich aus der Verfahrensordnung ergebende Rechtsstellung des Beschuldigten zu dessen Gunsten zu wahren. Dabei unterliegt er der Pflicht zur Wahrheit und darf die Wahrheit verfälschende Beweismittel nicht verwenden (vgl. → Strafvereitelung). Der Beschuldigte kann sich in jeder Lage des Verfahrens, also schon im → Ermittlungsverfahren, eines oder auch bis zu 3 V. bedienen (§ 137 I StPO). Er kann dazu jeden bei einem deutschen Gericht zugelassenen *Rechtsanwalt* oder Rechtslehrer einer deutschen Hochschule beauftragen (sog. *Wahlverteidiger*). Andere Personen können mit Genehmigung des Gerichts bei entsprechender Eignung als Verteidiger zugelassen werden, bei notwendiger Verteidigung nur neben einem Rechtsanwalt oder Rechtslehrer. Hat der Beschuldigte einen Rechtsanwalt zum Wahlverteidiger bestellt, so

Verteidiger

kann dieser mit seiner Zustimmung die Verteidigung auch einem Rechtsreferendar mit einer Ausbildungszeit von 1 Jahr und 3 Monaten übertragen (§ 139 StPO). Unter ganz bestimmten Umständen (z. B. dringender Verdacht der Tatbeteiligung, Interessenkollision, Gefährdung der Sicherheit einer Vollzugsanstalt, Gefahr für die Sicherheit der Bundesrepublik) kann das Oberlandesgericht, u. U. der BGH (§ 138c StPO) einen V. nach §§ 138a, 138b StPO von der Verteidigertätigkeit ausschließen. Wegen möglicher Interessenkollision ist dem Verteidiger nach § 146 StPO verwehrt, gleichzeitig mehrere Beschuldigte wegen einer → Tat oder in einem Verfahren zu verteidigen. Das Gericht weist, sobald ein Hinderungsgrund ersichtlich wird, den Verteidiger zurück. Die vor der Zurückweisung vorgenommenen Handlungen des Verteidigers bleiben aber wirksam.

II. In einer Reihe von Fällen hat der Gesetzgeber die Mitwirkung eines V. als notwendig vorgeschrieben. Wählt in solchen Fällen der Beschuldigte selbst keinen Verteidiger, so wird ein *Offizialverteidiger* durch den Vorsitzenden des Gerichts, das für das Hauptverfahren zuständig oder bei dem die Sache anhängig ist, bestellt (sog. *Pflichtverteidiger*). Der Vorsitzende wählt dabei regelmäßig aus der Zahl der bei dem Gericht zugelassenen Rechtsanwälte, hat sich allerdings an die Benennung des hierzu anzuhörenden Beschuldigten zu halten. Er kann unter den Voraussetzungen des § 142 II StPO auch einen Rechtsreferendar zum V. bestellen. Der Pflichtverteidiger wird seines Amts entbunden, wenn der Beschuldigte einen Wahlverteidiger beauftragt hat (§ 143 StPO).

Notwendig ist die Verteidigung in folgenden Fällen (§ 140 I StPO): 1. wenn die Hauptverhandlung vor dem OLG oder LG im ersten Rechtszug stattfindet, 2. wenn dem Beschuldigten ein Verbrechen zur Last gelegt wird, 3. wenn das Verfahren zu einem →Berufsverbot führen kann, 4. wenn der Beschuldigte taub oder stumm ist, 5. wenn der Beschuldigte sich 3 Monate auf Grund richterlicher Anordnung oder mit richterlicher Genehmigung in einer Anstalt (z. B. Verwahrung, genehmigte Unterbringung durch den Vormund) befunden hat und nicht spätestens 2 Wochen vor der Hauptverhandlung entlassen wird, 6. wenn ein Gutachten über den psychischen Zustand auf Grund der Beobachtung in einem psychiatrischen Krankenhaus (§ 81 StPO) erstellt werden soll, 7. wenn ein → Sicherungsverfahren durchgeführt wird, 8. wenn der bisherige Verteidiger ausgeschlossen wurde. Darüberhinaus bestellt der Vorsitzende nach § 140 II StPO einen V. auch dann, wenn wegen der Schwere der Tat oder wegen der Schwierigkeit der Sach- und Rechtslage die Mitwirkung eines V. geboten erscheint oder wenn ersichtlich ist, daß der Beschuldigte sich nicht selbst ausreichend verteidigen kann. Letzteres ist insbeson-

Vertrauensbruch im auswärtigen Dienst

dere auch dann der Fall, wenn dem Beschuldigten ein Rechtsanwalt als Vertreter des Nebenklageberechtigten gegenübersteht. Regelmäßig wird der V. in Erwartung eines Falles der notwendigen Verteidigung auf Antrag der Staatsanwaltschaft schon im Ermittlungsverfahren bestellt (§ 141 III StPO), spätestens jedoch, sobald der Beschuldigte zur Erklärung über die Anklageschrift nach § 201 StPO aufgefordert worden ist (§ 141 I StPO).

Im Fall des notwendigen V. bedarf es während der Hauptverhandlung der *ununterbrochenen Anwesenheit* des V. Entfernt sich der V. (auch Wahlverteidiger), so ist sofort ein anderer V. zu bestellen, wodurch die Aussetzung der Hauptverhandlung erforderlich werden kann (§ 145 StPO).

III. Der V. hat das Recht auf → *Akteneinsicht* nach § 147 StPO. Ihm muß auch der unkontrollierte schriftliche ("Verteidigerpost") und mündliche Verkehr mit dem verhafteten Beschuldigten gestattet werden (§§ 137 I, 148 I StPO). Eine Ausnahme gilt bei Verdacht einer Straftat nach § 129a StGB (→ terroristische Vereinigungen). Hier kann die Aushändigung von Schriftstücken und Gegenständen von der Kontrolle durch einen (vom übrigen Verfahren dann ausgeschlossenen) Richter verlangt werden (§§ 148 II, 148a StPO).

Vertrauensbruch im auswärtigen Dienst liegt nach § 353a StGB (sog. *Arnimparagraph*) vor, wenn ein diplomatischer Vertreter der Bundesrepublik gegenüber einer fremden Regierung, einer Staatengemeinschaft oder einer zwischenstaatlichen Einrichtung einer ihm erteilten amtlichen Anweisung vorsätzlich zuwiderhandelt oder wenn er in der Absicht, die Bundesregierung irrezuführen, unwahre Berichte tatsächlicher Art erstattet. Das echte → Amtsdelikt ist mit Freiheitsstrafe bis zu 5 Jahren bedroht, aber nur mit Ermächtigung der Bundesregierung verfolgbar.

Verunglimpfung ist eine nach Form, Inhalt, den Begleitumständen oder dem Beweggrund schwerere Ehrenkränkung in der Form der → Beleidigung, der → üblen Nachrede oder der → Verleumdung.

I. V. des *Bundespräsidenten* kann nur öffentlich, in einer Versammlung oder durch Verbreiten von Schriften, Ton- oder Bildträgern, Abbildungen und Darstellungen begangen werden (§ 90 I StGB). Der Strafrahmen (3 Monate bis zu 5 Jahren Freiheitsstrafe) ist nach § 90 III StGB erhöht, wenn die Tat eine Verleumdung ist oder wenn sich der Täter durch die Tat absichtlich für Bestrebungen gegen den Bestand der Bundesrepublik oder gegen Verfassungsgrundsätze einsetzt. Die Strafverfolgung ist nur auf Ermächtigung des Bundespräsidenten zulässig (§ 90 IV StGB).

II. Die V. des *Staates und seiner Symbole* wird nach § 90a StGB in 3 Fällen bestraft, wobei die beiden ersten Tatformen nur öffentlich, in

Verunreinigung von Landschaft, Luft

einer Versammlung oder durch Verbreiten von Darstellungen begangen werden können: 1. Beschimpfung oder böswillige Verächtlichmachung der Bundesrepublik, ihrer Länder oder ihrer verfassungsmäßigen Ordnung. *Beschimpfung* ist dabei die besonders verletzende Äußerung der Mißachtung. 2. V. der Farben, der Flagge, des Wappens oder der Hymne der Bundesrepublik oder eines ihrer Länder. 3. Entfernung, Zerstörung, Beschädigung, Unbrauchbarmachung, Unkenntlichmachung oder die Verübung beschimpfenden Unfugs an öffentlich gezeigten Flaggen der Bundesrepublik oder eines ihrer Länder oder an deren von einer Behörde öffentlich angebrachten Hoheitszeichen. Der Strafrahmen ist im Höchstmaß von 3 auf 5 Jahre Freiheitsstrafe (jeweils alternativ zu Geldstrafe) erhöht, wenn sich der Täter damit für verfassungswidrige Bestrebungen einsetzt.

III. Die V. von *Verfassungsorganen* (§ 90b StGB) erfordert gleichfalls Begehung in der Öffentlichkeit, in einer Versammlung oder durch Verbreiten von Schriften usw. (wie zu I). Die V. richtet sich gegen Gesetzgebungsorgane, die Regierung oder das Verfassungsgericht des Bundes oder eines Landes sowie gegen dessen Mitglieder in dieser Eigenschaft. Die V. muß in einer das Ansehen des Staates gefährdenden Weise erfolgen. Der Täter muß sich ferner absichtlich für Bestrebungen gegen den Bestand der Bundesrepublik oder gegen Verfassungsgrundsätze einsetzen. Die Strafverfolgung hängt von der Ermächtigung des betreffenden Organs (Mitglieds) ab.

IV. Die V. des *Andenkens Verstorbener* (§ 189 StGB) ist → Antragsdelikt. Antragsberechtigt sind Eltern, Kinder, der Ehegatte und die Geschwister des Verstorbenen. Sind solche Angehörige nicht vorhanden, so entfällt das Strafantragserfordernis, wenn der Verstorbene sein Leben als Opfer einer Gewalt- und Willkürherrschaft verloren hat und die V. damit zusammenhängt (§ 194 II StGB).

Verunreinigung eines Gewässers gehört zu den Straftaten gegen die Umwelt (→ Umweltdelikte). Nach § 324 StGB wird mit Freiheitsstrafe bis zu 5 Jahren, bei Fahrlässigkeit bis zu 2 Jahren, oder Geldstrafe bestraft, wer ein Gewässer (auch das Grundwasser) etwa durch Einbringung von Stoffen verunreinigt, also seine natürliche Zusammensetzung ändert oder dessen Eigenschaften – etwa durch starke Erwärmung – nachteilig verändert.

Bei besonderer Gefährdung hochwertiger Rechtsgüter wird die Tat zur *schweren Umweltgefährdung* nach § 330 StGB.

Verunreinigung von Landschaft, Luft → Gefährdung schutzbedürftiger Gebiete, Luftverunreinigung und Lärm, Umweltdelikte, umweltgefährdende Abfallbeseitigung.

Veruntreuung

Veruntreuung → Untreue.

Verursachung (Kausalität). Zwischen der → Handlung des Straftäters und dem nach den → Tatbestandsmerkmalen geforderten Erfolg (z. B. der Tod des Opfers bei → Mord, § 211, fahrlässiger → Tötung, § 222, oder → Vergewaltigung mit Todesfolge, § 177 III StGB) muß ein *Kausalzusammenhang* bestehen. In der Rechtsprechung der Strafgerichte ist jede Handlung Ursache des Erfolges, die nicht hinweggedacht werden kann, ohne daß der Erfolg entfiele *(conditio sine qua non;* Bedingungstheorie). Dabei werden die den Erfolg auslösenden Bedingungen als gleichwertig angesehen *(Äquivalenztheorie).* Gleichgültig ist, ob weitere Bedingungen hinzutreten und welches Gewicht ihnen zukommt. Die Ursächlichkeit wird insbesondere nicht durch ein hinzutretendes Verhalten, selbst überwiegendes Verschulden des Verletzten, oder durch ungewöhnlichen *(atypischen)* Kausalverlauf ausgeschlossen. Der Kausalzusammenhang ist nur dann unterbrochen, wenn eine andere Bedingung ohne Mitwirken der ersten den Erfolg auslöst (z. B. tödl. Verkehrsunfall des ahnungslosen Vergifteten).

Die Feststellung der V. ist noch kein Schuldurteil; denn dieses setzt stets die *Vorhersehbarkeit* voraus (vgl. Vorsatz, Fahrlässigkeit). S. auch Adaequanztheorie.

Verwahrungsbruch begeht nach § 133 I StGB, wer (bewegliche) Gegenstände dienstlicher Verwahrung zerstört, beschädigt, unbrauchbar macht oder der dienstlichen Verwahrung entzieht. Verwahrte Sachen sind z. B. Akten (auch abgelegte), Schriftstücke aller Art. Dies auch dann, wenn die Sache dem Täter oder einem anderen zur Verwahrung anvertraut oder wenn die Verwahrung nur vorübergehend ist. Gleichgestellt ist die amtliche Verwahrung einer Kirche oder anderen Religionsgesellschaft des öffentlichen Rechts. Die Tat ist mit Freiheitsstrafe bis zu 2 Jahren oder mit Geldstrafe bedroht, für Beamte mit Freiheitsstrafe bis zu 5 Jahren oder mit Geldstrafe.

Verwaltungsunrecht → Ordnungswidrigkeit.

Verwandte → Angehörige, Beischlaf zwischen Verwandten.

Verwarnung, Verwarnungsgeld → Zuchtmittel, Ordnungswidrigkeit (III).

Verwarnung mit Strafvorbehalt (§§ 59 ff. StGB) ist ein der Aussetzung der Verhängung einer → Jugendstrafe (§ 27 ff. JGG) ähnliches Rechtsinstitut. Danach kann das Gericht den Täter schuldig sprechen, ihn verwarnen, eine → Geldstrafe bis zu 180 Tagessätzen festlegen, die Verurteilung zu dieser Strafe aber vorbehalten. Voraussetzungen sind jedoch 1. die Erwartung künftiger straffreier Führung auch ohne Strafe, 2. besondere Umstände in der Tat und der Täterpersönlichkeit, die eine Strafverschonung angezeigt erscheinen lassen, 3. kein entsprechendes öffentliches Interesse, das die Verteidigung der Rechtsordnung erfordert, und 4. i. d. R. keine Verurteilung während der vorangegangenen 3 Jahre. Neben dem → Schuldspruch wird die Strafe nach Art und Höhe nur bestimmt. Die Verhängung der Strafe wird für die Dauer der von 1 bis zu 3 Jahren festzusetzenden *Bewährungszeit* ausgesetzt. Neben der V. m. S. kann → Verfall, → Einziehung oder Unbrauchbarmachung ausgesprochen werden. Unzulässig sind jedoch → Maßregeln der Besserung und Sicherung. Für die Bewährungszeit kann das Gericht Auflagen und Weisungen anordnen (§ 59a II, III StGB). Unter den Voraussetzungen des Widerrufs der Strafaussetzung (§ 56f StGB) zur Bewährung verurteilt das Gericht durch Beschluß den Probanden zur vorbehaltenen Strafe (§ 59b I StGB). Andernfalls stellt das Gericht nach Ablauf der Bewährungszeit fest, daß es bei der Verwarnung bewendet.

Verwendung von Kennzeichen verfassungswidriger Organisationen → Gefährdung des demokratischen Rechtsstaats.

Verweisung. I. Wegen fehlender *sachlicher* → *Zuständigkeit* bestehen folgende Möglichkeiten zur V.: 1. Ein *Gericht höherer Ordnung* kann auf eine zu ihm erhobene Anklage das Hauptverfahren an einem Gericht niederer Ordnung eröffnen, wenn es dessen Zuständigkeit nach der in der Anklage geschilderten Tat für gegeben hält (§ 209 I StPO). Hält die Strafkammer z. B. bei einer an das Schwurgericht gerichteten Anklage wegen versuchten Mordes den Tötungsvorsatz nicht für gegeben, so kann sie das Verfahren vor dem Schöffengericht etwa wegen gefährlicher Körperverletzung eröffnen. Hat das höhere Gericht das Verfahren jedoch trotz sachlicher Zuständigkeit eines Gerichts niederer Ordnung bei sich eröffnet, so kann es sich nicht mehr nachträglich für unzuständig erklären (§ 269 StPO). 2. Ein *Gericht niederer Ordnung* kann vor der Hauptverhandlung seine sachliche Zuständigkeit (z. B. mangelnde Strafgewalt des Amtsgerichts) verneinen und die Akten an ein Gericht höherer Ordnung zur Entscheidung über die Zuständigkeit vorlegen (§§ 209 II, 225a StPO). Gelangt das Gericht niederer Ordnung erst in der Hauptverhandlung zur Annahme seiner Unzuständigkeit, so erfolgt die V. gem. § 270 I StPO durch Beschluß, der für das höhere Gericht als Eröffnungsbeschluß wirkt (§ 270 III StPO).

II. Bei *fehlender örtlicher Zuständigkeit* besteht keine Möglichkeit zur V.; das nicht zuständige Gericht hat das Verfahren einzustellen (§§ 206a, 260 III StPO). Gibt das örtlich unzuständige Gericht die Sache an das zuständige gleichwohl ab, so kann mit Zustimmung der Staatsanwaltschaft die Anklage als dort erhoben gelten und das

Verwertung privater Geheimnisse

Hauptverfahren eröffnet werden. Der Staatsanwaltschaft ist es stets möglich, ein Ermittlungsverfahren an eine andere zuständige Staatsanwaltschaft abzugeben.

III. In der Rechtsmittelinstanz ist zu unterscheiden: 1. Das *Berufungsgericht* verweist das Verfahren nach § 328 II StPO unter Aufhebung des angefochtenen Urteils an das zuständige Gericht, wenn das Gericht des 1. Rechtszugs seine sachliche oder örtliche Zuständigkeit zu Unrecht angenommen hat. Ist das Berufungsgericht selbst sachlich als das Gericht des 1. Rechtszugs zuständig (z. B. das LG will auf eine die Strafgewalt des AG überschreitende Strafe von mehr als 3 Jahren erkennen), kann es zur Verhandlung in erster Instanz übergehen. 2. Das *Revisionsgericht* verweist nach Aufhebung eines Urteils die Sache zu neuer Verhandlung und Entscheidung an die Vorinstanz zurück, wenn es wegen der Notwendigkeit neuer oder weiterer tatrichterlicher Feststellungen nicht selbst entscheiden kann (§ 354 II StPO).

Verwertung privater Geheimnisse → Verletzung von Privatgeheimnissen.

Verwertungsverbot → Rechtliches Gehör, Zeugnisverweigerungsrecht, Vernehmung.

Vis absoluta, compulsiva → Gewalt.

Völkermord *(Genocidium)* ist nach § 220a StGB unter lebenslange Freiheitsstrafe gestellt. Geschützt werden nationale, rassische, religiöse oder völkische Gruppen. Neben der auf die Gruppen gerichteten Zerstörungsabsicht setzt V. bestimmte Handlungen voraus: Tötung oder schwere körperliche oder seelische Schädigung einzelner Mitglieder, Abschneidung der Lebensbedingungen, Fortpflanzungsverhinderung, Überführung von Kindern in andere Gruppen. → Verjährung ist nach § 78 II StGB ausgeschlossen.

Volksverhetzung begeht nach § 130 StGB, wer die Menschenwürde anderer in einer Weise angreift, die geeignet ist, den → öffentlichen Frieden zu stören. Der Angriff kann darin bestehen, daß er zum Haß gegen *Teile der Bevölkerung* (z. B. Flüchtlinge, Großhändler, Grundbesitzer, Bauern) aufstachelt, zu Gewalt oder Willkürmaßnahmen gegen sie auffordert oder sie beschimpft, böswillig verächtlich macht oder verleumdet. V. ist mit Freiheitsstrafe von 3 Mon. bis 5 Jahren bedroht.

Vollendung → Versuch.

Vollrausch. Das Vergehen des V. (Volltrunkenheit, *Rauschdelikt*) begeht nach § 323a I StGB, wer sich vorsätzlich oder fahrlässig

Vollrausch

durch Alkohol oder andere berauschende Mittel in einen Rausch versetzt und in diesem Zustand eine rechtswidrige Tag begeht. Ein Rausch liegt auch dann vor, wenn der Täter zufolge einer krankhaften Veranlagung überempfindlich z. B. gegenüber Alkohol ist und die Schuldunfähigkeit schon durch ganz geringe Mengen Alkohol ausgelöst wird (sog. *pathologischer Rausch*). Es genügt, daß die Schuldunfähigkeit lediglich nicht ausschließbar ist. Für den subjektiven Tatbestand ist erforderlich, daß der Täter den Rauschzustand vorsätzlich oder fahrlässig herbeiführt. Festzustellen ist deshalb, daß der Täter entweder gewußt oder in Kauf genommen hat, durch den Genuß des Rauschmittels in einen die Schuldfähigkeit ausschließenden Zustand zu geraten, oder aber daß er dies hätte erkennen können und müssen. Hinzutreten muß jedoch als objektive → *Bedingung der Strafbarkeit* des V., daß der Täter im Zustand der Schuldunfähigkeit eine rechtswidrige Tat begeht *(Rauschtat)*. Ist die Rauschtat eine Ordnungswidrigkeit, so kann der V. über § 122 OWiG auch als Ordnungswidrigkeit geahndet werden. Sie muß zunächst nach ihrem äußeren Tatbestand vorliegen (z. B. Körperverletzung eines Zechgenossen). Handelt es sich um ein vorsätzliches Delikt (z. B. § 223 StGB), so ist mindestens natürlicher → Vorsatz des Täters erforderlich. Ist eine solche Willensrichtung nicht nachzuweisen, so kann auch ein Fahrlässigkeitstatbestand in Frage kommen. Bei fahrlässigen Straftaten genügt die Feststellung, der Täter habe die von jedermann geforderte Sorgfalt nicht beachtet und der Erfolg hätte von einem Nüchternen vorhergesehen werden können (str.). In allen Fällen muß jedoch eine → Handlung des Täters vorliegen. Verletzt der zusammenbrechende sinnlos Betrunkene im Umfallen einen Dritten, so entfällt § 323a StGB mangels einer → Handlung.

II. Bezieht der Täter im nüchternen Zustand oder im Zustand der nur verminderten Schuldfähigkeit die mögliche Begehung einer Straftat im Rausch in seine Vorstellungen ein, so ist er nur wegen des im Rausch begangenen vorsätzlichen Delikts nach den Grundsätzen der → *actio libera in causa* zu bestrafen. Hätte der Täter, als er sich noch im schuldfähigen Zustand befand, damit rechnen müssen, im Rauschzustand bestimmte Straftaten zu begehen (z. B. ein Kraftfahrer trinkt, obgleich er noch nach Hause fahren will), so wird er wegen fahrlässiger Tatbegehung (z. B. fahrlässige → Tötung oder Körperverletzung) auch dann bestraft, wenn er im Augenblick der Verwirklichung des Erfolgs nicht mehr schuldfähig oder auch nicht einmal mehr handlungsfähig war (z. B. der betrunkene Kraftfahrer schläft am Steuer ein). Die Bestrafung aus § 323a StGB entfällt. Bei Zweifeln über die Schuldunfähigkeit des Täters bei der Rauschtat greift stets § 323a StGB als Auffangtatbestand. Deshalb scheidet auch → Wahlfeststellung zwischen § 323a StGB und der im Rausch

Vollstreckung

begangenen Tat aus. Die h. M. in der Rechtsprechung (BGH in NJW 1979, 1370) gelangt aber bei Zweifel zwischen der Schuldfähigkeit einerseits, verminderter oder ausgeschlossener Schuldfähigkeit andererseits zu Freispruch, verlangt also für eine Verurteilung nach § 323 a StGB den Ausschluß der Schuldfähigkeit.

III. Für das Vergehen des V. ist Freiheitsstrafe bis zu 5 Jahren oder Geldstrafe angedroht. Die Strafe darf jedoch die für die im Rausch begangene Straftat angedrohte nach Art und Maß nicht übersteigen. Wird die begangene Handlung nur auf → Strafantrag verfolgt, so ist auch für eine Bestrafung nach § 323 a StGB ein Strafantrag erforderlich.

IV. Der Tenor des Urteils führt lediglich den V., nicht die dabei verwirklichte Straftat an. Die → Unterbringung in eine Entziehungsanstalt kann in Frage kommen.

Vollstreckung → Strafvollstreckung.

Vollstreckung gegen Unschuldige. § 345 StGB stellt im Strafrahmen abgestuft die gesetzwidrige Vollstreckung einer Freiheitsstrafe, einer freiheitsentziehenden Maßregel (→ Unterbringung), einer anderen behördlichen Verwahrung (z. B. nach Verwahrungsgesetzen), aber auch die Vollstreckung anderer Strafen (Geldstrafe) oder → Maßnahmen des Jugendamts, der Geldbuße nach dem OWiG, der → Ordnungsmittel oder disziplinarischer, ehren- oder berufsgerichtlicher Maßnahmen unter Strafe. Täter kann nur der zu dem entsprechenden Verfahren berufene Amtsträger (→ Beamter) sein. Das Amtsdelikt ist z. T. Verbrechen. Strafbar ist nach § 345 II StGB auch die leichtfertige Tatbegehung.

Vollstreckungsaufschub. Die für die → Strafvollstreckung zuständige Behörde *kann* auf Antrag des Verurteilten die Vollstreckung einer Geld- oder Freiheitsstrafe auf die Dauer von höchstens 4 Monaten *aufschieben,* wenn durch die sofortige Vollstreckung dem Verurteilten oder seiner Familie erhebliche, außerhalb des Strafzwecks liegende Nachteile erwachsen (§ 456 StPO). Gegen die ablehnende Entscheidung der Strafvollstreckungsbehörde kann das Gericht angerufen werden (§ 458 StPO). Über die Aufschiebung der Wirksamkeit eines verhängten Berufsverbots entscheidet das Gericht nach § 456 c StPO.

Die Vollstreckung einer Freiheitsstrafe *muß* aufgeschoben werden, wenn der Verurteilte in Geisteskrankheit verfällt (§ 455 I StPO) oder wenn eine nahe Lebensgefahr von der Vollstreckung zu besorgen ist (§ 455 II StPO). V. *kann* nach § 455 III StPO gewährt werden, wenn sich der Verurteilte in einem körperlichen Zustand befindet, bei dem eine sofortige Vollstreckung mit der Einrichtung der Strafanstalt unverträglich ist (z. B. ansteckende Krankheit).

Vorführung

Vollstreckungsunterbrechung, die Unterbrechung des Vollzugs einer Freiheitsstrafe, kann die Vollstreckungsbehörde nach §§ 45, 46 Strafvollstreckungsordnung wegen Vollzugsuntauglichkeit bewilligen. V. und Unterbrechung sind nach § 455a StPO auch aus organisatorischen Gründen (z. B. Überbelegung) zulässig. In anderen Fällen ist sie nur im Gnadenwege (→ Begnadigung) möglich.

Vollstreckungsvereitelung kann die Vollstreckung gegen Personen aus Strafurteilen betreffen. S. insoweit → Strafvereitelung. Wird die Zwangsvollstreckung in Sachen hintertrieben, s. → Vereiteln der Zwangsvollstreckung.

Vollstreckungsverjährung → Verjährung (II).

Volltrunkenheit → Vollrausch.

Vorbereitung der Fälschung von amtlichen Ausweisen → Ausweise.

Vorbereitung eines Angriffskriegs → Friedensverrat.

Vorbereitungshandlung → Versuch.

Vorbestraft → Vorstrafen.

Vorbeugende Maßnahmen → Maßregel der Besserung und Sicherung.

Vorenthalten und Veruntreuen von Arbeitsentgelt. I. Nach § 266a StGB wird wegen V. der Arbeitgeber bestraft, der Beiträge des Arbeitnehmers zur Sozialversicherung oder zur Bundesanstalt für Arbeit der Einzugsstelle vorenthält oder solche Beiträge als Teile des Arbeitsentgelts zwar einbehält, sie aber pflichtwidrig nicht zahlt und auch den Arbeitnehmer hiervon nicht unverzüglich unterrichtet. Dem Arbeitgeber ist hier gleichgestellt der Auftraggeber für Heimarbeiter und Hausgewerbetreibende. Mit der gleichzeitigen Nichtabführung von Lohnsteuer (Steuerhinterziehung nach § 370 AO) besteht Tatmehrheit. Von Strafe (Freiheitsstrafe bis zu 5 Jahren oder Geldstrafe) kann u. U. abgesehen werden, wenn sich der Täter der Einzugsstelle offenbart (§ 266a V StGB).

Bestraft wird nach § 266a III StGB aber auch das Mitglied einer Ersatzkasse, das ihm vom Arbeitgeber ausgezahlte Beiträge zur Sozialversicherung oder zur Bundesanstalt für Arbeit der Einzugsstelle vorenthält. Auch hier kann die Strafe (Freiheitsstrafe bis zu 1 Jahr oder Geldstrafe) durch Offenbarung entfallen.

Vorfahrtverletzung → Verkehrsgefährdung (III).

Vorführung kann der Richter nach § 134 StPO gegen den Beschuldigten anordnen, der zu einer Vernehmung oder zur Hauptverhand-

Vorführungsbefehl

lung trotz ordnungsgemäßer Ladung nicht erschienen ist. Der *Vorführungsbefehl* bezeichnet den Beschuldigten, die ihm zur Last gelegten Straftaten und den Grund der Vorführung. Er wird vollzogen, indem der Beschuldigte so rechtzeitig festgenommen wird, damit er zu dem Termin vorgeführt werden kann. V. kann nur nach vorheriger schriftlicher Androhung angeordnet werden (§ 133 II StPO), es sei denn, es liegen auch die Voraussetzungen zum Erlaß eines → Haftbefehls vor. Gegen einen ordnungsgemäß geladenen, nicht erschienenen *Zeugen* ist nach § 51 StPO die Anordnung zwangsweiser V. zulässig.

Vorführungsbefehl → Vorführung.

Vorgesetzte als Teilnehmer → Verleitung eines Untergebenen zu einer Straftat.

Vorhalt. Der V. ist nur ein *Vernehmungsbehelf* zur Gedächtnisstützung oder zur Behebung von Widersprüchen. Der V. besteht in Hinweisen auf Urkunden, Schriftstücke oder richterliche oder polizeiliche Protokolle, u. U. durch Verlesen des Wortlauts, und der Aufforderung an den zu Vernehmenden, hierzu Stellung zu nehmen. V. ist gegenüber den Angeklagten, den Zeugen und den Sachverständigen zulässig. Er kann vom Richter, vom Staatsanwalt und vom Verteidiger gemacht werden. Das vorgehaltene Schriftstück wird nicht zum Beweismittel. V. ist auch möglich aus Schriftstücken, deren → *Verlesung* unzulässig wäre. Ausgenommen sind jedoch hier Protokolle über Aussagen von Zeugen, die sich später auf ihr → Zeugnisverweigerungsrecht berufen haben. Der V. eines Schriftstücks kann einen erforderlichen Urkundenbeweis nicht ersetzen. Urteilsgrundlage kann nur die auf den V. abgegebene Erklärung des Vernommenen sein.

Erklärt der Zeuge oder Sachverständige trotz des gemachten V., sich nicht zu erinnern, oder tritt in der Hauptverhandlung ein ohne deren Unterbrechung nicht zu beseitigender Widerspruch hervor, so kann seine frühere (auch nicht richterliche) Vernehmung verlesen werden (§ 253 StPO). Entgegen der in § 253 I StPO festgelegten Zweckbestimmung der Verlesung („zur Unterstützung seines Gedächtnisses") läßt die Rechtsprechung die Verwertung der früheren Bekundungen als Urteilsgrundlage, damit Urkundenbeweis zu (BGH 20, 160; str.).

Vorläufige Entziehung der Fahrerlaubnis → Entziehung der Fahrerlaubnis (IV).

Vorläufige Festnahme → Festnahme.

Vorsatz. I. V. ist die Kenntnis der zu einem gesetzlichen Straftatbestand gehörenden Merkmale und der Wille zur Verwirklichung des Tatbestandes. Der V. muß alle → Tatbestandsmerkmale umfassen. Er muß sich auf ein bestimmtes Geschehen beziehen und muß auch den Erfolg als Folge des Handelns erfassen. Dabei ist nicht Wissen aller Einzelheiten des Tatablaufs erforderlich, sondern nur, daß der Täter den von ihm verursachten Ablauf im wesentlichen richtig vorhersieht. So genügt es für die Annahme vollendeten Totschlags, wenn A zwar nicht, wie geplant, mit dem Messerstich das Herz des B getroffen hat, sondern B an der Verletzung seiner Lunge infolge Unsauberkeit bei der Wundbehandlung nach 4 Wochen stirbt. Eine *Abweichung vom Kausalverlauf* liegt nicht vor, wenn der Täter den Angriffsgegenstand verwechselt *(error in objecto bzw. in persona);* z. B., wenn A den B bei Dunkelheit erschießt, weil er ihn für seinen Feind C hält. Da das Angriffsobjekt vom Täter konkretisiert wurde, ist er wegen vollendeter Tötung zu strafen. Eine wesentliche Abweichung vom Kausalverlauf und damit Bestrafung nur wegen Versuchs ist anzunehmen, wenn die Abweichung nach der allgemeinen Lebenserfahrung im Einzelfall nicht voraussehbar ist, z. B. wenn der durch den Mordanschlag Verletzte auf dem Transport ins Krankenhaus bei einem Verkehrsunfall getötet wird, oder wenn A dem B vergifteten Enzian schickt, mit dem dieser aber C bewirtet, der daran stirbt. Ähnlich ist die Lage bei Fehlgehen des Angriffs in der Richtung (sog. *aberratio ictus*): A wirft auf B ein Messer, doch trifft dies den hinter B stehenden C, weil B rechtzeitig zur Seite springt. Auch hier wird A nur wegen versuchter Tötung an B in Tateinheit mit fahrlässiger, u. U. aber auch bedingt vorsätzlicher Tötung an C verurteilt.

II. Der V. kann *direkt* oder *bedingt* sein. Direkten V. hat der Täter, wenn er in einer bestimmten *Absicht,* d. h. mit einem auf einen bestimmten Zweck gerichteten Willen handelt. Wo das Gesetz „Absicht" verlangt („Absicht, sich einen Vermögensvorteil zu verschaffen" in § 263 StGB), genügt auch nicht die zweite Form des direkten V., das sichere Wissen der Tatbestandsverwirklichung (z. B. „wissentlich" in § 144 StGB). Wenn der V. durch den Straftatbestand aber nicht näher gekennzeichnet ist, so kann der Tatbestand i. d. R. sowohl durch direkten wie auch durch indirekten oder bedingten V. (sog. *dolus eventualis*) erfüllt werden. In bedingtem V. handelt, wer die Gesetzesverletzung nur für möglich hält, sie aber billigend in Kauf nimmt, also sich mit einem u. U. sogar unerwünschten Erfolg einverstanden erklärt. Der Wille zum Handeln ist dabei unbedingt. Beispiel: A verübt sexuelle Handlungen an der B, wobei er sich nicht schlüssig ist, ob sie schon 14 Jahre alt ist; C versichert als Zeuge die Richtigkeit der Tatsache X, obwohl er an die fraglichen Vorgänge

Vorsatztheorie

keine Erinnerung mehr hat; D, beim Einbruch von der Polizei überrascht, schießt in die Dunkelheit in Richtung der ihm folgenden Beamten, um diese abzuschrecken. Schwierig ist oft die Abgrenzung des bedingten V. zur *bewußten* → *Fahrlässigkeit*.

Ein sog. *natürlicher V.* ist bei jeder bewußten Handlung gegeben. Ihn hat auch der Geisteskranke, der Betrunkene oder sonst Schuldunfähige. Der natürliche V. genügt zur schuldhaften Tatbestandsverwirklichung nicht.

Vorsatztheorie → Schuldtheorie.

Vorstand, Strafbarkeit → gesetzlicher Vertreter.

Vorstrafe. I. Als V. werden die einem neuen Strafverfahren vorausgehenden rechtskräftigen Verurteilungen zu einer → Strafe bezeichnet, auch wenn diese nicht im → Zentralregister enthalten sind. Die V. begründen u. U. den → Rückfall, können aber auch sonst zur Strafzumessung herangezogen werden, wenn sie ungünstige Schlüsse auf die Lebensführung des Beschuldigten zulassen. V. sollen in der → Hauptverhandlung jedoch nach § 243 IV 3 StPO nur dann festgestellt werden, wenn sie für die Entscheidung von Bedeutung sind. Ähnliches gilt hinsichtlich V. von Zeugen, denn unnötige Bloßstellung des Beschuldigten oder eines Zeugen ist zu vermeiden. Der Zeuge soll nach V. nur gefragt werden, wenn es zur Klärung seiner Glaubwürdigkeit oder möglicher Vereidigungsverbote nach §§ 60 Nr. 2, 61 Nr. 4 StPO unerläßlich ist (§ 68a II StPO).

II. Im *allgemeinen Rechtsverkehr* kann sich ein Verurteilter als unbestraft bezeichnen und braucht eine Verurteilung und den ihr zugrundeliegenden Sachverhalt nicht zu offenbaren, a) wenn die Verurteilung nicht im Zentralregister enthalten, b) wenn sie in das → Führungszeugnis nicht aufzunehmen oder c) wenn sie zu tilgen ist (§ 51 BZRG; im Falle b gilt das nicht gegenüber Gerichten und Behörden, die unbeschränkte Auskunft aus dem Register erhalten). Desgleichen besteht keine Offenbarungspflicht hinsichtlich der im Erziehungsregister eingetragenen Verurteilungen.

Vortat. Der Begriff der V. wird bei einzelnen Straftatbeständen (→ Begünstigung, → Strafvereitelung, → Hehlerei) zur Bezeichnung der rechtswidrigen Tat verwendet, an die sich ein anderer mit eigenem strafbaren Tun nachträglich anschließt. Von *strafloser* oder *mitbestrafter* V. spricht man dann, wenn eine Tatbestandsverwirklichung die Erfüllung eines anderen Straftatbestands durchläuft. So bleibt der versuchte Mord zu Mittag straflos, wenn das Opfer erst am Abend erfolgreich zum Essen des Giftgerichts veranlaßt wird. Die straflose V. entspricht der → Nachtat und stellt eine Art → Gesetzeskonkurrenz dar.

Wahldelikte

Vortäuschen einer Straftat ist nach § 145 d StGB mit Freiheitsstrafe bis zu 3 Jahren oder mit Geldstrafe bedroht. Das Vergehen, das die Strafrechtspflege vor ungerechtfertigter Inanspruchnahme ihres Verfolgungsapparats schützt, muß gegenüber einer Dienststelle wider besseres Wissen begangen werden. Der Täter täuscht entweder eine *nicht begangene Straftat* vor (z. B. er sei überfallen worden, er habe einen Mord beobachtet) oder aber das Bevorstehen einer Straftat aus dem Katalog des § 126 StGB, also bestimmter schwerer Verbrechen und Vergehen. Ebenso strafbar ist die Täuschung *über die Person* eines an einer (wirklich begangenen oder bevorstehenden) Straftat Beteiligten (z. B. Austauschen des Fahrsitzes mit dem Beifahrer nach verschuldetem Verkehrsunfall; falsche Selbstbezichtigung). Lenkt der Täuschende die Behörde vom wirklichen Täter ab, so liegt i. d. R. → Strafvereitelung vor. Auch falsche → Verdächtigung geht dem subsidiären V. e. S. vor.

Vorteilsannahme, Vorteilsgewährung → Bestechung.

W

Waffen. Das StGB kennt eine Reihe Tatbestände, in denen das Mitsichführen von W. bei der Tatbegehung Strafschärfung bewirkt, z. B. → Widerstand gegen Vollstreckungsbeamte, → Diebstahl, → Hausfriedensbruch, → Raub. Wegen besonderer Gefährlichkeit genügt i. d. R. schon das Mitsichführen von Schußwaffen ohne besondere Verwendungsabsicht. Bei anderen W. ist meist erforderlich, daß der Täter sie in der Absicht mitführt, sie bei Durchführung der Tat im Bedarfsfall einzusetzen. Je nach den Anforderungen des Tatbestandes braucht es sich nicht stets um W. im technischen Sinn (z. B. Messer, Molotowcocktail, Schlagring) zu handeln, sondern es können auch andere Gegenstände (*Mittel* und *Werkzeuge*) genügen, die die körperliche Wehrbereitschaft erhöhen (Regenschirm, Säure, Chloroform, Pfeffer).

Das Waffengesetz (WaffG) v. 8. März 1976 (BGBl. I 432; III 7133-3) regelt den Erwerb und den Besitz von bestimmten W., insbesondere Schußwaffen (Waffenbesitzkarte, Waffenschein), und stellt zahlreiche Formen des unbefugten Handelns oder Umgangs mit W. unter Strafe (§ 53 WaffG).

Wahlbehinderung → Wahldelikte.

Wahldelikte. Wahlen sind als Akt der demokratischen Willensbildung unter strafrechtlichen Schutz gestellt. Wahlen im Sinne der §§ 107–108 b StGB sind nach § 108 d S. 1 StGB solche zu den Volks-

Wahldelikte

vertretungen, die der Abgeordneten des Europäischen Parlaments sowie sonstige Wahlen und Abstimmungen des Volkes in Bund, Ländern, Gemeinden und Gemeindeverbänden (also nicht z. B. zu einem Betriebsrat), wobei das Unterschreiben eines *Wahlvorschlags* oder eines *Volksbegehrens* gleichgesetzt ist (§ 108d S. 2 StGB). Über § 107b II StGB sind die Urwahlen in der Sozialversicherung gleichermaßen geschützt. Wegen *Wahlbehinderung* wird bestraft, wer mit Gewalt oder durch Drohung eine Wahl oder die Feststellung ihres Ergebnisses verhindert oder auch nur stört (§ 107 StGB). Die *Wahlfälschung* des § 107a StGB ist möglich 1. durch Herbeiführung eines falschen Ergebnisses (z. B. Wählen durch einen nicht Wahlberechtigten, mehrmalige Stimmabgabe, Entfernen von abgegebenen Stimmen vor Wahlabschluß), 2. durch Verfälschen des Wahlergebnisses (z. B. falsches Auszählen, Wegnehmen gültiger Stimmzettel) und 3. durch unrichtiges Verkünden eines Wahlergebnisses. Davon zu unterscheiden ist *Fälschung von Wahlunterlagen* (§ 107b StGB), die Handlungen vor dem Wahlvorgang erfaßt, aber subsidiär hinter → Falschbeurkundung im Amt (§ 348 StGB) und Urkundenunterdrückung (§ 274 StGB) zurücktritt. Das *Wahlgeheimnis* ist durch § 107c StGB strafrechtlich geschützt. Bestraft wird, wer Vorschriften, die das Wahlgeheimnis sichern sollen, in der Absicht verletzt festzustellen, wie (nicht ob) jemand gewählt hat. §§ 107 bis 107c StGB sind Vergehen.

Die Tatbestände der §§ 108, 108a und 108b StGB erfassen die unerlaubte Einflußnahme auf den Wähler, und zwar durch Nötigung, Täuschung und Bestechung. Des Verbrechens der *Wählernötigung* des § 108 StGB macht sich schuldig, wer einen anderen rechtswidrig mit Gewalt, durch Drohung mit einem empfindlichen Übel, durch Mißbrauch eines beruflichen oder wirtschaftlichen Abhängigkeitsverhältnisses oder sonstigen wirtschaftlichen Druck 1. nötigt zu wählen, 2. hindert zu wählen, 3. nötigt, anders zu wählen, als er will, 4. hindert, so zu wählen, wie er will. Nach § 108a StGB ist wegen *Wählertäuschung* (Vergehen) strafbar, wer durch Täuschung bewirkt, daß jemand anders wählt, als er will, oder daß er gegen seinen Willen nicht oder nicht gültig wählt. Wegen *Wählerbestechung* (§ 108b StBG) wird sowohl derjenige bestraft, der einem Wahlberechtigten für ein bestimmtes Verhalten bei der Wahlausübung Geschenke oder andere Vorteile anbietet, verspricht oder gewährt, als auch der Wahlberechtigte, der für ein bestimmtes Wahlverhalten Geschenke oder andere Vorteile fordert, sich versprechen läßt oder annimmt. Die Tat ist mit Erfüllung dieser Merkmale schon vollendet, ohne daß es auf die Verwirklichung des in Aussicht genommenen Wahlverhaltens des Wahlberechtigten ankäme.

Wahlfeststellung

Wählerbestechung, -nötigung, -täuschung → Wahldelikte.

Wahlfälschung → Wahldelikte.

Wahlfeststellung ist eine Verurteilung mit der Feststellung, daß der Angeklagte entweder die eine oder die andere Tat begangen hat. W. setzt zunächst voraus, daß eine bestimmte Tatbegehung nicht feststellbar ist, daß das Gericht aber auf Grund der → Beweisaufnahme die Überzeugung gewinnt, daß einer von zwei oder mehreren möglichen Tathergängen sicher vorliegt. W. *entfällt* jedoch stets, wenn die möglichen Tatabläufe Straftatbestände ausfüllen, die zueinander in einem Stufenverhältnis (mehr – weniger) stehen; z. B. es steht fest, daß A. gestohlen hat, es ist nicht sicher, ob er dabei eine Waffe mit sich geführt hat; B hat unachtsam den C angefahren und ihn schwer verletzt vorsätzlich auf der Straße liegen lassen, es ist aber nicht feststellbar, ob der Tod des C durch die Hilfe des B noch hätte vermieden werden können; D wirft einen Ziegelstein von einem Baugerüst, wobei nicht zu klären ist, ob er den dadurch herbeigeführten Tod des E wollte oder nicht. In all diesen Fällen ist nach dem Grundsatz *in dubio pro reo* (im Zweifel für den Angeklagten) wegen des dem Täter günstigeren Tatbestands zu bestrafen, also bei Gegenüberstehen von Grunddelikt und strafschärfendem Tatbestand wegen des ersteren, oder wegen Versuchs, wenn die Vollendung nicht sicher ist, wegen Fahrlässigkeit, wenn Vorsatz nicht erweisbar ist.

Bleibt lediglich offen, welche von mehreren konkreten Handlungen des Täters den festgestellten Tatererfolg herbeigeführt hat, so ist *alternative Tatsachenfeststellung* (sog. gleichartige W.) möglich. Beispiel: A macht als Zeuge in zwei Vernehmungen sich widersprechende Angaben. Die gleichartige W. bedarf in diesem Fall im *Urteilsspruch* (Tenor) keiner Erwähnung; denn sie stellt lediglich eine Alternativität des Sachverhalts ohne rechtliche Auswirkungen dar.

Die sog. *ungleichartige W.* ist beschränkt auf die Fälle verschiedener Begehungsmöglichkeiten des gleichen Delikts (z. B. Herstellung oder Gebrauchmachen von einer unechten Urkunde in § 267 StGB) sowie auf Fälle, in denen nur die Wahl zwischen rechtsethisch oder psychologisch vergleichbaren Tatbeständen möglich ist. Die Rechtsprechung hat W. zugelassen z. B. zwischen Diebstahl und Hehlerei, Diebstahl und Unterschlagung, Raub und räuberischer Erpressung, Betrug und Untreue. W. scheidet somit aus zwischen Raub und Hehlerei (z. B. wenn der Beschuldigte im Besitz von Geldscheinen aus einem Banküberfall angetroffen wird, ohne daß seine Beteiligung zu klären ist). Die zulässige ungleichartige W. wird im *Urteilstenor* zum Ausdruck gebracht („wegen eines Vergehens des Betrugs oder der Untreue"). Die *Strafe* und auch Nebenfolgen können nur dem jeweilig milderen Strafgesetz entnommen werden.

Wahlrecht, Verlust

Wahlrecht, Verlust → Nebenfolgen.

Wahlverteidiger → Verteidiger.

Wahndelikt → Irrtum (II), Versuch.

Wahrheitsbeweis → üble Nachrede.

Wahrnehmung berechtigter Interessen. Die Vorschrift des § 193 StGB über die W. b. I. enthält → Rechtfertigungsgründe für die → Beleidigung, die → üble Nachrede und auch die → Verleumdung (str. und zw.), aber nicht für Straftaten außerhalb der Beleidigungsdelikte. § 193 macht zur Voraussetzung, daß sich nicht eine Beleidigung aus der Form der Äußerung oder aus den Umständen, unter denen sie geschah, ergibt. Ist das der Fall, so ist nach § 185 StGB zu bestrafen. Diese Regelung entspricht dem § 192 StGB. *Gerechtfertigt* nach § 193 StGB sind: 1. Tadelnde Urteile über wissenschaftliche, künstlerische oder gewerbliche Leistungen. 2. Äußerungen zur Ausführung oder Verteidigung von Rechten, z. B. im Zivilrechtsstreit. 3. Äußerungen zur W. b. I., wobei sowohl Interessen des eigenen Bereichs wie allgemeine, jeden Staatsbürger betreffende Interessen (BVerfG NJW 1961, 821) wahrgenommen werden können. Erforderlich ist jedoch, daß die ehrverletzende Handlung ein *angemessenes* Mittel zur Interessenwahrung darstellt. Es hat deshalb eine Güterabwägung stattzufinden. 4. Vorhaltungen und Rügen der Vorgesetzten gegen ihre Untergebenen. 5. Dienstliche Anzeigen oder Urteile eines Beamten. 6. Ähnliche, also der Interessenlage der Nr. 1–5 entsprechende Fälle, z. B. Tadel des Schülers durch Lehrer.

Die W. b. I. hat besondere Bedeutung für die *Publikationsorgane* (Film, Fernsehen, Rundfunk, Presse), die Interessen der Allgemeinheit wahrnehmen. Die Verantwortlichen können sich auf § 193 StGB berufen, wenn am Gegenstand der Berichterstattung ein ernsthaftes Informationsinteresse der Öffentlichkeit besteht. Dies ist insbesondere bei Erörterungen politischer Angelegenheiten der Fall. Doch haben die Autoren im Hinblick auf die Publikationswirkung eine erhöhte Informationspflicht.

Wappen der Bundesrepublik → Verunglimpfung (II).

Wartepflicht bei Unfällen → Unerlaubtes Entfernen vom Unfallort.

Wasserverschmutzung → Umweltdelikte, Verunreinigung eines Gewässers.

Wechselseitige Beleidigungen oder Körperverletzungen → Kompensation.

Wehrkraftzersetzung → Störpropaganda gegen die Bundeswehr.

Wehrstrafgesetz (WStG)

Wehrlose, Mißhandlung → Mißhandlung von Schutzbefohlenen.

Wehrmittelsabotage → Sabotagehandlungen an Verteidigungsmitteln.

Wehrpflichtentziehung ist als Vergehen gegen die → Landesverteidigung in zwei Begehungsformen strafbar. § 109 StGB erfaßt die *W. durch Verstümmelung*. Für Soldaten folgt die Strafbarkeit aus § 17 → Wehrstrafgesetz. § 109a StGB stellt die *W. durch Täuschung* unter Strafe. In beiden Fällen kann Täter sein, wer sich oder einen anderen der Erfüllung der Wehrpflicht entzieht. Strafbar ist auch schon der Versuch.

Wehrstrafgesetz (WStG). I. Das WStG gilt für alle Straftaten, die *Soldaten* begehen, sowie für Pflichtverletzungen *militärischer Vorgesetzter,* auch wenn diese nicht selbst Soldaten sind. Wegen Anstiftung oder Beihilfe zu Wehrstraftaten kann sich jedoch jedermann strafbar machen. Darüberhinaus sind im militärischen Bereich die Strafvorschriften über Vergehen gegen die → Landesverteidigung zu beachten.

II. *Strafen* sind nach dem WStG *Strafarrest* und → Freiheitsstrafe. Strafarrest kann nur gegen Soldaten verhängt werden. Er beträgt 2 Wochen bis 6 Monate und besteht in Freiheitsentziehung. Dabei soll die Ausbildung gefördert werden. *Geldstrafe* kann gegen Soldaten verhängt werden, jedoch nur, wenn nicht besondere Umstände Freiheitsstrafe zur Wahrung der Disziplin erforderlich machen (§ 10 WStG). Kommt unter diesem Gesichtspunkt gegen einen Soldaten Freiheitsstrafe unter 6 Monaten in Betracht, so muß Strafarrest verhängt werden.

III. Die *militärischen Straftaten* gliedert das WStG in vier Gruppen: 1. Als Verstoß gegen die Pflicht zur militärischen Dienstleistung sind strafbar die eigenmächtige Abwesenheit (Fernbleiben, Verlassen bis zu 3 Tagen) von der Truppe oder Dienststelle (§ 15), die → Fahnenflucht (§ 16), die Selbstverstümmelung (§ 17) und die Wehrdienstentziehung durch Täuschung (§ 18). 2. Die Straftaten gegen die Pflichten der Untergebenen (§§ 19–29) umfassen u. a. den Ungehorsam (Befehlsverweigerung), die Gehorsamsverweigerung, die Meuterei und die Verabredung der Unbotmäßigkeit. 3. Als Verletzung der Pflichten der Vorgesetzten (§§ 30–41) sind u. a. die Mißhandlung sowie die entwürdigende Behandlung Untergebener, Mißbrauch und Anmaßung von Befehlsbefugnissen aufgeführt. 4. In einem weiteren Abschnitt sind Straftaten gegen andere militärische Pflichten enthalten, z. B. Wachverfehlung, rechtswidriger Waffengebrauch (§§ 42–48).

Weisungen

Weisungen → Strafaussetzung zur Bewährung, Erziehungsmaßregeln, Führungsaufsicht.

Weisungsgebundenheit → Staatsanwaltschaft.

Weltanschauungsvereinigung → Beschimpfung von Bekenntnissen.

Weltrechtsprinzip → Ausländer.

Wenden auf der Autobahn → Verkehrsgefährdung.

Werbung für den Abbruch der Schwangerschaft → Abbruch der Schwangerschaft (IV).

Werkzeuge, gefährliche → Körperverletzung (2).

Werkzeuge, Verwendung als Waffe → Waffen.

Wertersatz → Einziehung I (3).

Wertpapier → Geldfälschung.

Wertzeichen → Geldfälschung.

Wesentliches Ergebnis der Ermittlungen → Anklageschrift.

Widerklage → Privatklage.

Widerruf → Strafaussetzung zur Bewährung, Jugendstrafe, Verwarnung mit Strafvorbehalt.

Widerstand gegen Vollstreckungsbeamte (Widerstand gegen die Staatsgewalt) nach § 113 StGB ist nach dem Verständnis des Gesetzgebers wegen des Angriffsobjekts ein privilegierter Fall der →Nötigung. Zusätzlich wird durch die Straffreiheit bzw. die Milderungsmöglichkeit für den über die Rechtmäßigkeit der Beamtentätigkeit irrenden Täter in nicht unbestrittenem Maße den Interessen des sich gegen die Staatsgewalt zur Wehr setzenden Täters Rechnung getragen.

1. W. g. V. begeht nach § 113 StGB, wer gegenüber einem Vollstreckungsbeamten bei dessen Amtsausübung durch Gewalt oder Bedrohung mit Gewalt, die gegen die Person des Beamten gerichtet sein muß (also nicht durch Passivität), W. leistet oder den Beamten tätlich angreift.

2. *Vollstreckungsbeamte* sind nicht alle → Beamten, sondern nur Amtsträger oder Soldaten der Bundeswehr, die zur Vollstreckung von Gesetzen, Rechtsverordnungen, Urteilen, Beschlüssen von Gerichten oder Verfügungen berufen sind. Darunter fallen also Polizeibeamte, Gerichtsvollzieher, Bahnpolizeibeamte, Gerichtswachtmeister. Nach § 114 I StGB sind aber den Amtshandlungen der Beamten

Wiederaufnahme des Verfahrens

i. S. des § 113 StGB die Vollstreckungshandlungen von Personen gleichgestellt, welche die Rechte und Pflichten eines Polizeibeamten haben oder aber Hilfsbeamte der Staatsanwaltschaft sind, ohne Amtsträger zu sein. Des weiteren ist W. nach § 114 II StGB auch gegenüber Personen möglich, die zur Unterstützung bei einer Amts- oder Diensthandlung zugezogen werden (z. B. Schlosser, der im Auftrage der Polizei Türschloß beseitigt). Geschützt ist demnach durch §§ 113, 114 auch der Jagdschutzberechtigte sowie der Forst-, Fischerei- oder Feldschutzberechtigte bzw. -aufseher (nicht der bloße Jagdausübungsberechtigte, insoweit also → Nötigung), so daß insoweit eine Strafbarkeit i. S. des früheren *Forstwiderstandes* erhalten bleibt.

3. Die Vollstreckungsbeamten müssen sich in der *rechtmäßigen Ausübung ihres Amtes* befinden. Rechtmäßig ist eine Amtshandlung, wenn sie sich in den Grenzen gesetzlicher Befugnis (z. B. StPO, Polizeigesetze der Länder) hält und der Beamte sachlich und örtlich zuständig ist. Fehlt die Rechtmäßigkeit der Amtshandlung, so entfällt damit der Tatbestand des § 113 auch dann, wenn der Täter von sich aus den Vollstreckungsbeamten angreift. Doch wird die Rechtmäßigkeit der Amtshandlung nicht dadurch beseitigt, daß der Beamte über tatsächliche Voraussetzungen seines Rechts irrt (z. B. der Polizeibeamte nimmt den unschuldigen A fest, der dem gesuchten Mörder B ähnelt). Der Vorsatz des Täters braucht die Rechtmäßigkeit der Amtsausübung des Beamten nicht zu umfassen, weil diese kein → Tatbestandsmerkmal ist. Nimmt er irrig unrechtmäßiges Handeln des Beamten an, so führt das über § 113 IV StGB zu Straflosigkeit, wenn der Irrtum unvermeidbar und eine anderweitige Abwehr der staatlichen Maßnahme (z. B. durch → Rechtsbehelfe) nicht zumutbar war. Die Möglichkeit der Strafmilderung oder des Absehens von Strafe besteht hingegen bei vermeidbarem Irrtum oder bei unvermeidbarem Irrtum über die Rechtmäßigkeit der Amtshandlung, aber zumutbarer Abwehr mit anderen Mitteln.

4. Die *Regelstrafe* beträgt Freiheitsstrafe bis zu zwei Jahren oder Geldstrafe, liegt damit unter der Strafdrohung der → Nötigung und erweist dieser gegenüber den Tatbestand des W. g. V. als privilegierendes Spezialdelikt. In *besonders schweren Fällen,* so regelmäßig bei Waffenführung oder Verursachung einer schweren → Körperverletzung oder der Todesgefahr, ist Freiheitsstrafe von 6 Monaten bis zu 5 Jahren angedroht (§ 113 II StGB).

Widerstandsunfähige → Sexueller Mißbrauch (V).

Wiederaufnahme des Verfahrens. Die W. eines abgeschlossenen Verfahrens dient der Beseitigung oder Änderung rechtskräftiger Urteile oder Strafbefehle (§ 373a StPO). Fehlerquellen für die materielle

Wiederaufnahme des Verfahrens

Richtigkeit eines Urteils sind nie völlig auszuschließen. Vgl. → Justizirrtum. Da aber die Beständigkeit eines rechtskräftigen Richterspruchs ein Erfordernis der Rechtssicherheit und damit der Rechtsstaatlichkeit ist, sind die Möglichkeiten der W. auf wenige Fälle beschränkt. Die tatsächliche Behauptung eines gesetzlichen Wiederaufnahmegrunds nach § 359 StPO (zugunsten des Verurteilten), § 362 StPO (zuungunsten des Verurteilten) oder nach § 79 I BVerfGG ist Zulässigkeitsvoraussetzung des Antrags auf W. Die *Wiederaufnahmegründe* sind im einzelnen: 1. Die Verwendung einer unechten oder verfälschten, aber in der Hauptverhandlung als echt angesehenen → Urkunde (§§ 359 Nr. 1, 362 Nr. 1 StPO). 2. Unrichtigkeit der Aussage eines Zeugen oder Sachverständigen (auch Dolmetscher), der sich der vorsätzlichen oder fahrlässigen Verletzung der Eidespflicht (Meineid) oder der vorsätzlichen → falschen uneidlichen Aussage schuldig gemacht hat (§§ 359 Nr. 2, 362 Nr. 2 StPO). 3. Strafbare sachbezogene Amtspflichtverletzung eines bei dem Urteil mitwirkenden Berufs- oder Laienrichters (§§ 359 Nr. 3, 362 Nr. 3 StPO). Für die Gründe 1–3 ist nach § 364 StPO weitere Zulässigkeitsvoraussetzung die rechtskräftige Verurteilung wegen der behaupteten Straftat oder aber, daß die Einleitung oder Durchführung eines Strafverfahrens aus anderen Gründen als wegen Mangels an Beweis nicht möglich ist (z. B. Verjährung der Strafverfolgung). 4. Rechtskräftige Aufhebung eines zivilgerichtlichen (entsprechend auch arbeits-, sozial- oder verwaltungsgerichtlichen) Urteils, auf das sich das Strafurteil stützt (§ 359 Nr. 4 StPO). 5. Die *Beibringung neuer Tatsachen oder Beweismittel* (§ 359 Nr. 5 StPO) ist der in der Praxis bedeutsamste Grund zur W. *Neue* Tatsachen und Beweismittel sind solche, die dem erkennenden Gericht unbekannt waren. Ein neues Beweismittel ist auch das früher nicht erreichbare. Die neuen Tatsachen oder Beweismittel müssen – vom Standpunkt des früheren erkennenden Gerichts aus betrachtet – geeignet sein, entweder den Freispruch oder eine Strafmilderung durch die Anwendung eines milderen Strafgesetzes (z. B. Totschlag statt Mord) oder aber eine wesentlich andere Entscheidung über eine Maßregel der Sicherung und Besserung zu begründen. 6. Das glaubwürdige Geständnis eines in einem früheren Verfahren Freigesprochenen (§ 362 Nr. 4 StPO). 7. Eine Entscheidung des Bundesverfassungsgerichts, durch die ein materielles Strafgesetz, auf dem das Strafurteil beruht, für verfassungswidrig erklärt wird (§ 79 I BVerfGG). Die Wiederaufnahmegründe 4 und 5 können jedoch nur zugunsten, der nach Nr. 6 nur zuungunsten des Verurteilten geltend gemacht werden. Ein weiterer Grund für die W. d. V. zuungunsten des durch → Strafbefehl Verurteilten ist nach § 373a StPO bei einem durch Tatsachen oder Beweismittel begründeten Verdacht eines Verbrechens gegeben.

Wiedereinsetzung

Unzulässig ist die W., die lediglich eine andere Strafzumessung (nach demselben Gesetz) oder Strafmilderung über die Behauptung verminderter Schuldfähigkeit nach § 21 StGB bezweckt (§ 363 StPO). Die W. wird nicht dadurch ausgeschlossen, daß die Strafe schon vollstreckt oder der Verurteilte verstorben ist (§ 361 I StPO). Der formbedürftige (§ 366 StPO) Antrag auf W. ist an das Wiederaufnahmegericht zu richten. Dieses wird nach § 140a GVG durch das Präsidium des OLG bestimmt. Es ist ein gleichrangiges, aber anderes Gericht als das, welches das rechtskräftige Urteil erlassen hat. Wird der Antrag nicht als unzulässig verworfen, sondern zugelassen, so wird durch eine richterliche Beweisaufnahme (§ 369 StPO; sog. Probationsverfahren) die Begründetheit des Antrags geprüft. Das Gericht verwirft den Antrag auf W. als unbegründet, wenn die darin aufgestellten Behauptungen keine genügende Bestätigung gefunden haben (d.h. wenn es nicht wahrscheinlich ist, daß der W.grund Erfolg hat) oder wenn es bei den W.gründen 1 und 2 ausgeschlossen ist, daß der W.grund die Entscheidung beeinflußt hat (§ 370 I StPO). *Ordnet das Gericht die W. an,* so wird durch diesen Beschluß das frühere Urteil beseitigt und das Verfahren wieder *rechtshängig* (BGHE 14, 64). Das neue Hauptverfahren findet vor dem Gericht statt, dessen Urteil beseitigt worden ist. Die früheren Richter sind nach § 23 II StPO dabei ausgeschlossen. Statt der Durchführung einer erneuten *Hauptverhandlung* ist ein abgekürztes Verfahren durchzuführen, wenn der Verurteilte verstorben ist (§ 371 I StPO). Sofortiger Freispruch ist nach § 371 II StPO möglich – bei öffentlichen Klagen nur mit Zustimmung der Staatsanwaltschaft –, wenn genügend Beweise bereits vorliegen (bedeutsam insbesondere bei W. nach § 79 I BVerfGG). Die erneute → Hauptverhandlung ist nach den allgemeinen Vorschriften durchzuführen. Kommt das Gericht zum gleichen Ergebnis, ist das frühere Urteil aufrecht zu erhalten; andernfalls ist unter Aufhebung des früheren Urteils und Beachtung des *Verbots der Schlechterstellung* nach § 373 II StPO anderweit zu erkennen. Vgl. Entschädigung für Strafverfolgungsmaßnahmen.

Wiedereinsetzung. Gegen die Versäumung einer prozessualen Frist (z.B. Rechtsmittelfrist) ist der → *Rechtsbehelf der W.* in den vorigen Stand zulässig, wenn der Prozeßbeteiligte, der die Frist versäumt hat, ohne Verschulden (z.B. durch Naturereignisse, unabwendbare Zufälle) an der Einhaltung der Frist verhindert worden ist (§ 44 StPO). Vorsatz oder Fahrlässigkeit (mangelnde Erkundigung über Formen und Fristen) schließen die Möglichkeit der W. deshalb aus. Für den Beschuldigten ist das Verschulden seines Verteidigers regelmäßig unverschuldet. Ohne Verschulden handelt regelmäßig der Antragsteller, wenn die vorgeschriebene Belehrung über Rechtsmittelfri-

Wiederholungsgefahr

sten unterblieben ist (§ 44 StPO). Auch gegen die *Versäumung der Hauptverhandlung* ist W. möglich (§§ 235, 329, 412 StPO).

Der Antrag auf W. muß binnen *1 Woche* nach Wegfall des Hindernisses unter Angabe und *Glaubhaftmachung* (das ist Wahrscheinlichmachung, etwa durch Vorlage einer eidesstattlichen Versicherung eines Zeugen) des Wiedereinsetzungsgrundes angebracht werden (§ 45 I 1 StPO), wobei zugleich die versäumte Prozeßhandlung nachzuholen ist. Einzureichen ist das Gesuch bei dem Gericht, bei dem die Frist wahrzunehmen gewesen wäre. Es entscheidet jedoch das Gericht, das bei rechtzeitiger Handlung zur Entscheidung in der Sache berufen gewesen wäre (§ 46 I StPO). Die rechtzeitige Anbringung des Gesuchs um W. bei diesem Gericht genügt zur Wahrung der Frist nach § 45 I 2 StPO. Der der W. *stattgebende* Beschluß ist *unanfechtbar*. Wird W. abgelehnt, so ist sofortige Beschwerde zulässig (§ 46 III StPO). Durch die W. werden die Versäumnisfolgen beseitigt, ohne daß dadurch gegenstandslos gewordene Entscheidungen aufgehoben werden müßten.

Wiederholungsgefahr → Unterbringung, Untersuchungshaft (I 4).

Wilderei. I. *Jagdwilderei* ist der vorsätzliche Eingriff in fremdes Jagdrecht. § 292 I StGB enthält zwei Tatbestände der Jagdwilderei. Zunächst ist unter Strafe gestellt, dem Wild nachzustellen, es zu fangen, zu erlegen oder sich zuzueignen. Danach genügt es zur Vollendung der W., wenn der Täter in Jagdabsicht mit einem Gewehr den Wald durchstreift oder vergeblich Schlingen ausgelegt hat. Strafbar ist aber auch die Zueignung, Beschädigung oder Zerstörung einer dem Jagdrecht unterliegenden Sache. Darunter fallen z. B. verendetes oder angeschossenes, auch im Straßenverkehr zu Schaden gekommenes Wild, auch das vom Wilderer erlegte (deshalb hieran kein Diebstahl) sowie Abwurfstangen. § 292 II StGB erhöht die Regelstrafe (Freiheitsstrafe bis zu 5 Jahren oder Geldstrafe) für besonders schwere Fälle (z. B. Nachtzeit, Schonzeit) auf Freiheitsstrafe von 3 Monaten bis zu 5 Jahren, desgleichen § 292 III StGB für die gewerbs- und → gewohnheitsmäßige W., wobei hier für besonders schwere Fälle die Mindeststrafe auf 1 Jahr erhöht ist.

II. Die *Fischwilderei* ist in § 293 I StGB mit Freiheitsstrafe bis zu 2 Jahren oder mit Geldstrafe bedroht. Sie stellt einen Eingriff in das Fischereirecht dar, betrifft also alle nutzbaren Wassertiere in offenen Gewässern. Die Entwendung eines Karpfens aus einem Privatteich ist deshalb Diebstahl. Die Strafschärfungsmöglichkeit entspricht der Jagdwilderei.

III. W. ist in der Grundform (§§ 292 I, 293 I StGB) → Antragsdelikt. Die Beute und das Jagd- bzw. Fischereigerät (auch Tiere, wie der Jagdhund) können nach § 295 StGB *eingezogen* werden.

Wirtschaftsstrafsachen. I. W. im engeren Sinn betreffen vor allem die Straftaten nach dem Wirtschaftsstrafgesetz vom 9. 7. 1954. Es enthält Blankettbestimmungen zur Bestrafung bzw. Ahndung von Verstößen gegen wirtschaftliche Vorschriften (z. B. Sicherstellungsgesetze für Ernährung, Wasser) und Preisregelungsvorschriften. Die einschlägigen Gesetze sehen weithin auch nur Ordnungswidrigkeiten vor.

II. Zu den W. im weiteren Sinn werden auch Verstöße gegen das Außenwirtschaftsgesetz vom 28. 4. 1961, Straftaten nach dem Zoll- und Steuerrecht, nach dem Gesetz über das Bank-, Depot-, Börsen- und Kreditwesen, nach dem Versicherungsaufsichtsgesetz, Straftaten auf dem Gebiet des Handels- und Gewerberechts (z. B. § 82ff. GmbHG, § 399ff. AktG), des Wettbewerbsrechts (z. B. Gesetz gegen den → unlauteren Wettbewerb; z. T. des Gesundheitsrechts (insbesondere Lebensmittel-Gesetz vom 5. 7. 1927) gezählt. Aber auch → Betrug, → Untreue, → Diebstahl, → Unterschlagung, → Sachhehlerei oder → Wucher könne W. sein.

III. Wirtschaftsdelikte sind für die Volkswirtschaft, aber auch für das einzelne Opfer von besonderer Gefährlichkeit. Sie bereiten wegen der oft späten Zugriffsmöglichkeit der Ermittlungsbehörden und wegen der Tarnungsmöglichkeiten (frisierte Bilanzen) erhebliche Schwierigkeiten in der Verfolgung. Regelmäßig ist auch für die Ermittlungsbehörde besondere Sachkunde erforderlich. Nach § 74c GVG können deshalb die Landesregierungen alle W. für mehrere Landgerichte einem von ihnen zuweisen. Die Wirtschaftsstrafkammer tritt für alle W. nach I und II an die Stelle der sonst in erster Instanz zuständigen großen Strafkammer. Vgl. Zuständigkeit 4.

Wissentlich → Vorsatz.

Wucher begeht nach § 302a StGB, wer für seine eigene Leistung sich oder einem Dritten Gegenleistungen versprechen oder gewähren läßt, die in einem auffälligen Mißverhältnis stehen. Voraussetzung ist weiter die Ausbeutung auf Grund besonderer Umstände: a) Ausnutzung einer Zwangslage (auch subjektive Notlage); b) Unerfahrenheit (etwa auf Grund des Lebensalters); c) Mangel an Urteilsvermögen (z. B. Fehleinschätzung der rechtlichen Folgen des Verzugs) d) erhebliche Willensschwäche (z. B. eines Alkoholsüchtigen). Das Gesetz hebt einzelne Leistungen besonders hervor, so die Vermietung von Wohnraum, die Kreditgewährung und Vermittlungsgeschäfte. Gleichwohl ist der W. als Tatbestand für jede Art von Leistung gefaßt. Strafbar sind auch wucherische Geschäfte, bei denen sich erst durch das vorsätzliche Zusammenwirken mehrerer das Mißverhältnis zwischen Leistung und Gegenleistung ergibt. Die Regelstrafe (Freiheitsstrafe bis zu 3 Jahren oder Geldstrafe) ist für besonders

Zechprellerei

schwere Fälle auf 6 Monate bis 10 Jahre Freiheitsstrafe geschärft. Ein besonders schwerer Fall ist nach § 302a II StGB in der Regel anzunehmen, wenn das Opfer in wirtschaftliche Not gebracht, wenn der W. gewerbsmäßig begangen wird oder wenn sich der Täter Wechsel als wucherische Vermögensvorteile ausstellen läßt.

Z

Zechprellerei → Betrug.

Zeitgesetz → Strafbarkeit.

Zentralregister. Das Bundeszentralregister führt nach dem Gesetz über das Z. und das Erziehungsregister (BZRG) vom 18. 3. 1971 (BGBl. I 243) i. d. F. vom 22. 7. 1976 der Generalbundesanwalt in Berlin. Die früher in allen LG-Bezirken geführten *Strafregister* werden im Interesse der Rationalisierung und Beschleunigung bei der Auskunfterteilung zusammengelegt.

I. In das Z. werden neben strafgerichtlichen Verurteilungen nach § 3 BZRG *eingetragen:* Entmündigungen, gewisse Entscheidungen von Verwaltungsbehörden (z. B. Ablehnung von Gewerbezulassungen, Ausweisungen von Ausländern), Vermerke über Schuldunfähigkeit (z. B. Verfahrenseinstellungen der Staatsanwaltschaft wegen Geisteskrankheit), Entscheidungen über nichtstrafrechtliche Freiheitsentziehungen (z. B. Unterbringung wegen krankheitsbedingter Selbst- oder Gemeingefährlichkeit). Rechtskräftige strafgerichtliche *Verurteilungen* sind einzutragen, wenn ein deutsches Gericht auf eine → Strafe erkennt, wenn eine → Maßregel der Besserung und Sicherung angeordnet wird oder wenn im Jugendstrafrecht eine Schuldfeststellung nach § 27 JGG getroffen wurde. Verurteilungen werden mit allen → Nebenstrafen und → Nebenfolgen und angeordneten Maßregeln der Besserung und Sicherung eingetragen. Eingetragen werden ferner Entscheidungen über eine → Strafaussetzung unter Angabe des Endes der Bewährungszeit sowie die Sperrfrist für die Wiedererteilung einer Fahrerlaubnis. Schließlich werden auch alle nachträglichen Entscheidungen, die die bereits eingetragenen betreffen oder ergänzen (z. B. Erlaß der Strafe, vorzeitige Aufhebung der Sperrfrist), auch Gnadenerweise und Amnestien, die Vollstreckung von Freiheitsstrafen und die Beendigung oder Erledigung von Freiheitsstrafen sowie die Beendigung oder Erledigung von Maßregeln eingetragen. Die Behörden und das Register sind zu gegenseitigen Meldungen und Hinweisen verpflichtet.

II. 1. Die Staatsanwaltschaft holt eine *Auskunft* (vollständige Mitteilung aller Eintragungen) aus dem Z. regelmäßig schon während

Zentralregister

des Ermittlungsverfahrens ein. Die Auskunft gibt Kenntnis von → Vorstrafen und erlaubt die Beiziehung der Akten über frühere Verurteilungen, die zu Feststellungen der Voraussetzungen des →Rückfalls oder der Sicherungsverwahrung (s. Unterbringung, III) oder für die Strafzumessung erforderlich sind. *Unbeschränkte* Auskunft erhalten außer Gericht und Staatsanwaltschaft noch die obersten Bundes- und Landesbehörden (Ministerien), die Finanzbehörden zur Verfolgung von → Steuerstraftaten, die Kriminalpolizei zur Verfolgung und Verhütung von Straftaten, Verfassungsschutzämter, der Bundesnachrichtendienst, das Amt für Sicherheit der Bundeswehr, die Einbürgerungs-, Ausländer- und Gnadenbehörden.

2. In allen anderen Fällen wird Auskunft nur in Form des → Führungszeugnisses mit beschränktem Inhalt erteilt.

III. 1. Die *Tilgung* von Strafvermerken, d. h. deren Entfernung aus dem Z. 6 Monate nach Ablauf der Tilgungsreife, ist nach Ablauf bestimmter Fristen vorgeschrieben. Auch sie dient der → Resozialisierung des Verurteilten. Die Tilgungsfristen (§ 44 BZRG) sind nach Art und Höhe der Strafen gestaffelt und betragen 5 bis 15 Jahre. Die Tilgungsfristen beginnen mit dem Tag der Verurteilung, sind aber in ihrem Ablauf gehemmt bis zur Eintragung der Vollstreckung der Strafe bzw. Erledigung von Nebenstrafen, Nebenfolgen und Maßregeln. Schon vor Fristablauf kann der Generalbundesanwalt die Tilgung im Einzelfall aus besonderen Gründen anordnen. Solange nicht alle Vermerke tilgungsreif sind, bleiben auch die tilgungsreifen bestehen.

Sobald eine Verurteilung getilgt ist oder die Voraussetzungen dazu vorliegen, dürfen die Tat und die Verurteilung dem Betroffenen im Rechtsverkehr nicht mehr vorgehalten oder zu seinem Nachteil verwendet werden (§ 49 I BZRG). Unberührt bleiben von diesem *Verwertungsverbot* freilich Rechte Dritter (z. B. Schadenersatzansprüche aus der Straftat) sowie gesetzliche oder gerichtlich entschiedene Rechtsfolgen der Tat oder der Verurteilung (z. B. Verlust einer Beamtenstellung). Das Verwertungsverbot ist durch einzelne in § 50 BZRG festgelegte Ausnahmen durchbrochen.

2. Von der Tilgung ist die Beseitigung des Strafmakels im Jugendstrafrecht nach § 97 JGG zu unterscheiden. Der Jugendrichter kann (i. d. R. frühestens zwei Jahre nach Verbüßung oder Erlaß der Strafe) den Strafmakel auf Antrag oder von Amts wegen für beseitigt erklären, wenn er die Überzeugung erlangt hat, daß sich ein zu Jugendstrafe verurteilter Jugendlicher durch einwandfreie Führung als rechtschaffener Mensch erwiesen hat. Die gleiche Entscheidung ergeht stets, wenn eine Jugendstrafe von höchstens zwei Jahren nach Strafaussetzung oder Entlassung zur Bewährung erlassen wird. Die Beseitigung des Strafmakels wird im Zentralregister eingetragen. Es

Zersetzung der Bundeswehr, öff. Sicherheitsorgane

läuft eine 5jährige Tilgungsfrist. In das Führungszeugnis wird die Verurteilung nicht mehr aufgenommen.

3. Keine Tilgung ist auch die *Entfernung* der Eintragungen nach dem Tod des Betroffenen oder nach Erreichen des 90. Lebensjahres (§ 22 BZRG).

IV. Dem Zentralregister angeschlossen ist das *Erziehungsregister,* das die frühere gerichtliche *Erziehungskartei* ersetzt.

1. Das Erziehungsregister dient der Erfassung aller Maßnahmen des Jugend- und Vormundschaftsgerichts gegen Jugendliche und Heranwachsende, die nicht eine Strafe darstellen, also nicht im Z. eingetragen werden. Insbesondere sind demnach im Erziehungsregister vermerkt die Verhängung von → Erziehungsmaßregeln, → Zuchtmitteln, → Nebenstrafen, → Nebenfolgen, der Freispruch im Fall mangelnder Reife, ebenso die → Einstellung aus diesem Grunde, die Anordnung der Fürsorgeerziehung durch das Vormundschaftsgericht.

2. *Auskunft* aus dem Erziehungsregister darf ausschließlich erteilt werden an Strafgerichte und Staatsanwaltschaften, Vormundschaftsgerichte, Jugendämter und Gnadenbehörden. Die Eintragungen enthalten keine → Vorstrafen, so daß auch die Kriminalpolizei keine Auskunft erhält. Die Eintragungen werden entfernt, sobald der Betroffene das 24. Lebensjahr vollendet hat. Doch unterbleibt die Entfernung, solange im Z. eine Freiheitsstrafe vermerkt ist. Eine Offenbarungspflicht über Eintragungen im Erziehungsregister gibt es nicht.

V. Das Z. dient auch in besonderem Maße *Fahndungszwecken,* weil hier Meldungen aus dem Bundesgebiet zusammenlaufen. Die fahndende Behörde hinterlegt bei dem Z. entweder einen *Suchvermerk* oder, wenn Festnahme auf Grund → Haftbefehls oder → *Steckbriefs* erfolgen soll, die sog. Steckbriefnachricht.

VI. Das *Verkehrszentralregister* (sog. Verkehrssünderkartei) ist eine von Z. unabhängig geführte Sammlung aller Verstöße auf dem Bereiche des Straßenverkehrs. Sie wird bei dem Kraftfahrt-Bundesamt in Flensburg geführt. Sie dient sowohl den Strafverfolgungsbehörden als auch den Verwaltungsbehörden, die über Erteilung und Entziehung einer Fahrerlaubnis zu entscheiden haben.

Zersetzung der Bundeswehr, öffentlicher Sicherheitsorgane → Gefährdung des demokratischen Rechtsstaats.

Zerstörung → Sachbeschädigung.

Zeuge ist die Person, die über wahrgenommene Tatsachen berichten soll. Zeuge kann jeder Mensch sein, der eine verständliche Aussage machen kann (auch Kinder, u. U. Geisteskranke). Nicht als Z. zugelassen ist der Beschuldigte, der Mitangeklagte (durch Trennung des Verfahrens wird aber Einvernahme als Z. möglich), der Privatkläger (anders der Nebenkläger). Richter, Staatsanwalt und Verteidiger können Z. sein, scheiden dann jedoch in ihrer Funktion als Organ der Rechtspflege in diesem Verfahren aus, der Verteidiger nur im Fall der Kollision (durch notwendige Belastung des Angeklagten).

Der Z. ist zum *Erscheinen,* zur *Aussage* und zur *Eidesleistung* verpflichtet. Bei Weigerung können diese Pflichten durch → Ordnungsmittel, → Vorführung und → Erzwingungshaft erzwungen werden. Die Pflicht zur Aussage und zur Beeidigung ist beschränkt durch das → Zeugnisverweigerungsrecht, das → Auskunftsverweigerungsrecht und das → Eidesverweigerungsrecht, worüber der Z. zu belehren ist. Die Pflicht zum Erscheinen besteht bei ordnungsgemäßer Ladung stets. Der → *Vernehmung* folgt regelmäßig die Beeidigung des Z. Der Z. ist zu wahrheitsgemäßer, also auch vollständiger Aussage verpflichtet. Fragen nach entehrenden Tatsachen oder über den persönlichen Lebensbereich sollen nur gestellt werden, wenn ihre Beantwortung für die Entscheidung von Erheblichkeit ist. Dies gilt auch für Vorstrafen eines Zeugen. Ein Verstoß gegen die Wahrheitspflicht ist unter Strafe gestellt (→ Meineid, → Falsche uneidliche Aussage). Vgl. auch → Entschädigung für Zeugen.

Zeugenbeweis. Die Beweisführung durch Zeugen ist im Strafprozeß im Fall des Bestreitens der Tat durch den Angeklagten die Regel. Die Problematik der Wahrheitsfindung über die Vernehmung eines oder mehrerer Zeugen beruht auf der menschlichen Natur. So sind vom Richter bei der Bildung seiner Überzeugung Möglichkeiten der bewußten Unaufrichtigkeit ebenso in Rechnung zu stellen wie die Schwierigkeiten, die in unterschiedlichem Maße bei jedem vorhanden sind, der Vorgänge aus seinem Gedächtnis wiedergibt. Bedeutsam ist dabei die Fähigkeit des Zeugen zu genauer und richtiger Erfassung von Tatvorgängen, die Umstände der Aufnahme (gespannte Aufmerksamkeit oder zufällige Beobachtung ohne eigenes Interesse), die Dauer der Speicherung im Gedächtnis, die allgemeine Merkfähigkeit, die Möglichkeiten der Bildvermengung mit anderen späteren oder früheren Erlebnissen, die unbewußten Umgestaltungen und Tatsachenverdrängungen, die Darstellungsfähigkeit des Zeugen, die Mängel bei der Wiedergabe, insbesondere Ausschmückungen und Verkürzungen. Schwierig insbesondere für den juristischen Laien, aber wichtig für den Richter ist, daß der Zeuge lediglich *Tatsachen,* nicht aber eigene Schlußfolgerungen wiedergibt.

Der → Eid stellt lediglich eine Bekräftigung der Aussage des Zeugen dar. Er gewährt aber im Einzelfall nicht notwendig eine höhere Glaubwürdigkeit als die unbeeidete Aussage. Ebensowenig ist der

Zeugnisse

Richter bei der Überzeugungsbildung etwa gehalten, der Aussage von mehreren Zeugen stets höheren Wahrheitsgehalt beizumessen, als der Aussage eines einzelnen. Das Gericht kann von der Beeidigung nach seinem Ermessen gem. § 61 StPO absehen a) bei Personen zwischen 16 und 18 Jahren, b) bei Angehörigen des durch die Tat Verletzten oder des Beschuldigten, c) wenn es der Aussage keine wesentliche Bedeutung beimißt und auch unter Eid keine wesentliche Aussage zu erwarten ist, d) bei Personen, die wegen → Meineids verurteilt sind und e) wenn Staatsanwalt, Verteidiger und der Angeklagte auf die Vereidigung verzichten. Ein *Vereidigungsverbot* besteht nach § 60 StPO gegenüber Personen a) unter 16 Jahren, b) mangelnder Verstandesreife, aber auch c) gegenüber solchen, die einer Tatbeteiligung (auch in Form der → Begünstigung, der → Hehlerei oder der → Strafvereitelung) verdächtig oder deswegen bereits verurteilt sind.

Zeugnisse → Verlesung von Schriftstücken (II 4).

Zeugnisverweigerungsrecht haben 1. bestimmte Angehörige: der Verlobte, der (auch frühere) Ehegatte, der geradlinig oder in der Seitenlinie bis zum 3. Grad Verwandte oder bis zum 2. Grad Verschwägerte (§ 52 I StPO). Dabei wird das Z. bei Minderjährigen oder Entmündigten, sofern sie sich keine genügende Vorstellung über die Bedeutung des Z. machen können, vom gesetzlichen Vertreter, wenn dieser selbst Beschuldigter ist, von einem Pfleger ausgeübt. Angehörige bestimmter Berufsgruppen (§ 53 I StPO; u. a. Geistliche, Verteidiger, Rechtsanwälte, Notare, Wirtschaftsprüfer, Steuerberater, Ärzte, Apotheker, Verleger, Redakteure und ihre Hilfskräfte, § 53 a I StPO) hinsichtlich dessen, was ihnen beruflich anvertraut oder bekannt geworden ist. Auch wenn gesetzlich anderen Berufsgruppen gleichfalls eine Schweigepflicht auferlegt ist (z. B. Erziehungsberater, Sozialarbeiter) und sie sich wegen → Verletzung von Privatgeheimnissen nach § 203 StGB strafbar machen können, sind die nicht in §§ 53, 53 a StPO genannten Personen zur Aussage verpflichtet. Die in § 52 I StPO aufgeführten Angehörigen sind vor ihrer Einvernahme zur Sache über ihr Z. zu belehren. Unterbleibt dies, so besteht hinsichtlich der Aussage ein *Verwertungsverbot*, wie es ebenso hinsichtlich der Aussage besteht, die ein Zeuge vor der Hauptverhandlung gemacht hat, wenn er in der Hauptverhandlung das Zeugnis verweigert (§ 252 StPO). Die früheren Angaben können dann auch nicht durch → Verlesung als Beweismittel eingeführt werden. Die Rechtsprechung gestattet jedoch hier die Vernehmung des Richters, der den belehrten und zeugnisbereiten Angehörigen vernommen hat, als Zeugen. Die in § 53 I StPO aufgeführten Berufsangehörigen können von ihrer Verschwiegenheitspflicht z. T. durch die Betroffenen entbunden werden (vor allem Ärzte, Rechtsanwälte).

Zivildienst → Fahnenflucht.

Ziviler Ungehorsam → Rechtfertigungsgründe.

Zoll, Zollvergehen → Steuerstraftaten.

Zuchthausstrafe, bis 31. 3. 1970 die schwerste Art der Strafe, ist durch das 1. StrRG durch die Freiheitsstrafe ersetzt worden.

Züchtigungsrecht. Das Z. ist ein → Rechtfertigungsgrund, der die Rechtswidrigkeit der (einfachen) Körperverletzung beseitigt. Ausmaß und Grenzen ergeben sich stets aus dem Erziehungszweck. Danach ist eine maßvolle und vorübergehende Schmerzzufügung, keinesfalls eine gesundheitliche Schädigung, erlaubt. Betroffene der gerechtfertigten Züchtigung können nur Kinder oder Jugendliche sein. Das Z. steht ausschließlich erziehungsberechtigten Personen zu. Doch ist die Ausübung der Erziehung und des Z. auch übertragbar. Dritten steht auch bei grober Unart Minderjähriger kein Z. zu (RG 7, 61,193; str.). Neben dem Z. der Eltern oder des Vormunds, das sich aus dem Recht der elterlichen Sorge ergibt, nimmt die Rechtsprechung ein gewohnheitsrechtliches Z. für Lehrer an Volksschulen und auch den unteren Klassen höherer Schulen an. Es wird auch nicht berührt durch Verwaltungsvorschriften, die eine Züchtigung verbieten. Das Z. des Lehrers ist aber auf Ausnahmefälle beschränkt. Ist ein Z. nicht gegeben oder wird es überschritten, ist je nach Sachlage fahrlässige (vgl. Irrtum) oder vorsätzliche Körperverletzung (bei Lehrern u. U. nach § 340 StGB mit Mindeststrafe von 3 Monaten Freiheitsstrafe) gegeben.

Zuchtmittel werden im → Jugendstrafverfahren gegen Jugendliche verhängt, wenn → Jugendstrafe noch nicht geboten, → Erziehungsmaßregeln jedoch nicht ausreichend sind (§§ 5 II, 13 I JGG). Z. sind: Verwarnung, Erteilung von Auflagen und Jugendarrest (§ 13 II JGG). Die *Verwarnung* besteht in einem eindringlichen Vorhalten des Unrechts. Die *Erteilung von Auflagen* hat Bußcharakter (gesetzliche Beispiele in § 15 I JGG: Schadenswiedergutmachung, Entschuldigungspflicht, Geldbuße). Der *Jugendarrest* soll das Ehrgefühl des Jugendlichen wecken und ihm seine Verantwortlichkeit zum Bewußtsein bringen (§ 90 JGG). Er wird als *Freizeitarrest* (für höchstens 2 wöchentliche Freizeiten), *Kurzarrest* (2 bis 4 Tage) oder *Dauerarrest* (1 bis 4 Wochen) verhängt. Nach Möglichkeit wird bei der Bemessung des Arrests eine Beeinträchtigung von Ausbildung und Arbeit des Jugendlichen vermieden. Jugendarrest kann nicht zur Bewährung ausgesetzt werden.

Zueignungsabsicht → Diebstahl (I), Unterschlagung.

Zuhälterei

Zuhälterei. Gegenstand der Strafbarkeit ist nach § 181a StGB die Ausnutzung der weiblichen oder männlichen Prostitution (Strichjunge). Der Täter kann in beiden Fällen ein Mann oder eine Frau sein. Nach § 181a III StGB ist die Z. gegenüber dem Ehegatten gleichermaßen strafbar. Alle Straftatbestände der Z. setzen voraus, daß der Täter im Hinblick auf die weitere Ausübung der Prostitution und sein Interesse daran Beziehungen zu dem Prostituierten unterhält, die über den Einzelfall hinausgehen. Unterschieden werden zwei Erscheinungsformen: 1. *Ausbeuterische* Z. zum Nachteil eines anderen, der der Prostitution nachgeht. Die Auslegung des Begriffs „Ausbeutung" wird sich weitgehend an dem Anteil des Zuhälters an den Einnahmen des Prostituierten zu orientieren haben. 2. *Kupplerische* Z., bei der der Täter seines Vermögensvorteils wegen einen anderen bei der Ausübung der Prostitution überwacht, Ort, Zeit und Ausmaß der Prostitutionsausübung bestimmt oder Maßnahmen trifft, die den Prostituierten davon abhalten soll, die Prostitution aufzugeben. Beide Formen der Z. sind nach § 181a I StGB mit Freiheitsstrafe von 6 Monaten bis zu 5 Jahren bedroht. In § 181a II StGB wird darüber hinaus die *gewerbsmäßige* Förderung der Prostitution als weiterer Fall der kupplerischen Zuhälterei unter Freiheitsstrafe bis zu 3 Jahren oder Geldstrafe gestellt. Strafbar ist demnach, wer → gewerbsmäßig die Prostitutionsausübung eines anderen durch Vermittlung sexuellen Verkehrs fördert. Damit sollen insbesondere moderne Formen der Prostitution, z. B. „Modelagenturen", „Massagesalons", „Hostessenvermittlungen" erfaßt werden.

Zumutbarkeit → Unterlassungsdelikte, Notstand (III).

Zurechnungsfähigkeit → Schuldfähigkeit.

Zurückverweisung → Verweisung.

Zusagen für künftige Lebensführung → Strafaussetzung zur Bewährung (I 2).

Zusammenhang zwischen zwei oder mehreren Strafsachen ist gegeben, wenn eine Person mehrerer Straftaten beschuldigt wird (persönlicher Z.) oder wenn bei einer Straftat mehrere Personen als Täter, Teilnehmer, Begünstiger oder wegen → Strafvereitelung beschuldigt werden (sachlicher Z., § 3 StPO). Der Z. begründet die → Zuständigkeit eines an sich sachlich oder örtlich nicht zuständigen Gerichts. Zusammenhängende Strafsachen können (durch Anklageerhebung) bei dem Gericht der höheren Zuständigkeit gemeinsam anhängig gemacht oder, soweit schon rechtshängig, durch Gerichtsbeschluß verbunden werden (§§ 2, 4 StPO). Eine *Verbindung* kann auch bei unterschiedlicher örtlicher Zuständigkeit zusammenhän-

Zusammentreffen mehrerer strafbarer Handlungen

gender Strafsachen bei entsprechenden Anträgen der Staatsanwaltschaft vereinbart werden. Verfahren gegen Erwachsene können zu Verfahren vor dem → Jugendgericht verbunden werden. In allen Fällen können die wegen Z. gemeinsam anhängig gemachten oder verbundenen Verfahren, wenn dies zweckmäßig erscheint (z. B. Erkrankung von Zeugen, Mitbeschuldigten), wieder *getrennt* werden. Hierdurch wird jedes Verfahren wieder selbständig und folgt auch den allgemeinen Regeln der Zuständigkeit. Vgl. auch Sammelverfahren.

Zusammenrottung. Eine Z. liegt vor, wenn mehrere Personen sich zu rechtswidrigen gemeinschaftlichen Gewalttätigkeiten räumlich zusammentun und dadurch der Wille der Personenmehrheit, die öffentliche Ordnung oder den öffentlichen Frieden zu stören, nach außen erkennbar wird. Dafür können u. U. zwei Personen schon genügen (BGH 20, 305). Im Gegensatz zur → Gefangenenmeuterei nach § 122 StGB setzt § 124 StGB (schwerer → Hausfriedensbruch) eine *öffentliche* Z. voraus. Diese muß einer unbestimmten Menge der Beteiligung, d. h. den Anschluß, ermöglichen.

Zusammentreffen mehrerer strafbarer Handlungen regelt das materielle Recht. Der prozessuale Begriff der → Tat ist von dem der Handlungseinheit zu unterscheiden. Verletzen mehrere selbständige Handlungen mehrere Gesetze oder ein Gesetz mehrmals, so liegt → *Tatmehrheit* vor. Ob eine einheitliche oder mehrere selbständige Handlungen vorliegen, ergibt zunächst die natürliche Betrachtung. Danach liegt eine sog. *natürliche Handlungseinheit* vor, wenn mehrere strafrechtlich erhebliche Verhaltensweisen nach ihrem Zusammenschluß als einheitlich zusammengefaßtes Tun erscheinen (z. B. bei dem Einbrecher, der seine Beute allmählich im Haus zusammensucht), aber auch dann, wenn der Täter durch eine Handlung mehrere Erfolge auslöst, z. B. der Brandstifter, der zum Zweck des → *Versicherungsbetrugs* sein Haus anzündet, dadurch aber das Abbrennen des Nachbarhauses verursacht. Die natürliche Handlungseinheit führt jedoch bei Vorliegen mehrerer Gesetzesverletzungen nur dann zur Annahme der → Tateinheit, wenn mindestens ein Handlungsteil gleichzeitig Tatbestandsmerkmale zweier Strafgesetze erfüllt (z. B. bei dem führerscheinlosen Autodieb ist der Abtransport „Wegnahme" nach § 242 StGB, gleichzeitig aber „Führen" i. S. des § 21 I Nr. 1 StVG; nicht aber, wenn der Einbrecher achtlos eine Zigarette wegwirft, die einen Brand auslöst). Eine *rechtliche Handlungseinheit* ist gegeben, wenn schon das Strafgesetz mehrere an sich selbständige natürliche Handlungen als Tatbestand voraussetzt (z. B. § 237 StGB, der eine Entführungshandlung und das Ausnutzen der dadurch herbeigeführten Situation zu sexuellen Handlungen voraussetzt) oder

Zusatztatsachen

aber zuläßt (z. B. die Verbreitungshandlungen in § 184 StGB). Rechtliche Handlungseinheit ist auch bei den → Dauerdelikten gegeben.

Als rechtliche Handlungseinheit hat die Rechtsprechung schließlichdie → fortgesetzte Handlung entwickelt. Hier werden äußerlich selbständige Handlungen im Hinblick auf einen einheitlichen Entschluß des Täters und einheitliche Angriffsrichtung als eine Handlung behandelt.

Kein Fall des Z. mehrerer strafbarer Handlungen ist gegeben, wenn ein Straftatbestand nach der gesetzlichen Regelung vor anderen Vorrang haben soll (sog. → *Gesetzeskonkurrenz*).

Zusatztatsachen → Sachverständiger.

Zuständigkeit. Welches Gericht zur Entscheidung über eine bestimmte Strafsache befugt ist, richtet sich nach den Vorschriften über die sachliche, die örtliche und die funktionelle Z.

1. Die *sachliche* Z. regelt das GVG. Ausgehend von Deliktsgruppen weist es die Strafsachen dem → Amtsgericht (Amtsrichter und Schöffengericht, §§ 24, 25, 28 GVG), dem → Landgericht oder dem → Oberlandesgericht zur Entscheidung in 1. Instanz zu. Die Anklagebehörde kann bei besonderer Bedeutung einer Sache, die in die Zuständigkeit des Amtsgerichts fällt, auch zur Strafkammer anklagen (§ 74 I 2 GVG; wegen weiterer Abweichungsmöglichkeiten vgl. §§ 74a II, 120 II GVG). Der → Zusammenhang mehrerer Strafsachen begründet jeweils die sachliche Z. des höheren Gerichts auch für die Strafsachen, für die ein Gericht niederer Ordnung zuständig wäre. Die sachliche Z. ist als → Prozeßvoraussetzung in jeder Lage des Verfahrens zu prüfen (§ 6 StPO). Vgl. auch Verweisung.

2. Die *örtliche* Z. für den 1. Rechtszug *(Gerichtsstand)* regeln die §§ 7–15 StPO. Die Staatsanwaltschaft hat die Wahl, ob sie Anklage am Gericht des → *Tatorts, des Wohnsitzes* des Beschuldigten oder des *Ergreifungsorts* (§§ 7–9 StPO) erheben will. Bei *Sachzusammenhang* mehrerer Strafsachen kann sie gleichfalls unter den für die einzelnen Sachen örtlich zuständigen Gerichten wählen (§ 13 I StPO). Das Fehlen der örtlichen Z. kann nur bis zum Beginn der Vernehmung des Angeklagten zur Sache in der Hauptverhandlung berücksichtigt werden (§ 16 StPO) und führt zur Einstellung des Verfahrens (→ Einstellung I 2).

3. Die *funktionelle* Z. ist im Gegensatz zur örtlichen und sachlichen Z. keine Prozeßvoraussetzung. Sie bestimmt die Zuweisung einer Strafsache an einen von mehreren Spruchkörpern eines Gerichts, sie weist Aufgaben der am Kollegialgericht anhängigen Sache dem Vorsitzenden zu (z. B. Bestellung eines Pflichtverteidigers nach § 142 StPO), durch sie wird auch die Strafsache, in der ein → Rechtsmittel eingelegt wurde, dem Rechtsmittelgericht zugewiesen.

Zweispurigkeit

4. Die Z. besonderer Strafkammern regeln § 74a (Staatsschutzkammer), § 74b (Jugendschutzkammer) und § 74c GVG (Wirtschaftsstrafkammer). Die Unzuständigkeit kann nach Eröffnung des Hauptverfahrens der Angeklagte nur bis zum Beginn seiner Vernehmung in der Sache geltend machen (§ 6a StPO).

Vgl. auch Ausnahmegerichte.

Zustandsdelikt → Dauerdelikt.

Zustellung. Entscheidungen des Gerichts werden durch Z. bekannt gemacht, wenn sie nicht in Anwesenheit der Betroffenen verkündet werden. Grundsätzlich ist die Anordnung der Z. durch den Vorsitzenden unter Bezeichnung des Adressaten zur Wirksamkeit erforderlich (§ 36 I 1 StPO). Die Geschäftsstelle des Gerichts führt die Z.-Anordnung aus. Entscheidungen des Gerichts, die der Vollstreckung bedürfen (ausgenommen solche, die die Ordnung in der Sitzung betreffen), sind zum Zweck der Z. der Staatsanwaltschaft zu übergeben (§ 36 II StPO). Die Z. richtet sich nach der Zivilprozeßordnung (§ 37 I StPO). Die Z. erfolgt durch Übergabe an den Zustellungsadressaten (§ 170 I ZPO), der auch ein Zustellungsbevollmächtigter sein kann, in der Regel durch die Post (§ 180 ZPO). Auch die *Ersatzzustellung* (§§ 181–184 ZPO) ist zulässig. Die Niederlegung bei der Postanstalt nach § 182 ZPO ist jedoch dann unzulässig, wenn die StPO Z. *durch Übergabe* (§ 232 IV StPO) fordert. Nach § 40 StPO kann eine Z. auch *öffentlich* erfolgen; dies insbesondere, wenn der Aufenthalt des Adressaten unbekannt ist. Die Z. an die Staatsanwaltschaft wird durch Vorlage der Urschrift der zuzustellenden Entscheidung – meistens durch Zuleitung der Akten – bewirkt (§ 41 StPO).

Der Wahlverteidiger, dessen Vollmacht sich bei den Akten befindet, und der Pflichtverteidiger sind gemäß § 145a I StPO *zustellungsbevollmächtigt*. Dies gilt für alle Zustellungen und Mitteilungen, für die → Ladung zu Terminen allerdings nur, wenn hierfür der Beschuldigte den Verteidiger ausdrücklich ermächtigt hat. Bei Z. einer Entscheidung an den Verteidiger enthält der Beschuldigte eine formlose Unterrichtung.

Zweifel → Beweisaufnahme, Wahlfeststellung.

Zweispurigkeit. Das StGB legt die Folgen für eine Straftat nach dem Prinzip der Z. fest: Zum einen wird gegen den Täter nach dem Maß seiner Schuld eine → Strafe verhängt, zum anderen können aber gegen den Täter → Maßregeln der Besserung und Sicherung angeordnet werden, um ihn künftig von der Begehung von Straftaten abzuhalten. Diese präventiven (vorbeugenden) Maßnahmen sind z. T. auch gegen einen nicht schuldhaft handelnden Täter zulässig.

Stichwortverzeichnis

Abartigkeit → Schuldfähigkeit
Abbildungen
Abbruch der Schwangerschaft
Aberkennung der bürgerlichen Ehrenrechte → Nebenfolgen
Aberratio ictus → Vorsatz
Abfall → Umweltdelikte, umweltgefährdende Abfallbeseitigung
Abgabe eines Verfahrens → Verweisung
Abgabenordnung → Steuerstraftaten
Abgabenüberhebung
Abgeordnete
Abhängige → Sexueller Mißbrauch
Abhängigkeit der Teilnahme → Akzessorietät
Abhilfe → Beschwerde
Abhören von Telefongesprächen → Fernmeldeverkehrsüberwachung, Verletzung des Post- und Fernmeldegeheimnisses
Abhörverbot → Verletzung der Vertraulichkeit des Wortes
Ablehnung
Abolition → Begnadigung
Abschiebung von Falschgeld → Geldfälschung
Abschluß der Ermittlungen → Ermittlungsverfahren
Abschreckung → Strafe
Absehen von → Strafe
Absehen von Vereidigung → Zeugenbeweis
Absicht → Vorsatz
Absoluter Revisionsgrund → Revision
Absorptionsprinzip → Tateinheit

Abstimmung → Beratung
Abstrakte Betrachtungsweise → Straftat
Abstrakte Gefährdungsdelikte → Gefährdungsdelikte
Abtreibung → Abbruch der Schwangerschaft
Abtrennung eines Verfahrens → Zusammenhang
Abwandlung
Abweichung vom Kausalverlauf → Vorsatz
Abwendung des Erfolgs → Tätige Reue
Abwesenheit des Angeklagten → Hauptverhandlung
Abwesenheit des Beschuldigten → Verfahren gegen Abwesende
Abwesenheit von der Truppe → Fahnenflucht
Abzeichen → Amtsanmaßung
Actio libera in causa
Adaequanztheorie
Adhaesionsverfahren → Entschädigung des Verletzten
Affekt → Schuldfähigkeit, Tötung
Agententätigkeit zu Sabotagezwecken → Gefährdung des demokratischen Rechtsstaats
agent provocateur
Agression (Angriffskrieg) → Friedensverrat
Aids → Krankheiten, übertragbare
Akademische Grade → Amtsanmaßung
Akkusationsprinzip
Akten

Stichwortverzeichnis

Akteneinsicht
Aktenzeichen → Akten
Akzessorietät
Alibi
Alkohol → Trunkenheit, Volltrunkenheit, Verkehrsgefährdung
Allgemeinkundigkeit → Offenkundigkeit
Alternative Tatsachenfeststellung → Wahlfeststellung
Amnestie → Begnadigung
Amtsanmaßung
Amtsanwälte
Amtsbezeichnung → Amtsanmaßung
Amtsdelikte
Amtsfähigkeit, Verlust → Nebenfolgen
Amtsgeheimnis → Geheimnisbruch
Amtsgericht
Amtsgewalt
Amtshilfe
Amtsstellung, Ausnutzung zu sexuellen Handlungen → Sexueller Mißbrauch
Amtsträger → Beamter
Amtsunterschlagung → Unterschlagung
Amtsverlust → Nebenfolgen
Analogieverbot → Strafbarkeit
Andenken Verstorbener → Verunglimpfung
Änderung des rechtlichen Gesichtspunkts → Urteil
Androhung von Straftaten → Bedrohung, Störung des öffentlichen Friedens durch A. v. S.
Anerbieten zu einem Verbrechen → Versuch der Beteiligung
Angabe der Personalien → Vernehmung, falsche Namensangabe

Angehörige
Angeklagter, Angeschuldigter → Beschuldigter
Angriff auf den Luft- und Seeverkehr
Angriff gegen Organe und Vertreter ausländischer Staaten → ausländische Staaten
Angriffskrieg → Friedensverrat
Anhörung der Beteiligten vor einer Entscheidung → Rechtliches Gehör
Animus socii → Beihilfe
Anklagemonopol → Staatsanwaltschaft
Anklagesatz → Anklageschrift
Anklageschrift
Anklageschrift, Veröffentlichung → Verbotene Mitteilungen über Gerichtsverhandlungen
Anknüpfungstatsachen → Sachverständiger
Anonyme Anzeigen → Strafanzeige
Anrechnung
Ansammlung → Landfriedensbruch
Anschlag gegen ausländische Staatsmänner → Ausländische Staaten
Anschlußerklärung → Nebenklage
Anschlußstraftaten
Anschlußverfahren → Entschädigung des Verletzten
Anschuldigung, falsche → Verdächtigung
Anstaltsunterbringung → Unterbringung
Ansteckende Krankheit → Krankheiten
Anstellungsbetrug
Anstiftung
Antragsdelikte

Stichwortverzeichnis

Antragsschrift → Sicherungsverfahren
Anwerben für fremden Wehrdienst
Anzeichenbeweis → Indizienbeweis
Anzeige → Strafanzeige
Anzeigepflicht → Nichtanzeige geplanter Straftaten
Äquivalenztheorie → Verursachung
Arbeitsentgelt → Vorenthalten und Veruntreuen von A.
Ärgernisgeben → Erregung öffentlichen Ärgernisses
Armenrecht → Prozeßkostenhilfe
Arnimparagraph → Vertrauensbruch im auswärtigen Dienst
Arrest
Ärztliche Atteste → Ausstellen unrichtiger Gesundheitszeugnisse
Ärztliche Eingriffe → Körperverletzung
Asperation → Tatmehrheit
Atypischer Kausalverlauf → Verursachung, Vorsatz
Auffangtatbestand → Gesetzeskonkurrenz
Aufforderung zu strafbaren Handlungen → Öffentliche Aufforderungen zu Straftaten
Aufklärungspflicht des Arztes → Einwilligung
Aufklärungspflicht im Geschäftsverkehr → Betrug
Aufklärungspflicht im Strafprozeß·
Aufklärungsrüge → Aufklärungspflicht im Strafprozeß
Auflagen → Strafaussetzung zur Bewährung, Zuchtmittel
Aufruhr → Landfriedensbruch
Aufschub der Strafe → Vollstreckungsaufschub
Aufsichtsbeschwerde → Dienstaufsichtsbeschwerde
Aufsichtspflichtverletzung → Vernachlässigung der Aufsichtspflicht
Aufsichtsstelle → Führungsaufsicht
Aufstacheln zum Angriffskrieg → Friedensverrat
Aufstachelung zum Rassenhaß → Gewaltdarstellung
Augenschein
Ausbeutung → Wucher
Ausbeutung von Dirnen → Zuhälterei, Förderung der Prostitution
Ausbleiben des Angeklagten → Hauptverhandlung
Ausbruch → Gefangenenmeuterei
Ausfuhr, verbotene → Bannbruch, Schmuggel
Auskundschaften von Staatsgeheimnissen → Landesverrat
Auskunft aus dem Strafregister → Zentralregister
Auskunftsverweigerungsrecht
Auslagen → Kosten
Ausländer
Ausländische Diplomaten → Exterritorialität
Ausländische Truppen → Exterritorialität
Ausländische Staaten
Auslandsstrafen, Anrechnung → Untersuchungshaft
Auslandstaten
Auslieferung
Ausnahmegerichte
Aussageerpressung
Aussagenotstand → falsche uneidliche Aussage

Stichwortverzeichnis

Aussageverweigerung → Vernehmung, Zeugnisverweigerungsrecht; vgl. auch → Auskunftsverweigerungsrecht
Ausschließung von Gerichtspersonen
Außervollzugsetzung → Untersuchungshaft
Aussetzung
Aussetzung der Freiheitsstrafe → Strafaussetzung zur Bewährung
Aussetzung der Hauptverhandlung → Hauptverhandlung
Aussetzung der Verhängung einer Jugendstrafe → Jugendstrafe
Aussetzung freiheitsentziehender Maßregeln → Unterbringung
Ausspähen von Daten
Ausspähung → Landesverrat
Ausspielung → Glückspiel
Ausstellen unrichtiger Gesundheitszeugnisse
Ausübung der verbotenen Prostitution → Prostitution
Auswandern → Auswanderungsbetrug, Mädchenhandel
Auswanderungsbetrug
Ausweise
Autofalle → Räuberischer Angriff auf Kraftfahrer
Automatenmißbrauch → Erschleichen von Leistung
Autostraßenraub → Räuberischer Angriff auf Kraftfahrer

Bagatellsachen
Bahnverkehr → Verkehrsgefährdung
Bandenbildung → Bildung bewaffneter Haufen
Bandenmäßig begangene Delikte → Diebstahl, Raub, Schmuggel
Banknoten → Geldfälschung
Bankomatenmißbrauch → Computerbetrug
Bankrott → Konkursstraftaten
Bannbruch
Bannkreisverletzung, Bannmeile → Verfassungsorgane
Bayerisches Oberstes Landesgericht → Oberlandesgericht
Beamtenbestechung → Bestechung
Beamtenstellung, Erschleichen einer B. → Anstellungsbetrug
Beamter
Beauftragter Richter → Kommissarische Vernehmung
Bedingter Vorsatz → Vorsatz
Bedingung der Strafbarkeit
Bedingungstheorie → Verursachung
Bedrohung
Beeidigung → Eid, Zeugenbeweis
Beeinträchtigung von Unfallverhütungs- und Nothilfemitteln → Mißbrauch von Notrufen
Beendigung der Tat → Versuch
Befangenheit → Ablehnung
Befehl
Befreiung von Untergebrachten → Gefangenenbefreiung
Befundtatsachen → Sachverständiger
Begehungsdelikte → Unterlassungsdelikte
Begehungsort → Tatort
Begnadigung
Begünstigung
Behältnisse, Diebstahl durch Erbrechen von B. → Diebstahl
Beichtgeheimnis → Zeugnisverweigerungsrecht, Nichtanzeige geplanter Straftaten
Beihilfe

Stichwortverzeichnis

Beischlaf zwischen Verwandten
Beiseiteschaffen von gepfändeten Sachen → Verstrickungsbruch
Beiseiteschaffen von Handelsbüchern und Gegenständen der Konkursmasse → Konkursstraftaten
Beiseiteschaffen von zwangsvollstreckungsbedrohten Gegenständen → Vereitelung der Zwangsvollstreckung
Besitzer
Beistand
Bekanntmachungsbefugnis →Beleidigung
Belästigung der Allgemeinheit
Belehrung → Rechtsmittel
Beleidigung
Beleidigung von Organen und Vertretern ausländischer Staaten → ausländische Staaten
Belohnung von Straftaten → Nichtanzeige geplanter Straftaten
Bemessung der Strafe → Strafe
Beobachtung auf den psychischen Zustand → Untersuchung
Beratung
Berechtigte Interessen → Wahrnehmung berechtigter Interessen
Berichterstatter → Beisitzer
Berichtigung einer falschen Aussage → Falsche uneidliche Aussage
Berufsgeheimnis → Verletzung von Privatgeheimnissen. Vgl. auch → Zeugnisverweigerungsrecht
Berufstracht → Amtsanmaßung
Berufsverbot (Untersagung der Berufsausübung)
Berufung

Berufung auf den Eid → Meineid
Beschädigung von amtlichen Siegeln → Verstrickungsbruch
Beschädigung von Flaggen → Verunglimpfung
Beschädigung von Sachen → Sachbeschädigung
Beschädigung von Urkunden → Urkundenunterdrückung
Beschädigung von Verkehrseinrichtungen → Verkehrsgefährdung
Beschädigung wichtiger Anlagen → Sachbeschädigung
Beschimpfung → Verunglimpfung
Beschlagnahme
Beschleunigtes Verfahren
Beschränkung der Verfolgung → Einstellung II 7
Beschuldigter
Beschwer → Rechtsmittel
Beschwerde
Beseitigung des Strafmakels → Zentralregister
Besetzung des Gerichts → Ausnahmegerichte
Besondere Folgen → Akzessorietät III, erfolgsqualifizierte Delikte
Besondere Pflichten bei der Aussetzung von Maßregeln → Unterbringung
Besondere Pflichten im Jugendstrafrecht → Zuchtmittel
Besonders schwere Fälle → Strafe
Besonders Verpflichtete → Beamter
Bestattungserlaubnis → Tod, unnatürlicher
Bestattungsfeier → Störung einer B.
Bestechlichkeit → Bestechung
Bestechung

315

Stichwortverzeichnis

Bestechung von Angestellten → Unlauterer Wettbewerb
Bestürzung → Notwehr
Betäubungsmittel
Beteiligung → Teilnahme
Beteiligung an einer Schlägerei
Betriebsgefährdung → Gefährdung des demokratischen Rechtsstaats, Störung öffentlicher Betriebe
Betriebsgeheimnis → Verletzung von Privatgeheimnissen, Verletzung des Steuergeheimnisses, Unlauterer Wettbewerb
Betrug
Beugehaft → Erzwingungshaft
Beurlaubung des Angeklagten → Hauptverhandlung
Beurlaubung des Gefangenen → Freiheitsstrafe
Bewährung(sfrist) → Strafaussetzung zur B., Jugendstrafe, Verwarnung mit Strafvorbehalt, Führungsaufsicht, Unterbringung
Bewährungshelfer
Beweisantrag
Beweisaufnahme
Beweismittel
Beweisregel → üble Nachrede
Beweiswürdigung → Beweisaufnahme, Urteil, Zeugenbeweis
Beweiszeichen → Urkunde
Bewußtlosigkeit → Handlung
Bewußtsein der Rechtswidrigkeit → Schuldtheorie
Bewußtseinsstörung → Schuldfähigkeit
Bigamie → Doppelehe
Bildträger → Darstellungen
Bildung bewaffneter Haufen
Bildung krimineller Vereinigungen

Billigung von Straftaten → Nichtanzeige geplanter Straftaten
Blankettfälschung → Urkunde
Blutalkoholkonzentration → Trunkenheit
Blutentnahme → Untersuchung
Blutschande → Beischlaf zwischen Verwandten
Bordelle → Förderung der Prostitution
Brandgefährdung → Brandstiftung
Brandstiftung
Briefgeheimnis → Verletzung des Briefgeheimnisses
Briefkontrolle → Untersuchungshaft
Briefmarken → Fälschung
Brunnenvergiftung → Vergiftung
Buchführungspflicht, Verletzung → Konkursstraftaten
Bundesanwaltschaft → Staatsanwaltschaft
Bundesgerichtshof (BGH)
Bundespräsident, Nötigung → Verfassungsorgane
Bundespräsident, Verunglimpfung → Verunglimpfung
Bundeszentralregister → Zentralregister
Bürgerliche Ehrenrechte → Nebenfolgen
Buße → Geldbuße
Bußgeld
Bußgeldbescheid → Ordnungswidrigkeit

Chimärenbildung → Embryonenschutz
Computerbetrug
Computerkriminalität → Daten
Computersabotage

Stichwortverzeichnis

Conditio sine qua non → Verursachung

Darlehensbetrug → Kreditbetrug
Darstellungen
Daten
Datenfälschung → Fälschung beweiserheblicher Daten
Datenveränderung
Dauerarrest → Zuchtmittel
Dauerdelikte
DDR → Interlokales Strafrecht
Delictum sui generis → Abwandlung
Delikt → Straftat
Demonstrationsstrafrecht
Denkgesetze, Verletzung → Revision
Denunziation → Verdächtigung
Dereliktion → Diebstahl
Descriptive Tatbestandsmerkmale → Tatbestandsmerkmale
Devolutionsrecht → Staatsanwaltschaft
Devolutiveffekt → Rechtsmittel
Dichotomie → Straftat
Diebstahl
Dienstaufsichtsbeschwerde
Dienstgeheimnis → Verletzung des Dienstgeheimnisses; vgl. auch → Geheimnis
Diplomaten → Exterritorialität, Vertrauensbruch im auswärtigen Dienst
Diplomatischer Ungehorsam → Vertrauensbruch im auswärtigen Dienst
Distanzdelikte → Tatort
Dolmetscher
Dolus eventualis → Vorsatz
Doppelehe (Bigamie)
Dringender Tatverdacht → Tatverdacht, Untersuchungshaft

Drogenhandel → Betäubungsmittel
Drohung → Gewalt
Druckschriften → Pressedelikte
Duchesne-Paragraph → Versuch der Beteiligung
Dunkelziffer
Durchsuchung

Ehebruch
Ehrenamtliche Richter → Laienrichter
Ehrenrechte → Nebenfolgen
Ehrenschutz → Beleidigung, Verleumdung, üble Nachrede, Verunglimpfung
Ehrverlust → Nebenfolgen
Eid
Eidesstattliche Versicherung → Falsche Versicherung an Eides Statt
Eidesverweigerungsrecht
Eigenhändige Delikte
Eigenmächtige Abwesenheit → Fahnenflucht
Eigenmächtige Befruchtung, eigenm. Embryoübertragung → Embryonenschutz
Eigennutz → Strafbarer Eigennutz
Einbruch → Diebstahl
Einbußeprinzip → Geldstrafe
Einfuhr, verbotene → Bannbruch, Schmuggel
Einheitsstrafe → Jugendstrafrecht
Einsatzstrafe → Tatmehrheit
Einschleichen → Diebstahl
Einsichtsfähigkeit → Schuldfähigkeit
Einsperrung → Freiheitsberaubung
Einspruch → Strafbefehl, Ordnungswidrigkeit
Einsteigen → Diebstahl

Stichwortverzeichnis

Einstellung des Verfahrens
Einstweilige Unterbringung → Unterbringungsbefehl
Einwilligung
Einzelrichter → Amtsgericht
Einziehung
Embryonenschutz
Entbindung des Angeklagten vom Erscheinen in der Hauptverhandlung → Hauptverhandlung
Entbindung des Zeugen von der Schweigepflicht → Zeugnisverweigerungsrecht
Entfernung aus der Sitzung → Hauptverhandlung
Entführung
Entlassung zur Bewährung → Strafaussetzung z. Bew., Jugendstrafe
Entmannung → Kastration
Entschädigung des Verletzten
Entschädigung für Opfer von Gewalttaten
Entschädigung für Strafverfolgungsmaßnahmen
Entschädigung für Zeugen und Sachverständige
Entscheidung
Entschuldigender Notstand → Notstand
Entweichenlassen von Gefangenen → Gefangenenbefreiung
Entwendung geringwertiger Gegenstände → Diebstahl, Bagatellsachen
Entwürdigende Behandlung → Wehrstrafgesetz
Entziehung der Fahrerlaubnis
Entziehung elektrischer Energie
Entziehungskur
Erbgesundheitsgesetz → Sterilisation

Erbieten zu Verbrechen → Versuch der Beteiligung
Erbrechen von Behältnissen → Diebstahl
Erbrechen von Siegeln → Verstrickungsbruch
Erfolglose Anstiftung → Versuch der Beteiligung
Erfolgsdelikte → Tätigkeitsdelikte
Erfolgsqualifizierte Delikte
Ergreifungsort → Zuständigkeit
Erkennungsdienst
Erlaß → Strafaussetzung zur Bewährung, Jugendstrafe, Begnadigung
Ermächtigung → Strafantrag
Ermittlungsakten → Akten
Ermittlungsrichter
Ermittlungsverfahren (vorbereitendes Verfahren)
Eröffnung des Hauptverfahrens
Eröffnungsbeschluß
Erpresserischer Menschenraub
Erpressung
Erregung öffentlichen (geschlechtlichen) Ärgernisses
Erregung ruhestörenden Lärms → Grober Unfug
Error in objecto (persona) → Vorsatz
Ersatzfreiheitsstrafe → Geldstrafe
Ersatzgeldstrafe → Freiheitsstrafe
Ersatzhehlerei → Hehlerei
Ersatzorganisation → Gefährdung des demokratischen Rechtsstaats
Erschleichen einer Arbeitsstellung → Anstellungsbetrug
Erschleichen von Leistungen
Ersuchter Richter → Kommissarische Vernehmung
Erzieherische Maßnahmen → Er-

Stichwortverzeichnis

ziehungsmaßregeln, Zuchtmittel
Erziehungsbeistandschaft → Erziehungsmaßregeln
Erziehungsmaßregeln
Erziehungspflicht → Verletzung der Fürsorge- und Erziehungspflicht
Erziehungsregister → Zentralregister
Erzwingungsgeld → Ordnungsmittel
Erzwingungshaft
Ethische Indikation → Abbruch der Schwangerschaft
Eugenische Indikation → Abbruch der Schwangerschaft, Sterilisation
Euroscheck, -Karte → Geldfälschung
Euthanasie → Tötung
Eventualbeweis → Beweisantrag
Exhibitionistische Handlungen → Erregung öffentlichen Ärgernisses
Exhumierung → Tod, unnatürlicher
Explosionsdelikte
Exterritorialität
Exzeß bei Notwehr → Notwehr
Exzeß des Teilnehmers → Akzessorietät

Fahndungsmaßnahmen
Fahnenflucht
Fahren ohne Fahrerlaubnis
Fahrerflucht → Unerlaubtes Entfernen vom Unfallort
Fahrerlaubnis → Entziehung der F., Verkehrsdelikte
Fahrlässige Gemeingefährdung → Sachbeschädigung, Vergiftung
Fahrlässiger Falscheid, fahrlässige Versicherung an Eides Statt → Meineid
Fahrlässigkeit
Fahrrad → Unbefugter Gebrauch von Fahrzeugen
Fahruntüchtigkeit → Trunkenheit
Fahrverbot
Falschaussage → Falsche uneidliche Aussage, Meineid
Falschbeurkundung
Falsche Anschuldigung → Verdächtigung
Falscheid → Meineid
Falsche Namensangabe
Falsche uneidliche Aussage
Falsche Verdächtigung → Verdächtigung
Falsche Versicherung an Eides Statt
Falschgeld, Falschmünzerei → Geldfälschung
Fälschung beweisrechtlicher Daten
Fälschung von Ausweisen → Ausweise, Urkundenfälschung
Fälschung von Briefmarken → Geldfälschung
Fälschung von Gesundheitszeugnissen
Fälschung von Postwertzeichen, Stempeln, Wertzeichen → Geldfälschung
Fälschung technischer Aufzeichnungen → Urkundenfälschung, technische Aufzeichnungen
Fälschung von Vordrucken für Euroschecks und Euroscheckkarten → Geldfälschung
Fälschung von Wahlunterlagen → Wahldelikte
Familiendiebstahl → Diebstahl

Stichwortverzeichnis

Fehlerhafte Herstellung einer kerntechnischen Anlage → Explosionsdelikte
Fernbleiben des Angeklagten → Hauptverhandlung
Fernmeldeanlagen → Störung öffentlicher Betriebe
Fernmeldegeheimnis → Verletzung des Post- und Fernmeldegeheimnisses
Fernmeldeverkehrsüberwachung
Fernsehaufnahmen → Rundfunkaufnahmen
Fernsprechgeheimnis → Verletzung des Post- und Fernmeldegeheimnisses
Festnahme, vorläufige
Festsetzung von Kosten → Kosten
Feuerbestattung → Tod, unnatürlicher
Filmaufnahmen → Rundfunkaufnahmen
Finale Handlungslehre
Finanzamt, Finanzbehörden → Steuerstrafverfahren
Fingerabdrücke → Erkennungsdienst
Fischwilderei → Wilderei
Flaggen → Ausländische Staaten, Verunglimpfung
Fluchtgefahr, Fluchtverdacht → Untersuchungshaft
Flugverkehr → Angriff auf den Luftverkehr
Folgen der Straftat → Zweispurigkeit, Strafe, Maßregeln der Besserung und Sicherung, Nebenstrafen, Nebenfolgen
Flugzeugentführung → Angriff auf den Luftverkehr
Förderung der Prostitution
Förderung sexueller Handlungen Minderjähriger
Formalbeleidigung → Beleidigung
Formelle Rechtsverletzung, formelle Rüge → Revision
Formelles Strafrecht → Strafrecht, Strafprozeßrecht
Forst- und Feldrügesachen → Landesrecht
Fortführen einer für verfassungswidrig erklärten Partei → Gefährdung des demokratischen Rechtsstaats
Fortgesetzte Handlung
Freibeweis → Beweisaufnahme
Freie Beweiswürdigung → Beweisaufnahme
Freies Geleit → Verfahren gegen Abwesende
Freiheitsberaubung
Freiheitsentziehung → Freiheitsstrafe IV, Identitätsfeststellung
Freiheitsstrafe
Freisetzung ionisierender Strahlen → Explosionsdelikte
Freispruch → Urteil, Kosten des Strafverfahrens
Freiwilliger Rücktritt → Versuch
Freizeitarrest → Zuchtmittel
Friedensgefährdende Beziehungen → Landesverrat
Friedensverrat
Frist
Fristenlösung → Abbruch der Schwangerschaft
Führerschein → Entziehung der Fahrerlaubnis, Fahrverbot
Führungsaufsicht
Führungszeugnis
Fundunterschlagung → Unterschlagung
Funktionelle Zuständigkeit → Zuständigkeit
Für den öffentlichen Dienst be-

Stichwortverzeichnis

sonders Verpflichtete → Beamter

Fürsorgeerziehung → Erziehungsmaßregeln

Fürsorgepflicht → Verletzung der Fürsorge- und Erziehungspflicht

Furtum usus → Diebstahl I, Unbefugter Gebrauch von Fahrzeugen, Unbefugter Gebrauch von Pfandsachen

Garantenstellung → Unterlassungsdelikte

Gebrauchsanmaßung → Unbefugter Gebrauch von Pfandsachen

Gebrauchsdiebstahl → Diebstahl I, Unbefugter Gebrauch von Fahrzeugen, Unbefugter Gebrauch von Pfandsachen

Gebrauch unrichtiger Gesundheitszeugnisse → Ausstellen unrichtiger Gesundheitszeugnisse, Fälschung von Gesundheitszeugnissen

Gebrechliche → Aussetzung, Mißhandlung von Schutzbefohlenen

Gebühren → Kosten

Gebührenübererhebung

Gefährdung des Bahn- und Schiffsverkehrs → Verkehrsgefährdung

Gefährdung des demokratischen Rechtsstaates

Gefährdung des Straßenverkehrs → Verkehrsgefährdung

Gefährdung einer Entziehungskur

Gefährdung Jugendlicher → Jugendschutz in der Öffentlichkeit

Gefährdung schutzbedürftiger Gebiete

Gefährdungsdelikte

Gefährliche Eingriffe in Bahn-, Schiffs- und Luftverkehr → Verkehrsgefährdung

Gefährliche Eingriffe in den Straßenverkehr → Verkehrsgefährdung

Gefährliche Körperverletzung → Körperverletzung

Gefährliches Werkzeug → Körperverletzung

Gefangenenbefreiung

Gefangenenmeuterei

Gefängnisstrafe → Freiheitsstrafe

Gegenvorstellung

Geheimdienstliche Agententätigkeit → Landesverrat

Geheimhaltung → Akten

Geheimhaltungspflicht → Verletzung des Dienstgeheimnisses

Geheimnis

Gehilfe → Beihilfe

Gehorsamspflicht → Befehl; soldatische → Landesverteidigung

Geiselnahme

Geisterfahrer → Verkehrsgefährdung III

Geisteskrankheit, -schwäche → Schuldfähigkeit

Geistliche → Nichtanzeige geplanter Straftaten, Zeugnisverweigerungsrecht

Geldbuße

Geldfälschung

Geldstrafe

Geleitbrief → Verfahren gegen Abwesende

Gemeingefährdung → Sachbeschädigung, Vergiftung

Gemeingefährliche Straftaten

Gemeinsame Strafsachenstelle → Steuerstrafverfahren

Stichwortverzeichnis

Gemeinschädliche Sachbeschädigung → Sachbeschädigung
Gemeinschaftliches Handeln → Mittäterschaft
Generalprävention → Strafe
Generalstreik → Streik
Genocidium → Völkermord
Gentechnik
Gerichte
Gerichtsarzt
Gerichtskundig → Offenkundigkeit
Gerichtsstand → Zuständigkeit
Geringfügigkeit → Einstellung des Verfahrens
Geringwertigkeit → Bagatellsachen
Gesamtstrafe → Tatmehrheit
Gesamtvorsatz → fortgesetzte Handlung
Geschäfts- oder Betriebsgeheimnis → unlauterer Wettbewerb, Verletzung des Steuergeheimnisses, Verletzung von Privatgeheimnissen
Geschäftsmäßig
Geschäftspapiere, Durchsicht → Durchsuchung
Geschäftsstelle → Gerichte
Geschäftsverteilung → Ausnahmegerichte
Geschlechtskrankheiten → Krankheiten
Geschwister → Angehörige, Beischlaf zwischen Verwandten
Geschworene
Gesetzeskonkurrenz
Gesetzesverletzung → Revision
Gesetzgebungsorgane → Verfassungsorgane
Gesetzlicher Richter → Ausnahmegericht
Gesetzliche Vertreter

Geständnis → Verlesung von Schriftstücken
Gestellungsmaßregel → Verfahren gegen Abwesende
Gesundheitsschädigung → Körperverletzung
Gesundheitszeugnis → Ausstellen unrichtiger Gesundheitszeugnisse, Fälschung von Gesundheitszeugnissen
Gewahrsam → Diebstahl
Gewalt
Gewaltdarstellung
Gewaltunzucht → sexuelle Nötigung
Gewaltverherrlichung → Verherrlichung von Gewalt
Gewässerschutz → Umweltdelikte, Verunreinigung eines Gewässers
Gewerbsmäßig
Gewerbsunzucht → Prostitution
Gewinnsucht
Gewohnheitsmäßig
Gewohnheitsrecht → Strafbarkeit
Gift → Vergiftung, Umweltdelikte
Gläubigerbegünstigung → Konkursstraftaten
Gleichgeschlechtliche sexuelle Handlungen → Homosexuelle Handlungen
Glücksspiel
Gnadenrecht → Begnadigung
Gottesdienst → Störung der Religionsausübung
Gotteslästerung → Beschimpfung von Bekenntnissen
Grabschändung → Störung der Totenruhe
Grenzverrückung → Urkundenunterdrückung

Stichwortverzeichnis

Grober Unfug → Belästigung der Allgemeinheit
Großer Senat → Bundesgerichtshof
Grunddelikt, Grundtatbestand → Sonderdelikt, Abwandlung
Gutachten → Verlesung von Schriftstücken
Güterabwägung → Notstand

Haft
Haftbefehl
Haftgrund → Untersuchungshaft
Haftprüfung → Untersuchungshaft
Haftverschonung → Untersuchungshaft
Handlung
Handlungseinheit → Zusammentreffen mehrerer strafbarer Handlungen
Hangtäter → Unterbringung
Haschisch → Betäubungsmittel
Hauptverfahren
Hauptverhandlung
Hausfriedensbruch
Hausrecht → Hausfriedensbruch
Hausstrafen → Untersuchungshaft
Haussuchung → Durchsuchung
Haus- und Familiendiebstahl → Diebstahl
Hehlerei
Heimtücke → Tötung
Heranwachsender
Herbeiführung einer Explosion durch Kernenergie oder Sprengstoff → Explosionsdelikte
Hilflose, Aussetzung → Aussetzung
Hilfsbeamte der Staatsanwaltschaft

Hilfsbeweisantrag → Beweisantrag
Hilfsstrafkammer → Ausnahmegerichte
Hintermann
Hinweis auf die Veränderung des rechtlichen Gesichtspunkts → Urteil
Höchstpersönliche Rechtsgüter → Rechtsgut
Hochverrat
Hoheitszeichen → Ausländische Staaten, Verunglimpfung
Homosexuelle Handlungen
Hybridbildung → Embryonenschutz
Hymne, Verunglimpfung → Verunglimpfung

Idealkonkurrenz → Tateinheit
Identitätsfeststellung
Illegales Staatsgeheimnis → Landesverrat
Immunität → Abgeordnete
Inbrandsetzen → Brandstiftung
Indemnität → Abgeordnete
Indikation → Abbruch der Schwangerschaft, Sterilisation
Indizienbeweis
In dubio pro reo → Beweisaufnahme, Wahlfeststellung
Inlandstat → Tatort
Instanz → Rechtszug
Instrumentum sceleris → Einziehung
Interlokales Strafrecht
Inverkehrbringen von Falschgeld → Geldfälschung
Inverkehrbringen von Mitteln zum Schwangerschaftsabbruch → Abbruch der Schwangerschaft

Stichwortverzeichnis

Inzest → Beischlaf zwischen Verwandten
Irrtum

Jagdgegenstände → Wilderei
Jagdschutzberechtigte, Widerstand → Widerstand gegen Vollstreckungsbeamte
Jagdwilderei → Wilderei
Jugendarrest → Zuchtmittel
Jugendgefährdende Prostitution → Prostitution
Jugendgefährdende Schriften → Pornographische Schriften, Verherrlichung von Gewalt
Jugendgerichte
Jugendgerichtshilfe → Jugendstrafverfahren
Jugendkammer → Landgericht, Jugendgerichte
Jugendlicher
Jugendschutz in der Öffentlichkeit
Jugendschutzgericht, Jugendschutzkammer → Jugendschutzsachen
Jugendschutzsachen
Jugendstrafe
Jugendstrafrecht
Jugendstrafverfahren
Jugendverfehlung → Heranwachsender
Juristische Person
Justizirrtum
Justizverwaltungsakte
Justizvollzugsanstalt → Freiheitsstrafe

Kammergericht → Oberlandesgericht
Kapitalanlagebetrug
Kapitalverbrechen → Landgericht
Kassation
Kastration
Kausalzusammenhang → Verursachung
Kennzeichenmißbrauch
Kennzeichen verbotener Vereine, verfassungswidriger Organisationen → Gefährdung des demokratischen Rechtsstaats
Kennzeichnung der Geheimhaltungsbedürftigkeit → Verletzung des Dienstgeheimnisses
Kernbrennstoffe, Kernspaltung, Kerntechnische Anlagen → Explosionsdelikte, Umweltdelikte
Kidnapping → Erpresserischer Menschenraub
Kinder, Aussetzung → Aussetzung
Kinder, Mißhandlung → Mißhandlung von Schutzbefohlenen
Kinder, Unterschiebung oder Verwechslung → Personenstandsfälschung
Kinder, sexuelle Handlungen → Sexueller Mißbrauch
Kinder, Vernachlässigung → Verletzung der Fürsorge- und Erziehungspflicht
Kindesentziehung
Kindesmord → Tötung
Kindesraub → Erpresserischer Menschenraub. Vgl. auch Geiselnahme
Kindesunterschiebung → Personenstandsfälschung
Klageerzwingungsverfahren
Klassenkampf → Volksverhetzung
Klonen → Embryonenschutz
Kokain → Betäubungsmittel
Kollektivdelikt → fortgesetzte Handlung

Stichwortverzeichnis

Kommissarische Vernehmung
Kompensation
Konkrete Gefährdungsdelikte → Gefährdungsdelikte
Konkursstraftaten
Konnivenz → Verleitung eines Untergebenen zu einer Straftat
Konsumtion → Gesetzeskonkurrenz
Konterbande → Schiffsgefährdung
Kontrollstellen → Terroristische Vereinigungen
Körperverletzung
Kosten des Strafverfahrens
Kraftfahrzeugführer, Flucht des -s → Unerlaubtes Entfernen vom Unfallort
Krankheiten, übertragbare
Kreditbetrug
Kreditgefährdung → Verleumdung
Kreditkarte → Mibrauch von Scheck- und Kreditkarten
Kriegsgefahr → Friedensverrat
Kriminalpolizei → Polizeibehörden
Kriminelle Vereinigungen → Bildung krimineller Vereinigungen
Kriminologie
Kronzeugen
Kumulation → Ordnungswidrigkeit
Kumulative Geldstrafe → Geldstrafe
Kunst, Kunstfreiheit
künstliche Befruchtung → Embryonenschutz
Künstliche Veränderung menschlicher Keimbahnzellen → Embryonenschutz
Kuppelei
Kurzarrest → Zuchtmitel

Küstenfischerei durch Ausländer → Unbefugte Küstenfischerei durch Ausländer

Ladung → Hauptverhandlung
Laienrichter
Landesrecht
Landesverrat
Landesverräterische Agententätigkeit → Landesverrat
Landesverräterische Ausspähung → Landesverrat
Landesverräterische Fälschung → Landesverrat
Landesverteidigung
Landfriedensbruch
Landgericht
Landesgerichtsarzt → Gerichtsarzt
Landschaftsschutz → Gefährdung schutzbedürftiger Gebiete
Landzwang → Störung des öffentlichen Friedens durch Androhung von Straftaten
Lärm → Luftverunreinigung und Lärm, Umweltdelikte
Lärm in einer Kirche → Störung der Religionsausübung
Lebensgefährliche Behandlung → Körperverletzung
Lebenslang → Freiheitsstrafe, Strafaussetzung
Legalitätsprinzip
Leibesfrucht → Abbruch der Schwangerschaft
Leiche, Diebstahl → Diebstahl
Leiche, Wegnahme → Störung der Totenruhe
Leichenfund → Tod, unnatürlicher
Leichenschändung → Verunglimpfung
Leichtfertigkeit

325

Stichwortverzeichnis

Leistungskürzung → Abgabenüberhebung
Lesbische Liebe → Homosexuelle Handlungen
Letztes Wort → Hauptverhandlung
Leumundszeugnis → Verlesung
Lex generalis → Sonderdelikt, Abwandlung
Lex specialis → Gesetzeskonkurrenz, Abwandlung
Limitierte Akzessorietät → Akzessorietät
Lotterie → Glücksspiel
Luftaufnahmen → Landesverteidigung
Luftpiraterie → Angriff auf den Luftverkehr
Luftverkehr → Verkehrsgefährdung, Angriff auf den Luftverkehr
Luftverunreinigung und Lärm
Luxuria

Mädchen, Verführung → Verführung
Mädchenhandel → Menschenhandel
Maßnahmen
Maßregeln der Besserung und Sicherung
Medizinische Indikation → Abbruch der Schwangerschaft
Meineid
Menschenhandel
Menschenraub
Menschenrechtskonvention
Meuterei → Gefangenenbefreiung, Wehrstrafgesetz
Mietwucher → Wucher
Mildernde Umstände → Strafmilderung
Militärische Straftaten → Wehrstrafgesetz, Landesverteidigung
Mischtatbestand
Mißbräuchliche Anwendung von Fortpflanzungstechnik → Embryonenschutz
Mißbräuchliche Verwendung menschlicher Embryonen → Embryonenschutz
Mißbrauch eines Willenlosen → Sexueller Mißbrauch
Mißbrauch ionisierender Strahlen → Explosionsdelikte
Mißbrauch von Ausweisen → Ausweise
Mißbrauch von Berufsbezeichnungen → Amtsanmaßung
Mißbrauch von Notrufen
Mißbrauch von Scheck- und Kreditkarten
Mißbrauch von Titeln, Berufsbezeichnungen und Abzeichen → Amtsanmaßung
Mißhandlung → Körperverletzung
Mißhandlung von Schutzbefohlenen
Mitbestrafte
Mittäterschaft
Mittelbare Falschbeurkundung → Falschbeurkundung
Mittelbare Täterschaft
Mord → Tötung
Morphin, Morphium → Betäubungsmittel
Muntbruch → Kindesentziehung
Münzdelikte → Geldfälschung

Nacheid → Eid
Nachrede, üble → Üble Nachrede
Nachrichtendienst → Landesverrat, Landesverteidigung

Stichwortverzeichnis

Nachschlüssel, Diebstahl → Diebstahl
Nachtat (straflose oder mitbetrafte N.)
Nachtragsklage
Namensangabe → falsche Namensangabe
Nationalhymne → Verunglimpfung
Natotruppenstatut → Exterritorialität
Natürliche Handlungseinheit → Zusammentreffen mehrerer strafbarer Handlungen
Naturschutz → Gefährdung schutzbedürftiger Gebiete, Umweltdelikte
Ne bis in idem → Rechtskraft
Nebendelikte → Einstellung
Nebenfolgen
Nebenklage
Nebenstrafen
Nebenstrafrecht
Nebentäterschaft → Mittäterschaft
Netzfahndung
Nichtanzeige geplanter Straftaten
Nichtkennen von Tatumständen → Irrtum
Niederschlagung von Strafverfahren → Begnadigung
Normative Tatbestandsmerkmale → Tatbestandsmerkmale
Nothilfe → Notwehr
Nothilfemittel → Mißbrauch von Notrufen
Nötigung
Nötigung des Bundespräsidenten und von Mitgliedern eines Verfassungsorgans → Verfassungsorgane
Nötigungsstand → Notstand
Nötigung von Verfassungsorganen → Verfassungsorgane
Nötigung zu sexuellen Handlungen → Sexuelle Nötigung, Vergewaltigung
Notlagenindikation → Abbruch der Schwangerschaft
Notruf → Mißbrauch von Notrufen
Notstaatsanwalt → Ermittlungsrichter
Notstand
Notwehr
Notwendige Auslagen → Kosten des Strafverfahrens
Notwendige Teilnahme
Notwendige Verteidigung → Verteidiger
Nullum crimen, nulla poena sine lege → Strafbarkeit

Obduktion → Tod, unnatürlicher
Oberlandesgericht (OLG)
Oberstes Landesgericht → Oberlandesgericht
Obhutspflicht, Verletzung → Mißhandlung von Schutzbefohlenen
Objektive Bedingung der Strafbarkeit → Bedingung der Strafbarkeit
Objektives Verfahren
Offenbaren von Staatsgeheimnissen → Landesverrat
Offenbaren von Privatgeheimnissen → Verletzung von Privatgeheimnissen
Offenbaren abgehörter oder aufgenommener Worte → Verletzung der Vertraulichkeit des Wortes
Offenkundigkeit
Öffentliche Ämter, Verlust → Nebenfolgen

Stichwortverzeichnis

Öffentliche Aufforderung zu Straftaten
Öffentliche Klage
Öffentlicher Friede
Öffentliches Ärgernis → Erregung öffentlichen Ärgernisses
Öffentliches Interesse
Öffentlichkeit → Hauptverhandlung
Offizialdelikt, Offizialverfahren → Privatklage
Offizialprinzip → Staatsanwaltschaft
Offizialverteidiger → Verteidiger
Opium → Betäubungsmittel
Opfer von Gewalttaten → Entschädigung für Opfer von Gewalttaten
Opportunitätsprinzip → Legalitätsprinzip, Ordnungswidrigkeit
Ordentliche Gerichte → Gerichte
Ordnungsgeld, Ordnungshaft → Ordnungsmittel
Ordnungsmittel
Ordnungswidrigkeit
Organe, Strafbarkeit → Juristische Person, Gesetzlicher Vertreter
Örtliche Zuständigkeit → Zuständigkeit

Päderastie (Knabenliebe) → Homosexuelle Handlungen
Parallelwertung in der Laiensphäre → Tatbestandsmerkmal, Irrtum
Parlamentsfrieden → Verfassungsorgane
Parlamentsnötigung → Verfassungsorgane
Parteiverrat
Personalausweise → Ausweismißbrauch
Personalien, falsche → falsche Namensangabe
Personalitätsprinzip → Ausländer
Personenhehlerei → Begünstigung
Personenstandsfälschung
Persönliche Merkmale, Eigenschaften, Verhältnisse, Umstände → Akzessorietät
Persönliche Strafaufhebungsgründe → Strafaufhebungsgründe
Pfandverkehr
Pflichtenkollision → Notstand
Pflichtverteidiger → Verteidiger
Pflichtwidrigkeit → Fahrlässigkeit
Plädoyer → Hauptverhandlung
Politische Parteien, Vereinigungen → Gefährdung des demokratischen Rechtsstaats
Politische Strafsachen → Staatsschutzsachen
Politische Verdächtigung → Verdächtigung
Politischer Streik → Streik
Polizeibehörden
Polizeihaft → Anrechnung
Pornographische Schriften, Abbildungen, Darstellungen
Postgeheimnis → Geheimnisbruch
Präsente Beweismittel → Beweisaufnahme
Prävarikation → Parteiverrat
Preisgabe von Staatsgeheimnissen → Landesverrat
Presse, Berichterstattung → Wahrnehmung berechtigter Interessen
Presse, Verjährung bei -vergehen → Pressedelikte
Presse, Wahrnehmung berechtig-

Stichwortverzeichnis

ter Interessen → Wahrnehmung berechtigter Interessen
Pressedelikte
Privatgeheimnis → Verletzung von Privatgeheimnissen
Privatklage
Privilegierung → Abwandlung
Probationsverfahren → Wiederaufnahme
Probezeit → Strafaussetzung zur Bewährung, Jugendstrafe
Productum sceleris → Einziehung
Promillegrenze → Trunkenheit
Propaganda, zersetzende → Störpropaganda gegen die Bundeswehr
Propaganda zu verfassungswidrigen Zwecken → Gefährdung des demokratischen Rechtsstaats
Prostitution (Gewerbsunzucht)
Protokoll
Protokollrüge
Prozeßbetrug
Prozeßhindernis
Prozeßkostenhilfe
Prozeßvoraussetzungen
Psychiatrisches Krankenhaus → Unterbringung
Psychotherapeutische Behandlung → Unterbringung
Publikationsbefugnis → Beleidigung
Publizistischer Verrat → Landesverrat
Putativdelikt → Versuch
Putativ-Notstand, -Notwehr → Notstand, Notwehr

Qualifikation, qualifizierende Abwandlung → Abwandlung
Quälen von Kindern, Jugendlichen oder Gebrechlichen → Mißhandlung von Schutzbefohlenen
Quälen von Tieren → Tierquälerei

Rädelsführer
Radfahrer im Verkehr → Trunkenheit
Radioaktive Strahlung → Explosionsdelikte
Rassenhaß → Verherrlichung von Gewalt
Raub
Räuberische Erpressung → Erpressung
Räuberischer Angriff auf Kraftfahrer
Räuberischer Diebstahl → Raub
Raufhandel → Beteiligung an einer Schlägerei
Rausch, verschuldeter → Vollrausch
Rauschgift → Betäubungsmittel
Realkonkurrenz → Tatmehrheit
Rechtfertigender Notstand → Notstand
Rechtfertigungsgründe
Rechtliche Handlungseinheit → Zusammentreffen mehrerer strafbarer Handlungen
Rechtliches Gehör
Rechtliches Zusammentreffen → Tateinheit
Rechtmäßigkeit der Amtsausübung → Widerstand gegen Vollstreckungsbeamte
Rechtsanalogie → Strafbarkeit
Rechtsanwalt → Verteidiger
Rechtsanwalt, Anzeigepflicht → Nichtanzeige geplanter Straftaten
Rechtsanwalt, Begünstigung → Begünstigung

Stichwortverzeichnis

Rechtsanwalt, Berufsgeheimnis → Berufsgeheimnis, Zeugnisverweigerungsrecht
Rechtsanwalt, Parteiverrat → Parteiverrat
Rechtsbehelf
Rechtsbeschwerde → Ordnungswidrigkeit
Rechtsbeugung
Rechtsgut
Rechtshilfe → Amtshilfe
Rechtsirrtum → Irrtum
Rechtskraft
Rechtsmittel
Rechtspfleger
Rechtsreferendar
Rechtsverletzung → Revision
Rechtswidrige Tat → Straftat
Rechtswidrigkeit
Rechtszug
Referendar → Rechtsreferendar
Reform → Strafrechtsreform
Reformatio in peius
Regelbeispiel → Strafe
Registerzeichen → Akten
Religionsausübung → Störung der Religionsausübung
Religionsbeschimpfung
Remonstration → Gegenvorstellung
Resozialisierung
Reue → tätige Reue
Revision
Richter
Richterbestechung → Bestechung
Richtervorlage → Gerichte
Richtlinien für das Straf- und Bußgeldverfahren → Staatsanwaltschaft
Rückfall
Rücktritt → Versuch
Rückwirkungsverbot → Strafbarkeit

Ruhen der Verjährung → Verjährung
Rundfunkaufnahmen

Sabotage → Gefährdung des demokratischen Rechtsstaats, Störung öffentlicher Betriebe
Sabotagehandlungen an Verteidigungsmitteln
Sachbeschädigung
Sachhehlerei → Hehlerei
Sachleitung des Vorsitzenden → Hauptverhandlung
Sachliches Zusammentreffen → Tatmehrheit
Sachliche Zuständigkeit → Zuständigkeit
Sachrüge → Revision
Sachverständiger
Sammelstraftat → fortgesetzte Handlung
Sammelverfahren
Schaden aus strafrechtlicher Verfolgung → Entschädigung für Strafverfolgungsmaßnahmen
Schadenswiedergutmachung → Strafaussetzung zur Bewährung
Schädliche Neigungen → Jugendstrafe
Schändung → sexueller Mißbrauch
Scheckkarte → Geldfälschung, Mißbrauch von Scheck- oder Kreditkarten
Schiedsmann → Privatklage
Schiedsrichter → Bestechung, Rechtsbeugung
Schienenbahn → Verkehrsgefährdung
Schiffsgefährdung durch Bannware
Schiffsverkehr → Verkehrsgefährdung

Stichwortverzeichnis

Schlägerei → Beteiligung an einer Schlägerei
Schleppnetzfahndung → Netzfahndung
Schlüssel, falsche → Diebstahl
Schlußverfügung
Schmuggel
Schnellverfahren → Beschleunigtes Verfahren
Schöffen → Laienrichter
Schöffengericht → Amtsgericht
Schriften
Schriftliche Lüge → Urkunde
Schriftverkehr mit dem Verteidiger → Untersuchungshaft
Schuld
Schuldausschließungsgründe
Schuldfähigkeit
Schuldnerbegünstigung → Konkursstraftaten
Schuldspruch
Schuldstrafrecht
Schuldtheorie
Schuldunfähigkeit → Schuldfähigkeit
Seeverkehr → Angriff auf den Luft- und Seeverkehr
Schutzbefohlene → Mißhandlung von Schutzbefohlenen
Schutzbewaffnung → Landfriedensbruch III
Schutzpolizei → Polizeibehörden
Schutzprinzip → Ausländer
Schwangerschaftsabbruch → Abbruch der Schwangerschaft
Schwere Fälle → Strafe
Schwere Gefährdung durch Freisetzen von Giften → Umweltdelikte
Schwere Umweltgefährdung → Umweltdelikte
Schwur → Eid
Schwurgericht → Landgericht
Seelische Störung → Schuldfähigkeit
Seeverkehr → Angriff auf den Luft- und Seeverkehr
Sektion einer Leiche → Tod, unnatürlicher
Selbstablehnung → Ablehnung
Selbständiges Verfahren → Objektives Verfahren
Selbstanzeige von Steuerstraftaten → Steuerhinterziehung
Selbstbedienungsladen → Diebstahl
Selbstbefreiung → Gefangenenbefreiung
Selbstbegünstigung → Begünstigung
Selbstmord
Selbstverstümmelung → Landesverteidigung, Wehrstrafgesetz
Sexualstraftaten
Sexuelle Handlungen
Sexuelle Nötigung
Sexueller Mißbrauch
Sexueller Mißbrauch von Jugendlichen → DDR II 2
Sichbereiterklären
Sicheres Geleit → Verfahren gegen Abwesende
Sicherheitsgefährdender Nachrichtendienst → Landesverteidigung
Sicherheitsgefährdendes Abbilden → Landesverteidigung
Sicherstellung → Beschlagnahme
Sicherungsverfahren
Sicherungsverwahrung → Unterbringung
Siegelbruch → Verstrickungsbruch
Sittlichkeitsdelikte → Sexualstraftaten
Sitzungsordnung → Hauptverhandlung

331

Stichwortverzeichnis

Sitzblockade → Gewalt
Sitzungspolizei → Hauptverhandlung
Sitzungsprotokoll → Protokoll
Sodomie (widernatürliche Unzucht, Unzucht mit Tieren)
Soldaten → Beamter, Wehrstrafgesetz
Sonderdelikte
Soziale Indikation → Abbruch der Schwangerschaft, Sterilisation
Sozialschädlichkeit
Sozialversicherungsbeiträge → Vorenthalten und Veruntreuen von Arbeitsentgelt
Sperrbezirk → Prostitution
Sperrfrist → Entziehung der Fahrerlaubnis
Spezialität → Gesetzeskonkurrenz
Spezialprävention → Strafe
Spionage → Landesverrat
Spitzelparagraph → Verdächtigung
Sportkämpfe, Verletzung bei S. → Körperverletzung, Einwilligung
Sprechschein → Untersuchungshaft
Sprengstoff → Explosionsdelikte
Sprungrevision → Revision
Staatsanwalt
Staatsanwaltschaft
Staatsbeschimpfung → Verunglimpfung
Staatsgefährdung → Gefährdung des demokratischen Rechtsstaats
Staatsgeheimnis → Landesverrat
Staatsgewalt, Widerstand → Widerstand gegen Vollstreckungsbeamte
Staatsschutzsachen
Staatssymbole → Verunglimpfung
Steckbrief
Steckbriefnachricht → Zentralregister
Stempelmarken → Geldfälschung
Sterbehilfe → Tötung
Sterilisation
Steuer
Steuerfahndung → Steuerstrafverfahren
Steuergeheimnis → Verletzung des Steuergeheimnisses
Steuerhehlerei
Steuerhinterziehung
Steuerstraftaten
Steuerstrafverfahren
Steuerstreik → Streik
Steuerungsfähigkeit → Schuldfähigkeit
Steuervergehen → Steuerstraftaten
Steuerzeichenfälschung → Geldfälschung
Stillstand der Rechtspflege → Verjährung
Stimmrecht → Nebenfolgen
Störpropaganda gegen die Bundeswehr
Störung der Religionsausübung
Störung der Tätigkeit eines Gesetzgebungsorgans → Verfassungsorgane
Störung der Totenruhe
Störung des öffentlichen Friedens durch Androhung von Straftaten
Störung einer Bestattungsfeier
Störung öffentlicher Betriebe
Strafakten → Akten
Strafantrag
Strafanzeige
Strafarrest → Wehrstrafgesetz

Stichwortverzeichnis

Strafarten → Strafe
Strafaufhebungsgründe
Strafaufschub → Vollstreckungsaufschub
Strafausschließungsgründe
Strafaussetzung zur Bewährung
Strafausspruch → Schuldspruch
Strafausstand → Vollstreckungsaufschub
Strafbare Handlung → Straftat, Handlung
Strafbarer Eigennutz
Strafbarkeit
Strafbefehl
Strafbemessung → Strafe, Strafmilderung
Strafe
Straferlaß
Straffreierklärung → Beleidigung, Kompensation
Strafgericht → Gericht
Strafhaft
Strafkammer → Landgericht
Strafklageverbrauch → Rechtskraft, Eröffnung des Hauptverfahrens
Strafmakel → Zentralregister
Strafmilderung
Strafprozeßrecht
Strafrahmen
Strafrecht
Strafrechtsreform
Strafregister → Zentralregister
Strafsenat → Oberlandesgericht, Bundesgerichtshof
Straftat
Strafunmündigkeit → Jugendstrafrecht
Strafunterbrechung → Vollstreckungsaufschub
Strafvereitelung
Strafverfolgungsbehörden
Strafverfolgungsverjährung → Verjährung

Strafvermerk → Zentralregister
Strafvollstreckung
Strafvollstreckungskammer → Strafvollstreckung, Landgericht
Strafvollstreckungsverjährung → Verjährung
Strafvollzug → Freiheitsstrafe
Strafvorbehalt → Verwarnung mit Strafvorbehalt
Strafzumessung → Strafe, Strafmilderung
Strafzweck → Strafe
Strahlungsverbrechen → Explosionsdelikte
Straßenraub → Räuberischer Angriff auf Kraftfahrer
Straßenverkehrsgefährdung → Verkehrsgefährdung
Streik
Strengbeweis → Beweisaufnahme
Stromentwendung → Entziehung elektrischer Energie
Subsidiarität → Gesetzeskonkurrenz
Substitionsrecht → Staatsanwaltschaft
Subsumtionsirrtum → Irrtum
Subventionsbetrug
Suchvermerk → Zentralregister
Sühneversuch → Privatklage
Summarisches Verfahren → Strafbefehl
Suspensiveffekt → Rechtsmittel
Symbole, Verunglimpfung → Verunglimpfung

Tagessätze → Geldstrafe
Tat
Tatbestand
Tatbestandsirrtum → Irrtum
Tatbestandsmerkmale
Tateinheit

Stichwortverzeichnis

Täter
Täterpersönlichkeit → Strafe
Tatherrschaft → Mittäterschaft
Tätige Reue
Tätigkeitsdelikte
Tatirrtum → Irrtum
Tatmehrheit
Tatort
Tatsachen → üble Nachrede
Tatverdacht
Tatzeit
Technische Aufzeichnungen
Teilnahme
Teilverbüßung → Strafaussetzung zur Bewährung
Telefongeheimnis → Verletzung des Post- und Fernmeldegeheimnisses
Telefonüberwachung → Fernmeldeverkehrsüberwachung
Telegrafengeheimnis → Verletzung des Post- und Fernmeldegeheimnisses
Tenor → Urteil
Territorialitätsprinzip → Ausländer
Terroristische Vereinigung
Tierquälerei
Tierschutz → Umweltdelikte
Tilgung des Strafvermerks → Zentralregister
Titelführung, unbefugte → Amtsanmaßung
Tod, unnatürlicher
Todesstrafe
Tonträger
Tonträgeraufnahmen im Strafverfahren
Tonträgeraufzeichnungen ohne Einwilligung des Betroffenen → Verletzung der Vertraulichkeit des Wortes
Totenruhe → Störung der Totenruhe
Totschlag → Tötung
Tötung
Transplantation → Störung der Totenruhe
Transportgefährdung → Verkehrsgefährdung
Trennung von Strafverfahren → Zusammenhang
Treubruch → Untreue
Trinkerheilanstalt → Unterbringung
Trunkenheit
Trunksucht → Unterbringung
Typische Jugendverfehlung → Heranwachsender

Übergesetzlicher Notstand → Notstand
Überhaft
Überholen → Verkehrsgefährdung
Überschwemmung
Übertragbare Krankheiten → Krankheiten
Überwachung des Fernmeldeverkehrs → Fernmeldeverkehrsüberwachung
Üble Nachrede
Umweltdelikte
Umweltgefährdende Abfallbeseitigung
Unbefugter Gebrauch von Fahrzeugen
Unbefugter Gebrauch von Pfandsachen
Unbefugte Küstenfischerei durch Ausländer
Unbefugtes Uniformtragen → Amtsanmaßung
Unbefugte Weitergabe geheimer Gegenstände und Nachrichten → Verletzung des Dienstgeheimnisses

Stichwortverzeichnis

Unbestimmte Strafdauer → Jugendstrafe
Unbestraft → Vorstrafe
Unbrauchbarmachung → Einziehung
Uneidliche Falschaussage → Falsche uneidliche Aussage
Unerlaubte Ansammlung → Landfriedensbruch
Unerlaubter Umgang mit Kernbrennstoffen → Umweltdelikte
Unerlaubtes Betreiben von Anlagen → Umweltdelikte
Unerlaubtes Entfernen vom Unfallort
Unerlaubte Veranstaltung eines Glückspiels, einer Lotterie oder einer Ausspielung → Glücksspiel
Unfallflucht → Unerlaubtes Entfernen vom Unfallort
Unfallverhütungsmittel → Mißbrauch von Notrufen
Unfruchtbarmachung → Sterilisation
Ungebühr → Ordnungsmittel, Hauptverhandlung
Ungehorsam → Vertrauensbruch im auswärtigen Dienst
Ungehorsam, militärischer → Landesverteidigung
Ungehorsam, ziviler → Rechtfertigungsgründe
Unglücksfall → Unterlassene Hilfeleistung
Uniformtragen → Amtsanmaßung
Unlauterer Wettbewerb
Unmittelbarkeit der Beweisaufnahme → Beweisaufnahme
Unnatürlicher Tod → Tod, unnatürlicher
Unrat → Umweltdelikte, umweltgefährdende Abfallbeseitigung
Unrechtsbewußtsein → Irrtum, Schuldtheorie
Unrichtige ärztliche Feststellung → Abbruch der Schwangerschaft
Unschuldig erlittene Straf- oder Untersuchungshaft → Entschädigung für Strafverfolgungsmaßnahmen
Untauglicher Versuch → Versuch
Unterbrechung der Hauptverhandlung → Hauptverhandlung
Unterbrechung der Strafvollstreckung → Vollstreckungsaufschub
Unterbrechung der Verjährung → Verjährung
Unterbringung
Unterbringungsbefehl
Unterbringung zur Beobachtung → Untersuchung
Unterdrückung des Personenstands → Personenstandsfälschung
Unterdrückung von Briefen und Telegrammen → Verletzung des Post- und Fernmeldegeheimnisses
Unterdrückung von Urkunden → Urkundenunterdrückung
Unterhaltspflicht, Verletzung → Verletzung der Unterhaltspflicht
Unterlassene Hilfeleistung
Unterlassungsdelikt
Unternehmen
Untersagung der Berufsausübung → Berufsverbot
Unterschlagung
Untersuchung

335

Stichwortverzeichnis

Untersuchungshaft
Untreue
Unzüchtige Handlung → Sexuelle Handlung
Unzüchtige, schamlose und jugendgefährdende Schriften → Pornographische Schriften
Unzumutbarkeit → Notstand
Unzurechnungsfähigkeit → Schuldfähigkeit
Urkunde
Urkundenfälschung
Urkundenunterdrückung
Urkundsbeamter der Geschäftsstelle
Ursachenzusammenhang → Verursachung
Urteil

Verabredung zu einem Verbrechen → Versuch der Beteiligung
Verächtlichungmachung → Üble Nachrede
Verächtlichungmachung Verstorbener → Verunglimpfung
Verächtlichungmachung von Staatseinrichtungen → Verunglimpfung
Veränderung des rechtlichen Gesichtspunkts → Urteil
Veränderung von Grenzbezeichnungen → Urkundenunterdrückung
Verbindung von Strafverfahren → Zusammenhang
Verbot der Schlechterstellung, Verbot der reformatio in peius → Reformatio in peius
Verbotene Geschlechtswahl → Embryonenschutz
Verbotene Mitteilungen über Gerichtsverhandlungen
Verbotsirrtum → Irrtum
Verbrauch der Strafklage → Rechtskraft
Verbrechen → Straftat
Verbreitung pornographischer Schriften, Abbildungen oder Darstellungen → Pornographische Schriften
Verbreitung gewaltverherrlichender Darstellungen → Verherrlichung von Gewalt
Verdächtigung
Verdunkelungsgefahr → Untersuchungshaft
Vereidigung → Zeugenbeweis
Verein, Haftung des Vorstands → gesetzlicher Vertreter
Vereinfachtes Jugendverfahren → Jugendstrafverfahren
Vereinigung
Vereinigungsverbot, Verstoß gegen → Bildung krimineller Vereinigungen Gefährdung des demokratischen Rechtsstaats, terroristische Vereinigungen
Vereiteln der Zwangsvollstreckung
Verfahren gegen Abwesende
Verfahrensbeteiligung → Einziehung, Nebenklage
Verfahrensrecht → Strafprozeßrecht
Verfahrensrüge → Revision
Verfahrensvoraussetzung, -hindernis → Prozeßvoraussetzungen
Verfall
Verfassungsbeschwerde
Verfassungsfeindliche Einwirkung auf Bundeswehr und öffentliche Sicherheitsorgane → Gefährdung des demokratischen Rechtsstaats
Verfassungsfeindliche Sabotage

Stichwortverzeichnis

→ Gefährdung des demokratischen Rechtsstaats
Verfassungsfeindliche Verunglimpfung von Verfassungsorganen → Verunglimpfung
Verfassungsorgane
Verfassungswidrige Organisation, Partei → Gefährdung des demokratischen Rechtsstaats
Verfolgung Unschuldiger
Verfolgungsvereitelung → Strafvereitelung
Verfolgungsverjährung → Verjährung
Verfolgungszwang → Legalitätsprinzip
Verfügung → Entscheidung
Verführung
Vergehen → Straftat
Vergewaltigung
Vergiftung
Verhältnismäßigkeit
Verhandlungsfähigkeit
Verherrlichung von Gewalt → Gewaltdarstellung
Verjährung
Verkehrsdelikte
Verkehrsflucht → Unerlaubtes Entfernen vom Unfallort
Verkehrsgefährdung
Verkehrsnötigung → Nötigung
Verkehrssünderkartei → Zentralregister
Verkehrsunfallflucht → Unerlaubtes Entfernen vom Unfallort
Verkehrsunterricht, Weisung zur Teilnahme → Erziehungsmaßregel
Verkehrszentralregister → Zentralregister
Verkündung des Urteils → Hauptverhandlung
Verkürzung von Steuer → Steuerhinterziehung
Verlassen in hilfloser Lage → Aussetzung
Verleitung eines Untergebenen zu einer Straftat
Verleitung zum Auswandern → Auswanderungsbetrug, Menschenhandel
Verleitung zur Falschaussage → Falsche uneidliche Aussage
Verlesung von Schriftstücken
Verletzter
Verletzung amtlicher Bekanntmachungen
Verletzung der Aufsichtspflicht → Vernachlässigung d. A.
Verletzung der Bannmeile, des Bannkreises → Verfassungsorgane
Verletzung der Buchführungspflicht → Konkursstraftaten
Verletzung der Denkgesetze → Revision
Verletzung der Flaggen und Hoheitszeichen ausländischer Staaten → Ausländische Staaten
Verletzung der Fürsorge- und Erziehungspflicht
Verletzung der Geheimhaltungspflicht → Geheimnis
Verletzung der Obhutspflicht → Mißhandlung von Schutzbefohlenen
Verletzung der Sorgfaltspflicht → Fahrlässigkeit
Verletzung der Unterhaltspflicht
Verletzung der Vertraulichkeit des Wortes
Verletzung des Briefgeheimnisses
Verletzung des Dienstgeheimnisses

Stichwortverzeichnis

Verletzung des formellen oder materiellen Rechts → Revision
Verletzung des Parlamentsfriedens → Verfassungsorgane
Verletzung des Post- und Fernmeldegeheimnisses
Verletzung des Steuergeheimnisses
Verletzung des Verfahrensrechts → Revision
Verletzung des Wahlgeheimnisses → Wahldelikte
Verletzung einer besonderen Geheimhaltungspflicht → Verletzung des Dienstgeheimnisses
Verletzung von Privatgeheimnissen
Verleumdung
Verlust der Amtsfähigkeit, der Wählbarkeit und des Stimmrechts → Nebenfolgen
Verminderte Schuldfähigkeit → Schuldfähigkeit
Vermögensauskunft → Falsche Versicherung an Eides Statt
Vermögensbeschlagnahme
Vermummungsverbot → Landfriedensbruch III
Vernachlässigung der Aufsichtspflicht
Vernachlässigung eines Kindes → Verletzung der Fürsorge- und Erziehungspflicht, Mißhandlung von Schutzbefohlenen
Vernehmung
Vernehmungsniederschrift → Verlesung
Verrat illegaler Geheimnisse → Landesverrat
Versandhandel mit jugendgefährdenden Schriften → Pornographische Schriften
Versäumnis einer Frist oder der Hauptverhandlung → Wiedereinsetzung
Verschleppung
Verschmutzung → Umweltdelikte
Versicherung an Eides Statt → Falsche Versicherung an Eides Statt
Versicherungsbetrug
Verstorbene → Verunglimpfung
Verstoß gegen ein Berufsverbot → Berufsverbot
Verstoß gegen ein Vereinigungsverbot → Gefährdung des demokratischen Rechtsstaats; vgl. auch → Bildung krimineller Vereinigungen, → terroristischer Vereinigungen
Verstoß gegen Weisungen des Jugendrichters → Erziehungsmaßregel
Verstoß gegen Weisungen während der Führungsaufsicht → Führungsaufsicht
Verstrickungsbruch
Verstümmelung → Wehrpflichtentziehung
Versuch
Versuch der Beteiligung
Verteidiger
Vertrauensbruch im auswärtigen Dienst
Verunglimpfung
Verunreinigung eines Gewässers
Verunreinigung von Landschaft, Luft → Gefährdung schutzbedürftiger Gebiete, Luftverunreinigung und Lärm, Umweltdelikte, umweltgefährdende Abfallbeseitigung
Veruntreuung → Untreue
Verursachung (Kausalität)
Verwahrungsbruch

Stichwortverzeichnis

Verwaltungsunrecht → Ordnungswidrigkeit
Verwandte → Angehörige, Beischlaf zwischen Verwandten
Verwarnung, Verwarnungsgeld → Zuchtmittel, Ordnungswidrigkeit
Verwarnung mit Strafvorbehalt
Verweisung
Verwertung privater Geheimnisse → Verletzung von Privatgeheimnissen
Verwertungsverbot → Rechtliches Gehör, Zeugnisverweigerungsrecht, Vernehmung
Vis absoluta, compulsiva → Gewalt
Völkermord
Volksverhetzung
Vollendung → Versuch
Vollrausch
Vollstreckung → Strafvollstreckung
Vollstreckung gegen Unschuldige
Vollstreckungsaufschub
Vollstreckungsvereitelung
Vollstreckungsverjährung → Verjährung
Volltrunkenheit → Vollrausch
Vorbereitung der Fälschung von amtlichen Ausweisen → Ausweise
Vorbereitung eines Angriffskriegs → Friedensverrat
Vorbereitungshandlung → Versuch
Vorbestraft → Vorstrafen
Vorbeugende Maßnahmen → Maßregeln der Besserung und Sicherung
Vorenthalten und Veruntreuen von Arbeitsentgelt

Vorfahrtsverletzung → Verkehrsgefährdung
Vorführung
Vorführungsbefehl → Vorführung
Vorgesetzte als Teilnehmer → Verleitung eines Untergebenen zu einer Straftat
Vorhalt
Vorläufige Entziehung der Fahrerlaubnis → Entziehung der Fahrerlaubnis
Vorläufige Festnahme → Festnahme
Vorsatz
Vorsatztheorie → Schuldtheorie
Vorstand, Strafbarkeit → gesetzlicher Vertreter
Vorstrafe
Vortat
Vortäuschen einer Straftat
Vorteilsannahme, Vorteilsgewährung → Bestechung

Waffen
Wahlbehinderung → Wahldelikte
Wahldelikte
Wählerbestechung, -nötigung, -täuschung → Wahldelikte
Wahlfälschung → Wahldelikte
Wahlfeststellung
Wahlrecht, Verlust → Nebenfolgen
Wahlverteidiger → Verteidiger
Wahndelikt → Irrtum, Versuch
Wahrheitsbeweis → üble Nachrede
Wahrnehmung berechtigter Interessen
Wappen der Bundesrepublik → Verunglimpfung
Wartepflicht bei Unfällen → Unerlaubtes Entfernen vom Unfallort

Stichwortverzeichnis

Wasserverschmutzung → Umweltdelikte, Verunreinigung eines Gewässers
Wechselseitige Beleidigungen oder Körperverletzungen → Kompensation
Wehrkraftzersetzung → Störpropaganda gegen die Bundeswehr
Wehrlose, Mißhandlung → Mißhandlung von Schutzbefohlenen
Wehrmittelsabotage → Sabotagehandlungen an Verteidigungsmitteln
Wehrpflichtenentziehung
Wehrstrafgesetz (WStG)
Weisungen → Strafaussetzung zur Bewährung, Erziehungsmaßregeln, Führungsaufsicht
Weisungsgebundenheit → Staatsanwaltschaft
Weltanschauungsvereinigung → Beschimpfung von Bekenntnissen
Weltrechtsprinzip → Ausländer
Wenden auf der Autobahn → Verkehrsgefährdung
Werbung für den Abbruch der Schwangerschaft → Abbruch der Schwangerschaft
Werkzeuge, gefährliche → Körperverletzung
Werkzeuge, Verwendung als Waffe → Waffen
Wertersatz → Einziehung
Wertpapier → Geldfälschung
Wertzeichen → Geldfälschung
Wesentliches Ergebnis der Ermittlungen → Anklageschrift
Widerklage → Privatklage
Widerruf → Strafaussetzung zur Bewährung, Jugendstrafe, Verwarnung mit Strafvorbehalt
Widerstand gegen Vollstreckungsbeamte
Widerstandsunfähige → Sexueller Mißbrauch
Wiederaufnahme des Verfahrens
Wiedereinsetzung
Wiederholungsgefahr → Unterbringung, Untersuchungshaft
Wilderei
Wirtschaftsstrafsachen
Wissentlich → Vorsatz
Wucher

Zechprellerei → Betrug
Zeitgesetz → Strafbarkeit
Zentralregister
Zersetzung der Bundeswehr, öffentlicher Sicherheitsorgane → Gefährdung des demokratischen Rechtsstaats
Zerstörung → Sachbeschädigung
Zeuge
Zeugenbeweis
Zeugnisse → Verlesung von Schriftstücken
Zeugnisverweigerungsrecht
Zivildienst → Fahnenflucht
Ziviler Ungehorsam → Rechtfertigungsgründe
Zoll, Zollvergehen → Steuerstraftaten
Zuchthausstrafe
Züchtigungsrecht
Zuchtmittel
Zueignungsabsicht → Diebstahl, Unterschlagung
Zuhälterei
Zumutbarkeit → Unterlassungsdelikt, Notstand
Zurechnungsfähigkeit → Schuldfähigkeit

Stichwortverzeichnis

Zurückverweisung → Verweisung
Zusagen
Zusammenhang
Zusammenrottung
Zusammentreffen mehrerer strafbarer Handlungen
Zusatztatsachen → Sachverständiger
Zuständigkeit
Zustandsdelikt → Dauerdelikt
Zustellung
Zweifel → Beweisaufnahme, Wahlfeststellung

»Ein Kleinod der juristischen Literatur«

(Dr. Egon Schneider, Köln in MdR 9/1988 zur Vorauflage)

Creifelds Rechtswörterbuch

Das Creifelds'sche Rechtswörterbuch erläutert knapp und präzise in lexikalischer Form rund **10.000 Rechtsbegriffe** aus allen Gebieten. Es ermöglicht damit Juristen wie Laien eine rasche Orientierung bei der Klärung täglicher Rechtsfragen.

Fundstellenhinweise auf Rechtsprechung und Spezialliteratur helfen zusätzlichen Informationen nachzugehen. Die Behandlung der rechtlichen Formen und Zusammenhänge wird ergänzt durch wichtige Begriffe aus den Grenzgebieten von **Recht, Wirtschaft und Politik,** deren Rechtsgrundlagen dargestellt werden.

Der Anhang enthält **nützliche Übersichten,** z. B. über den Weg der Gesetzgebung, das Gerichtswesen, Rechtsmittelzüge, die gesetzliche Erbfolge, über die Sozialversicherung und die Rentenversicherung.

Aktuell:

Die 10., neubearbeitete Auflage berücksichtigt die enorme Weiterentwicklung durch Gesetzgebung und Rechtsprechung u. a. in über **100 neue Stichwörtern.** Eingearbeitet ist jetzt eine Vielzahl **wichtiger neuer Gesetze,** wie z. B. ● das Steuerreformgesetz 1990 ● das Gesundheits-Reformgesetz ● das Sprecherausschußgesetz ● das Poststrukturgesetz ● das Gesetz zur Einführung einer Kronzeugenregelung bei terroristischen Straftaten ● das Gesetz zur Einführung eines Dienstleistungsabends ● das Bundesarchivgesetz.

Neu gefaßt und erweitert wurden ferner zahlreiche Stichwörter wegen umfangreicher Gesetzesänderungen, wie etwa ● im Betriebsverfassungsgesetz mit einer Neudefinition der leitenden Angestellten ● im Straßenverkehrsrecht (StVO und StVZO) mit weiteren Sicherheitsvorschriften und ● im Europarecht.

Der Creifelds bleibt auch in der 10. Auflage das handliche Nachschlagewerk, das den schnellen Zugriff auf alle wichtigen Rechtsfragen ermöglicht.

Begründet von Dr. Carl Creifelds, Senatsrat a. D., München.
Herausgegeben von Dr. Lutz Meyer-Goßner, Richter am BGH Karlsruhe.
Bearbeiter: Dr. Dieter Guntz, Vors. Richter am OLG München, Paul Henssler, Steuerberater, Leiter der Akademie für Wirtschaftsberatung, Bad Herrenalb, Prof. Dr. h. c. Hans Kauffmann, Ministerialdirigent, Leiter des Bayer. Landesjustizprüfungsamtes, München, Dr. Lutz Meyer-Goßner, Richter am BGH Karlsruhe, Friedrich Quack, Richter am BGH Karlsruhe, Prof. Heinz Ströer, Ministerialdirektor a.D., München

10., neubearbeitete Auflage. 1990
XV, 1428 Seiten.
In Leinen DM 72,–
ISBN 3-406-33964-6

VERLAG C.H. BECK

ALLGEMEINES/PRIVATRECHT/

Haft, Aus der Waagschale der Justitia
Ein Lesebuch aus 2000 Jahren Rechtsgeschichte.
(Beck/dtv 10636)

Jahrbuch der Bundesrepublik Deutschland
Land und Leute, Gesellschaft, Infrastruktur, Wirtschaft, Sozialsystem, Politische Institutionen, Parteien, Interessenverbände, Kirchen, Innen- und Außenpolitik und Chronik.
(dtv-Band 3288)

Textausgaben

BGB · Bürgerliches Gesetzbuch
mit Einführungsgesetz, Beurkundungsgesetz, AGB-Gesetz, Abzahlungsgesetz, Gesetz über den Widerruf von Haustürgeschäften, Wohnungseigentumsgesetz, Ehegesetz und Hausratsverordnung.
(dtv-Band 5001, Beck-Texte)

ZPO · Zivilprozeßordnung
mit Einführungsgesetz, Gerichtsverfassungsgesetz (Auszug), Rechtspflegergesetz, Gerichtskostengesetz (Auszug) und Bundesgebührenordnung für Rechtsanwälte (Auszug).
(dtv-Band 5005, Beck-Texte)

FGG · Freiwillige Gerichtsbarkeit
Gesetz über die Angelegenheiten der freiwilligen Gerichtsbarkeit (FGG), Rechtspflegergesetz, Gesetz über die Kosten in Angelegenheiten der freiwilligen Gerichtsbarkeit (Kostenordnung).
(dtv-Band 5527, Beck-Texte)

GOÄ · GOZ, Gebührenordnung für Ärzte und Zahnärzte
mit Gebührenverzeichnissen für ärztliche und zahnärztliche Leistungen.
(dtv-Band 5551, Beck-Texte)

GesundheitsR · Gesundheitsrecht
Bundes-Seuchengesetz, Geschlechtskrankheitengesetz, Laborberichtsverordnung (AIDS), Betäubungsmittelgesetz, Strahlenschutzvorsorgegesetz, Röntgenverordnung, Medizingeräteverordnung, Tierseuchengesetz und weiteren Rechtsvorschriften.
(dtv-Band 5555, Beck-Texte)

Exempla Iuris Romani
Römische Rechtstexte
(dtv-Band 5556, Beck-Texte)

Rechtsberater

Friedrich · Rechtsgeschäfte des täglichen Lebens von A–Z
(dtv-Band 5045, Beck-Rechtsberater)

Reuter-Krauß/Schmidt AIDS und Recht von A–Z
Arbeitsrecht, Arzt, Datenschutz, Drogen, Heime, HIV-Test, Krankenhaus, Polizei, Prostitution, Schweigepflicht, Sozialhilfe, Strafrecht.
(dtv-Band 5062, Beck-Rechtsberater)

Bischoff · Kunstrecht von A–Z
Bildende Kunst, Musik, Theater, Film, Kunstfreiheit, Förderung, Künstler, Sozialversicherung, Sprayer, Kritiker, Denkmalschutz, Kulturabkommen, Sammeln, Stiften, Kauf, Versteigerung, Erbschaft, Verlagsvertrag, Steuer.
(dtv-Band 5063, Beck-Rechtsberater)

Niebling · Allgemeine Geschäftsbedingungen von A–Z
Architektenverträge, Banken-AGB, Einkaufsbedingungen, Gewährleistung, Individualabrede, Kreditkarten, Leasing, Maklerverträge, Reiseverträge, Schriftformklausel, Verbraucherverbände, Wertstellungsklausel.
(dtv-Band 5066, Beck-Rechtsberater)

Alheit/Heiß Nachbarrecht von A–Z
Antennen, Besitz, Duldungspflicht, Eigentum, Eigentumswohnung, Gartenabfälle, Geh- und Fahrtrecht, Grenzabstand, Grillfeste, Lärm, Musik, Rasenmähen, Spielplätze, Tierhaltung, Unkraut, Volksfeste, Zaun.
(dtv-Band 5067, Beck-Rechtsberater)

VERFAHRENSRECHT im **dtv**

Narr · Arzt, Patient, Krankenhaus
Kassenärztliche Versorgung, Behandlungsvertrag, Privatliquidation, Aufklärungspflicht, Haftung, Schweigepflicht, Sterbehilfe, Schwangerschaftsabbruch, Heilpraktiker.
(dtv-Band 5091, Beck-Rechtsberater)

Friedrich · Rechtskunde für jedermann
Staats- und Verfassungsrecht, Verwaltungsrecht, Baurecht, Steuerrecht, Strafrecht, Erbrecht, Ehe- und Familienrecht, Handelsrecht, Wirtschaftsrecht, Arbeitsrecht, Sozialrecht, Prozeßrecht, Europarecht.
(dtv-Band 5206, Beck-Rechtsberater)

Friedrich · Vereine und Gesellschaften
Eingetragener Verein, Nicht eingetragener Verein, Stiftung, BGB-Gesellschaft, OHG, KG, GmbH & Co. KG, Stille Gesellschaft, Kapitalgesellschaften, Genossenschaft, Körperschaften.
(dtv-Band 5211, Beck-Rechtsberater)

Honig · Mein Auto
Kauf, Reparatur, Versicherung
Neuwagenkauf, Gebrauchtwagenkauf, Gewährleistungsansprüche, Kfz-Reparaturbedingungen, Pflege und Wartung, Wahl der Werkstatt, Leasing, Kulanz und Haftung, Haftpflicht/Teilkasko, Vollkasko, Schadenfreiheitsrabatt, Schiedstellen.
(dtv-Band 5214, Beck-Rechtsberater)

Meinzolt · Meine Rechte und Pflichten als Versicherungsnehmer
Feuer-, Wohnungsgebäude-, Hausrat-, Haftpflicht-, Kraftfahrt-, Unfall-, Lebens-, Kranken-, Reisegepäck-, Reise-Rücktritts-, Rechtsschutzversicherung.
(dtv-Band 5216, Beck-Rechtsberater)

Mewing · Mahnen – Klagen – Vollstrecken
Ein Leitfaden für Gläubiger und Schuldner. Vorgerichtliche Mahnungen, Titulierung von Forderungen, Zwangsvollstreckung, Vergleich und Konkurs, Kostenfragen.
(dtv-Band 5218, Beck-Rechtsberater)

Sangenstedt
Meine Rechte als Verbraucher
(dtv-Band 5220)

Schiebel
So finanziere ich Haus und Wohnung
Die Kunst, Vermögen zu bilden.
Finanzierungsplan, Kreditaufnahme, Erben, Umfinanzieren, Verkaufen, Wahlmöglichkeiten, Steuerliche Vorteile, Geld vom Staat.
(dtv-Band 5222, Beck-Rechtsberater)

Ott
Vereine gründen und erfolgreich führen
Satzungsgestaltung, Rechte und Pflichten von Mitgliedern und Vorstand, Versammlungsablauf, Haftungsfragen, Gemeinnützigkeit.
(dtv-Band 5231, Beck-Rechtsberater)

Staupe
Schulrecht von A–Z
Schülerrechte, Elternrechte, Noten, Zeugnisse, Versetzung, Schulpflicht, Schüler-BAföG, Umwelterziehung, Schulaufsicht, Konferenzen, Privatschulen, AIDS und Schule, Rechtsschutz.
(dtv-Band 5232, Beck-Rechtsberater)

Lappe
Wie teuer ist mein Recht?
Rechtsverfolgung und Rechtsverteidigung, Begründung von Rechten, Rechtsberatung, Verfahren aller Gerichtsbarkeiten, Straf- und Bußgeldsachen, Familiensachen, Gerichts-, Anwalts- und Notarkosten, Kostenerstattung, Kostenhilfen.
(dtv-Band 5235, Beck-Rechtsberater)

Schaub
Ich mache mich selbständig
Eröffnung von Praxis, Handwerk oder Gewerbe, Kaufmann, Firma, Handelsgesellschaft, Unternehmenskauf u. Schuldenhaftung, Finanzierung u. Kreditaufnahme, Bildung, Versicherung u. Steuern.
(dtv-Band 5236, Beck-Rechtsberater)

ALLGEMEINES/PRIVATRECHT/ VERFAHRENSRECHT im dtv

Augstein/Koch · Was man über den Schwangerschaftsabbruch wissen sollte

Information und Rat (nicht nur) für Schwangere, Ärzte und Berater Medizinische Fragen, Beratung, Hilfen, Indikationen, Verfahren, Sonderprobleme bei Minderjährigen, Strafbarkeit, Erfahrungen.

(dtv-Band 5239, Beck-Rechtsberater)

Lorz · Mein Haustier

Die Rechte und Pflichten bei Erwerb und Verlust, gegenüber Vermietern und Nachbarn. Haltung, Reisen, Versicherung, Steuer, Tierarzt, Tierseuchen, Tierschutz, Jagdschutz.

(dtv-Band 5241, Beck-Rechtsberater)

Picker
Antiquitäten, Kunstgegenstände

Recht, Steuern, Versicherung

(dtv-Band 5242, Beck-Rechtsberater)

Bartl · Reise- und Freizeitrecht

Sicherheit in der Freizeit, im Urlaub und auf der Reise, Verträge mit Beförderungsunternehmen, Reiseveranstaltern, Hotels, Freizeitparks, Unterhaltungsunternehmen, im Sport- und Hobbybereich, Hilfen und praktische Hinweise bei Unfällen im Ausland, Sportunfällen, Abenteuerreisen.

(dtv-Band 5246, Beck-Rechtsberater)

Terpitz · Zwischen 14 und 18

Rechte und Pflichten der Jugendlichen bei Rechtsgeschäften des täglichen Lebens, in der Familie, in der Öffentlichkeit, in Schule, Ausbildung und Beruf, beim Erwerb von Führerscheinen, Bootsscheinen.

(dtv-Band 5249, Beck-Rechtsberater)

Weis · Meine Grundrechte

Menschenwürde, Persönlichkeitsrecht, Freiheit der Person, Gleichbehandlung, Glaubensfreiheit, Meinungsfreiheit, Ehe und Familie, Versammlungsfreiheit, Vereinigungsfreiheit, Berufsfreiheit, Eigentum, Asylrecht, Verfassungsbeschwerde.

(dtv-Band 5251, Beck-Rechtsberater)

Stauner/Schelter
Jugendrecht von A–Z

Arbeitsschutz, Elterliche Sorge, Fürsorgeerziehung, Jugendschutz, Jugendstrafe, Kindschaftssachen, Pflegekinder, Volljährigkeit.

(dtv-Band 5265, Beck-Rechtsberater)

Kalischko
Private Versicherungen

Abschluß des Vertrages, vorläufige Deckung, Versicherungsagent, Obliegenheiten, Relevanzrechtsprechung, Beweislast, Repräsentantenhaftung, Allgemeine Versicherungsbedingungen und AGBG, einzelne Versicherungssparten und ihre Hauptprobleme.

(dtv-Band 5270, Beck-Rechtsberater)

Eckert
Wenn Kinder Schaden anrichten

Die Pflicht zur Beaufsichtigung von Minderjährigen und Behinderten in Elternhaus, Schule, Heim und Kindergarten.

(dtv-Band 5290, Beck-Rechtsberater)

dtv Deutscher Taschenbuch Verlag

STRASSENVERKEHRSRECHT im dtv

Textausgaben

StVR · Straßenverkehrsrecht
Straßenverkehrsgesetz, Straßenverkehrs-Ordnung mit farbiger Wiedergabe der Verkehrszeichen und Straßenverkehrs-Zulassungs-Ordnung, Pflichtversicherungsgesetz, Verwarnungsgeldkatalog und Bußgeldkatalog.
(dtv-Band 5015, Beck-Texte)

Meine Führerscheinprüfung
Die Richtlinien für die Prüfung der Bewerber um eine Erlaubnis zum Führen von Kraftfahrzeugen und für die Prüfung über die Beherrschung der Grundzüge der energiesparenden Fahrweise mit allen Prüfungsfragen und Antworten.
(dtv-Band 5016, Beck-Texte)

OWiG · Ordnungswidrigkeitengesetz
Gesetz über Ordnungswidrigkeiten mit Auszügen aus der Strafprozeßordnung, dem Jugendgerichtsgesetz, dem Straßenverkehrsgesetz, der Abgabenordnung, dem Wirtschaftsstrafgesetz u.a.
(dtv-Band 5022, Beck-Texte)

Verwarnungs- und Bußgeldkataloge
Verwarnungsgeldkatalog, Bußgeldkatalog in der bundeseinheitlichen und bayerischen Fassung, Mehrfachtäter-Punktsystem und weitere Vorschriften des Straßenverkehrsrechts.
(dtv-Band 5039, Beck-Texte)

Rechtsberater

Händel
Straßenverkehrsrecht von A–Z
Verkehrsregeln, Verkehrszeichen, Fahrerlaubnis, Alkohol, Verkehrsmedizin, Kraftfahrtversicherung, Ordnungswidrigkeiten und Strafverfahren.
(dtv-Band 5050, Beck-Rechtsberater)

Hartmann · Der Verkehrsunfall
Vorbeugen, Vermeiden, Abwickeln.
(dtv-Band 5083, Beck-Rechtsberater)

Honig · Mein Auto – Kauf, Reparatur, Versicherung
Neuwagenkauf, Gebrauchtwagenkauf, Gewährleistungsansprüche, Kfz-Reparaturbedingungen, Pflege und Wartung, Wahl der Werkstatt, Leasing, Kulanz und Haftung, Haftpflicht/Teilkasko, Vollkasko, Schadensfreiheitsrabatt, Schiedsstellen.
(dtv-Band 5214, Beck-Rechtsberater)

Bode
Meine Rechte und Pflichten als Verkehrsteilnehmer
Straßenbenutzung, Fahrerlaubnis, Führerschein, Kraftfahrzeugzulassung, Verkehrsregeln, Strafe, Geldbuße, Verwarnungsgeld, Fahrverbot, Entziehung der Fahrerlaubnis, Mehrfachtäter-Punktsystem, Haftpflichtversicherung.
(dtv-Band 5268, Beck-Rechtsberater)

Becker · Alkohol im Straßenverkehr
Meine Rechte und Pflichten
(dtv-Band 5277, Beck-Rechtsberater)

Bode · Führerschein – erwerben und behalten
Rechte und Pflichten bei Beantragung und Besitz einer Fahrerlaubnis u.a. mit neuem vollständigen Bußgeldkatalog, Verwarnungsgeldkatalog, Mehrfachtäter-Punktsystem in der ab 1. Januar 1990 geltenden Fassung.
(dtv-Band 5286, Beck-Rechtsberater)

dtv Deutscher Taschenbuch Verlag

FAMILIENRECHT UND

Studienbücher

Ramm, Familienrecht
Band I: Recht der Ehe
(dtv-Band 5504,
Beck-Studienbücher)

Textausgaben

Scheidung – Versorgungsausgleich, Unterhalt
(dtv-Band 5558, Beck-Texte)

Rechtsberater

v. Münch, Ehe- und Familienrecht von A–Z
Eheschließung, Ehescheidung, Ehevertrag, Unterhalt, Versorgungsausgleich, Elterliche Sorge, Annahme als Kind.
(dtv-Band 5042,
Beck-Rechtsberater)

Heiß/Heiß, Die Höhe des Unterhalts von A–Z
Arbeitseinkommen, Bedürftigkeit, Ehegattenunterhalt, Eigenbedarf, Kindesunterhalt, Leistungsfähigkeit, Steuern, Vermögen, Verteidigungsmöglichkeiten, Verwirkung, Zugewinnausgleich.
(dtv-Band 5059,
Beck-Rechtsberater)

Winkler, Erbrecht von A–Z
Gesetzliche Erbfolge, Testament, Erbvertrag, Pflichtteil, Erbenhaftung, Nichteheliches Kind, Testamentsvollstrecker, Erschaftsteuer, Vollmacht, Erbrecht der DDR.
(dtv-Band 5061,
Beck-Rechtsberater)

Friedrich
Testament und Erbrecht
Testamentsinhalt, Testamentsmuster, Erbvertrag, Erbverzichtsvertrag, Gemeinschaftliches Testament, Widerruf und Anfechtung des Erbvertrages, Gesetzliche Erbansprüche, Erbschaftskauf.
(dtv-Band 5084,
Beck-Rechtsberater)

v. Münch
Die Scheidung nach neuem Recht
Voraussetzungen und Folgen der Scheidung, Unterhaltsansprüche, Versorgungsausgleich, Sorgerecht, Scheidungsverfahren.
(dtv-Band 5209,
Beck-Rechtsberater)

Oberloskamp
Wie adoptiere ich ein Kind?
Wie bekomme ich ein Pflegekind?
Rechtliche Erfordernisse und Folgen, Kindesvermittlung, behördliches und gerichtliches Verfahren.
(dtv-Band 5215,
Beck-Rechtsberater)

Jerschke
Mein und Dein in der Ehe
Die Regelung von Vermögensfragen zwischen Eheleuten.
Unterhalt, Haushaltsführung, Grunderwerb, Schenkung, Vermögen, Steuer, Haftung, Ehevertrag, Testament, Trennung, Scheidung.
(dtv-Band 5217,
Beck-Rechtsberater)

ERBRECHT im dtv

**v. Münch
Zusammenleben ohne Trauschein**

Gemeinsame Wohnung, Unterhaltsansprüche, Gemeinsame Kinder, Folgen der Trennung, Partnerverträge.
(dtv-Band 5224,
Beck-Rechtsberater)

**Langenfeld
Der Ehevertrag**

Eheliche Rollenverteilung, Abgewandelte Zugewinngemeinschaft, Gütertrennung, Gütergemeinschaft, Eheverträge mit Ausländern, Steuergünstige Eheverträge, Ausschluß des Versorgungsausgleichs, Nachehelicher Unterhalt, Außereheliche Lebensgemeinschaft.
(dtv-Band 5226,
Beck-Rechtsberater)

**Oberloskamp
Ich erziehe mein Kind allein**

Rechtsstellung des Kindes, Name, elterliche Sorge, Unterhalt, Erbrecht, erzieherische, finanzielle und sonstige staatliche Hilfen, steuerliche Besonderheiten für Alleinerziehende.
(dtv-Band 5245,
Beck-Rechtsberater)

**van Delden
Elterliche Sorge,
Adoption, Vormundschaft
und Pflegschaft**

Das Vormundschaftsgericht und seine Verfahren.
(dtv-Band 5257,
Beck-Rechtsberater)

**Oberloskamp/Altehoefer/
Rogowski
Finanzielle Vorteile für Eltern und andere Erziehende**

Mutterschaftsgeld, Erziehungsgeld, Kindergeld, Unterhalt, Wohngeld, Ausbildungsförderung, Unterstützung bei Arbeitslosigkeit, Renten, Leistungen bei Krankheit, Sozialhilfe, Steuerliche Vergünstigungen.
(dtv-Band 5259,
Beck-Rechtsberater)

**Eckert
Wenn Kinder Schaden anrichten**

Die Pflicht zur Beaufsichtigung von Minderjährigen und Behinderten in Elternhaus, Schule, Heim und Kindergarten.
(dtv-Band 5290,
Beck-Rechtsberater)

dtv
Deutscher
Taschenbuch
Verlag

STEUERRECHT im dtv

Textausgaben

SteuerG 1 · Steuergesetze I
Einkommensteuer einschließlich Nebenbestimmungen sowie Einkommensteuer-Tabellen, Gewerbesteuer, Körperschaftsteuer, Umwandlungssteuer.
(dtv-Band 5549, Beck-Texte)

SteuerG 2 · Steuergesetze II
Außensteuer, Berlinförderung, Bewertungsrecht, Erbschaft- und Schenkungsteuer, Grunderwerbsteuer, Grundsteuer, Umsatzsteuer, Sonstige Verkehrsteuern.
(dtv-Band 5550, Beck-Texte)

LStRecht
Lohnsteuerrecht
Lohnsteuer-Durchführungsverordnung, Lohnsteuer-Richtlinien.
(dtv-Band 5540, Beck-Texte)

Lohnsteuer-Tabellen 1990
Lohnsteuer-Tabellen Tag, Woche, Monat, Jahr mit Vorbemerkungen und Berechnungsanleitungen.
Einkommensteuer-Tabellen 1990:
Grund- und Splittingtabelle mit Vorbemerkungen.
DDR-Lohnsteuer-Tabellen 1990:
Tag, Monat mit Vorbemerkung.
(dtv-Band 5541, Beck-Texte)

EStRecht
Einkommensteuerrecht
Einkommensteuergesetz mit Einkommensteuer-Grund- und -Splittingtabelle, Einkommensteuer-Durchführungsverordnung, Einkommensteuer-Richtlinien.
(dtv-Band 5542, Beck-Texte)

KStRecht
Körperschaftsteuerrecht
Körperschaftsteuergesetz mit Körperschaftsteuer-Durchführungsverordnung und Körperschaftsteuer-Richtlinien.
(dtv-Band 5544, Beck-Texte)

GewStRecht
Gewerbesteuerrecht
Gewerbesteuergesetz mit Gewerbesteuer-Durchführungsverordnung und Gewerbesteuer-Richtlinien.
(dtv-Band 5545, Beck-Texte)

UStRecht · Umsatzsteuerrecht
Umsatzsteuergesetz mit Umsatzsteuer-Durchführungsverordnung und Umsatzsteuer-Richtlinien 1988.
(dtv-Band 5546, Beck-Texte)

VStRecht · Vermögensteuer- und Bewertungsrecht
Bewertungsgesetz, Vermögensteuergesetz, Vermögensteuer-Richtlinien, Richtlinien für die Bewertung des Grundvermögens.
(dtv-Band 5547, Beck-Texte)

AO · FGO · Abgabenordnung
mit Finanzgerichtsordnung und Nebengesetzen.
(dtv-Band 5548, Beck-Texte)

Rechtsberater

Schneidewind/Schiml
Alles über Steuern von A–Z
Alles Wichtige u. a. über Einkommensteuer, Lohnsteuer, Mehrwertsteuer, Gewerbesteuer, Körperschaftsteuer, Vermögensteuer und Verfahrensrecht.
(dtv-Band 5049, Beck-Rechtsberater)

Bunjes
Steuer-ABC für Freiberufler

Betriebprüfung, Direktversicherung, Fachkongresse, Familienangehörige, Gemeinschaftspraxis, Praxisveräußerung, Steuerbescheid, u.a.m.
(dtv-Band 5065, Beck-Rechtsberater)

Dornbusch/Jasper · Der Große dtv-Steuersparer von A–Z

Alle Tips zum Steuersparen für Arbeitnehmer, Unternehmer, Freiberufler, Haus- und Wohnungseigentümer, Rentner.
(dtv-Band 5068, Beck-Rechtsberater)

Würdinger · Wegweiser durch das Einkommen- und Lohnsteuerrecht

Einkünfte, abzugsfähige Ausgaben, Sonderausgaben, Sparförderung, Veranlagungsverfahren, Lohnsteuerverfahren, Rechtsbehelfe.
(dtv-Band 5100, Beck-Rechtsberater)

Dornbusch/Jasper/Piltz Steuervorteile durch Haus- und Wohnbesitz

Anschaffung, Besitz, Veräußerung. Optimale Steuergestaltung beim Ansparen, Bauen, Kaufen, Bewohnen, Vermieten, Veräußern, Verschenken und Vererben.
(dtv-Band 5240, Beck-Rechtsberater)

Schreyer
Der Lohn-Steuer-Sparer 1991

LohnsteuerJahresausgleich 1990, Lohnsteuer-Ermäßigung 1991.
(dtv-Band 5262, Beck-Rechtsberater)

Schreyer · Der Einkommen-Steuer-Sparer 1991

Einkommensteuer-Erklärung 1990.
(dtv-Band 5263, Beck-Rechtsberater)

Sauer/Luger
Vereine und Steuern

Steuertips für Vereine mit ABC der Veranstaltungen.
(dtv-Band 5264, Beck-Rechtsberater)

Sauer/Luger
Vereine und Finanzen

Buchführungstips für Vereine mit ABC möglicher Geldquellen.
(dtv-Band 5271, Beck-Rechtsberater)

Schiederer
Reisekosten 1990
Für Selbständige und Arbeitnehmer

Dienst- und Geschäftsreisen, Doppelte Haushaltsführung, Umzugskosten, Fahrtkosten Wohnung-Arbeitsstätte, Dienstwagen, Auslösungen, Vorsteuerabzug.
(dtv-Band 5282, Beck-Rechtsberater)

Hoffmann/Ruff/Schurwanz Steuerratgeber für Behinderte

Feststellungsgrundlagen und Zuständigkeiten, Besteuerungsverfahren, Nachteilsausgleiche, Steuerrechtliche Sonderregelungen.
(dtv-Band 5284, Beck-Rechtsberater)

dtv Deutscher Taschenbuch Verlag

STRAFRECHT UND STRAFPROZESSRECHT im dtv

Textausgaben

StGB
Strafgesetzbuch

mit Einführungsgesetz, Wehrstrafgesetz, Wirtschaftsstrafgesetz, Betäubungsmittelgesetz, Versammlungsgesetz, Auszügen aus dem Jugendgerichtsgesetz und Ordnungswidrigkeitengesetz sowie anderen Vorschriften des Nebenstrafrechts.

(dtv-Band 5007, Beck-Texte)

StPO
Strafprozeßordnung

mit Auszügen aus Gerichtsverfassungsgesetz, EGGVG, Straßenverkehrsgesetz und Grundgesetz.

(dtv-Band 5011, Beck-Texte)

OWiG
Ordnungswidrigkeitengesetz

Gesetz über Ordnungswidrigkeiten mit Auszügen aus der Strafprozeßordnung, dem Jugendgerichtsgesetz, dem Straßenverkehrsgesetz, der Abgabenordnung, dem Wirtschaftsstrafgesetz u. a.

(dtv-Band 5022, Beck-Texte)

StVollzG
Strafvollzugsgesetz

mit Strafvollstreckungsordnung, Untersuchungshaftvollzugsordnung, Bundeszentralregistergesetz und Jugendgerichtsgesetz.

(dtv-Band 5523, Beck-Texte)

Rechtsberater

Brießmann
Strafrecht und Strafprozeß von A–Z

Anklageschrift, Anstiftung, Bestechung, Durchsuchung, Freiheitsstrafe, Mißhandlung, Revision, Staatsanwalt, Trunkenheit, Verjährung.

(dtv-Band 5047, Beck-Rechtsberater)

Friedrich · Erwachsene und Jugendliche vor Polizei und Gericht

Strafverfahren, Bußgeldverfahren, Verteidigung, Hauptverhandlung, Beweismittel, Beschwerde, Berufung, Revision, Einspruch, Privatklage, Einziehungsverfahren, Entschädigung, Jugendstrafverfahren, Strafvollzug, Kosten.

(dtv-Band 5089, Beck-Rechtsberater)

Schreiber/Rieger
Meine persönliche Sicherheit

Wie schütze ich mich und meine Familie vor kriminellen Alltagsgefahren, Straftaten und materiellen Schäden.

(dtv-Band 5288, Beck-Rechtsberater)

dtv Deutscher Taschenbuch Verlag